컴퓨터 통신언어 사전

도서출판 **역락**

컴퓨터 통신언어 사전

조오현 · 김용경 · 박동근 엮음

도서출판 **역락**

머 리 말

사이버 물결이 세상을 뒤덮으면서 우리의 생활양식에서부터 의식에 이르기까지 나타난 사회적 변혁은 가히 혁명적인 것이어서 보통 사람들로서는 따라가기는커녕 상상하기도 힘든 상황에 이르렀다. 그 가운데에서도 네티즌 사이에서 사용되는 컴퓨터 통신언어는 이제 그 변화의 속도를 가늠하기조차 힘들어서 기성세대 가운데에서 통신언어를 알아들을 수 있는 사람을 찾기란 쉽지 않을 듯 하다. 통신언어의 발달은 무분별한 한자어의 조어와 외래어의 남용, 비어와 속어로 인해 거칠어질 대로 거칠어진 우리 국어에 또 하나의 오염 요소로 등장하여 뜻 있는 많은 사람들로부터 걱정을 자아내고 있다.

통신언어의 무분별한 사용으로 인한 맞춤법 파괴 현상은 이제 단순한 표기법의 문제를 넘어 국어의 파괴를 걱정할 만큼 심각한 지경에 이르렀다. 언어의 이질화 또한 세대간의 의사소통의 문제뿐만 아니라 남북한 언어 이질화를 더욱 촉진시켜 남북한 통일 언어를 수립하는 데 부정적으로 작용할 것이다.

이 사전의 엮은이들은 컴퓨터 통신언어로 인한 세대간의 언어 이질화와 언어 파괴, 그리고 그로 인해 파생될 사회적 현상의 심각성에 보다 적극적으로 대처하기 위해서는 통신언어의 실태를 파악하는 것이 무엇보다 중요하다고 판단하였다. 그리하여 문화관광부에서 연구비 지원을 받아 2001년 12월에 『통신언어 어휘집』을 발간하였다. 이 자료집이 나오자 각종 언론 매체들이 통신언어의 실태에 높은 관심을 보였으며 앞을 다투어 그 심각성을 보도하였다.

많은 연구기관과 국어학자, 그리고 특히 현장에서 청소년들을 교육하는 초·중·고등학교 교사들은 연구와 지도를 위해 자료 요청을 해 왔다. 처음에는 요청하는 대로 자료를 보내주었으나 워낙 요구하는 사람들이 많아 인쇄된 자료는 곧 바닥이 나서 더 보낼 수 없게 되었다. 처음에는 연구실로 찾아오는 사람들에게 복사하여 주었으나 먼 거리에 있는 사람들이 책으로 엮어서 교육 및 연구 자료로 활용할 수 있도록 해 달라는 요청이 끊이지 않았다. 처음에는 이 사전의 편찬이 타오르는 통신언어의 불길에 기름을 붓는 격이 되지 않을까 하여 망설였으나 이제는 소극적인 방법만이 통신언어에 대한 대비책이 아니라는 판단으로 연구와 교육의 자료로 보급하기로 하고 문화관광부의 승인을 받아 이 사전을 발간한다.

따라서 이 사전의 간행은 통신언어의 실태를 파악하고 연구하고자 하는 사람들에게 연구의 자료로 제공하고, 초·중등학교의 교육 현장에서 올바른 언어 생활을 위한 교육 자료로 활용하게 하며, 통신언어의 태어남과 사라짐, 그리고 성장하는 과정을 담은 기록물로 활용하는 데에 그 목적을 둔다.

이번 연구는 건국대학교 조오현 교수, 경동대학교 김용경 교수, 안양대학교 겸임교수인 박동근 박사에 의해 이루어졌으며, 자료를 수집하는 일에는 건국대학교 대학원에서 국어학을 전공하는 변영수, 윤재연, 김연희, 최영미, 한명숙, 곽묘숙 등 6명의 학생이 참여하였다. 지금 이 시간에도 새로운 통신언어가 만들어지고 있는 현실에서 모든 통신언어를 다 올리지 못하고 독자들의 요청에 의해

서둘러 간행하게 된 것은 다소 아쉬운 점이다. 그러나 매일같이 생겨나고 변화하는 통신언어의 특성을 고려할 때 모든 어휘를 완벽하게 수록할 수 없다는 통신언어의 속성에 위안을 삼으며 아쉬운 점을 뒤로 한 채 이 간행의 글을 쓴다.

이 책이 통신언어를 연구하고 교육하는 이들에게 많은 도움이 되기를 바라며, 넓은 의미에서 언어 변화의 한 자료로 활용되기를 기대해 본다. 궁극적으로 오염되어 가는 국어를 바로 잡을 수 있는 자료로 활용되기를 바란다.

2002년 6월 20일
엮은이 씀

컴퓨터 통신언어 사전

일 러 두 기

1. 기본 체제

올림말 - 말밑 - 유형 - 범주(품사) - 풀이 · 참고사항 - 보기말 - 관련말 - 참고말

2. 올림말

1) 이 어휘집에 실은 올림말은 2001년 5월 ~ 9월 동안 인터넷(WWW)의 게시판이나 대화방에서 연구원들이 직접 수집한 '통신언어'를 대상으로 한다. (약 2,400 올림말)

※ 컴퓨터를 매개로 하는 의사소통 방식으로써 '통신언어'의 개념은 다음과 같이 크게 두 가지로 나누어 정의할 수 있는데 여기서는 좁은 의미의 통신언어를 대상으로 한다.

① 넓은 의미 : 의사 소통을 위해 통신상에서 사용되는 모든 문자언어.
② 좁은 의미 : 의사 소통을 위해 통신상에서 사용되는 문자언어로, 일반 언어의 표기 또는 음운적 변이형이나 통신상에서 만들어진 새말, 통신상에서 새롭게 의미가 부여된 말, 또는 통신상에서 사용되는 독특한 문체나 어법, 의사 전달을 위해 사용되는 특수 기호를 포괄하는 것으로 최소한의 정형성을 갖고 있어야 한다.

2) 올림말은 일반 어휘와 의존 형태소(조사, 어미, 접사)로 구분하여 수록한다.

3) 올림말 선정의 구체적인 기준은 다음과 같다.
① 인터넷의 게시판, 대화방 따위에서 쓰는 형태 · 의미 전이형의 낱말은 올림말로 삼는다..
② 구 이상의 형태가 줄어 하나의 낱말처럼 쓰이거나 분석하기 어려운 복합 형태들은 올림말로 삼는다.
[보기]　어솨여[<어서 오세요]
　　　　어카징[<어떻게 하지(어떻게 하다)]
　　　　어카냥[<어떻게 하나(어떻게 하다)]

③ 연구자의 경험에 의해 어느 정도 정형성을 갖는다고 판단되는 것
   을 올림말로 삼는 것을 원칙으로 한다.
④ 어미나 조사, 생산적인 파생의 접사도 올림말로 삼는다. 어미와 조
   사, 접사는 따로 묶는다. (조사를 포함하여 의존형태소는 모두 '-'을
   붙인다.)
   [보기]   -딩²[<-등(等)] 초딩. 중딩. 대딩. 직딩, 노딩….
            즐-[<즐겁다] 즐밤. 즐공. 즐겜. 즐팅, ….
⑤ 동사나 형용사와 같은 활용어는 '-다'형을 기본형으로 삼아 올리는
   것을 원칙으로 하나 기본형을 보여주기 어렵거나, 활용형으로 널
   리 쓰이는 형태는 활용형을 올림말로 삼는다.
   [보기]   기뽀[<기뻐(기쁘다)]
            무쟈게[<무지하게(무지하다)]
            무서버[<무서워(무섭다)]

4) 다음과 같은 형태는 특별한 경우에만 올림말로 삼는다.
   ① 단순히 소리나는 대로 표기한 형태는 올림말로 삼지 않는다. 그러
      나 소리나는 대로 적은 형태가 통신상에서 널리 쓰이는 경우는 올
      림말로 삼는다.
      [보기]   시러[<싫어(싫다)]
               아라찌[<알았지(알다)]
               추카[<축하]
   ② 활용어는 '-다' 기본형을 수록하는 것이 원칙이나 다음과 같이 여
      러 활용형을 보여 줄 필요가 있을 때는 활용형태를 모두 올린다.
      [보기]   아령하세여. 안냐때욤. 안냐때횻. 안냐샘. 안냐세여. 안냐세염.
               안냐세엽.아냐세요. 안냐셈. 안녕하세영. 안늉하떼욥. 안늉하세
               염. 안냥하세여. 안여하세요.앙냥하세염. 앙늉하세효. 앙능하세
               효. 언늉하세염.
   ③ 오타로 보이거나 일반적인 표기상의 잘못으로 판단되는 것은 올림
      말로 삼지 않는다. 개인어로 판단되는 것은 싣지 않는다.
   ④ 표정문자(이모티콘)는 올림말로 삼지 않는다.

3. 말밑(형태 정보)

1) 말밑은 올림말 뒤에, [　　] 안에 넣어 표시한다.

    [보기]　　10002[<많이]

             비겨하다[<비교하다]

             빠[<오빠]

2) 원말에서 형태가 변했음은 말밑 앞에 '<'을 표시해 나타낸다. 변이의 단계를 보여줄 필요가 있을 때는 '<'을 차례로 붙인다.

    [보기]　-염[<-여<-요]

             곱하다[<갑하다<가입하다]

    ※ 활용형을 올림말로 실을 때는 [<활용형(기본형)] 순으로 수록한다.

    [보기]　　어지러버[<어지러워(어지럽다)]

             오토케[<어떻게(어떻다)]

3) 의미 전이형으로 형태상의 변화가 없는 말이나 어근 창조형의 새말일 경우에도 [　] 안에 말밑을 넣어주고 형태가 변하지 않았음을 '='로 표시한다.

    [보기]　　삽질[=삽질] 유형 의미전이.

             캬캬캬[=캬캬캬] 유형 새말.

             큭큭[=큭큭] 유형 새말.

4) 외래어의 말밑은 한글로 써주는 것을 원칙으로 하되 필요에 따라 원어를 (　) 안에 넣어준다.

    [보기]　　리2하이[리(re-)-+하이(hi)]

             냉무[<내용+무(無)]

4. 유형

1) 통신언어의 유형에 대한 정보를 유형 뒤에 붙여 표시한다.

2) 유형은 '의미전이'와 '형태변이', '통사변이', '새말'로 구분한다. 형태변이와 의미전이를 모두 겪은 경우에는 형태변이만 표시하는 것을 원칙으로 하되, 필요에 따라 '형태변이/의미전이'로 표시할 수 있다.

    [보기]　　깡텅[<깡통] 유형 의미전이/형태변이. 명 풀이 게시판에서 제목만 있고 내용이 없을 때 제목 뒤에 붙여 나타내는 말. 내용이 없다는 것을 '깡통'에 비유한 말이다. ¶저두 받았어여^^*헤헤(**깡텅**). (게).

5. 품사 (통사 정보)

1) 품사는 세분하지 않고 대분류만 보여주며 다음과 같은 줄임표로 나타낸다.

   [보기] 명 명사. 동 동사. 형 형용사. 부 부사.

          감 감탄사. 조 조사. 어 어미. 접 접사.

2) 하나의 낱말로 굳어진 것으로 보기 어려운 올림말에는 복 표지를 붙인다.

   [보기] 가녜[<간(間)+-에] 유형 형태변이. 복

         구건[<그건<그것+-은] 유형 형태변이. 복

         군거얘[<그런 거야<그런 것이다] 유형 형태변이. 복

3) 품사는 『표준국어대사전』(1999)을 참고하되, 통신상에서 어떤 품사로 쓰였는지를 고려한다.

   [보기] 꾸벅[=꾸벅] 유형 의미전이. 감 풀이 대화방에 들어가거나 나올 때, 또는 게시판에 글을 남길 때 인사말을 대신 하는 표현. ※고개를 숙여 인사하는 모습을 흉내낸 의태어로 대화의 현장감을 높이는 데 효과적으로 사용된다. ¶한번 첨 글부터 보세여 그럼 **꾸벅**(_) . (게). /홍보 마니 해주시구요! 그럼 이만.. **꾸벅**. (게).

   ※ 통신언어에서 흉내말은 주로 독립어인 감탄사로 기능한다.

4) 품사 통용어의 경우에는 대표 품사만 표시하는 것을 원칙으로 하되, 필요에 따라 " / "로 구분하여 보여 준다.

   [보기] 계석[<계속] 유형 형태변이. 명/부

         암<아무] 유형 형태변이. 명/관

6. 풀이

1) 모든 올림말에는 풀이를 하는 것을 원칙으로 한다.

2) 풀이는 올림말이 만들어진 과정에 대한 간단한 설명이나 뜻풀이를 해 준다.

3) 형태변이에 따른 말맛의 차이가 있을 경우 이를 기본 풀이 뒤에 제시한다. (여기서 제시한 말맛의 차이는 연구자의 경험에 따른 주관적인 것이며 문맥에 따라 달라 질 수 있다)

   [보기] 가취[<같이] 유형 형태변이. 부 풀이 '같이'의 변이형. 원말보다 힘주어 말하는 느낌을 준다.

         걍<그냥] 유형 형태변이. 부 풀이 '아무 조건이나 까닭없이'의

뜻을 갖는 ‘그냥’의 변이형. 원말보다 단호한 느낌을 준다

미오[<미워(밉다)] 유형 형태변이. 몸 풀이 ‘밉다’의 활용형 ‘미워’의 변이형. 원말보다 귀여운 느낌을 준다.

　4) 보충할 내용은 ‘※’ 뒤에 설명을 붙인다.

　　[보기] 울[<우리] 유형 형태변이/통사변이. 관 풀이 ‘우리’의 변이형. 원말보다 귀여운 느낌을 준다. ※일반 언어 ‘우리’의 품사는 명사인데 ‘우리’의 통신언어인 ‘울’은 관용사로만 쓰인다.

7. 보기글

1) 모든 올림말에는 반드시 보기글을 제시한다.

2) 보기글은 통신상에서 연구자가 직접 수집한 것만을 대상으로 한다(2001년 5월 ～ 9월 사이 수집).

3) 보기 글은 일체 가공하지 않고 수집한 형태 그대로 옮긴다 (‘붙이기’ 기능 이용).

4) ‘보기글’이 여럿일 때는 되도록이면 전형적인 것을 싣는다. 널리 쓰이는 형태는 보기글도 풍부히 보여준다.

5) 보기글은 ‘¶’표시 뒤에 넣고, 하나 이상의 보기글을 보여줄 때는 ‘/’로 구별한다.

　　[보기] ¶오늘 보니 꽃을 들고 돌아다니는 사람들이 많더군요 성년의 날인데 후배덜아 축하한다. (게). /밥은 잘먹고 다니는지.... 꼭 애덜 물가에 내놓은 기분..../마음이 아프구나.... 야덜아 정신좀 차려라 (게).

6) 보기글이 대화문일 경우 대화의 경계는 #로 표시한다.

　　[보기] ¶대딩녀 방가 #넹~ **감솨~** (대).

　　　　¶님아 #왜엽? #우리 **갑**이죠*^^* (대).

7) 보기글의 출처는 ‘게시판’과 ‘대화방’ 두 가지로 구분하고 보기글 끝에 다음과 같이 각각 ‘(게)’와 ‘(대)’로 표시한다. (단, 자료 수집 초기에는 ‘대화방’과 ‘게시판’ 자료를 구분하지 않았으므로, 출처 표시가 없는 경우도 있다.)

　　[보기] ¶목욕 시켜야 **하능뒈**. (대).

　　　　¶**강추**!!! 진짜 좋아요~ (게).

8) 보기글의 올림말 부분은 굵은 글씨로 표시한다.

8. '관련말'과 '참고말'

1) 올림말과 같은 말밑을 갖는 말들을 '관' 표시를 붙이고 뒤에 나열한다.

    [보기] 구리거[<그리고] … 관걸구. 구러구. 구리겅. 굴거. 굴공. 굴구. 굴
       그. 그구. 그리궁. 글거. 글겅. 글고. 글구. 글굼. 글이구

       화팅[<파이팅(fighting)] … 관빠링. 빠이팅. 빠팅. 파링.파위팅. 파
       이팅구르. 파팅. 파튕. 팟팅. 하팅. 화링. 화륑. 화이륑. 화이링.
       횃튕. 횃팅. 홧팅.

2) 올림말과 의미적으로 관련이 있거나 유형이 비슷하거나 하여 참고될 만한 말
   들은 참 뒤에 나열한다.

    [보기] 고딩[<고등] … 참중딩. 고딩. 대딩. 직딩. 노딩. -딩..
       냉무[<내용+무(無)] … 참글무. 깡텅. 냉잠수탐. 냉가출. 냉도
       망. 냉도주. 냉뮤. 냉빔. 냉사망. 냉엄. 냉없음. 냉텅구리.
       냉텅텅. 냉X. 농무.

일반 어휘

10002 [<많이] 유형 형태변이. 부 풀이 (양이나 수효가) 어떤 기준을 넘어 더 큰 정도로. ※‘많이’를 그와 발음이 비슷한 숫자로 표기한 형태이다. ¶딴님들도 **10002** 오셈 (게). 관마뉘. 마늬. 마니. 만히. 많위. 참 20000.

2 [<이] 유형 형태변이. 관 풀이 지시관형사 ‘이’를 같은 발음의 숫자로 표기한 형태. ¶나같은 직딩들은 이렇게라도 하면서 stress 푸는데 조부대통령 **2**아뒤까지 생생히 기억합니다 (게).

20000 [<이만] 유형 형태변이. 부 풀이 ‘이만’을 같은 발음의 숫자로 표기한 형태. ※주로 대화방에서 대화를 마치고 나갈 때 쓰는 표현 방법이다. ¶오이도역에서 더 가까운 소래포구도 마찬가지구요. 그럼 전 **20000** 사사삭︿︿ (게). 관임안. 이판. 참10002.

8282 [<빨리빨리] 유형 형태변이. 부 풀이 ‘빨리빨리’를 그와 발음이 비슷한 숫자로 표기한 형태. 통신상에서 상대방을 재촉할 때 주로 사용하는 표현 방법이다. ¶**8282**지굼...강타..어빠의너래가..라디오서..(게). 관빨뤼빨뤼. 빨빨.

9 [<그] 유형 형태변이. 관 풀이 관형사 ‘그’의 변이형 ‘구’를 같은 발음의 숫자로 표기한 형태이다. ¶

꼭!!! 글구 선물은...좋은거니까 걱정하지 마세여... 저 나쁜 사람 아냐여 **9**약먹고 살 빼는거 말고요 (게). 관구.

9럼 [<구럼<그럼] 유형 형태변이. 부 풀이 접속부사 ‘그럼’의 변이형 ‘구럼’의 첫 음절을 같은 발음의 숫자로 표기한 형태이다. ※게시판에서 글을 맺거나 대화방에서 대화를 마치고 나갈 때 주로 쓴다. ¶6학논 2반 짱?! **9럼** 이만︿♡★☆ (게). 관거럼. 거롬. 검. 고돔. 고럽. 곰. 구덤. 구람. 구럼. 구롬. 굴엄. 굴옴. 굼. 규럼. 그람. 그롬. 글엄. 글음. 금.

D지다 [<뒈지다] 유형 형태변이. 동 풀이 ‘죽다’의 속된 말인 ‘뒈지다’를 비슷한 발음의 로마자로 표기한 형태. ※통신언어에서 원말을 숫자나 로마자로 바꾸어 표현함으로써 직접적인 표현을 피하고 에둘러 나타내는 방식 중 하나이다. ¶너 조심해 G랄하면 **D진다** (대).

n [<앤<애인] 유형 형태변이. 명 풀이 ‘애인’의 통신어 ‘앤’을 같은 발음의 로마자로 표기한 형태. ¶**n**있눈 따람만 와엽︿☆ (게). 관앤.

P본다 [<피를 보다] 유형 형태변이/의미전이. 복 풀이 손해를 입다. ¶너 조심해 G랄하면 **P본다** (대).

SKY간다 [<하늘(나라)로 가다] 유형 형태변이. 복 풀이 상대방을

위협하거나 으름장을 놓을 때 쓰는 '죽어'라는 의미로 완곡하게 표현한 '하늘 나라로 가다'를 영어로 표기한 형태. ¶너 조심해 G랄하면 **SKY 간다** (대).

ㄱ

ㄱㅅㄱㅅ [<감사+감사] 유형 새말. 감 풀이 '감사'의 반복형인 '감사감사'의 첫 글자를 딴 형태. 반복형을 취함으로써 강조의 의미를 더한다. ※영어의 '생략(acronymy)'이 자소 단위로 이루어지 데 반해 우리말은 음절 단위까지만 생략을 한다. 그러나 통신언어에는 자소 단위까지 생략하는 경우가 종종 있다. ¶수거엽 #**ㄱㅅㄱㅅ** (대). 참 ㅊㅋㅊㅋ.

ㄱㅅ하다 [<감사하다] 유형 형태변이. 동 풀이 '감사하다'에서 '감사'의 첫소리를 딴 형태. ※자판의 입력 수를 줄이기 위한 의도로 쓰인 통신언어 유형이다. ¶디굼까지 잼 없눈 야그를 자 주셔서 **ㄱㅅ함돠~ ^^*** (게). 관 감따하다. 감솨하다. 캄사하다. 참 ㅊㅋ하다.

가까 [<갈까(가다)] 유형 형태변이. 동 풀이 동사 '가다'의 활용형 '갈까'의 변이형. ※일부 현실 발음을

반영한 형태이다. ¶**가까?** (대).

가까비다 [<아깝다] 유형 형태변이. 형 풀이 소중하고 값진 것을 잃어 섭섭하다는 뜻의 '아깝다'의 변이형. ¶긍뎅 진짜 금땡이 **가까비다..** (게).

가녜 [<간(間)+-에] 유형 형태변이. 복 풀이 앞에 나열된 말 가운데 어느 쪽인지를 가리지 않는다는 뜻을 나타내는 의존명사 '간(間)'에 조사 '에'가 결합한 '간에'의 변이형. ¶암틍**가녜** 딴작품더 ㅇ ㅣ ㅃ ㅏ 수 ㅣ 기대 만땅하겠네~☆ (게).

가따 [<갔다(가다)] 유형 형태변이. 동 풀이 '가다'의 활용형 '갔다'의 변이형. ※발음이 그대로 반영된 표기로 통신상에서 귀여운 느낌을 주기 위해 자주 쓰이는 형태이다. ¶친구 **가 따** (대).

가면[<가면] 유형 의미전이. 명 풀이 대화방에 들어와서 자기를 소개하지 않는 사람. ¶30, 40대 마음으로 듣는 음악실(테그, **가면** 강퇴) (게).

가샤요[<가시어요(가다)] 유형 형태변이. 동 풀이 '가다'의 활용형 '가시어요'의 변이형. 원말보다 귀여운 느낌을 준다. ¶**가샤요?** (대).

가웝 [<가입] 유형 형태변이. 명 풀이 '가입'의 변이형. 원말보다 힘주어 말하는 느낌을 준다. ¶제가 나라언냐 팬클**가웝** 할라껑 던머으

는뎅 (게). 관갑².

가적 [<가족] 유형 형태변이.
명 풀이 '가족'의 변이형. ¶**가적**이
연예인 **가적**인지.. (게).

가차 [<같이] 유형 형태변이.
부 풀이 '같이'의 변이형. 원말보다
장난스러운 느낌을 준다. ¶아뒤??
파주소년 임다 혹시 보시면 불러서
가차 놉시다 ^^ (게). 관가취. 가칙.
가튀.

가취 [<같이] 유형 형태변이.
부 풀이 '같이'의 변이형. 원말보다
힘주어 말하는 느낌을 준다. ¶휴...
심심...나랑 **가취** 널아염..^^* (대).
관가차. 가칙. 가튀.

가칙 [<같이] 유형 형태변이.
부 풀이 '같이'의 변이형 원말보다
힘주어 말하는 느낌을 준다. ¶엄마
랑 **가칙** 콘설드 다니그 참 조은 엄
마돠ㅋㅋ (게). 관가차. 가취. 가튀.

가탕 [<같아(같다)] 유형 형태변이.
형 풀이 '같다'의 활용형 '같아'의
변이형. 원말보다 장난스러운 느낌
을 준다. ¶저겸.. 엽기적인 그녀 잼
있을 거 **가탕**염?? (게).

가튀 [<같이] 유형 형태변이.
부 풀이 '같이'의 변이형. ※소리의
음에 따라 적되 구개음화 시키지 않
고 어간 받침의 형태를 밝혀 적은
형태이다. ¶**가튀** 버는 사회.. **가튀**
쓰는 사회.. 건전한 우리 사회..

(게). /**가튀** 법시다..(T-T) (게). 관
가차. 가취. 가칙.

가틍 [<같은(같다)] 유형 형태변이.
형 풀이 '같다'의 관형형 '같은'의
변이형. ¶올 ◎ ㅐ 자 **가틍** 하꾜에
스능 10시에 묵놈울 하라대요. (게).

가틍뒤 [<같은데(같다)] 유형 형태
변이. 형 풀이 '같다'의 활용형 '같
은데'의 변이형. ¶이외에두 열 한가
지 더 남은 그 **가틍듸**.. 지면(?) 관
계상 쭐이게뚜미닷!!!! (게).

간마 [<간만<오래간만] 유형 형태
변이. 명 풀이 '오래간만'의 줄임말
'간만'의 변이형. ¶**간마**에 싸이넘 얼
굴을 볼수 잇겟네효 ㅋㅋ (게).

갈 [<가을] 유형 형태변이. 명 풀이
'가을'의 변이형. ¶Re:Re:쩝....하긴
내가 **갈**을 타긴 좀 타줘....쩝....근
데... (게).

갈라니까 [<가려니까(가다)] 유형
형태변이. 동 풀이 '가다'의 활용형
'가려니까'의 변이형. ¶축제 때 꼭
갈라니까여,,,,,,ㅎㅎ.. (게).

갈쳐 [<가르쳐 (가르치다)] 유형
형태변이. 동 풀이 '가르치다'의 활
용형 '가르쳐'의 변이형. ¶그럼 저번
에 **갈쳐**준 암호 넣으세요 (대). 관
갈켜.

**갈켜 [<가르켜<가르쳐 (가르치
다)]** 유형 형태변이. 동 풀이 '가르
치다'의 변이형. ※어떤 방향이나

대상을 집어 보이는 '가리키다'와 '가르치다'를 잘못 섞어 쓴 말이다. ¶저겨 씨엔엔 오늘 편성표 좀 **갈켜** 주심 캄솨~~. (대). /제가 **갈켜 드** 릴께여~ (대). ㉚갈쳐.

갈키다 [<가르키다<가르치다]
㉤ 형태변이. ㉧㉠ '가르치다' 의 변이형. ※어떤 방향이나 대상을 집어 보이는 '가리키다'와 '가르치 다'를 잘못 섞어 쓴 말이다. ¶꼭 **갈 켜듀세혀**~~-^ (게). /힘내시거염....^^ 꿈나무 들을 **갈키는** 직업이시니...^^ 바르게 성장하도록...^^ 도와주세 용...^^ (게). ㉚알키다.

감귀 [<감기] ㉤ 형태변이.
㉥㉠ '감기'의 변이형. 원말보다 힘주어 말하는 느낌을 준다. ¶**감귀** 조심하쉬고....셤 잘보쉬고... (게).

감덩 [<감동] ㉤ 형태변이.
㉥㉠ '감동'의 변이형. 원말을 장난스럽게 변형한 형태이다. ¶타빠 가 술 취해서 한말!! (**감덩~감덩**!! ㅜㅜ) . (게). /감격앤두 **감덩**이 파 도가...~ 처~얼 ~썩 (게).

감덩적 [<감동적] ㉤ 형태변이.
㉥㉠ '감동적'의 변이형. 원말보 다 장난스러운 느낌을 준다. ¶정말 **감덩적** ㅇ ㅣ ㄱ ㅓ 코 믹적인 영 호 ㅏ .. (게).

감따 [<감사] ㉤ 형태변이.
㉥㉠ '감사'의 변이형. 어린아이

말투, 또는 혀 짧은 사람이 발음하 는 듯한 느낌을 준다. ¶글구 오늘 아침에 물찬이 생각 해주신거 **감따** (__) (게). ㉚감따르. 감솨. 감쐈. 걈 땨. 캄솨.

감따르 [<감사] ㉤ 형태변이. ㉥
㉠ '감사'의 변이형. 외국 발음을 흉내낸 형태이다. ¶축하멜보내주심 **감따르**(--)(__) (게). ㉚감따. 감솨. 감쐈. 걈땨. 캄솨.

감따하다 [<감사하다] ㉤ 형태변 이. ㉧㉠ '감사하다'의 변이형. 어 린아이의 말투를 흉내내어 원말보다 귀여운 느낌을 준다. ¶많은 도움 주 시면 **감따하겠어영**. (게). /정말 잡 솔 이었습니다.. 그럼 읽어주셔서 **감 따합니다**,,,ㅡ.ㅡ^^. (게). /종말정말 **감따해어**... 힘은 낼게여.. (게). ㉚ㄱ ㅅ하다. 감솨하다. 캄사하다.

감땅 [<감상] ㉤ 형태변이.
㉥㉠ '감상'의 변이형. 어린아이 말투를 흉내낸 느낌을 준다. ¶아듀 아듀 잼께 **감땅**을 했습져 (게).

감솨 [<감사] ㉤ 형태변이.
㉥㉠ '감사'의 변이형. 좀 장난 스러우면서 원말보다 힘주어 말하 는 느낌을 준다. ¶Re:Re:**감솨 감솨** ^^(냉무..ㅡ.ㅡ;;) (게). /**감솨**^^*,,(빈 통) . (게). /대딩녀 방가 #넹~ **감 솨**~ (대). /안냐세여?? 전..미누색시 임나당~ 와주셔서..**감솨**~ (게). /글

구 삐따기도 올려주시면 **감솨**^^ (게). ㉪감따. 감따르. 감솨. 걈따. 캄솨.

감솨하다 [<감사하다] 유형 형태변이. 동 풀이 '감사하다'의 변이형. 좀 장난스러우면서 원말보다 힘주어 말하는 느낌을 준다. ¶un님덜...... 조케봐주셔서**감솨함다**..... (게). /소정언냐 화이팅!!! 굴고 게시판에 우헤헤헤 링크 넘 **감솨해여**~ (게). ㉪ ㄱㅅ하다. 감따하다. 캄사하다.

감쌰 [<감사] 유형 형태변이. 명 풀이 '감사'의 변이형. 원말보다 힘주어 말하는 느낌을 준다. ¶만들어 주세염^^ # **감쌰**~ (게). ㉪감따. 감따르. 감솨. 걈따. 캄솨.

감휘 [<감히] 유형 형태변이. 부 풀이 함부로 또는 두려움을 무릅 쓰고의 뜻을 갖는 '감히'의 변이형. 원말보다 힘주어 말하는 느낌을 준다. ¶**감휘** 수련회를 가??? 약속도 다 무시하구,,,소집일두 안 오구...ㅠㅠ (게).

갑¹ [<동갑] 유형 형태변이. 명 풀이 '동갑'의 변이형. ※말을 짧게 줄여 쓰려는 통신언어의 특징이 반영된 말이다. ¶님아 #왜염? #우리 **갑**이죠 *^^* (대). /엇^^ 부평 사시거 19살?? 저랑 **갑**이시네요~ (게). /나랑 갑이네 (대). /저랑 멜칭거해영~~ 참고루 저눈 중2구영... 설 아주중에

다녀영~!! 성격은 털털하궁..활발해영~~~ **갑**이나 언니 옵빠덜두 저우니깐... 마니마니 버내주세영~ (게). ㉪덩갑.

갑² [<가입] 유형 형태변이. 명 풀이 '가입'의 변이형. 통신상의 동호회에 가입하는 일. ※말을 짧게 줄여 쓰려는 통신언어 상의 특징과 실제 현실 발음이 반영된 말. ¶**갑**은 필수이구여 열분이 아시는 마나가덜 자료들두 마니 올려주세여 그럼 등급이 올라갑니다 등급이 높을수록 마나가를 마니 차자갈 확률이 높슴다 지역은 대체루 경기도 엿음 저켓네여.. 지방에 사시는 분은 저희가 제작한 잡지?를 보내드립니다. 더 자세한 것들은 카페에 드러가버심 아실거에여. (게). /님은 강타오빠팬이셔서(닉넴보궁알아떠여^^) 더 **갑**하구싶으실꺼에여..그쵸? 저두 아마 토니오빠 팬클럽 생길때 무지 **갑**하구 싶어지겠죠,, . (게). /오빠들. 팬클럽도 **갑**을 못 했는데..(에고..주거~) (게). /어서어서 와서 **갑** 해주세요~~* (게). ㉪가입.

갑댜기 [<갑자기] 유형 형태변이. 부 풀이 미처 생각할 겨를도 없이 급히의 뜻을 갖는 '갑자기'의 변이형. ¶나만안데는고야? 왜**갑댜기** 쳇이 안데역? (게). ㉪갑따기.

갑따기 [<갑자기] 유형 형태변이.

뮈 풀이 미처 생각할 겨를도 없이 급히의 뜻을 갖는 '갑자기'의 변이형. 원말보다 좀 어눌하고 어린아이 말투의 느낌을 준다. ¶체포언니야한테도 보낼라고 했는데 **갑따기** 칭그한테 (게). /움...**갑따기** 할말이 없넹?? (게). 관갑따기.

갑인사 [<가입+인사] 유형 새말. 명 풀이 자신이 그 모임이나 클럽 또는 동아리에 새로운 구성원으로 참여하게 되었음을 알리는 인사말. ¶**갑인사**예여~!! (게). /**갑인사**드립니다 (게). /**갑인사**입니당 (게).

갑하다 [<가입하다] 유형 형태변이. 동 풀이 어떤 단체나 모임에 구성원으로서 들어가다. ¶안냐세여???# 저는 라이코스 회원인데여...만화를 아주 저아해서 이 험피에 **갑 했떠여**...굼 이만 글 쓸께여...(게). /fangod3기는 언제 오케 **갑해여**? 알 수 있눈 방법점 갈켜주심 감솨하겠숨당~~ 참.. 어널 질문도 마나여..;;;. (게). /마마 소녀 **갑했사옵니다.** 행복채널보구 갑했더여^^* (게). 관갑하다.

갓꾸 [<가지고(가지다)] 유형 형태변이. 동 풀이 '가지다'의 활용형 '가지고'의 변이형. 주로 보조동사로 쓰인다. 주로 어린아이 말투로 원말보다 귀여운 느낌을 준다. ¶자금 아빠들어오오셔**갓꾸**. (대).

강 [<가(가다)] 유형 형태변이. 동 풀이 '가다'의 활용형 '가'의 변이형. 원말보다 귀여운 느낌을 준다. ¶낼 7시에 학교못**강**. (대).

강추 [<강력+추천] 유형 새말. 명 풀이 어떤 일이나 조건에 적합하고 우수한 사람 혹은 사물을 내세워서 적극 소개함. 주로 통신상에서 어떤 게시물이나 프로그램 따위를 적극 추천할 때 쓰는 말이다. ※매우 일반화된 통신언어 가운데 하나이다. ¶유럽 : <**강추**>빠리 시내 민박!!!. (게)./보면 후회안하실영화입니다.. 진짜 **강춤니다**.. (게). /**강추**!!! 진짜 좋아요~ (게). /진짜 **강추**!!! 껵보세염.. (게).

강추하다 [<강력+추천하다] 유형 새말. 동 풀이 어떤 일이나 조건에 적합하고 우수한 사람 혹은 사물을 내세워서 소개하다. ¶공룡을 좋아하신다면 **강추입니다** (게). /정말 재미있는 만화들..제가 **강추합니다.** (게). /'Bazura'라는 곳인데 아까 호텔 직원이 jonas가 **강추해서** 갔습니다...많은 관광객들 사이에 한국 분들도 꽤되더군여.... (게).

강퇴 [<강제+퇴장] 유형 새말. 명 풀이 강제 퇴장에서 온 말. 주로 대화방에서 대화 예절을 지키지 않을 때 방장의 권한으로 대화 참여자를 강제로 물러 나게 하는 일을 말한

다. ※매우 일반화된 통신언어 가운데 하나이다. ¶아니디 인디 **강퇴**시켜주세여 (대). /**강퇴**를 당하게 되면요. 다시 가입을 할수 없는거예요? (게) /대구고학번 99이상만..아님 **강퇴** (게).

갠 [<개인] 유형 형태변이. 명 풀이 '개인'의 변이형. ¶또 뽀뽀는 **갠** 사정때매 안된다구하거.. (게). /글구 **갠**정보 공개^^ (게).

갠적 [<개인적] 유형 형태변이. 명 풀이 '개인적'의 변이형. ¶전화자주하면 이쁜사람 ~ * 뽀뽀는 전화하능고 저아함 ㅋㅋ ——;; ↑(**갠적**으로 선도리랑하는게 조아 ㅋㄷㅋㄷ ——;) (게). /**갠적**인 잡솔은 임의적으로 삭제하였음을 밝힙니다. (게). /전 신화한테 **갠적**인 감정은 없습니다. (게).

갠전 [<개인전] 유형 형태변이. 명 풀이 '개인전'의 변이형. 인터넷 게임에서 팀을 짜지 않고 하는 게임. ¶**갠전** 하져 (대). /노템이여? #**갠전**. (대). 참팀풀.

감따 [<감사] 유형 형태변이. 명 풀이 '감사'의 변이형. 장난스러운 느낌을 준다. ¶홧팅 #**감따** (대). 관감따. 감따르. 감솨. 감쏴. 캄솨.

걍 [<그냥] 유형 형태변이. 부 풀이 '아무 조건이나 까닭없이'의 뜻을 갖는 '그냥'의 변이형. 원말보다 단

호한 느낌을 준다. ※'그냥'에 대한 대표적인 통신언어이다. ¶지금 여행사에 예약을 하신 상태인지 아닌지 몰라서 **걍** 간단하게 말씀드린거에여.... (게). /전 오늘이 녹화일 인줄 멀라서... **걍** 듣구 있었는데... **걍** 덩생버구 다 울팬들 일꺼라구 해쬬... (게). /신경이 예민한 사람은 확실한 100% 컴중독이다 자기한테 최적 맞는거 깔구 **걍** 쓰면되지 운영체계를 자꾸 바꾸는사람들은 확실한 컴중독이다. /**걍** 발딲고 이불 푸욱 덮고~!자라...~♬ (게). /**걍** 널아. (대). /낼 내려오면, **걍** 우리집으로 직행해라. (대). /엥 어케 덩생아 어빠 **걍** 장난이얌. (대). /**걍** 무료구 겜도 **걍** 이것저것있길래 한두번씩해봤더니.. (게)./ **걍** 친구에 대해서 이야기하는 방아넌가? (대). /**걍** 마음의 부담이 2학년 때보다 늘은거... (대). 관구낭. 구냥. 그냉. 기냥.

거 [<거기] 유형 형태변이. 부 풀이 그곳. '거기'의 줄임말. ¶**거** 가따온 언니 말 드러 보니까아 막 두리서 속닥거리구 해따던데. (게). 관고기.

거거 [<고 고(go go)] 유형 형태변이. 명 풀이 여럿이서 하는 인터넷 게임에서 참가자들이 게임 운영자에게 경기 시작을 재촉하는 표현. ¶저님 뭐하징 **거거거**. (대).

거래서 [<그래서] 유형 형태변이. 부 풀이 접속 부사 또는 '그리하여서'가 준 '그래서'의 변이형. ¶거 래 서 울 카 페 조 금 이 라 더 이 뿌 게. (게). /거 래 서 일 케 누 께 차 자 어 네 여 .. (게).

거런가 [<그런가(그렇다)] 유형 형태변이. 형 풀이 '그렇다'의 활용형 '그런가'의 변이형. 원말보다 어눌한 느낌을 준다. ¶거런가봐여 (대). 관구런강.

거럼 [<그럼] 유형 형태변이. 부 풀이 접속부사 '그럼'의 변이형. 원말에 비해 장난스러운 느낌을 주는 말투이다. ※게시판에서 글을 맺거나 대화방에서 대화를 마치고 나갈 때 말을 끝내는 방법으로 주로 쓰인다. ¶거럼 콘설날 봐~! *^* (게). /거럼 뼤빠뼤빵~~~~~~~ v (게). /헤헷. 거럼 안냥히 계세요~^-^*. (게). 관9럼. 검. 거럼. 고돔. 고럽. 곰. 구덤. 구람. 구럼. 구롬. 굴엄. 굴옴. 굼. 규럼. 그람. 그롬. 글엄. 글음. 금.

거롬 [<그림] 유형 형태변이. 부 풀이 접속부사 '그림'의 변이형. 원말에 비해 장난스러운 느낌을 주는 말투이다. ※게시판에서 글을 맺거나 대화방에서 대화를 마치고 나갈 때 말을 끝내는 방법으로 주로 쓰인다. ¶거롬 꺽점 립좀 달아쥬세

욧!!. (게). 관9럼. 거럼. 검. 고돔. 고럽. 곰. 구덤. 구람. 구럼. 구롬. 굴엄. 굴옴. 굼. 규럼. 그람. 그롬. 글엄. 글음. 금.

거마워 [<고마워(고맙다)] 유형 형태변이. 형 풀이 '고맙다'의 변이형. 원말보다 애교 섞인 느낌을 준다. ¶응 거마워 여벙. (대). 관곰아버.

거맙다 [<고맙다] 유형 형태변이. 형 풀이 도움이나 은혜를 입어서 마음의 흐뭇함을 느끼다. ¶거맙숨니ㄷ (^)(_)(^) <無>. (게). /ㅊ ㅐ숙옹 누 ㅑ ㄱ ㅓㅁ ㅏㅂ ㅓ요~ (게). /따랑아~♡ #ㅋㅋ 거맙당.. (게).

거얼 [<걸<것+-을] 유형 형태변이. 복 풀이 '것+-을'의 줄임말 '걸'을 다시 늘려 표현한 변이형. ¶첨으루다제. 글이란 거얼 올려 봅니다.. (게).

거하다 [<거(go)+하다] 유형 새말. 동 풀이 게임을 진행하다. ¶거함주거 (대). 참거거.

건 [<그건<그것+-은] 유형 형태변이. 복 풀이 '그것은'의 줄임말 '그건'의 변이형. ※말을 짧게 줄여 쓰려는 통신언어의 특징이 반영된 말이다. ¶건 그렇고...다른 91들은 어찌사나 모르겠당... (게). 관구건.

건데 [<근데<그런데] 유형 형태변이. 부 풀이 접속부사 '그런데'의 변이형. ¶팅구랑 정모 가구 시포서 붓들고.. 가구싶다구....ㅡㅡ; 건데 결

국엔 못갔네여.. (게). ㉿건뎅. 건뒈.
군데. 군뎁. 군뎃. 군뎅. 군뒈. 군디.
궁뒈. 근뎀. 근뎅. 근뒈. 근뒛. 근뒤.
굴온데. 글언데. 긍데. 긍뎅. 긍뒈.

건뎅 [<근데<그런데] 유형 형태변
이. 뭐 풀이 접속부사 '그런데'의
변이형. ¶**건뎅** 진짜루 애덜이 다
텝 내가 가져간줄아로..ㅠ.ㅠ 내가앞
면만 틀으라 (게). ㉿건데. 건뒈. 군
데. 군뎁. 군뎃. 군뎅. 군뒈. 군디.
궁뒈. 근뎀. 근뎅. 근뒈. 근뒛. 근뒤.
굴온데. 글언데. 긍데. 긍뎅. 긍뒈.

건뒈 [<근데<그런데] 유형 형태변
이. 뭐 풀이 접속부사 '그런데'의 변
이형. ¶**건뒈** 전 인기가요에 참석을
하지 못했죠 (게). /**건뒈** 1층사람들
이 일어서는 바람에 제대로 승준날
개 (게). ㉿건데. 건뎅. 군데. 군뎁.
군뎃. 군뎅. 군뒈. 군디. 궁뒈. 근뎀.
근뎅. 근뒈. 근뒛. 근뒤. 굴온데. 글
언데. 긍데. 긍뎅. 긍뒈.

건부 [<공부] 유형 형태변이.
　　명 풀이 '공부'의 변이형. ¶여러분은
언제나 열심히 **건부**를 하시고 (게).
㉿경부. 경브. 공브

걸구 [<그리고] 유형 형태변이. 뭐
　　풀이 접속부사 '그리고'의 변이형. ¶
걸구.. 열분덜... 홈피에 글점 마뉘마
뉘 올려주셈‿‿ (게). /Re:나의 경쟁
자가 되어줄래요..? 맞짱앙 ─+
무신 경쟁 할꼰데.....─+ **걸구**, 이

누나야넌 겨울 저아해 *^^* 가넌시
간이 두렵긴 하쥐만 ─+ (게). ㉿
구러구. 구리거. 구리겅. 굴거. 굴공.
굴구. 굴그. 그구. 그리궁. 글거. 글
경. 글고. 글구. 글굼. 글이구.

걸애두 [<그래도] 유형 형태변이.
동/형 풀이 '그리하여도' 또는 '그러
하여도'의 줄임말인 '그래도'의 변이
형. ¶**걸애두**.. 싸이빠 콘썰을 가따
왔어여~ (게). ㉿구래더¹. 구래덩.
굴더. 굴애드. 굴해드. 그래두. 글도.
글두. 글애더. 글애두. 글애드.

걸애서 [<그래서] 유형 형태변이.
뭐 풀이 접속부사 '그래서'의 변이
형. 원말보다 좀 건방진 느낌을 준
다. ¶어제눈 너무 졸려서 영어시간
에 자다가 걸렸어여.. **걸애서** 나가
서 문제풀으라고 해서 문제풀었어
여.. (게). ㉿구래더². 굴서. 굴애서.
굴해서. 글서. 글애떠. 글애서.

검 [<그럼] 유형 형태변이. 뭐 풀이
접속부사 '그러면'의 준말인 '그럼'
의 변이형. ¶세가지 영화를 추천하
지‿‿ **검** 영화들 잘보라구‿‿ 바이
바이 (게). /다 헛수고~?? **검** 이
만.. (게). ㉿9럼. 거럼. 거롬. 고돔.
고럽. 곰. 구덤. 구람. 구럼. 구롬.
굴엄. 굴옴. 굼. 규럼. 그람. 그롬.
글엄. 글음. 금.

경개하다 [<공개하다] 유형 형태변
이. 동 풀이 '공개하다'의 변이형. ¶

치사한너마..... 비경개루 하냐??? 제발 **경개해라**... (게).

경방 [<공개+방송] 유형 새말. 명 풀이 '공개'의 변이형인 '경개'와 '방송'이 결합한 '경개방송'의 생략 형태. ¶지금 광주 **경방**에 가신분들.... 응원 열나 마니 해주시구엽 (게). 관공방.

경버하다 [<공부하다] 유형 형태변이. 동 풀이 '공부하다'의 변이형. ¶영민아 열심히 **경버하경** (게). 관경부하다.

경부 [<공부] 유형 형태변이. 명 풀이 '공부'의 변이형. 원말보다 장난스러운 느낌을 준다. ※ㅗ>ㅓ 유형의 변이형이다. ¶시험기간인데 왜이리 공부가 하기 싫은건지... 님들은 내 맘 이해하실꺼라 믿어요 **경부**가 안된다면 날씨 탓일꺼에염 ^^ (게). 관건부. 경브. 공브

경부하다 [<공부하다] 유형 형태변이. 동 풀이 '공부하다'의 변이형. ¶암턴 기분이 업!!!!! **경부할** 맘을 더욱 돋아준것은..바루!!!!! 31일날 나올 카달로그랑 (머랬더라..아...^^;)사은품을!! 드러오는대루 내꺼 챙겨놓으시겠다거. (게). 관**경버하다.**

경브 [<공부] 유형 형태변이. 명 풀이 '공부'의 변이형. ¶암퉁 올전일제 C.A라스리 **경브** 안해가꼬 넘흐 기분 져아뜨훗─∩∨∩ (게).

관건부. 경부. 관건부. 경부. 공브

경연 [<공연] 유형 형태변이. 명 풀이 '공연'의 변이형. 원말보다 어눌한 느낌을 준다. ¶**경연**이 업어 서구런쥐 (대).

경주 [<공주] 유형 형태변이. 명 풀이 '공주'의 변이형. ¶Re:Re:애거~바붕^^ 그럼~~~~나두~~~~이쁜 **경주**~~~~~메렁^^ (게). 관경쥬.

경쥬 [<공주] 유형 형태변이. 명 풀이 '공주'의 변이형. ¶노래가 넘조아서 누군지 봤더니...이야~이뿐 **경쥬**님이넹...ㅎㅎㅎ;; (게). 관경주.

경지사항 [<공지+사항] 유형 형태변이. 명 풀이 '공지'의 변이형인 '경지'와 '사항'이 결합한 형태. ※ㅗ>ㅓ 유형의 변이형이다. ¶**경지사항** 까페 운영자를 모집함당. 내가 컴을 그리 잘하는 편이 아니라서리 까페를 나랑 같이 꾸밀 여인네나 남정네를 모집합니다. (게).

경짜 [<공짜] 유형 형태변이. 명 풀이 '공짜'의 변이형. 원말보다 어눌한 느낌을 준다. ※ㅗ>ㅓ 유형의 변이형이다. ¶돈내구 겜하면 특권이구 **경짜**루 겜하면 버러지들이냐 (게). 관경짜.

게뛰판 [<게시판] 유형 형태변이. 명 풀이 '게시판'의 변이형. 장난스러운 말투이다. ¶미소만 터지눈........ 나라 홈피 **게뛰판**. (게). 관겟판.

게석 [<계속] 유형 형태변이. 명/부
풀이 '계속'의 변이형. 원말보다 좀
어눌한 느낌을 준다. ¶뉴논에서 **게
석** 나라누나 주인공이당..ㅋㅋ (게).
관계석. 깨속. 꼐속.

겜 [<게임] 유형 형태변이. 명 풀이
'게임'인 변이형. ※말을 짧게 줄여
쓰려는 통신언어의 특징이 반영된
말이다. ¶**겜**할라구 가시는거에염
(대). /우리 **겜**할까? ..[소재석] (대).
/**겜**하는 애덜은 욕을 잘한다 ㅋㅋ.
(대). /현진아 **겜** 진짜 안할꼬야
(대). /오락실에 들어서니 정말 할
겜이 없더군요 (게).

겜방 [<게임+방] 유형 새말.
명 풀이 컴퓨터를 이용하여 온라인
게임을 할 수 있도록 갖추어 놓은
곳. ¶**겜방**에서 하문 왜케 돈이 아
까운지... (게). /오랜만에 **겜방**와서
잠깐 들립니다... (게).

겜상 [<게임+-상(上)] 유형 새말.
명 풀이 게임의 장면이나 상황. ¶
겜상 아바타 아뒤는 너만의 천사꼬
<~이고거던염.. (게).

겟판 [<게시판] 유형 형태변이. 명
풀이 여러 사람에게 알릴 내용을
내붙이거나 내걸어 두루 보게 붙이
는 판(板). ¶언제 **겟판**이 바뀌었을
까나..-_a 이뿌네염..^-^ (게). /윤
정이의 **겟판** 마니마니 애용해 주셉
엽~~~~~저의 **겟판** 마니마니 애용

해 주세엽 (게). 관게뛰판.

겨론하다 [<결혼하다] 유형 형태변
이. 동 풀이 '결혼하다'의 변이형. 현
실 발음을 반영한 표기이다. ¶우리
앞으로 친해져서 언제가 될쥐 몰지
만 **겨론해서** 집들이 할때 도와더라
~~근데 나 누군지 기억하쥐??? (게).

겨육 [<교육] 유형 형태변이.
명 풀이 '교육'의 변이형. 원말보다
좀 어눌한 느낌을 준다. ¶애기해보
자면 울학겨엔 벌점20점 넘으면 겨
정**겨육**을 하겨든.. (게).

겨정 [<교정] 유형 형태변이.
명 풀이 '교정의 변이형. 원말보다
좀 어눌한 느낌을 준다. ¶애기해보
자면 울 학겨엔 벌점20점 넘으면 겨
정**겨육**을 하겨든.. (게).

겨환 [<교환] 유형 형태변이.
명 풀이 '교환'의 변이형. ¶**겨환**만
합니다..아님..팔수도 있는데..거의
파라본적 어씀.. (게)./사진**겨환**방..
사진가꺼와~ (대).

겨환방 [<교환+방] 유형 새말. 명
풀이 서로 물물을 교환하기 위한 통
신상의 장소 넷티즌끼리 통신상에
서 프로그램이나 영화, 음악 따위의
파일을 교환하기 위한 목적으로 만
들어진 게시판이나 대화방을 말한
다. ¶사진**겨환방**..사진가꺼와~ (대).

격 [<기억] 유형 형태변이. 명 풀이
'기억'의 변이형. ¶오늘 하루종일 떤

격밖에 안나네염 흑흑 ^^: (게).

격나다 [<기억나다] 유형 형태변이. 동 풀이 '기억나다'의 변이형. ¶이거 전부다 **격나**??? (게).

격력 [<기억력] 유형 형태변이. 명 풀이 '기억력'의 변이형. ¶Re:세월이 지나두~ 가끔 기억해죠두 좋을텐데^^난 **격력** 좋은데.... 기억하구 잊혀지구.. 어떻게 어떻게 잊혀짐이 아니구 추억이란 이름으로 자리 잡구있을 꺼에요^^ 어제본 못말리는 비행사님 난 기억하는데..^^ (게).

격하다 [<기억하다] 유형 형태변이. 동 풀이 '기억하다'의 변이형. ¶저번에 너꺼..다음 까페 가서..글 남겼눈데..**격하련지** 몰겠따.. (게).

겸다 [<귀엽다] 유형 형태변이. 형 풀이 '귀엽다'의 변이형. 원말보다 귀여운 느낌을 준다. ¶어떻게 이런 걸 만둘생각을?? 근데 증말 **겸네염** ^^ (게). 관겹다. 기엽다.

겹다 [<귀엽다] 유형 형태변이. 형 풀이 예쁘고 사랑스럽다. '귀엽다'의 변이형. 원말보다 깜직한 느낌을 준다. ¶딸기눈 정말 **겹게** 생겼뜨라~~ ㅋㄷㅋㄷ (게). 관겸다. 기엽다.

경기더 [<경기도] 유형 형태변이. 명 풀이 '경기도'의 변이형. ¶하루에 키스10번 이상 할 수 있는 여자 (**경기더만**) (게).

계란한판 [<계란 한 판] 유형 의미 전이. 복 풀이 계란 한 판이 30개인 것을 비유하여 나이가 30세가 됐음을 비유적으로 일컫는 말. ¶군데 나이를 보니...허격...38살...40살...이러지 머여여? 어찌나 널랐든지....ㅠ.ㅠ....전 이제 **계란한판**인데여 했드니... 글쎄 나버거 영계라자나여...허격...ㅠ.ㅠ (게).

계석 [<계속] 유형 형태변이. 명/부 풀이 '계속'의 변이형. 원말보다 좀 어눌한 느낌을 준다. ¶갈켜 주신다면 오늘부터 **계석** 울 싸군 동영상을 캡처해서 올리도록 하지요.; (게). 관계석. 깨속. 계속.

계석하다 [<계속하다] 유형 형태변이. 동 풀이 '계속하다'의 변이형. ¶맴버남자눈 씨발 거리구 -_-글애두 **계석 했저** (게).

고기 [<거기] 유형 형태변이. 명 풀이 '거기'의 변이형. 원말보다 귀여운 느낌을 준다. ¶저기염..이엑스러브이짜나염... **고기서** 타임아웃 되서...다시 접속하눈뎅... (게). 관거.

고돔 [<그럼] 유형 형태변이. 부 풀이 접속부사 '그러면'의 준말인 '그럼'의 변이형. 원말보다 좀 어눌한 느낌을 준다. ¶저 뎌 잉 쒜 함 버 닐 볼 려 구 욥,,, **고 돔** 님 덜 ㅃㄴ^^ .. (게). /하 늘 이 훽 님 은 보 세 효 하 늘 이 멜 듀 소 를 알 게 돼 어 서 님 들 쾅 가 티

정 보 를 나 누 긔 의 해 바 릐 바 릐 글 을 얼 립 니 닷 **고 돔** 님 덜 져 운 결 과 있 길 ,,, (게). [관]9럼. 거럼. 거롬. 검. 고럽. 곰. 구덤. 구람. 구럼. 구롬. 굴엄. 굴옴. 굼. 규럼. 그람. 그롬. 글엄.글음. 금.

고딍 [<고딩<고등] [유형] 형태변이. [명] [풀이] '고등학생'을 일컫는 통신 언어 '고딩'의 변이형. ¶**고딍**시절 또 갓 대학에 다니던 80년대의 추억에 젖어 상추튀김 1인분에 5백원 하던 충장로 2가~3가의 뒷 골목 무등극장에서 학생회관 대강당에 그리고 제일극장에 까지 이르는 골목이 떠올랐다 (게). [관]고딩. [참]초딩. 중딩. 대딩. 직딩. 노딩. -딩.

고딩 [<고등] [유형] 형태변이. [명] [풀이] 고등학생을 일컫는 말. ¶이뿐이 **고딩**여 들어와영~ (게). / 대통령은 즉시 계엄령을 내려 모든 조폭을 **고딩**이든 어른이든 다 죽여 없애야 한다. 읽어주셔서 감사합니다. (게). [관]고딍. [참]중딩. 고딩. 대딩. 직딩. 노딩. -딩.

고뜨리 [<고(高)+스리(three)] [유형] 새말. [명] [풀이] 고등학교 3학년을 일컫는 말. ※'고등학교 3학년'을 일반적으로 '고3'이라고 하는데, 여기서 '3'을 영어로 표현하여 '스리'로, 다시 '쓰리'를 장난스럽게 표현하여 '뜨리'로 나타낸 말이다. ¶**고뜨리**의 비참함아시져?!... 교복이 점점 안 마쟈가는.....(ㅠㅜ;) (게). [관]고쓰리.

고럼 [<그런] [유형] 형태변이 [관] [풀이] '그런'의 변이형. ¶**고럼**깃 발안돼 (대). [관]구런.

고럽 [<그럼] [유형] 형태변이. [부] [풀이] 접속부사 '그러면'의 준말인 '그럼'의 변이형. ¶**고럽** 빠빠이~! (게). [관]9럼. 거럼. 거롬. 검. 고돔. 곰. 구덤. 구람. 구럼. 구롬. 굴엄. 굴옴. 굼. 규럼. 그람. 그롬. 글엄. 글음. 금.

고렙 [<고(高)+레벨(level)] [유형] 새말. [명] [풀이] 게임에서 높은 단계. ¶전 **고렙**은 아니지만 아템은 있어여~ (게).

고만[1] [<그만] [유형] 형태변이. [부] [풀이] '그 정도'의 뜻을 갖는 '그만'의 변이형. 원말보다 귀여운 느낌을 준다. ¶**고만**덜좀 싸우시거여 (게). [관]구만. 굼암.

고만[2] [<그만한(그만하다)] [유형] 형태변이. [형] [풀이] '그만하다'의 활용형 '그만한'의 변이형. ¶멀 **고만** 일루 충격 받쥐? (대).

고맙뜹미다 [<고맙습니다(고맙다)] [유형] 형태변이. [형] [풀이] '고맙습니다'의 변이형. 어린 아이들의 발음을 흉내내어 귀여운 느낌을 준다. ¶정말 진짜 **고맙뜹미다**. (게).

고쇼하다 [<고소하다] 유형 형태변이. 형 풀이 '고소하다'의 변이형. 미운 사람이 잘못되는 것을 마음 속에 재미있게여김을 비유하는 말. ¶누가잔꾀를부려?아이**고쇼한다**.니. 췟~! (게).

고쓰리 [<고(高)+스리(three)] 유형 새말. 명 풀이 고등학교 3학년을 일컫는 말. ※'고등학교 3학년'을 일반적으로 '고3'이라고 하는데, 여기서 '3'을 영어로 표기한 형태. ¶니 며쌀이닝 # **고쓰리** (대). 관고뜨리.

고차주다 [<고쳐 주다] 유형 형태변이. 복 풀이 '고쳐 주다'의 변이형. 원말보다 다소 촌스러운 느낌을 준다. ¶글씨를첫꺼든여...근데... 굉장히늦게뜨네여... 제발! **고차주십시요** (게).

곤데 [<건데<것+-이다] 유형 형태변이. 복 풀이 의존명사 '것'과 '-이다'의 활용형 '-인데'가 결합한 '것인데'의 변이형. ¶제 띤 구 삼 촌 이 촬 영 부 쪽 에 서 일 해 서 갈 키 듄 **곤 데**;; 허 걱 ;; 자 쉐 히 넌 머 르 늬 까 아 니 더 라 더 역 하 즤 마 쉐 혀 .. (게).

곧바러 [<곧바로] 유형 형태변이. 부 풀이 '곧바로'의 변이형. 원말보다 좀 어눌한 느낌을 준다. ※ㅗ>ㅓ 유형의 변이형이다. ¶저 월욜날되믄 **곧바러** 팬클 가입할람미다.. (게).

곰 [<그럼] 유형 형태변이. 부 풀이 접속부사 '그러면'의 준말인 '그럼'의 변이형. ¶구식 글체로 쏩니당 **곰** 안냥히 (게). 관9럼. 거럼. 거롬. 검. 고돔. 고럽. 구덤. 구람. 구럼. 구롬. 굴엄. 굴옴. 굼. 규럼. 그람. 그롬. 글엄. 글음. 금.

곰아버 [<고마워 (고맙다)] 유형 형태변이. 형 풀이 '고맙다'의 활용형인 '고마워'의 변이형. ㅂ변칙을 규칙형으로 표기한 형태이다. ¶모두 덜 **곰아버영**..^-^ (게). 관거마워.

공방 [<공개+방송] 유형 새말. 명 풀이 방송국의 스튜디오나 강당 따위 방송을 제작하는 자리에 방청객을 모아 놓고 실제의 방송 상황을 보이면서 하는 방송. ¶내가 **공방** 밥그릇 콘서트 이후 안나간거.. 누구 때문인지.. 뻔히 알면서. 눈치없이 그런 소리가 나오나보지.. (게). /또 지방에 산다는 이유 하나로 **공방**도 한번도 못가보고..ㅠ.ㅠ여기 님들 너무너무 부럽네요.. (게). /저는 **공방**도 가본 적 없고, 가입도 늦게 해서 지난 서울 콘서트 때 회원님들을 알아보기 힘들었어요. (게). / **공방** 때 봐여~ (게). /금 모두덜 공**방**때 봐여~ (게).

공브 [<공부] 유형 형태변이. 명 풀이 '공부'의 변이형. ¶그 날.. **공 브 하 능 건 가?** (게). 관건부.

경부. 경브.

공피 [<공식+홈페이지] 유형 새말. 몡 풀이 팬들이 만들어 놓은 것이 아닌 연예인의 기획사 쪽에서 관리하는 공적인 홈페이지. ¶투야**공피**가 글 조회수가 저조하다.. (게).

과욘 [<과연] 유형 형태변이. 뮌 풀이 '과연'의 변이형. 원말보다 결과에 대해 더 부정적인 느낌을 준다. ¶전공책을... 빨랑.. 좋아하면.. 일게 될 날은 **과욘**.. 혁재에게 올것인가... !!! (게).

관팀 [<관(冠)+팀(team)] 유형 새말. 몡 풀이 게임을 잘하는 금관(金冠) 또는 은관(銀冠)이 속한 팀. ¶우린 **관팀**이넹 (대).

곱하다 [<갑하다<가입하다] 유형 형태변이. 둉 풀이 어떤 단체나 모임에 구성원으로 들어가다. ※'가입하다'의 1차 변이형인 '갑하다'의 2차 변이형이다. ¶**곱해소** 인사 함돠... (게). 뀐갑하다.

광팬 [<광적이다+팬(fan)] 유형 새말. 몡 풀이 유명 연예인이나 인사를 매우 열광적으로 좋아하는 사람. ¶성욱이오빠 **광팬**인데여 (게). / 저는 드래곤볼 **光팬**인데요...... (게).

괘니 [<괜히] 유형 형태변이. 뮌 풀이 아무 까닭이나 필요가 없이. '괜히'의 변이형. 소리나는 대로 표기한 형태이다. ¶**괘니** 죄없는 사람들만 다죽고........ (게).

교쉬 [<교시(敎時)] 유형 형태변이. 몡 풀이 학교의 수업시간. '교시'의 변이형. 원말보다 힘주어 말하는 느낌을준다. ¶학겨1**교쉬**.... (게).

구 [<그] 유형 형태변이. 괜 풀이 관형사 '그'의 변이형. 원말보다 좀 촌스러운 느낌을 준다. ¶**구**담 대화창이 안뜨구 여어 뜨케 된거에여? (게). /우선 **구**여자분에게 새로운 사람이 나타나지 않았다면 그분과 첨만났던 곳에서 자그마한 이벤트를~~호훗^^ (게).

구건 [<그건<그것+-은] 유형 형태변이. 뵉 풀이 '그건'의 변이형. 원말보다 어눌한 느낌을 준다. ¶**구건** 없네여. (대). 뀐건.

구게 [<그게<그것+-이] 유형 형태변이. 뵉 풀이 '그것이'의 준말. 원말보다 어눌한 느낌을 준다. ¶**구게** 알고 싶어영 (게).

구냥 [<그냥] 유형 형태변이. 뮌 풀이 '아무 조건이나 까닭없이'의 뜻을 갖는 '그냥'의 변이형. 원말보다 좀 어눌한 느낌을 준다. ¶**구냥**보내바~ (게). 뀐걍. 구냥. 걍. 구낭. 구냥. 그냥. 기냥.

구냥 [<그냥] 유형 형태변이. 뮌 풀이 '아무 조건이나 까닭없이'의 뜻을 갖는 '그냥'의 변이형. 원말보다 좀 어눌한 느낌을 준다. ¶**구냥** 그것만 누르는거에여? 아님 그

거랑 플레이 버튼을 가치 누르는거
에여? 헤헷. 거럼 안녕히 계세
요~^-^*. (게). /그 전에 경림양에게
도 했지만.. **구냥** 끈었죠..떨려서
뤼..^^;;. (게). /**구냥** 너래라 들을까.
(대). ㉮걍. 구낭. 그냥. 기냥.

구대루 [<그대로] 유형 형태변이.
㉮ 풀이 '본디 모양대로'를 뜻하는
'그대로'의 변이형. 원말보다 좀 무
뚝뚝한 느낌을 준다. ¶말**구대루** 멜
팅할 여팅을 구해여~ (게).

구덕하다 [<구독하다] 유형 형태변
이. 동 풀이 '구독하다'의 변이형. ¶
제 인포 **구덕해** 주세염.... (게).

구덤 [<그럼] 유형 형태변이.
㉮ 풀이 접속부사 '그러면'의 준말인
'그럼'의 변이형. 좀 어눌한 느낌을
준다. ¶**구덤**..... ㅃ ㅏ ㅃ ... (게). ㉮
9럼. 거럼. 거롬. 검. 고돔. 고럽. 곰.
구람. 구럼. 구롬. 굴엄. 굴옴. 굼. 규
럼. 그람. 그롬. 글엄. 글음. 금.

구람 [<그럼] 유형 형태변이.
㉮ 풀이 접속부사 '그러면'의 준말
인 '그럼'의 변이형. ¶저더 정팅때
올께훗 ..;; 엉젠지 말더 앙해주구
ㅠ0ㅠ 미보미보 ㅠ0ㅠ **구람** 님들아
ㅡㅜ 후울쩍~ 안냐줌때훗 ^--^* /
구람 천사는..;; ㅂㅂ 띠룽ㅇㅇㅇㅇㅇ
ㅇㅇㅇㅇㅇㅇㅇㅇ (게). /**구람** 져
디를 마니마니 사랑 해주세영!!!!♡
(게). ㉮9럼. 거럼. 거롬. 검. 고돔.

고럽. 곰. 구덤. 구럼. 구롬. 굴엄.
굴옴. 굼. 규럼. 그람. 그롬. 글엄.
글음. 금.

구랍뉘까 [<그렇습니까(그렇다)]
유형 형태변이. 형 풀이 '그렇다'의
활용형 '그렇습니까'의 변이형. 원말
보다 힘주어 말하는 느낌을 준다. ¶
안~~**구랍뉘까**?? 열분~~ㅋㅋㅋ (게).

구래 [<그래 유형 형태변이.
㉮ 풀이 긍정하는 뜻으로 대답하거
나 가벼운 놀라움을 나타낼 때 쓰
는 '그래'의 변이형. ¶**구래** 남자 머
해 응. (대). /**구래** 어쨌든 전화 때
려..!! (게). /**구래**? (대). ㉮구랭.

구래더¹ [<그래도] 유형 형태변이.
동/형 풀이 '그리하여도' 또는 '그러
하여도'의 줄임말인 '그래도'의 변이
형. ¶오늘 날씨 약간 꾸리꾸리하
져...? **구래더** 대빵즐거운 하루되세
여...ㅎㅎㅎ 구럼... (게). ㉮걸애두.
구래덩. 굴더. 굴애드. 굴해드. 그래
두. 글도. 글두. 글애더. 글애두. 글
애드.

구래더² [<그래서] 유형 형태변이.
㉮ 풀이 접속부사 '그래서'의 변이
형. 원말보다 좀 어눌한 느낌을 준
다. ¶**구래더** 여즘에 학언 댕기느라
고 멋보눈데..!! (게). ㉮걸애서. 굴
서. 굴애서. 굴홰서. 글서. 글애떠.
글애서.

구래덩 [<그래도] 유형 형태변이.
동/형 풀이 '그리하여도' 또는 '그러하여도'의 줄임말인 '그래도'의 변이형. ¶**구래덩** 오늘 인기가요에 ㄴㅏㄹ ㅏ누낭 ㄴ ㅏㅇ ㅓㅈ ㅕ? (게). 관걸애두. 구래더¹. 굴애드. 굴해드. 그래두. 글도. 글두. 글애더. 글애두. 글애드.

구래떠뉘 [<그랬더니(그렇다)] 유형 형태변이. 형 풀이 '그렇다'의 활용형. '그랬더니'의 변이형. ¶**구래떠뉘**.. 일케 보내떠효..^-^ (게). 관그래떠니.

구랭 [<그래] 유형 형태변이. 깜 풀이 긍정하는 뜻으로 대답하거나 가벼운 놀라움을 나타낼 때 쓰는 '그래'의 변이형. 원말보다 귀여운 느낌을 준다. ¶**구랭**.. (대). /**구랭**..잘장~ (대). 관구래.

구러구 [<그리고] 유형 형태변이. 뮈 풀이 접속부사 '그리고'의 변이형. ¶**구러구**서 여러 게시판에 이 글을 올려여,,,그렇게만 하면 5일후에 어마어마한 돈이 들어와여...^^ 꿈만갔져? **** (게). 관걸구. 구리거. 구리경. 굴거. 굴공. 굴구. 굴그. 그구. 그리궁. 글거. 글겅. 글고. 글구. 글굼. 글이구.

구러뉘까 [<그러니까(그렇다)] 유형 형태변이. 형 풀이 '그렇다'의 활용형 '그러니까'의 변이형. 원말보다 어감이 어둡고 어눌한 느낌을 준다. ¶그리공.옵빠.장염때문에 한참.아푸실때. 보약그림이.그려진.멜을.날렸거덩여 **구러뉘까**. (게). 관구러니까. 근까. 글어늬깐. 글오니까. 긍까.

구러니까 [<그러니까(그렇다)] 유형 형태변이. 형 풀이 '그렇다'의 활용형 '그러니까'의 변이형. 원말보다 좀 어눌한 느낌을 준다. ¶**구러니깐** 냅버자. (대). 관구러뉘까. 근까. 글어늬깐. 글오니까. 긍까.

구러튀만 [<그렇지만(그렇다)] 유형 형태변이. 뮈 풀이 '그렇다'의 활용형 '그렇지만'의 변이형. ¶**구러튀만** 저능 지금 울거시픈 심정이라눼~ (게). 관글취만.

구런 [<그런] 유형 형태변이. 관 풀이 '그런'의 변이형. 원말보다 어눌한 느낌을 준다. ¶**구런**거에 속한 것에는 명탐정 코난도 있습니다 (게). /**구런**데두 있어여???^~~ (대). 관고럼.

구런강 [<그런가(그렇다)] 유형 형태변이. 형 풀이 '그렇다'의 활용형 '그런가'의 변이형. 원말보다 귀여운 느낌을 준다. ¶**구런강**??? (대). 관거런가.

구런쥐 [<그런지(그렇다)] 유형 형태변이. 형 풀이 '그렇다'의 활용형 '그런지'의 변이형. 원말보다 귀

여운 느낌을 준다. ¶경연이 업어서 **구런쥐** (대).

구럼 [<그럼] 유형 형태변이.
　뮈 풀이 접속부사 '그러면'의 준말인 '그럼'의 변이형. 원말보다 좀 단호한 느낌을 준다. ※'그럼'의 가장 대표적인 변이형이다. 게시판에서 글을 마치거나 대화방에서 대화를 마치고 나갈 때 쓰는 말. ¶**구럼ㅃㄴㅃㄴ.** (대). /**구럼** 이만 빠빠렁~/ **구럼..**다덜.. 낼보구.. /올려주셨음하네여~ # **구럼..** ②앞의 내용을 전제로 새로운 주장을 할 때 쓰는 접속부사. ¶다른 영화라도 꼭 같이 보고 싶네염.. **구럼..** 리플 기대합니다염... 빠빠시 ~~@^^@ (게). 관9럼. 거럼. 거롬. 검. 고돔. 고럽. 곰. 구덤. 구람. 구롬. 굴엄. 굴옴. 굼. 규럼. 그람. 그롬. 글엄. 글음. 금.

구로묜 [<그러면] 유형 형태변이.
　뮈 풀이 접속부사 '그러면'의 변이형. ¶아이고- 허리야... 달빛옵 이케 아파서 화날때두 사탕무거야해?? --; **구로묜** 안아포?? (게). 관구면. 굴믄. 그면. 글면. 글폰. 글믄. 글면서.

구롬 [<그럼] 유형 형태변이.
　뮈 풀이 접속부사 '그러면'의 준말인 '그럼'의 변이형. 원말보다 어감이 어둡고 장난스러우며 어눌한 느낌을 준다. ¶**구롬** 이만..... 저도 이거 들은 정보라서여........ (게). 관9

럼. 거럼. 거롬. 검. 고돔. 고럽. 곰. 구덤. 구람. 구럼. 굴엄. 굴옴. 굼. 규럼. 그람. 그롬. 글엄. 글음. 금.

구리거 [<그리고] 유형 형태변이.
　뮈 풀이 접속부사 '그리고'의 변이형. 원말보다 좀 어눌한 느낌을 준다. ¶오빠얌.. 기억 안나나.. 1구100언...푸하하.. 님덜.. 주조기오빠눈 한입가지거 백마디해여.. **구리거** 그짓말을 밥먹드시 하거여 (게). 관걸구. 구러구. 구리겅. 굴거. 굴공. 굴구. 굴그. 그구. 그리궁. 글거. 글겅. 글고. 글구. 글굼. 글이구.

구리겅 [<그리고] 유형 형태변이.
　뮈 풀이 접속부사 '그리고'의 변이형. ¶**구리겅**~멜 점 마니 버내줘~ (게). 관걸구. 구러구. 구리거. 굴거. 굴공. 굴구. 굴그. 그구. 그리궁. 글거. 글겅. 글고. 글구. 글굼. 글이구.

구림 [<그림] 유형 형태변이.
　몡 풀이 '그림'의 변이형. 원말보다 어눌한 느낌을 준다. ¶구냥 **구림**나오면 띡띡 후다닥. (대).

구만 [<그만] 유형 형태변이.
　뮈 풀이 '그 정도'의 뜻을 갖는 '그만'의 변이형. 원말보다 좀 어눌한 느낌을 준다. ¶굼 난 빈혈뗌에 **구만..** (게). 관고만. 굼암.

구만하다 [<그만하다] 유형 형태변이. 혱 풀이 '그만하다'의 변이형. ¶그럼 컴 **구만하궁** (대).

구면 [<그러면] 유형 형태변이.
뫼 풀이 접속부사 ‘그러면’의 변이
형. ¶**구면** 아넌 분들 리플 부탁해
여 (게). 꽌구로폼. 굴믄. 그면. 글
면. 글폰. 글믄. 글면서.

구중 [<그중] 유형 형태변이.
뎽 풀이 ‘범위가 정해진 여럿 가운
데’의 뜻인 ‘그중’의 변이형. ¶또 **구
중**에서 계상.준형. 이 두명이 젤루
좋아용~ (게).

구징 [<그치<그렇지] 유형 형태변
이. 꺔 풀이 ‘그렇지’의 입말체인
‘그치’의 변이형. 원말보다 귀여운
느낌을 준다. ¶**구징** 오키야??. (대).
꽌구징. 구징. 구치. 글지.

구치 [<그치<그렇지] 유형 형태변
이. 꺔 풀이 ‘그렇지’의 입말체인
‘그치’의 변이형. 원말보다 애교스러
운 느낌을 준다. ¶**그때더** 밤이었겠
다..**구치**? (대). 꽌구징. 구치. 글지.

군거야 [<그런거야(그런 것이다)]
유형 형태변이. 뫽 풀이 ‘그런 것이
야’의 입말체 ‘그런 거야’의 변이형.
¶[할말있어요!!!!]Re:Re:내가　이럴줄
알았어 --;난 절대 변태 아니라궁~~
잉~징짜 싱기해서 **군거야**~ (게).

군데 [<근데<그런데] 유형 형태변
이. 뫼 풀이 접속부사 ‘그런데’의 변
이형. 원말보다 좀 어눌한 느낌을
준다. ¶**군데** 오빠들 별루 않조아하
는 애가 갑자기...”그래 그거사~~이

번에 강타노래 조태...”-0-. (게). /**군
데** 진짜 가보니까.. 3학년 교무실
바로옆에 대학교 포스터가 붙어있
는곳이 있거든여.. 거기 칠현오빠의
KTF사진이.. (게). /**군데** 여기서 웬
남자의 먹서리가 들리궁... 냐:엉??
군데 왜 진이랑 먹서리가 같지??.
(게). /**군데** 제가 또 화를 냈군요..
(게). /**군데**.....저두 얼마전에 덕수궁
을 댕겨왔는데.... (게). /**군데**영 30
명 바께 안나와서영. (게). 꽌건데.
건뎅. 건뒈. 군뎁. 군뎃. 군뎅. 군뒈.
군디. 궁뒈. 근뎀. 근뎅. 근뒈. 근뒛.
근뒤. 굴온데. 글언데. 긍데. 긍뎅.

군뎁 [<근데<그런데] 유형 형태변
이. 뫼 풀이 접속부사 ‘그런데’의 변
이형. 원말보다 좀 장난스러운 느낌
을 준다. ¶**군뎁** 수원콘썰 때. 키크
신분 옆에 앉았눈뎁. (게). 꽌건데.
건뎅. 건뒈. 군데. 군뎃. 군뎅. 군뒈.
군디. 궁뒈. 근뎀. 근뎅. 근뒈. 근뒛.
근뒤. 굴온데. 글언데. 긍데. 긍뎅.
긍뒈.

군뎃 [<근데<그런데] 유형 형태변
이. 뫼 풀이 접속부사 ‘그런데’의 변
이형. 원말보다 좀 힘주어 말하는
느낌을 준다. ¶**군뎃**.. 그친구가.. 오
늘 뮤플가는디.,. (게). 꽌건데. 건뎅.
건뒈. 군데. 군뎁. 군뎅. 군뒈. 군디.
궁뒈. 근뎀. 근뎅. 근뒈. 근뒛. 근뒤.
굴온데. 글언데. 긍데. 긍뎅. 긍뒈.

군뎅 [<근데<그런데] 유형 형태변이. 뿌 풀이 접속부사 '그런데'의 변이형. 원말보다 좀 장난스러운 느낌을 준다. ¶**군뎅** 은갱이 바부얌 회신전화뜨잖아... (게). 관건데. 건뎅. 건돼. 군데. 군뎁. 군뎃. 군돼. 군디. 궁돼. 근뎀. 근뎅. 근돼. 근뒀. 근뒤. 굴온데. 글언데. 긍데. 긍뎅. 긍돼.

군돼 [<근데<그런데] 유형 형태변이. 뿌 풀이 접속부사 '그런데'의 변이형. ¶**군돼** 왜 업뎃을 안하거 5집 때 그대로져?????? (게). 관건데. 건뎅. 건돼. 군데. 군뎁. 군뎃. 군뎅. 군디. 궁돼. 근뎀. 근뎅. 근돼. 근뒀. 근뒤. 굴온데. 글언데. 긍데. 긍뎅. 긍돼.

군디 [<근데<그런데] 유형 형태변이. 뿌 풀이 접속부사 '그런데'의 변이형. ※'그런데'의 경기도 방언형은 '근다'이다. ¶**군디** 이넘 왜 이름이 짱돌이예요?? (게). /**군디** 어널따라 애덜이 안오네. (대). 관군데. 근데. 근디. 관건데. 건뎅. 건돼. 군데. 군뎁. 군뎃. 군뎅. 군돼. 궁돼. 근뎀. 근뎅. 근돼. 근뒀. 근뒤. 굴온데. 글언데. 긍데. 긍뎅. 긍돼.

굴 [<글] 유형 형태변이. 명 풀이 '글'의 변이형. 원말보다 어눌한 느낌을 준다. ¶참고로..제 **굴**은 사랑얘기예여.. (게).

굴거 [<그리고] 유형 형태변이. 뿌 풀이 접속부사 '그리고'의 변이형. ¶**굴거** 요전으 구것(☆)은 잘 바닷단게효--ㅋ _ㅋ ∨딸기쨩!! (게). /**굴거** 널쥐만 말거 온리퉤 쩍울 날리료무나 --_--∨(게). 관걸구. 구러구. 구리거. 구리겅. 굴공. 굴구. 굴그. 그구. 그리궁. 글거. 글겅. 글고. 구. 글굼. 글이구.

굴공 [<그리고] 유형 형태변이. 뿌 풀이 접속부사 '그리고'의 변이형. 원말보다 귀여운 느낌을 준다. ¶나중에 체중감량하고 입고 싶었던 옷을 사는거져~ (^^) **굴공** 한달에 한번 모일땐 술을 먹거나 그런게 아니거 같이 등산을 한다던지.. (게). 관걸구. 구러구. 구리거. 구리겅. 굴거. 굴구. 굴그. 그구. 그리궁. 글거. 글겅. 글고. 글구. 글굼. 글이구.

굴구 [<그리고] 유형 형태변이. 뿌 풀이 접속부사 '그리고'의 변이형. ¶**굴구** 슈언니가 동료끼리 만든 야채가족서 당근 이래자나여.. 유진어냐눈 고구마거.. 슈언니테 온 멜닉넴 보니깐 당근수영인가?당근수영이 인가?. (게). /**굴구** 학겨가서 적응 잘 안되더라두 힘내시구여　(게). 관걸구. 구러구. 구리거. 구리겅. 굴거. 굴공. 굴그. 그구. 그리궁. 글거. 글겅. 글고. 글구. 글굼. 글이구.

굴그 [<그리고] 유형 형태변이. 뿌 풀이 접속부사 '그리고'의 변이

형. ¶굴그 전 psy노래를 다 외우고 있습니다 (게). ㉿걸구. 구러구. 구리거. 구리겅. 굴거. 굴공. 굴구. 그구. 그리궁. 글거. 글겅. 글고. 글구. 글굼. 글이구.

굴더 [<그래도] 유형 형태변이.
형 풀이 '그리하여도' 또는 '그러하여도'의 줄임말인 '그래도'의 변이형. ¶아침부텀 헤롱헤롱 **굴더** 양심은 이떠서리 잠시잠깐 일 역씨미하......................는척하거 (게). ㉿걸애두. 구래더¹. 구래덩. 굴애드. 굴해드. 그래두. 글도 글두. 글애더. 글애두. 글애드.

굴믄 [<그러면] 유형 형태변이.
뷔 풀이 접속부사 '그러면'의 변이형. ¶굴믄...KO화이링⌒⌒ (게). ㉿구로폰. 구면. 그면. 글면. 글폰. 글믄. 글면서.

굴서 [<그래서] 유형 형태변이.
뷔 풀이 접속부사 '그래서'의 변이형. 원말보다 어감이 어둡고 장난스러우며 어눌한 느낌을 준다. ¶굴서 여기에 갑까지 해서 알려드릴려구여.. . (게). /**굴서.** . 일찍죽는다구 티비에서 봤다구. (게). /**굴서**...클럽 싸이...들와소...열쉬미...글일경쑴다...~ (게). ㉿걸애서. 구래더². 굴애서. 굴홰서. 글서. 글애떠. 글애서.

굴애 [<그래(그렇다)] 유형 형태변이. 형 풀이 '그렇다'의 활용형 '그

래'의 변이형. ¶니왜굴애?? (게).

굴애드 [<그래도] 유형 형태변이.
동/형 풀이 '그리하여도' 또는 '그러하여도'의 줄임말인 '그래도'의 변이형. 원말보다 좀 어눌한 느낌이 든다. ¶굴애드 당신과능 투비컨티뉴~ (게). ㉿걸애두. 구래더¹. 구래덩. 굴더. 굴해드. 그래두. 글도 글두. 글애더. 글애두. 글애드.

굴애서 [<그래서] 유형 형태변이.
뷔 풀이 접속부사 '그래서'의 변이형. 원말보다 좀 어눌한 느낌을 준다. ¶굴ㅇㅐㅅㅓㅇㅣㅎㅓ 접ㅇㅣㄹㅏㄷㅓㄷㅐ 충쑵니ㄷ ㅏ.. (게). ㉿걸애서. 구래더². 굴서. 굴홰서. 글서. 글애떠. 글애서..

굴어나 [<그러나] 유형 형태변이.
뷔 풀이 접속부사 '그러나'의 변이형. 원말보다 좀 어눌한 느낌을 준다. ¶굴어나 오널은 ②탄이디럭 ― 쿠헤헤헤헤헷 ㅋ_ㅋ ⓚ~★ (게).

굴어타믄 [<그렇다면(그렇다)] 유형 형태변이. 형 풀이 '그렇다'의 활형 '그렇다면'의 변이형. 원말보다 촌스러운 느낌을 준다. ¶굴어타믄 주저리걸 온리는 물러가게쑴뉘닷 ― 슈슈슈슈슉 ◀ ..... (게).

굴엄 [<그럼] 유형 형태변이.
뷔 풀이 접속부사 '그러면'의 준말인 '그럼'의 변이형. 원말보다 단호한 느낌을 준다. ※게시판에서 글을

맺거나 대화방에서 대화를 마치고 나갈 때 말을 끝맺는 방법으로 주로 쓰인다. ¶**굴엄** 공방가따오셔서 피곤하실텐데...(내가 피곤해서..) (게). /**굴엄** 물찬소녀는 가신다..케케케.. (게). /**굴엄** 안녕히계세여~* (게). / 암튼.. 수기 넘넘 잼이께 읽었어~ **굴엄** 빠빠~ ^-^*. (게). /삶의 향기 가족 분들이...... 너무..... 너무.... 고마웠어여.... 헤헤.... **굴엄**..... 져은하루 되세여~~^^* (게). [관]9럼. 거럼. 거롬. 검. 고둠. 고럽. 곰. 구덤. 구람. 구럼. 구롬. 굴엄. 굴옴. 굼. 규럼. 그람. 그롬. 글음. 금.

굴오니 [<그러니(그렇다)] [유형] 형태변이. [형] [풀이] '그렇다'의 활용형 '그러니'의 변이형. ¶**굴오니** 하지 마라 주세엽....부탁함다.... (게).

굴온데 [<그런데] [유형] 형태변이. [부] [풀이] 접속부사 '그런데'의 변이형. ¶Re:**굴온데**.. 이런거 사칭이 많아서..글두 진짜면 저케땁.. . (게). [관]건뎅. 건뒈. 군데. 군뎁. 군뎃. 군뎅. 군뒈. 군디. 궁뒈. 근뎀. 근뎅. 근뒈. 근뎃. 근뒤. 굴온데. 글언데. 궁데. 궁뎅. 궁뒈.

굴옴 [<그럼] [유형] 형태변이. [부] [풀이] 접속부사 '그러면'의 준말인 '그럼'의 변이형. ¶**굴옴** 임안.... (게). [관]9럼. 거럼. 거롬. 검. 고둠. 고럽. 곰. 구덤. 구람. 구럼. 구롬. 굴엄. 굼. 규럼. 그람. 그롬. 글엄. 글음. 금.

굴쵸 [<그렇죠(그렇다+-요)] [유형] 형태변이. [복] [풀이] '그렇다'의 활용형인 '그렇지'에 높임의 보조사 '-요'가 결합한 형태. '그렇지요'의 입말체인 '그렇죠'의 변이형. 원말보다 귀여우면서 다소 어리숙한 느낌을 준다. ¶**굴쵸** 진희 누나. (게). [관] 그려쳐. 그쵸. 글쳐.

굴타구 [<그렇다고(그렇다)] [유형] 형태변이. [형] [풀이] '그렇다'의 활용형 '그렇다고'의 변이형. 원말보다 좀 어눌한 느낌을 준다. ¶컴터를 자꾸 멀리하게 되네염..**굴타구**...공부도 안하고..ㅋㄷㅋㄷ [관]그타구. 글타고.

굴해드 [<그래도] [유형] 형태변이. [동]/[형] [풀이] '그리하여도' 또는 '그러하여도'의 줄임말인 '그래도'의 변이형. ¶**굴헤드** 온리능 언뤄가 져타눼~ ☆ 버리에스 법쉐 뽀뽀언뤄! (게). [관]걸애두. 구래더[1]. 구래덩. 굴더. 굴애드. 그래두. 글도. 글두. 글애더. 글애두. 글애드.

굴홰서 [<그래서] [유형] 형태변이. [부] [풀이] 접속부사 '그래서'의 변이형. 원말보다 좀 어눌한 느낌을 준다. ¶님은 원피스 자료가 많다고 했뒤요...**굴홰서** 말인디...제 칭구가 원피스 광팬임닷!!! (게). [관]걸애서. 구래더[2]. 굴서. 굴애서. 글서. 글애떠.

글애서.

굼 [<구럼<그럼] 유형 형태변이. 甼 풀이 접속부사 ‘그러면’의 준말인 ‘그럼’의 변이형. 원말보다 단호한 느낌을 준다. ※게시판에서 글을 맺거나 대화방에서 대화를 마치고 나갈 때 말을 끝냄는 방법으로 주로 쓰인다. ¶하루는 속리산에 올라가 보고요! **굼** 이만~ . (게). /**굼**...콘써트서 만나겐네여...^ (게). /**굼** 안녕히~ /휴~ 독서실 가야겠네염~ **굼** 빠빵이~/안냐세여???#저는 라이코스 회원인데여...만화를 아주 저아해서 이 험피에 갑 했떠여...**굼** 이만 글 쓸께여... (게). /**굼** 칭구추가하구 쩍지 날려 주세여 (게). /**굼**............빠샤시~^0^* -제가 마음에 드는분덜께는 특별히 제얼굴을 메일로 날려두립니다^-☆ (게). /**굼** 전 이만' (게). /**굼** 안냐히~★. (게). /**굼** 윤계상님 멜 쥬소 갈켜드릴께여...>.< (게). /**굼** 난 빈혈땜에 구만.. (게). 관9럼. 거럼. 거롬. 검. 고돔. 고럽. 곰. 구덤. 구람. 구럼. 구롬. 굴엄. 굴옴. 규럼. 그람. 그롬. 글엄. 글음. 금.

굼굼하다 [<궁금하다] 유형 형태변이. 혱 풀이 ‘궁금하다’의 변이형. ¶**굼굼하시면** 연락........상세히 답드리지요!! . (게). 관궁궁하다.

굼달 [<금달<금메달] 유형 형태변이. 몡 풀이 인터넷 게임에서 참가자의 실력에 따라 부여하는 계급 가운데 하나. 또는 그러한 계급을 가진 사람을 일컫는 말. 통신언어 ‘금달’의 변이형이다. ¶감마 **굼달**로 확웨스트 계정 48넘는거 구함 쩍지 (게). 관금달.

굼방 [<금방] 유형 형태변이. 甼 풀이 ‘금방’의 변이형. 원말보다 좀 어눌한 느낌을 준다. ¶덧붙임: 제 팅그덜은 약아가꼬 딴애한퉤 **굼방** 말해버려효. (게).

굼암 [<그만] 유형 형태변이. 甼 풀이 ‘그만’의 변이형. 어떤 행동을 그 정도에서 그치고. ¶**굼암** 꼬디십뉘닷 — ^▽^ ㅃㅏ ㅅㅓ ㄹㅣ (게). 관고만. 구만.

굼지하다 [<금지하다] 유형 형태변이. 동 풀이 ‘금지하다’의 변이형. 원말보다 좀 어눌한 느낌을 준다. ¶님.. 운영자니마.. 여기 이상한 야한 이야기나 그런거 ..**굼지해** 주세요.. (게).

궁궁하다 [<궁금하다] 유형 형태변이. 혱 풀이 ‘궁금하다’의 변이형. ¶너요즘...너이집에...누가안찾아오내......누구게??? **궁궁하지**.... (게). 관굼굼하다.

궁뒈 [<근데<그런데] 유형 형태변이. 甼 풀이 접속부사 ‘그런데’의 변이형. ¶다 들 진 짜 하 늘 로 생 각 할 거 아 녀 ... -_- 이 뿌 다 구 보 라 그 러 는 건 줄 알 고 봤 지

...;; **궁뒈** 진 짜 이 뻤 다 . (게). ㉘
건데. 건뎅. 건뒈. 군데. 군뎁. 군뎃.
군뎅. 군뒈. 군디. 근뎀. 근뎅. 근뒈.
근뒛. 근뒤. 굴온데. 글언데. 긍데.
긍뎅. 긍뒈.

궁물 [<국물] ⟨유형⟩ 형태변이.
⟨명⟩⟨풀이⟩ '국물'의 변이형. 소리나는
대로 쓴 형태이다. ¶호기심천국에서
여... 라면씨엡하는거 나왔는데... 여
기 분들 말씀하시는거 보면... 라면
과 **궁물**을 따로 긇여야.. 맛
나다구 하시거든여 구럼 **궁물** 끓이
시구여... (게).

귀연 [<귀여운(귀엽다)] ⟨유형⟩ 형태
변이. ⟨형⟩⟨풀이⟩ '귀엽다'의 활용형인
'귀여운'의 변이형. ¶카페쥔장님~~~
어케 좀 해봐여~~~~~ 이게 무슨
귀연 뚱보모임이나여~~~~~~ (게).

규럼 [<그럼] ⟨유형⟩ 형태변이.
⟨부⟩⟨풀이⟩ 접속부사 '그러면'의 준말
인 '그럼'의 변이형. ¶**규럼** 빠시~
(게). ㉘9럼. 거럼. 거롬. 검. 고돔.
고럽. 곰. 구덤. 구람. 구럼. 구롬.
굴엄. 굴옴. 굼. 그람. 그롬. 글엄.
글음. 금.

그구 [<그리고] ⟨유형⟩ 형태변이.
⟨부⟩⟨풀이⟩ 접속부사 '그리고'의 변이
형. ¶세이쿨럽 아뒤는 vshinhwav6
이예효 **그구**...성격은 무쟈게 활발
하구요.. 팅구둘과 잘어울리고 잘
노는게 장점이예효^^ (게). ㉘결구.

구러구. 구리거. 구리겅. 굴거. 굴공.
굴구. 굴그. 그리궁. 글거. 글겅. 글
고. 글구. 글굼. 글이구.

그냉 [<그냥] ⟨유형⟩ 형태변이.
⟨부⟩⟨풀이⟩ '아무 조건이나 까닭없이'
의 뜻을 갖는 '그냥'의 변이형. ¶그
냉 클럽싸이에 자듀 드러오셔서 글
ㅁ ㅏㄴ ㅣ 남겨주시믄 져을튄듸..☆
사소한 부탁☆ (게). /**그냉** 주저리
럴 쓰게 디네요..―――∞ (게). ㉘걍.
구낭. 구냥. 기냥.

그뇨 [<그녀] ⟨유형⟩ 형태변이.
⟨명⟩⟨풀이⟩ '그녀'의 변이형. 장난스런
말투. ¶그넘에겐 참 이쁜뇨자가 있
다.. 누가 보던 참 고운뇨자다.. 얼
굴이 이쁜거보다도 참 마음 씀씀이
가 좋은 뇨자다... 하지만 그넘은 **그
뇨** 하나로 만족을 못한다.. (게).

그대루 [<그대로] ⟨유형⟩ 형태변이.
⟨부⟩⟨풀이⟩ '그대로'의 변이형. ※현실
발음이 표기에 반영된 형태이다. ¶
참고로 체리가 중학생 될 때의 모
습은 **그대루**에여. (게).

그덩안 [<그동안] ⟨유형⟩ 형태변이.
⟨명⟩⟨풀이⟩ '그동안'의 변이형. ※ㄴ>
ㅓ 유형의 변이형이다. ¶**그덩안** 오
구시퍼가꼬 몰래몰래 슬쩍 할라다
가 바루 옴뫄항퉤 딱 걸리그∞
-_-|||| 재수뽕이닷!!!★ㅋ_ㅋ (게).

그람 [<그럼] ⟨유형⟩ 형태변이.
⟨부⟩⟨풀이⟩ 접속부사 '그러면'의 준말

인 '그럼'의 변이형. 좀 장난스러운 느낌을 준다. ¶언냐 부디 꺼억~ 성경하시길 바래염 **그람** 건투를!!!! (게). ㉯9럼. 거럼. 거롬. 검. 고돔. 고럽. 곰. 구덤. 구람. 구럼. 구롬. 굴엄. 굴옴. 굼. 규럼. 그롬. 글엄. 글음. 금.

그래두 [<그래도] 유형 형태변이. 동/형 풀이 '그리하여도' 또는 '그러하여도'의 줄임말인 '그래도'의 변이형. 현실발음을 표기에 반영한 형태이다. ¶그래두1등 (게). ㉯걸애두. 구래더'. 구래덩. 굴더. 굴애드. 굴해드 글도. 글두. 글애더. 글애두. 애드

그래떠니 [<그랬더니(그렇다)] 유형 형태변이. 형 풀이 '그렇다'의 활용형 '그랬더니'의 변이형. ※소리나는 대로 표기한 형태이다. ¶그래떠니 첨에는 문자를 별루 안주시더니 요즘에는 매일매일 고맙다구 해주세여,,,^^;;; (게). ㉯구래떠뉘.

그래잔아 [<그랬잖아(그렇다)] 유형 형태변이. 복 풀이 '그렇다'의 활용형 '그랬잖아'의 변이형. ¶아까 **그래잔아**. (대).

그러쿠 [<그렇고(그렇다)] 유형 형태변이. 형 풀이 '그렇다'의 활용형 '그렇고'의 변이형. ※현실 발음을 표기에 반영한 형태이다. ¶그냥 알고 지내는 칭구들두 **그러쿠**... (게). ㉯글쿠.

그러쿠낭 [<그렇구나(그렇다)] 유형 형태변이. 형 풀이 '그렇다'의 활용형 '그렇구나'의 변이형. 원말보다 귀여운 느낌을 준다. ¶그러쿠낭 (대). ㉯글쿠나. 글쿠낫.

그려쳐 [<그렇죠(그렇다+-요)] 유형 형태변이. 복 풀이 '그렇다'의 활용형인 '그렇지'에 높임의 보조사 '-요'가 결합한 형태. '그렇지요'의 입말체인 '그렇죠'의 변이형. ¶그려쳐..쿄쿄 (게). ㉯굴쵸. 그쵸. 글쳐.

그롬 [<그럼] 유형 형태변이. 부 풀이 접속부사 '그러면'의 준말인 '그럼'의 변이형. 좀 어눌한 느낌을 준다. ¶저겨.. 세이아디 신화오빠들 세이 아뒤 알료 두세요... 브탁합뉘다...**그롬** 이만.. .. (게). /**그롬** 오디 살아여?. (대). ㉯9럼. 거럼. 거롬. 검. 고돔. 고럽. 곰. 구덤. 구람. 구럼. 구롬. 굴엄. 굴옴. 굼. 규럼. 그람. 글엄. 글음. 금.

그리궁 [<그리고] 유형 형태변이. 부 풀이 접속부사 '그리고'의 변이형. 원말보다 귀여운 느낌을 준다. ¶그리궁~ 마지막에 진짜 슬펐어~ 어떤 사람들은 울기도 하드라~^^ (게). ㉯걸구. 구러구. 구리거. 구리겅. 굴거. 굴공. 굴구. 굴그. 그구. 글거. 글겅. 글고. 글구. 글굼. 글이구.

그면 [<그러면] 유형 형태변이. 부 풀이 접속부사 '그러면'의 변이형.

¶남광 초등학교는 저의 사촌 동생 school이라서 어쩔수 없이 동생편을 **그면** 많이들어오세요 (게). ㉮구로폰. 구면. 굴믄. 글면. 글폰. 글믄. 글면서.

그쵸 [<그렇죠(그렇다+-요)]

[유형] 형태변이. [복][풀이] '그렇다'의 활용형인 '그렇지'에 높임의 보조사 '-요'가 결합한 형태. '그렇지요'의 입말체인 '그렇죠'의 변이형. ¶**그쵸??** (대). /무엇에든 무덤덤해지는 게 어른이 되는 건 아닐텐데… **그쵸?** (게). ㉮굴쵸. 그려쳐. 글쳐.

그케 [<그렇게(그러하다)]

[유형] 형태변이. [형][풀이] '그렇다'의 활용형 '그렇게'의 변이형. ¶언니는 무슨 뇨자가 **그케** 애교가 읍떠? (게). ㉮글어케. 글케.

그타구 [<그렇다고(그렇다)]

[유형] 형태변이. [형][풀이] '그렇다'의 활용형 '그렇다고'의 변이형. 원말보다 좀 어눌한 느낌을 준다. ¶**그타구** 쓰지말란소란아니에겨^^ (게). ㉮굴타구. 글타고.

근까 [<그러니까]

[유형] 형태변이. [부][풀이] 접속부사 '그러니까'의 변이형. ¶**근까** 열심히 활똥하세영… (게). ㉮구러뉘까. 구러니까. 글어늬깐. 글오니까. 긍까.

근뎀 [<근데<그런데]

[유형] 형태변이. [부][풀이] 접속부사 '그런데'의 변

이형. 원말보다 귀여운 느낌을 준다. ¶짱똘이 넘 귀엽네염 ^^;; **근뎀** 머리가 쩌매 크네염.. ; (게). ㉮건데. 건뎅. 건붸. 군데. 군뎁. 군뎃. 군뎅. 군붸. 군디. 궁붸. 근뎅. 근붸. 근뎃. 근뒤. 굴온데. 글언데. 긍데. 긍뎅. 긍붸.

근뎅 [<근데<그런데]

[유형] 형태변이. [부][풀이] 접속부사 '그런데'의 변이형. ※'그런데'에 대한 가장 대표적인 통신언어이다. ¶**근뎅** 월욜날 하거 화욜날 나라짱언냐가 쥔공리라믄소요? (게). /계절행사.. 유전인가부다^^ 수도꼭지 꽉 잠그고..그래둥 줄줄 새면 휴지 잘 집어넣어 막 아주고 숨은 쉬어야 하니까 입 헤벌레 벌리궁 주무시와요^^ **근뎅..** 감기 아니구 오빠두 알레르기성 아니얌? (게). /캬캬캬~* 바카슈에대한 글 넘 재밌게 바떠염.. 하하하..-0- 넘 재미있었어영.. 정말 1.5 리터라도 나왔음 조켔네염.. ㅎㅎㅎ **근뎅** 바카수 넘 마니 마시면 불면증 생기는거 아세여?? (게). ㉮건데. 건뎅. 건붸. 군데. 군뎁. 군뎃. 군뎅. 군붸. 군디. 궁붸. 근뎀. 근뎅. 근붸. 근뎃. 근뒤. 굴온데. 글언데. 긍데. 긍뎅. 긍붸.

근붸 [<근데<그런데]

[유형] 형태변이. [부][풀이] 접속부사 '그런데'의 변이형. 원말보다 힘주어 말하는 느낌

을 준다. ¶**근뒈** 저기⌃ 앞쪽에 베비복 짱난다라고 쓰신분.... 좀만 자제해 주세여...ㅠㅠ (게). ㉮건데. 건뎅. 건뒈. 군데. 군뎁. 군뎃. 군뎅. 군뒈. 군디. 궁뒈. 근뎀. 근뎅. 근뒷. 근뒤. 굴온데. 글언데. 긍데. 긍뎅. 긍뒈.

근뒷 [<근데<그런데] 유형 형태변이.

뮌 풀이 접속부사 '그런데'의 변이형. ¶**근뒷**..어주ㅔ능 ㅇㅏ쥬⁓ 오랜만에..-0-㈅ (게). ㉮건데. 건뎅. 건뒈. 군데. 군뎁. 군뎃. 군뎅. 군뒈. 군디. 궁뒈. 근뎀. 근뎅. 근뒈. 근뒤. 굴온데. 글언데. 긍데. 긍뎅. 긍뒈.

근뒤 [<근데<그런데] 유형 형태변이.

뮌 풀이 접속부사 '그런데'의 변이형. ¶**근뒤** 투야에게 아쉬운 점이 있다면...립싱크가 아닌 mic잡고 라이브가수가 되으면 쩝-_-;; (게). ㉮ 건데. 건뎅. 건뒈. 군데. 군뎁. 군뎃. 군뎅. 군뒈. 군디. 궁뒈. 근뎀. 근뎅. 근뒈. 근뒷. 굴온데. 글언데. 긍데. 긍뎅. 긍뒈.

글거 [<그리고] 유형 형태변이.

뮌 풀이 접속부사 '그리고'의 변이형. ¶참... **글거**.. 닐 나오는거 맞져??. (게). /**글거** 방학인데 만나자고 하고 싶은데⌃ 엄...그냥 정팅이나 한번 하자. (게). /요즘 연락자주 못해서 미안... **글거**.. 펌질더 못하서 진짜 미안... (게). ㉮걸구. 구러구. 구리거. 구리겅. 굴거. 굴공. 굴

구. 굴그. 그구. 그리궁. 글겅. 글고. 글구. 글굼. 글이구.

글겅 [<그리고] 유형 형태변이.

뮌 풀이 접속부사 '그리고'의 변이형. ¶**글겅**„ 논스톱에 나오실때도 연기 ㄷ ㅣ7 ㅔ좋구움 (게). ㉮걸구. 구러구. 구리거. 구리겅. 굴거. 굴공. 굴구. 굴그. 그구. 그리궁. 글거. 글고. 글구. 글굼. 글이구.

글고 [<그리고] 유형 형태변이.

뮌 풀이 접속부사 '그리고'의 변이형. ¶오늘은...울 엄마 생신이심다...*^^* 일단 재료들.........다준비해두고.....다듬고....썰어서...냉장고에 넣어두고....불고기 쬐끔 재워두고.. 흠흠....멱점 담가두고...ㅇ ㅔㅎ ㅓ 글고나니....새벽 4시였음다...6시부터는 준비해야 해서...ㅠ ㅠ (게). / **글고** 도배할 분위기도 아니던데.. (게). ㉮걸구. 구러구. 구리거. 구리겅. 굴거. 굴공. 굴구. 굴그. 그구. 그리궁. 글거. 글겅. 글구. 글굼. 글이구.

글구 [<그리고] 유형 형태변이.

뮌 풀이 접속부사 '그리고'의 변이형. ※'그리고'에 대한 대표적인 통신언어이다. ¶**글구** 강타오빠 1집은 분명 대박이에여⌃!!! ^^* (글처???) 다른오빠들두 다여. (게). /**글구** 닐이면 칠현오빠의 앨범이 나오는데 너무 기대됩니다... 닐 일어나자마자

CD가지러 바로 뛰어가야쥐.. ^^. (게). /이거 팔면 에셈에 걸려여 **글구** 같은 팬이면 그냥 주면 될것을..(눙무) (게). /죄송... 현정선배, 태연이.... **글구** 철구! 내가 엄중 경고하겠는데... 담부터 도배하면 진짜루... 미워할거야 (게). /**글구** 해수욕을 원하시면 카프리섬 항구 반대편에 유명한 휴양지가 있어요... (게). /**글구** 캐논은 클래식악기들이 더 잘 어울리는 듯... (게). /얼른 담배를 끊어야지.. **글구** 운동같은것도 쫌씩 해야쥐.. (게). ㉿걸구. 구러구. 구리거. 구리겅. 굴거. 굴공. 굴구. 굴그. 그구. 그리궁. 글거. 글겅. 글고. 글굼. 글이구.

글굼 [<그리고] 유형 형태변이.

ᄇ 풀이 접속부사 '그리고'의 변이형. ¶앗 **글굼** 저 한글 97 반이구염 여자에염 (게). ㉿걸구. 구러구. 구리거. 구리겅. 굴거. 굴공. 굴구. 굴그. 그구. 그리궁. 글거. 글겅. 글고. 글구. 글이구.

글도 [<그래도] 유형 형태변이. 동/

형 풀이 '그리하여도' 또는 '그러하여도'의 줄임말인 '그래도'의 변이형. ¶왜 이러케 며칠째 뒷목이 뻐근하니 아픈거지???? 목에 기브스 한 것처럼 뻣뻣한게 아저 살쑤가 읍따아 한때는 **글도** 360도 회전도 되는 유연함을 자랑하던 목이었드랬눈데

^^;; (게). ㉿걸애두. 구래더'. 구래덩. 굴더. 굴애드. 굴해드. 그래두. 글두. 글애더. 글애두. 글애드.

글두 [<그래도] 유형 형태변이. 동/

형 풀이 '그리하여도' 또는 '그러하여도'의 줄임말인 '그래도'의 변이형. ¶(다 날 이상한 사람으로 몰릴꺼 같당....ㅠ.ㅠ **글두** 그 정도는 감수하자...) (게). ㉿걸애두. 구래더'. 구래덩. 굴더. 굴애드. 굴해드. 그래두. 글도. 글애더. 글애두. 글애드.

글면 [<그러면] 유형 형태변이.

ᄇ 풀이 접속부사 '그러면'의 변이형. ¶읽고 싶어 하시는 분이 있으면 계속 올려드리구염... 아니면...걍 여기서 말께염... **글면** 울 몽 칭구덜 존 하루 되세염... (게). /**글면** 나우?. (대). ㉿구로몬. 구면. 굴믄. 그면. 글폰. 글믄. 글면서.

글면서 [<그러면서 (그렇다)]

유형 형태변이. 동 풀이 '그렇다'의 활용형인 '그러면서'의 변이형. ¶울엄니 감격먹었음다....멱국 별러 안 좋아라 하시는엄니가... 멱국에 밥을 말아 드심미다....**글면서**하시는말쌈이.. (게).

글몬 [<그러면] 유형 형태변이.

ᄇ 풀이 접속부사 '그러면'의 변이형. 원말보다 애교를 부리는 느낌을 준다. ¶**글몬**여... 새이름으로 저장한 걸 다시 다른이름으로(음식이름) 저

장을 하시구.. 좀전에 문서작성 하신거 저장하기 누르믄... 새이름으로 저정하라구 나오자나여.. (게). /**글믄**,,,정말루~~~감샤해여~*^^*(게). [관]구로믄. 구면. 굴믄. 그면. 글면. 글믄. 글면서.

글무 [<글+무(無)] [유형] 새말.

[명] [풀이] 게시판에서 제목만 있고 내용이 없을 때 제목 뒤에 붙여 나타내는 말. ¶Re:[동영상]H.O.T. 팬이라는게 자랑스럽네요*^^*(**글무**). (게). /그건 저도 어떻게 할수 없어요.다음넷에서 그런거니까 나중에 시도해 보세요[**글무**]. (게). /용재너-! 여기가 니 자게뉘?-_-+ (**글무**). 그런 멍청한 애하고 열애설 나는 거...정말 우끼다...(글무) . (게). [참]깡텅. 냉잠수탐. 냉가출. 냉도망. 냉도주. 냉무. 냉뮤. 냉빔. 냉사망. 냉엄. 냉없음. 냉텅구리. 냉텅텅. 냉X. 놓무.

글믄 [<그러면] [유형] 형태변이.

[부] [풀이] 접속부사 '그러면'의 변이형. ¶**글믄** 나가지 마염 (대). [관]구로믄. 구면. 굴믄. 그면. 글면. 글믄. 글면서.

글서 [<그래서] [유형] 형태변이.

[부] [풀이] 접속부사 '그래서'의 변이형. ¶**글서** 오널 크렌시아 가서 배가릴^^;;; 조끼와 니트 하나 샀습져 ^^ (게). /오늘 싸이 쇼!쇼!쇼! 가 있어죠.. **글서** 오늘 있었던 일 쓰려고 합니다.... (게). /헐.. 저눈 이거 했눈데염.. 사악함을 모르는 순진하다 못해 멍청하데염. **글서** 이성이 쉽게 떠난다나 어쩐다나.. 흐미.. 역쉬.. 솔로가 맘편할 듯..쩌비... (게). [관]걸애서. 구래더[2]. 굴서. 굴애서. 굴홰서. 글애떠. 글애서.

글애더 [<그래도] [유형] 형태변이.

[동]/[형] [풀이] '그리하여도' 또는 '그러하여도'의 줄임말인 '그래도'의 변이형. ¶**글애더** 갑해두 돼저?? ^^ (게). /**글애더**...생각버다...점수가 넘 안나와따.... (게). /**글애더** 수정 금지 입니다앗-! (게). [관]걸애두. 구래더[1]. 구래덩. 굴더. 굴애드. 굴해드. 그래두. 글도. 글두. 글애두. 글애드.

글애두 [<그래도] [유형] 형태변이.

[동]/[형] [풀이] '그리하여도' 또는 '그러하여도'의 줄임말인 '그래도'의 변이형. ¶모 **글애두**.추석 전에 보면 죠치.모.-_-; (게). /**글애두**.이거 너무 빠르다.-_- (게). [관]걸애두. 구래더[1]. 구래덩. 굴더. 굴애드. 굴해드. 그래두. 글도. 글두. 글애더. 글애드.

글애드 [<그래도] [유형] 형태변이.

[동]/[형] [풀이] '그리하여도' 또는 '그러하여도'의 줄임말인 '그래도'의 변이형. ¶**글애드** 즐거웠어여.. (게). /**글애드** 잘한거 가따~!ㅋㅋ [관]걸애두. 구래더[1]. 구래덩. 굴더. 굴애드. 굴해드.

그래두. 글도. 두. 글애더. 글애두.

글애떠 [<그래서] 유형 형태변이.
㈜ 풀이 접속부사 '그래서'의 변이
형. 어린아이 말투의 느낌을 준다.
¶글애떠 모니러 바라버구 이뜨려뉘
멀이 아파오네요~ 떠————잇;;;;
(게). ㉠걸애서. 구래더². 굴서. 굴애
서. 굴홰서. 글서. 글애서.

글애서 [<그래서] 유형 형태변이.
㈜ 풀이 접속부사 '그래서'의 변이
형. ¶씨엡이 나오드라구여 글애서
좋아서 그 증ㅅ ㅔ(^^)보이구나서 진
정시키구 기다리는데 ㅇ ㅏㄴ ㅣ!!
이게 웬일~ ㅌ ㅏㅇ ㅑ어빠 씨엡
이 또 나오는 것이 ㅇ ㅏㄴ ㅣ겠습
ㄴ ㅣㄲ ㅏ . (게). /힝..글애서 택시
를 타고 갈려고 해뜹니다.. (게). ㉠
걸애서. 구래더². 굴서. 굴애서. 굴
홰서. 글서. 글애떠.

글애야 [<그래야(그렇다)] 유형
형태변이. 형 풀이 '그렇다'의 활용
형인 '그래야'의 변이형. ¶글애야
앞에 앉을 수 있으니까 헤헤~ (게).

글어늬깐 [<그러니까] 유형 형태변
이. ㈜ 풀이 접속부사 '그러니까'의
변이형. ¶글어늬깐-_-열씨미. 하십
쇼-_- (게). ㉠구러뉘까. 구러니까.
근까. 글오니까. 긍까.

글어케 [<그렇게(그렇다)] 유형
형태변이. 형 풀이 '그렇다'의 활용
형 '그렇게'의 변이형. ¶왜 난 그게

글어케 신경쓰일까??. (게). ㉠그케.
글케.

글어큰 [<그렇군(그렇다)] 유형
형태변이. 형 풀이 '그렇다'의 활용형
인 '그렇군'의 변이형. ¶글 어 큰 요.
시 민 회 관 에 서... (게). ㉠글쿤.

글언게 [<그런게<그런 것이] 유형
형태변이. 복 풀이 '그런 것이'의 입
말체인 '그런게'의 변이형. ¶글언게
잇어. (대).

글언데 [<근데<그런데] 유형 형태
변이. ㈜ 풀이 접속부사 '그런데'의
변이형. ¶글언데 미테 있는 어떤
님에 의하며는...연기자 생활때의 사
인과.....지금의 사인이 똑가따던데....
(게). ㉠건데. 건뎅. 건뒈. 군데. 군
뎁. 군뎃. 군뎅. 군뒈. 군디. 궁뒈.
근뎀. 근뎅. 근뒈. 근뎄. 근뒤. 굴온
데. 긍데. 긍뎅. 긍뒈. 참긍데.

글엄 [<그럼] 유형 형태변이.
㈜ 풀이 접속부사 '그러면'의 준말
인 '그럼'의 변이형. ¶글엄 부산 정
모 오시는 분들!! 정모때 뵈요~★
(게) . / 제 홈 피 주 소 는 . . .
godzzangya.wo.to에여...글엄
20000~ (게). /글엄 자주 들를게여~
... (게). ㉠9럼. 거럼. 거롬. 검. 고
돔. 고럽. 곰. 구덤. 구람. 구럼. 구
롬. 굴엄. 굴옴. 굼. 규럼. 그람. 그
롬. 글음. 금.

글오니까 [<그러니까] 유형 형태변

이. 튄 (풀이) 접속부사 '그러니까'의 변이형. ¶글오니까 신속 정확히 리플 다라주심 감사하게씀다!!^^ (게). 쫸구러뉘까. 구러니까. 근까. 글어늬깐. 긍까.

글음 [<그럼] (유형) 형태변이.
튄 (풀이) 접속부사 '그러면'의 준말인 '그럼'의 변이형. ¶글음 ㅇ ㅏ 롱희 (-_-)스르르르르륵~ (게). 쫸9럼. 거럼. 거롬. 검. 고돔. 고럽. 곰. 구덤. 구람. 구럼. 구롬. 굴엄. 굴옴. 굼. 규럼. 그람. 그롬. 글엄. 금.

글이구 [<그리고] (유형) 형태변이.
튄 (풀이) 접속부사 '그리고'의 변이형. ¶글이구 거기서 더 섹쉬해 지면 그게 인간이냐?-_- (게). 쫸걸구. 구러구. 구리거. 구리겅. 굴거. 굴공. 굴구. 굴그. 그구. 그리궁. 글거. 글겅. 글고. 글구. 글굼.

글지 [<그렇지(그렇다)] (유형) 형태변이. 톙 (풀이) '그렇다'의 활용형 '그렇지'의 변이형. ¶그냥 되는 대로 살여.. 그게 최고지^^\~~~? 안 그려? 글지.. 머시그려 (게).

글쳐 [<그렇죠<그렇다+-요]
(유형) 형태변이. 봄 (풀이) '그렇다'의 활용형 '그렇지'에 상대높임의 보조사 '-요'가 결합한 '그렇지요'의 변이형. 어린아이 말투같은 귀여운 낌을 준다. ¶글구 강타오빠 1집은 분명 대박이에여~!!! ^^*. (글쳐???)

다른오빠들두 다여 (게). 쫸굴죠. 그려쳐. 그쵸.

글취만 [<그렇지만(그렇다)] (유형)
형태변이. 톙 (풀이) '그렇다'의 활용형 '그렇지만'의 변이형. ¶오후에 레이누나가 구랬다... 자괴감에 빠져가는거 같다구...쿄의 노래 듣지말란다 한동안... **글취만**..난 지금 쿄의 노래를 들으믄서 술을 마신다..캬캬... 쩝..자구 인나믄 더 미쳐있는건 아닌쥐...아경... (게). 쫸구러튀만.

글케 [<그렇게(그렇다)] (유형) 형태변이. 톙 (풀이) '그렇다'의 활용형 '그렇게'의 변이형. ¶**글케** 놀다 가려는데 sorong이라는 쇼가 한대서 먼가 해서 기다리는데 robi가 오더니 우리보고 막 출전하라고 하더군여 구래서 수차례 요청했지만 먼지 멀라 안한다그랬져...근데 이것이... . (게). /무대에서 못만나시는 팬들을 **글케**라도 보시면 엄청 좋아하실텐데. (게). /니들 **글케** 자랐어 (대). 쫸그케. 글어케.

글쿠 [<그렇고(그렇다)] (유형) 형태변이. 톙 (풀이) '그렇다'의 활용형인 '그렇고'의 변이형. ¶너두 **글쿠**...허브도 **글쿠**...언더는 뭐하는지...... (게). 쫸그러쿠.

글쿠나 [<그렇구나(그렇다)] (유형)
형태변이. 톙 (풀이) '그렇다'의 활용형 '그렇구나'의 변이형. ¶#내 여친=

스판# ^^;;글쿠나. (대). ㉟그러쿠낭.
글쿠낫.

글쿠낫 [<그렇구나(그렇다)] 유형
형태변이. 형 풀이 '그렇다'의 활용
형 '그렇구나'의 변이형. ¶글쿠낫.
(대). ㉟그러쿠낭. 글쿠나.

글쿤 [<그렇군(그렇다)] 유형 형태
변이. 형 풀이 '그렇다'의 활용형
'그렇군'의 변이형. 통신상에서 감탄
사처럼 쓰여 상대방의 말에 동의하
거나 인정하고 받아들이는 뜻으로
널리 쓰인다. ¶글쿤. (대). /음~~ 3
월에 정모하셨던 장소라고여...글쿤
여...역시... 알고 ˝계실것 같아었는
데...^^ (게). ㉟글어쿤.

글타고 [<그렇다고(그렇다)] 유형
형태변이. 형 풀이 '그렇다'의 활용
형 '그렇다고'의변이형. ¶음..글타고
주성치가 코메디만 찍어댄 건 아니
구요.. (게). ㉟굴타구. 그타구.

금 [<그럼] 유형 형태변이. 부 풀이
접속부사 '그러면'의 준말인 '그럼'
의 변이형. ※말을 짧게 줄여 쓰려
는 통신언어 특징이 반영된 말이다.
¶금담에봐여 (대). /금 이만.... .
(게). /Re:금 희준오빠 머라구 해
여?——(냉 엄쪼). /금바이바이 (대).
/이글 선배들은 읽을필요 없는디..
죄송하구여~~금 빠~ (게). /금 언제
나 울 군들같은 하루 버내시구여,
낼 하루 종일 강타오빠 너래들으면

서 행벅하세여... (게). ㉟9럼. 거럼.
거롬. 검. 고돔. 고럽. 곰. 구덤. 구
람. 구럼. 구롬. 굴엄. 굴옴. 굼. 규
럼. 그람. 그롬. 글엄. 글음.

금달 [<금메달] 유형 형태변이. 명
풀이 인터넷 게임에서 참가자의 실
력에 따라 부여하는 계급 가운데
하나. 또는 그러한 계급을 가진 사
람을 일컫는 말. ¶포트리스알파금
달하나만 주세염 부탁해염 T.—
(게). /나 금달야 (대). ㉟굼달.

금땡이 [<금덩이] 유형 형태변이.
명 풀이 '금덩이'의 변이형. 비속어
적인 말투이다. ¶긍뎅 진짜 **금땡이**
가까비다.. (게).

긍까 [<그러니까] 유형 형태변이.
부 풀이 접속부사 '그러니까'의 변
이형. ¶긍까.. 공방 좀 많이들 가시
라구요,-_-; (게). ㉟구러뉘까. 구러
니까. 근까. 글어늬깐. 글오니까.

긍데 [<근데<그런데] 유형 형태변
이. 부 풀이 접속부사 '그런데'의 변
이형. ¶긍데 만약에 톤혁원이 안만
드면 안들꺼에여. . (게). /긍데 톤
혁원그룹팬클럽이 어쩌면 안만든다
구 하던뎅. (게). ㉟건데. 건뎅. 건
뒈. 군데. 군뎁. 군뎃. 군뎅. 군뒈.
군디. 궁뒈. 근뎀. 근뒈. 근뒛. 근뒤.
굴온데. 굴온데. 긍데. 긍뎅. 긍뒈.

긍뎅 [<근데<그런데] 유형 형태변
이. 부 풀이 접속부사 '그런데'의 변

이형. ¶**긍뎅** 나라언니능 ㅡ_ㅡ 아닌
거 가튼뎅 (게). /**긍뎅** 진짜 금땡이
가까비다.. (게). ㉝건데. 건뎅. 건뒈.
군데. 군뎁. 군뎃. 군뎅. 군뒈. 군디.
궁뒈. 근뎀. 근뎅. 근뒈. 근뒛. 근뒤.
굴온데. 글언데. 긍데. 긍뒈.

긍뒈 [<근데<그런데] 유형 형태변
이. 튀풀이 접속부사 '그런데'의 변
이형. ¶**긍뒈**. 성수꺼 만들려고 하뒈,
자꾸 성수얼굴이 생각나서..웃겨가지
고 -_- (게). /**긍뒈** 전 내일 학겨
안가서 괜찮은데,,오빠가 늦게일어
날까봐. (게). /**긍뒈** 실력하거 평균.
ㅠ_ㅠ;;;이 문제라오. (게). ㉝건데.
건뎅. 건뒈. 군데. 군뎁. 군뎃. 군뎅.
군뒈. 군디. 궁뒈. 근뎀. 근뎅. 근뒈.
근뒛. 근뒤. 굴온데. 글언데. 긍데.
긍뎅.

기거히 [<기꺼이] 유형 형태변이.
튀풀이 '기꺼이'의 변이형. ¶내몸
기거히바치리다...휴~~~ㅡ.ㅡ;; (게).

기냥 [<그냥] 유형 형태변이.
튀풀이 '아무 조건이나 까닭없이'
의 뜻을 갖는 '그냥'의 변이형. ※경
기, 제주도 방언형이다. ¶**기냥** 지루
하기만 하던디, 기냥 내 생각이당,,,,
ㅡ,.ㅡ;; (게).

기더 [<기도] 유형 형태변이.
몡풀이 '기도'의 변이형. ¶제가 하
나님께 **기더** 드릴께염^^ (게).

기둘려 [<기다려(기다리다)] 유형

'기다리다'의 활용형인 '기다려'의 변
이형. ¶**기둘려**바여 (게).

기둘리다 [<기다리다] 유형 형태변
이. 동풀이 '기다리다'의 변이형.
¶황!!!!너 **기둘리다가** 여기루 장소
옯졌다.... (게).

기븡 [<기분] 유형 형태변이.
몡풀이 '기분'의 변이형. ¶이래스
올 **기븡** 드러븐 온리여뜹뉘닷 (게).

기뽀 [<기뻐(기쁘다)] 유형 형태변
이. 혱풀이 '기쁘다'의 활용형 '기
뻐'의 변이형. 원말보다 애교스러운
느낌을 준다. ※ㅓ>ㅗ 유형의 변이
형이다. ¶[|잡솔|]글 쓸수 있겠됐
쏘여~!! **기뽀기뽀**(냉 도주) (게). /
구래염 저도 님에게 기다리는 존재
라니깐 넘 **기뽀**요^^. (게).

기뽀랏 [<기뻐라(기쁘 다)] 유형
형태변이. 혱풀이 '기쁘다'의 활용
형 '기뻐라'의 변이형. 원말보다 힘
주어 말하는 느낌을 준다. ¶디기 일
찍 끝난거이며~ ㄴㅑㅎㅏㅎㅏ
기뽀랏.. (게).

기뿌다 [<기쁘다] 유형 형태변이.
혱풀이 '기쁘다'의 변이형. ※실제
발음을 그대로 표기에 반영한 형태
이다. ¶에쇼티팬님들도 너무나 **기
뿌죠**.... (게). ㉓나뿌다.

기여벗어 [<귀여워서 (귀엽다)]
유형 형태변이. 혱풀이 '귀엽다'의
활용형 '귀여워서'의 변이형. '귀엽

다'는 본래 ㅂ불규칙 활용어인데, 규칙활용으로 표기한 형태이다. ¶딘따 **기여벗어염**..^▽^ (게).

기엽다 [<귀엽다] 유형 형태변이. 형 풀이 '귀엽다'의 변이형. ¶히히.. 옆에서 보는 어빠들..우리가 얼마나 **기여벘을까**?? (게). 관겹다. 겹다.

기욕나다 [<기억나다] 유형 형태변이. 동 풀이 '기억나다'의 변이형. ¶당신은,, 나의 전뵤,다 ! ~ ~ ~ ~ ~ ~ ~ ~ ! **기욕나는승준** (게). /웃빠 사랑해 나 **기욕해** (게).

길드 [=길드(guild)] 유형 의미전이. 명 풀이 인터넷상의 게임 동호회. ¶자기가 속해있는 **길드**에서 탈퇴하고 싶으신 분들..... (게).

길원 [<길드(guild)+회원] 유형 새말. 명 풀이 인터넷 상의 게임 동호회의 회원. ¶orinmo**길원**모집합니다 (게).

까껑 [<까꿍] 유형 형태변이. 감 풀이 어린 아이를 어를 때 내는 소리인 '까꿍'의 변이형. ¶*^^*~ **까껑**. (게).

까빙 [=까빙] 유형 새말 감 명 풀이 인터넷 게임에서 상대방에 대한 공격에 실패했을 때 내지르는 말. ※ '아깝다'에서 온 말로 보인다. ¶**까빙**입니다요(대)

까자 [<과자] 유형 형태변이. 명 풀이 '과자'의 변이형. 어린아이의 말투를 흉내낸 느낌을 준다. ¶갑자기 **까자**가 먹구싶은 연인....매점가서 에쎈이랑, 캡짱(구 짱구), 오감자 삼...하지만 먹지못함(막판에 환자가 밀려서리...) (게).

깔쌈하다 [<깔끔하다+쌈박하다] 유형 새말. 형 풀이 깔끔하고 매끈하게 잘 생기다. ¶대구 **깔쌈한** 고3들만모디도~~! (게).

깔짝 [=깔짝] 유형 새말. 명 풀이 하찮을 정도의 적은 양을 일컬음. ¶너희들이 최선을 다하구 있다는 모습을 **깔짝**이라도 보여줘야 돼지 않을까.??? (게).

깜딱 [<깜짝] 유형 형태변이. 뷔 풀이 '깜짝'의 변이형. 어린아이의 말투를 흉내낸 형태이다. ¶**깜딱** 널랬잔아영 ㅡ.ㅡ* (게). /마자 그거야...삐리리...하하하하 나더 **깜딱** 놀랐어... 넘 신기해... (게).

깜뛰귀 [<깜짝이야] 유형 형태변이. 감 풀이 놀랄 때 지르는 '깜짝이야'의 변이형. ¶**깜뛰귀**. (대). 관깜뛰귀햐. 깜뛰뛰. 깜띠가.

깜뛰귀햐 [<깜짝이야] 유형 형태변이. 감 풀이 놀랄 때 지르는 '깜짝이야'의 변이형. ¶**깜뛰귀햐**~. (대). 관깜뛰귀. 깜뛰뛰. 깜띠가.

깜뛰뛰 [<깜짝이야] 유형 형태변이. 감 풀이 놀랄 때 지르는 '깜짝이야'의 변이형. ¶**깜뛰뛰**~. (대). 관깜뛰

귀. 깜뛰귀햐. 깜띠가.

깜띡하다 [<깜찍하다] 유형 형태변이. 형 풀이 '깜찍하다'의 변이형. 어린아이의 말투를 흉내낸 느낌을 준다. ¶한여름의 아키하바라 넘흐 귀엽줴 ─♡ >ㅅ< 디지캐럿 **깜띡효**. (게). 관깜띡햐다.

깜띠가 [<깜짝이야] 유형 형태변이. 깜 풀이 놀랄 때 지르는 '깜짝이야'의 변이형. ¶**깜띠가**〰〰〰. (대). 관깜뛰귀. 깜뛰귀햐. 깜뛰뛰.

깜띡햐다 [<깜찍하다] 유형 형태변이. 형 풀이 '깜찍하다'의 변이형. 어린아이의 말투를 흉내낸 느낌을 준다. ¶보드가 넘 이뿨..^-^**깜띡햐요** (게). 관깜띡하다.

깝 [<카페(cafe)] 유형 의미전이/형태변이. 명 풀이 같은 취미나 목적을 갖는 사람들이 인터넷상에서 정보를 교환하기 위해 만든 가상 공간. ¶앙 농 산 본 중 제 2 의 **깝** 주 인 입 니 댜 (게). /저 희 **깝** 에 가 오 랜 만 에 개 장 을 해 서 (게). 관깝페. 깝헤. 캅훼.

깝샷 [<아깝다+슛(shoot)] 유형 새말. 명 풀이 인터넷 게임에서 상대방에 대한 공격에 실패했을 때 내지르는 말. ※'아까운 슛'에서 온 말로 보인다. ¶우헤헤〜 저 님 또 **깝샷**이다.

깝페 [<카페(cafe)] 유형 의미전이

/형태변이 명 풀이 같은 취미나 목적을 갖는 사람들이 인터넷상에서 정보를 교환하기 위해 만든 가상 공간. ¶○**깝페**부니기 왜이래? (게). /**깝페** 기분저케 오자마자 저딴글봐서..기분..진짜나쁘다..──;; (게). 관깝. 깝헤. 카페. 캅훼.

깝헤 [<카페(cafe)] 유형 의미전이/형태변이 명 풀이 같은 취미나 목적을 갖는 사람들이 인터넷상에서 정보를 교환하기 위해 만든 가상 공간. ¶저 희 **깝 헤** 꼭 가 입 해 듀 세 효 (게). 관깝. 깝페. 깝헤. 카페. 캅훼.

깡텅 [<깡통] 유형 의미전이/형태변이. 명 풀이 게시판에 제목만 있고 내용이 없을 때 제목 뒤에 붙여 나타내는 말. 내용이 없다는 것을 '깡통'에 비유한 말이다. ¶저두 받았어여^^*헤헤(**깡텅**). (게). 참글무. 냉잠수탐. 냉가출. 냉도망. 냉도주. 냉무. 냉뮤. 냉빔. 냉사망. 냉엄. 냉없음. 냉텅구리. 냉텅텅. 냉X. 농무.

깨끗이 [<깨끗이] 유형 형태변이. 부 풀이 '깨끗이'의 변이형. 원말보다 좀 어눌한 느낌이 든다. ¶바누로 **깨끗이** 싯어도 냄새가 나는뎁. (게).

깨속 [<계속] 유형 형태변이. 명/부 풀이 '계속'의 변이형. 말머리에 된소리를 사용하여 원말보다 좀 강조하는 느낌을 준다. ¶아무튼 모두 행

복하시구여 나라짱 **꼐속** 조아해주세여.... (게). [관]게석. 계석. 꼐속.

꺄 [=꺄] [유형] 새말. [감] [풀이] 어떤 일이나 행동을 이루어 기분 좋을 때 내는 소리. ¶가방에다가 싸인두 받았어여~ >> ㅑ~~ 조아라... (게).

꺼릿말 [<꼬리말] [유형] 의미전이/형태변이. [명] [풀이] 원말에 덧붙어 쓰는 말. '꼬리말'의 변이형. ¶**꺼릿말**: 앗 물 언뉘 잘 계시나? 요즘 통 못 봄. (게).

꺼억 [<꺽<꼭] [유형] 형태변이.
[부] [풀이] '꼭'의 변이형. 원말보다 강조하는 느낌을 준다. ¶언냐 부디 **꺼억**~~ 성경하시길 바래염 그람 건투를!!!! (게). [관]꺽.

꺽 [<꼭] [유형] 형태변이. [부] [풀이] '꼭'의 변이형. 원말보다 귀여운 느낌을 준다. ※ㅗ>ㅓ 유형의 변이형이다. ¶거롬 **꺽** 점 립 좀 달아쥬세욧!!. (게). /부처님께 **꺽** 부디 제발 나으라구,,, 공양까지 드릴께여~~ (게). /**꺽** 버세염~!! (게). /**꺽** 와여 전 믿습니다~! (게). /진짜 강추!!! **꺽**보세염.. (게). /★**꺽**바라★울카페마랴... (게). /**꺽** 참 여 바 라 고~ (게). /**꺽**즘 갈켜 주세여... (게). /타지에서 고생하구 있는 나를 위해 위로에 문자나 전화 한통씩.... **꺽**이얌~~~~ (게). /Re:마야......넌 날 보면 완존히 생각이 바뀔꼬얌.....헤~~~~마야....우린 좋은 친구가 될 수 있을것 같아.... 올해가 가기전에 **꺽** 한번 보자구나...... 딘짜루 덩마루 보고파잉..... 우리 만날 수 있는 날을 학수고대하면서........오늘도 존 하루.......^^** (게). /**꺽** 버시라구여... (게). /**꺽** 보세여~~ (게). /권장님 **꺽** !! (게). [관]꺼억.

껑짜 [<공짜] [유형] 형태변이.
[명] [풀이] '공짜'의 변이형. 원말보다 어눌하며 힘주어 말하는 느낌을 준다. ¶누나 리니지하실래여 ㅋ.ㅋ 제가 캐릭터 **껑짜**루 드려요 ; 리플~ . (게). [관]겅짜.

꼐속 [<계속] [유형] 형태변이. [명]/[부] [풀이] '계속'의 변이형. 말머리에 된소리를 사용하여 원말보다 강조의 느낌을 준다. ¶그렇니깐 나라누님도 일년후에 논스톱 **꼐속** 나오셔서 일년뒤에 이댄스대회를 소재삼을때 나오시면 조켓네요~!!! (게). [관]게석. 계석. 깨속.

꼬 [<것] [유형] 형태변이. [명] [풀이] 의존명사 '것'의 변이형. 원말보다 귀여운 느낌을 준다. ¶wkrlXX@hanmail.net이게 제 **꼬** 멜 이 거 등 효 (게). /성욱어빠내**꼬** 어빠.빨리나와영.ㅜㅜ* (게).

꼬뒤다 [<꺼지다] [유형] 형태변이/의미전이. [동] [풀이] '꺼지다'의 변이형. 눈앞에서 사라진다는 뜻을 비속하게 표현한 말. ¶그럼 大호원中 大빵

五섧이 그만 **꼬뒨닥**!!! (게). /그럼.. 승애는 이만 **꼬뒵니다**.. (게). ㉠**꼬디다.**

꼬디다 [<꺼지다] 유형 형태변이. 동 풀이 '꺼지다'의 변이형. 눈앞에서 사라진다는 뜻을 비속하게 표현한 밀.¶★글엄..민정쓰..잼께널구..다 희눈 **꼬딜껰**!! ^^ㅋㅋ. (게). ㉠꼬뒤다.

꼬랑뒤 [<꼬랑지] 유형 형태변이. 명 풀이 '꼬리'의 속된 표현인 '꼬랑지'의 변이형. 원말보다 투박한 느낌을 준다.¶굴엄 온리능 이쯤에스 **꼬랑뒤**럴 내려야 쓰거쑤미닷 ^▽^ 쑤 ㅣ~~~~~잉 (게).

꼬리 [=꼬리] 유형 의미전이. 명 풀이 다른 사람이 게시판에 남긴 글에 짧게 의견을 다는 글.¶함께 라면 드세요　저나 주시던지 **꼬리** 달아주시길.. 0162342360 특히 위에 닉이언급되신분들 화면탄몫으로 꼭 저나주셔~(^o^)/ (게). ㉴리플.

꼽사릐 [<꼽사리] 유형 형태변이. 명 풀이 '꼽사리'의 변이형.¶거뚜 **꼽사릐**라 기분 무듸 욜놔 안져튀만 .....∞ (게).

꾸까디 [<끝+-까지] 유형 형태변이. 복 풀이 '끝'과 보조사 '-까지'가 결합한 '끝까지'의 변이형. ¶**꾸 까 디** 사 랑 하 시 구 여 행 복 하 세 여 ~ (게).

꾸다 [<끄다] 유형 형태변이. 동 풀이 '끄다'의 변이형. 원말보다 귀여운 느낌을 준다. ¶esc 누르고 **꾸세여** (대).

꾸바닥 [<꾸벅] 유형 의미전이/형태변이. 감 풀이 통신언어 '꾸벅'의 변이형. '꾸벅'보다 동작이 큰 느낌을 준다. ※문자를 통해서 이루어지는 통신언어에서 대화의 현장감을 높이기 위해 의성어 의태어들이 효과적으로 사용된다. ¶하루에 이렇게 작은 웃음을 지으며 살아 간다는거 이거이 얼마나 행복합니까.. 자..즐건 하루되세여. **꾸바닥**..^^* (게). /그럼, 전 이만...**꾸바닥**... ㉠꾸벅.

꾸벅 [=꾸벅] 유형 의미전이. 감 풀이 대화방에 들어가거나 나올 때, 또는 게시판에 글을 남길 때 인사말을 대신하는 표현. ※고개를 숙여 인사하는 모습을 흉내낸 의태어로 대화의 현장감을 높이는데 효과적으로 사용된다. ¶한번 첨 글부터 보세여 그럼 **꾸벅**(__) . (게). /홍보 마니 해주시구요! 그럼 이만.. **꾸벅**. (게). 　/9.1에관한 글이나 이벵하면 8.19때처럼 마니마니올려주세여.. 그럼 제글일거주셔서　감사합니다..**꾸벅^** .. (게). /인터넷 세상의 정복을 꿈꾸며 이만 **꾸벅**(게). /나름대로 열심히 살려고 노력중인 치우 써봤음. **꾸벅** (게). /회비는 17000원으로 내렸답니다...고로 낼까지 내주시면 더할나위없이 감사하겠습니다...**꾸벅**....^^ (게). /쿠폰을 만들어 주시면 감사 하겠습니다. # *^^***꾸벅** (게). /[**꾸벅**]안녕하신지여...??? (게). ㉒꾸바닥.

꿀릭하다 [<클릭(click)+하다]
유형 형태변이. 동 풀이 '클릭하다'의 변이형. 마우스의 단추를 누르다. ¶빨뤼...네 닉넴 **꿀릭해줘어**..(신화팬분덜 화이팅). (게).

끝냅쒀다 [<끝냅시다(끝내다)]
유형 형태변이. 동 풀이 '끝내다'의 청유형 '끝냅시다'의 변이형. 원말보다 힘주어 말하는 느낌을 준다. ¶님덜~ 숙제는 언넝언넝덜 **끝냅쒀다효**~ 라스트 방학 ㅠㅠ (게).

ㄴ

나무욜 [<나무(木)+요일] 유형 새말. 명 풀이 '목요일'의 '목'을 순우리말인 '나무'와 '요일'의 준말인 '욜'을 결합하여 표기한 형태. ¶오늘은 내가 젤루 시로하는 **나무욜**... 낼은 내가 가장 조아하는 쇠욜.. 그롬.. 낼은 조아지려나?? (게). ㉛목욜.

나뽀 [<나뻐(나쁘다)] 유형 형태변이. 형 풀이 '나쁘다'의 활용형 '나뻐'의 변이형. ※통신에서는 몇몇 감정 또는 감각을 나타내는 형용사들의 활용에 있어, 어미 '-어'가 연결되는 경우, 그 어미가 '-오'로 바뀌어 연결되면서 어린아이의 말투를 흉내내는 활용형태로 바뀌어 쓰이는 경향이 있다. 예를 들어 '슬퍼>슬포', '기뻐>기뽀', '아파>아퍼>아포' 등의 경우가 그러하다. ¶[힘내세요!!!]Re:아~기분**나뽀**!! 왜 아프구 그란댜 스푼댁 (게). /**나뽀**..─"─+ (대)

나뿌다 [<나쁘다] 유형 형태변이. 형 풀이 '나쁘다'의 변이형. ※실제 발음을 그대로 표기에 반영한 형태이다. ¶**나뿐**거 할려는거 아냐...ㅠㅠ (게). /**나뿐**사람!!. (대). ㉛기뿌다.

나쑤 [<나이스(nice)] 유형 형태변이. 깝 풀이 '나이스'의 변이형으로 원말보다 장난스럽고 귀여운 느낌. ¶**나쑤** 울학교 방학이당 ㅋㅋㅋ. (게).

나언다 [<나온다(나오다)] 유형 형태변이. 동 풀이 '나오다'의 활용형인 '나온다'의 변이형. ¶나라언냐가 뉴논애셔 월욜날 하거 화욜날 하거 퀀공으로 **나언다덩뎅** (게).

나이또 [<나이트 클럽(night club)] 유형 형태변이. 명 풀이 '나이트클럽'의 변이형. ¶뽀샤지 듯 아픈 허리를 끌어안고 간신히 찾아

낸 어떤 한의원!! 선생님께서 물으신
다 "언제부터 이랬어요?" "네...오늘
새벽부터!!" "혹시 격한 운동하셨어
요?" "움...아녀...그게 아니구...사실은
밤새 **나이또**가서 놀다가--;" 말씀을
잃으시는 선생님--; (게).

난중 [<나중] 유형 형태변이.
　명 풀이 '나중'의 변이형. 얼마의
시간이 지난 뒤. ¶**난중**에 또 봥〰
빠이룽〰〰 (게). 관낭중. 낭둥.

날뛰 [<날씨] 유형 형태변이.
　명 풀이 '날씨'의 변이형. ¶더운날
뛰에..좋은 너래 들으면서..존 하루
되길.. (게). 관날띠. 날쒸.

날띠 [<날씨] 유형 형태변이.
　명 풀이 '날씨'의 변이형. 원말보다
장난스러운 느낌을 준다. ¶요점 **날
띠** 좋징 않오? 아 널러가구 싶옹
(게). 관날뛰. 날쒸.

날료쥬다 [<날려주다] 유형 의미전
이/형태변이. 동 풀이 통신언어로
'메일을 보내다'를 뜻하는 '날려주다'
의 변이형. 원말에 비해 장난스러운
느낌을 준다. ¶요기루〰〰짐빨리〰
언녕언녕〰〰**날료쥬요**〰*^* (게).

날뤼다 [<날리다] 유형 형태변이.
　동 풀이 문자나 메일을 보내다. '날
리다'의 변이형. ¶꼭 듑 후기**날뤼듀
세효**.... (게). 관날리다. 날릐다.

날릐다 [=날리다] 유형 의미전이.
　동 풀이 문자나 메일을 보내다. ¶

물론 그러실분은 없겠지만 혁시라
두 퍼가실 분은 멜 **날리구** 퍼가세
영~. (게). /저랑 팅구하거 시픈 살
암은 멜 슝~**날려듀세효^^** (게). 관
날뤼다. 날릐다.

날쒸 [<날씨] 유형 형태변이.
　명 풀이 '날씨'의 변이형. 원말보다
힘주어 말하는 느낌을 준다. ¶다덜
무더운 **날쒸**에 잘덜 지내는지..ㅋㅋ
ㅋ (게). 관날뛰. 날쒸.

남댜 [<남자] 유형 형태변이.
　명 풀이 '남자'의 변이형. ¶아 참 !!
전 참 거 루 **남 댜** 해 여 ~ (게).

남띤 [<남친<남자+친구] 유형 새
말. 명 풀이 '남자 친구'에서 온 통
신언어 '남친'의 변이형. ¶**남띤** 구해
여~ *^-^* (게). 관남띤. 남친. 남칭.
남튄. 남틴.

남띤 [<남친<남자+친구] 유형 새
말. 명 풀이 '남자 친구'에서 온 통
신언어 '남친'의 변이형. ¶**남띤**이 되
주실분은염.. (게). 관남띤. 남친. 남
칭. 남튄. 남틴.

남어쥐 [<나머지] 유형 형태변이.
　명 풀이 '나머지'의 변이형. 원말보
다 힘주어 말하는 느낌을 준다. ¶아
마더...영어 **남어쥐** 안할꺼가따...ㅋ
ㅋㅋ (게).

남자앤 [<남자+애인] 유형 새말.
　명 풀이 남자 애인을 이르는 말. '남
자'에 '애인'의 줄임말 '앤'이 어울린

형태이다. ¶**남자앤** 구합니당 (게).
/13살**남자앤** 구함(갑부면좋음) (게).

남친 [<남자+친구] 유형 새말. 명
풀이 '남자 친구'의 변이형. ※널리
쓰이는 통신언어 가운데 하나이다.
¶난 **남친** 있어. (대). /**남친**과 함께
갈 이쁜 곳.. 추천요~(부탁)(게). /글
구 내**남친** 건들면 다들 P보는줄 아
셔^^ (대). 관남띤. 남띤. 남칭. 남튄.
남틴. 참여친. 절친. 통친.

남칭 [<남친<남자+친구] 유형 새
말. 명 풀이 '남자 친구'에서 온 통
신언어 '남친'의 변이형. ¶이쁜 **남구**
해여(14) (게). 관남띤. 남띤. 남친.
남튄. 남틴.

남튄 [<남친<남자+친구] 유형 새
말. 명 풀이 '남자 친구'에서 온 통
신언어 '남친'의 변이형. ¶나 **남튄**
해듈 부산넘 엄놔..? (게). /**남튄**이
랑 헤어진지 오래돼서.. (게). 관남
띤. 남띤. 남친. 남칭. 남틴.

남틴 [<남친<남자+친구] 유형 새
말. 명 풀이 '남자 친구'에서 온 통
신언어 '남친'의 변이형. ¶곧있음 **남**
틴이랑 백일이에여. (게). 관남띤.
남띤. 남친. 남칭. 남튄.

남팬 [<남자+팬(fan)] 유형 새말.
복 풀이 '남자 팬'의 변이형. ¶[ㅣ정
보ㅣ]어제 스타크 대회에서 이기신
우리 **남팬**...^^;; (게).

남푠 [<남편] 유형 형태변이.

명 풀이 '남편'의 변이형. ¶울 **남푠**
은 술을 싫어합니다. (게).

낭둥 [<나중] 유형 형태변이.
명 풀이 '나중'의 변이형. 원말보다
좀 어눌한 느낌을 준다. ¶안냐세
횻..;; 저번에 정팅 갔눈댑 ^--^* 마
뇨온냐 넘방가보 쏘홋 ˚0˚ 거래 오
빠두흅^0^**낭둥**에 또와아딥
^________^ (게). 관난중. 낭중.

낭중 [<나중] 유형 형태변이.
명 풀이 '나중'의 변이형. ※'나중'의
경기도 방언형이다. ¶넘아... 항상
건강하시구여.. 행복 하세염..^^; 아
이라이.. **낭중**에 떠 널러 오갔습니
다.^^(게). /너네 **낭중**에 만나서리
내 말에 웃으면 듀금이야!!! (게).
관난중. 낭둥.

내영 [<내용] 유형 형태변이.
명 풀이 '내용'의 변이형. 원말보다
귀여운 느낌을 준다. ¶논스톱**내영**.
[필] (게). /대충 **내영**이 이랫데여...
(게). /우정쿠펀이여~~(**내영**없음~)
/**내영**없다는데 열어번..댁은..헉시
바버?-.-;; (게). 관냉¹. 농.

낵아 [<내+-가] 유형 형태변이. 복
풀이 대명사 '내'에 주격조사 '-가'가
결합한 '내가'의 변이형. 원말보다
힘주어 말하는 느낌을 준다. ¶만약
에 **낵아** 안들면 그들이 H.O.T.가
아니란걸 인정하게 되는거쟎여.. (게).
/**낵아** 윤석오빠..;; 이러케 보내니깐

여 네??? 이러시더라구여... (게).

낼 [<내일] 유형 형태변이. 명 풀이
'내일'의 변이형. ¶낼 7시에 학교못
강. (대). /구러니깐 **낼**버자. (대). /
낼 내려오면, 걍 우리집으로 직행해
라. (대). /**낼** 학교에 7시에 갈수있
어^^. (대). /**낼**버장. (대). /오늘 다
하고, **낼** 아흐를 만나 즐거운 담소
를^^. (대). /글구 **낼**이면 칠현오빠의
앨범이 나오는데 너무 기대됩니다...
낼 일어나자마자 CD가지러 바로 뛰
어가야쥐.. ^^. (게). /사실분은 쩜 나
중에 가란 말씀을 드리며... 난 **낼**
수시접수땜시 (--)(_)(^0^)V.. (게).
/**낼** 집회겸 엠티 조별 토의가 있을
예정입니다... (게). /**낼**봐요 (대).

냉¹ [<내용] 유형 형태변이. 명 풀이
'내용'의 변이형. ¶굴엄 저두 겨은
냉으러 글 올릴라구염 되도록 많은
글울!!★ (게). /**냉**보세여.. (게).
/~~~ >0< 여장이래요~ 에효~
남자애들 다 죽겠따~<**냉**이쏨> .
(게). /Re:금 희준오빠 머라구 해
여?---(**냉** 엄쬬). (게). /구럼....**냉**
봅세다여.... (게). 관내영. 농.

냉² [<네] 유형 형태변이. 감 풀이
대답하는 말 '네'의 변이형. ¶**냉**.
(대). 관닝. 넵. 뉀.

냉가출 [<내용+가출] 유형 새말.
명 풀이 게시판에서 제목만 있고
내용이 없을 때 제목 뒤에 붙여 나

타내는 말. ¶Re:추카추카~ >_< 근
데.. 아직두 안주무시구 머하세요..
---;; 반갑긴 합니다만.^-^;;[**냉가
출---v]** . (게). /섹션에 오빠들 나
왔어염????????-**냉가출**-. (게). /
흠.. 역시.. 나두... T^T... 약은..
H.O.T.밖에 없네여.. 할 수 없져..
기다리는 수밖에..^-^!! [**냉가출---
v]**. (게). 참글무. 깡텅. 냉잠수탐.
냉도망. 냉도주. 냉무. 냉뮤. 냉빔.
냉사망. 냉엄. 냉없음. 냉텅구리. 냉
텅텅. 냉X. 농무.

냉도망 [<내용+도망] 유형 새말.
명 풀이 게시판에서 제목만 있고
내용이 없을 때 제목 뒤에 붙여 나
타내는 말. ¶봐써여..알쥐는 역시 어
빠들꺼 할줄 알았어여..~(**냉도망**).
(게). 참글무. 깡텅. 냉잠수탐. 냉가
출. 냉도주. 냉무. 냉뮤. 냉빔. 냉사
망. 냉엄. 냉없음. 냉텅구리. 냉텅텅.
냉X. 농무.

냉도주 [<내용+도주] 유형 새말.
명 풀이 게시판에서 제목만 있고
내용이 없을 때 제목 뒤에 붙여 나
타내는 말. ¶[|잡솔|]글 쓸수 있
겠됐쏘여~!! 기뽀기뽀(**냉도주**) (게).
참글무. 깡텅. 냉잠수탐. 냉가출. 냉
도망. 냉무. 냉뮤. 냉빔. 냉사망. 냉
엄. 냉없음. 냉텅구리. 냉텅텅. 냉X.
농무.

냉무 [<내용+무(無)] 유형 새말.

몡 풀이 게시판에서 제목만 있고 내용이 없을 때 제목 뒤에 붙여 나타내는 말. ※내용이 없을 때 가장 널리 사용하는 통신언어이다. ¶깜짝 대화방 오픈^^ (**냉무**) (게). /전 액정이 깨졌더래죠... 안타깝네요... 우린ㅣ서 그냥 풍선에 야광봉넣고 흔들자구요..홧팅~!(**냉무**). (게). /가입을 왜 안해여.. 해야져...(**냉무**). (게). /글쳐... 일부러 희준오빠앞에서 그런다잖아요....(**냉무**). (게). 참글무. 깡텅. 냉잠수탐. 냉가출. 냉도망. 냉도주. 냉뮤. 냉빔. 냉사망. 냉엄. 냉없음. 냉텅구리. 냉텅텅. 냉X. 눃무.

냉뮤 [<내용+무(無)] 유형 새말. 몡 풀이 게시판에서 제목만 있고 내용이 없을 때 제목 뒤에 붙여 나타내는 말. '냉무'의 변이형이다. ¶Re:★넘이뿌시겠군요~기대된당~^0^...>,<<**냉뮤**>... (게). 참글무. 깡텅. 냉잠수탐. 냉가출. 냉도망. 냉도주. 냉무. 냉빔. 냉사망. 냉엄. 냉없음. 냉텅구리. 냉텅텅. 냉X. 눃무.

냉빔 [<내용+빔] 유형 새말. 몡풀이 게시판에서 제목만 있고 내용이 없을 때 제목 뒤에 붙여 나타내는 말. ¶저두 봤어여...오늘은 조성모나왔어여..(**냉..빔...**). (게). 참글무. 깡텅. 냉잠수탐. 냉가출. 냉도망. 냉도주. 냉무. 냉뮤. 냉사망. 냉엄. 냉없음. 냉텅구리. 냉텅텅. 냉X. 눃무.

냉사망 [<내용+사망] 유형 새말. 몡 풀이 게시판에서 제목만 있고 내용이 없을 때 제목 뒤에 붙여 나타내는 말. ¶앗;; 다음에서 검색함 대는구나~딴대는 안대든데;;;; (**냉사망**) . (게). /오빠 819정말 확정이에여? 정말,,,,, 안간단 사람들이 좀 씩 늘어가는,,,,,,(**냉사망**) . (게). 참글무. 깡텅. 냉잠수탐. 냉가출. 냉도망. 냉도주. 냉무. 냉뮤. 냉빔. 냉엄. 냉없음. 냉텅구리. 냉텅텅. 냉X. 눃무.

냉엄 [<내용+없음] 유형 새말. 몡 풀이 게시판에서 제목만 있고 내용이 없을 때 제목 뒤에 붙여 나타내는 말. ¶보롱이두 시츄예여?..요크셔 테리어 아니였나여?..(**냉엄**). (게). 참글무. 깡텅. 냉잠수탐. 냉가출. 냉도망. 냉도주. 냉무. 냉뮤. 냉빔. 냉사망. 냉없음. 냉텅구리. 냉텅텅. 냉X. 눃무.

냉없음 [<내용+없음] 유형 새말. 몡 풀이 게시판에서 제목만 있고 내용이 없을 때 제목 뒤에 붙여 나타내는 말. ¶Re:저도 보구선 혼자 흥분했었었여,,,ㅡ.ㅜ(**냉없음**). (게). 참글무. 깡텅. 냉잠수탐. 냉가출. 냉도망. 냉도주. 냉무. 냉뮤. 냉빔. 냉사망. 냉엄. 냉텅구리. 냉텅텅. 냉X. 눃무.

냉유 [<내용+유(有)] 유형 새말. 몡풀이 게시판에서 내용이 있음을

나타내는 말. ※게시판에 내용이 없음을 의미하는 통신언어 '냉무'에 유추해서 만들어진 말이다. ¶기다릴수 있겨? 자 힘내자구여.. 화이링*^^* [**냉유**] (게). /-_-;;(**냉유**) (게). /내일은 무슨 일이 있어도 논스톱 꼭 봅시다~!!(**냉유**) (게). ㉾냉있눙유.

냉있음 [<내용+있음] 유형 새말. 몡 풀이 게시판에서 내용이 있음을 나타내는 말. ※게시판에 내용이 없음을 의미하는 통신언어 '냉무'에 유추해서 만들어진 말이다. ¶님..저두 너무 탐나요..어쩜..휴~ [**냉있음**]. (게). ㉾냉유. 눙유

냉잠수탐 [냉+잠수탐] 유형 새말. 몡 풀이 게시판에서 제목만 있고 내용이 없을 때 제목 뒤에 붙여 나타내는 말. ※'잠수'는 대화방에 들어와 한동안 대화에 참여하지 않는 것을 가리키는 말이다. ¶추카드려요~ ☆★ 이번 문제들 되게 어렵던데.. 추카드려요!!(**냉잠수탐**). (게). ㉾글무. 깡텅. 냉가출. 냉도망. 냉도주. 냉무. 냉뮤. 냉빔. 냉사망. 냉엄. 냉없음. 냉텅구리. 냉텅텅. 냉X. 눙무.

냉쫌 [<내용+조금] 유형 새말. 몡 풀이 게시판에서 제목에 대한 내용이 조금 있음을 나타내는 말. ※게시판에 내용이 없음을 의미하는 통신언어 '냉무'에 유추해서 만들어진 말이다. ¶우리 강타오빠 안나온다는

애기 하지말아여 괜히 가려던 사람들두 맘이 바뀌잖아여 사기떨어지구(**냉쫌**). (게).

냉텅구리 [<냉+-텅구리] 유형 새말. 몡 풀이 게시판에서 제목만 있고 내용이 없을 때 제목 뒤에 붙여 나타내는 말. ¶언늬 답지 않게..힘내효~!!(**냉텅구리**) (게). ㉾글무. 깡텅. 냉잠수탐. 냉가출. 냉도망. 냉도주. 냉무. 냉뮤. 냉빔. 냉사망. 냉엄. 냉없음. 냉텅텅. 냉X. 눙무.

냉텅텅 [<내용+텅텅] 유형 새말. 몡 풀이 게시판에서 제목만 있고 내용이 없을 때 제목 뒤에 붙여 나타내는 말. ¶]]Re:아뇨옷~ 안나오더라구여...(**냉텅텅**) . /대화방또오픈 사람올 때까지 기다릴 볼 예정 현재시각.12시 45분 ((**냉텅텅**)) (게). ㉾글무. 깡텅. 냉잠수탐. 냉가출. 냉도망. 냉도주. 냉무. 냉뮤. 냉빔. 냉사망. 냉엄. 냉없음. 냉텅구리. 냉X. 눙무.

냉X [<내용+X] 유형 형태변이. 몡 풀이 게시판에서 제목만 있고 내용이 없을 때 제목 뒤에 붙여 나타내는 말. ¶사이버리아....가 없는데...ㅜㅜ 어케.............표구머구... 못받아용..ㅜ.ㅜ(**냉X**). (게). /전파견문록 끝나고도 해요~!!! 저번주에 봤거던요!!!죄성 시작할때 한다구 하는군요죄성~!!(**냉X**). (게). ㉾글무. 깡텅.

냉잠수탐. 냉가출. 냉도망. 냉도주. 냉무. 냉뮤. 냉빔. 냉사망. 냉엄. 냉없음. 냉텅구리. 냉텅텅. 농무.

냐 [<언냐<언니] 유형 형태변이. 명 풀이 '언니'의 변이형. ¶[여자연옌과 텅화]SES의 유진**냐**랑 통화 해쑴돠!!!(게). 관어냐.

냐하하 [=냐하하] 유형 새말. 감 풀이 크고 밝게 웃는 소리. 좀 채신이 없고 장난스러운 느낌을 준다. ¶**냐하하** #――― #-_-.. (대).

냥 [<양] 유형 형태변이. 명 풀이 여자의 성명 밑에 붙어서 결혼하지 않음을 나타낼 때 쓰이는 의존명사 '양'의 변이형. ¶유진**냥** 성격이 털털하고 그래서 그런지멀라더 남자여네인이랑 허물업씨 지내는사이 같네여 신화분들 보면 유진**냥** 보고 밥잘먹고 씩씩하고 힘세다고 --;;;. (게). /날개**냥**!!!!!!!!!!!!!!!!!! 나 알져?.. -_-;; (대).

너래 [<노래] 유형 형태변이. 명 풀이 '노래'의 변이형. 원말보다 좀 어눌한 느낌을 준다. ※ㄴ>ㅓ 유형의 변이형이다. ¶구냥 **너래**라 들을까. (대). /난 이**너래** 별루얌. (대). /**너래** 가사 치면 재밌어 응. (대). /이**너래** 누구꺼얌?. (대). /8282 지굼 ...강타..어빠의 **너래**가.. 라디오에서.... . (게). /이 **너래** 듣다가 울어버렸어요.. (게). /**너래**연습

중...ㅋ(게). 관너뤠. 너뤼. 너리. 널래. 놀애.

너래방 [<노래방] 유형 형태변이. 명 풀이 '노래방'의 변이형. ¶얼마전에 칭구들이랑 **너래방**갔는데.. (게). 관너뤠방.

너력하다 [<노력하다] 유형 형태변이. 동 풀이 '노력하다'의 변이형. 원말보다 귀여운 느낌을 준다. ※ㄴ>ㅓ 유형의 변이형이다. ¶아프로도 마니 **너력하겠슴돠**⌢⌢★☆ (게). / 앞으로 글 자주 올리도록 **너력하겠습니다**... (게).

너뤠 [<노래] 유형 형태변이. 명 풀이 '노래'의 변이형. ¶大P.S.Y 님의映 ㄴㅓ루ㅔ 중에는.. (게). 관노래. 너뤼. 너리. 널래. 놀애.

너뤠방[<노래방] 유형 형태변이. 명 풀이 '노래방'의 변이형. ¶어줴 ㄴㅓ루ㅔ방映 가쟈능 칭구뇬의 꼬심映에 빠져서映 (게). 관너래방.

너뤼 [<노래] 유형 형태변이. 명 풀이 '노래'의 변이형. ¶클릭비 **너뤼** [단.강 초사. 잔.사] (게). 관노래. 너뤠. 너리. 널래. 놀애.

너리 [<노래] 유형 형태변이. 명 풀이 '노래'의 변이형. ¶★연석급 ★예~~베이베~클릭비~**너리**~예~(단강) (게). 관노래. 너뤠. 너뤼. 널래. 놀애.

너모 [<너무] 유형 형태변이.

㈜ ㈜ '너무'의 변이형. 원말보다 작고 귀여운 느낌을 준다. ¶너모 잘자고. (대). ㈜너므. 넘². 넘우. 넘후. 넘흐. 노무.

너無너無 [<너무+너무] ㈜ 형태변이. ㈜ ㈜ '너무 너무'의 변이형. '너무'의 '무'를 같은 발음의 한자로 표기한 형태이다. ¶닥②햐...^^ **너無너無**싸룽햇♡ (게). ㈜넘넘.

너므 [<너무] ㈜ 형태변이. ㈜ ㈜ '너무'의 변이형. ¶너므오랫만에카페들어와바써! (게). ㈜모. 넘². 넘우. 넘후. 넘흐. 노무.

너므하다 [<너무하다] ㈜ 형태변이. ㈜ ㈜ '너무하다'의 변이형. ¶[걍할말이써효]┼나드.회원이듸만,, 회원님들.딘따.**너므하신댜.!**.┼ (게). ㈜넘우하다. 넘하다. 넘하댜.

넉화 [<녹화] ㈜ 형태변이. ㈜ ㈜ '녹화'의 변이형. 원말보다 장난스러운 느낌을 준다. ※ㅗ>ㅓ 유형의 변이형이다. ¶Re:곧 **넉화** 시작이겠군요... 긴장말고 잘하시길.^^ 강타어빠는 H.O.T.이닌까....일집대박.!!(냉기도중..ㅡ.ㅡ;;). (게).

널다 [<놀다] ㈜ 형태변이. ㈜ ㈜ '놀다'의 변이형. ¶좀만 **널다가**..공부해야지..--^ (게). /자우롭게..대화하거..널수있다거..봅뉘까?? 전혀아뉘거든여.. (게). /걍 **널아.** (대). /구럼 **널다가**가. (대). /우리끼

리 재밌게 **널자**. (게). /**널구** 있네. (대). /내하거**널까**???심심하면온 나~**널자** (게).

널라다 [<놀라다] ㈜ 형태변이. ㈜ ㈜ '놀라다'의 변이형. 원말보다 장난스럽고 좀 어눌한 느낌을 준다. ¶정말 **널랐어여**...저 입에서 그런 말이 나올줄은....(게). /저이거버구 **널라떠혀**.....ㅡ.ㅡ;; (게). ㈜널래다.

널랍다 [<놀랍다] ㈜ 형태변이. ㈜ ㈜ '놀랍다'의 변이형. ¶정말 **널라운** 사실,,, (게).

널래 [<노래] ㈜ 형태변이. ㈜ ㈜ '노래'의 변이형. ¶두번째로..**널래** 절라 잘한다.. (게). ㈜노래. 너뤠. 너뤼. 너리. 놀애.

널래다 [<놀래다(놀라다)] ㈜ 형태변이. ㈜ ㈜ '놀라다'의 변이형. 원말보다 장난스럽고 좀 어눌한 느낌을 준다. ※'놀라다'를 사동형인 '놀래다'로 잘못 사용하는 경우이다. ¶오빠 확실히 살 마뉘 빠졌어여..켜켜.. 월요일날 봤는데 그거 보구 **널랬쩌**.. 쿠쿠..(냉 없음) . (게). /방금 sbs에 들어갔다가 넘 **널랬습니다**. (게). /말점 가려여 게시판에 놀러온사람 **널래네**. (게). /**널랬자낭**...앙~ 멀라멀라...야앙~아프론 그런 넝담 하면 안돼~~~ (게). ㈜널라다.

널러오다 [<놀러오대] ㈜ 의미전

이/형태변이. 복 풀이 홈페이지를 방문하다. ¶마니! 마니! **널러와** 세여. (게).

널리다 [<놀리다] 유형 형태변이. 동 풀이 ‘놀리다’의 변이형 ¶Re:Re: Re:뭐얌~ 덩생 **널리면** 뼈락마자욤^^;; 케기 .... 누나야가... 따랑을 몰라...?...그 나이에...? 커기 ....누나야가 날 욱.겨.둑.인.당...^ (게).

넘¹ [<놈] 유형 형태변이. 명 풀이 ‘사내’의 낮춤말. ¶그넘 :여버세염~!.. 너 어디냥.. (게). /한겜 언**넘**이 만드럿는지 대가리가 똥만 드럿는지 정말로 고맙게 생각한다 (게). /1명과 함께...다른**넘**들은 다 교실에 남구... (게). /나뿐**넘**이라니용?.... (게).

넘² [<너무] 유형 형태변이. 부 풀이 ‘너무’의 변이형. ※‘너무’의 가장 대표적인 통신언어이다. ¶**넘** 귀엽게 나오셔떠여^^그쳐^^. (게). /**넘**길다. (대). /심한 말 한 거 미안하게 생각해.... **넘** 속상해서 그랬어... (게). /**넘** 실질적인 경험을 올려주셔서 **넘** 감사합니다. /**넘** 오랜만입니다 (게). /지난주 월욜에 글을 올렸는데 많은 사람들이 봐주시고 힘내란 말도 해주셔서 **넘** 고마워여...^^(게). /**넘** 이쁘게 나왔당 (게). 관너모. 므. 넘우. 넘후. 넘흐. 노무.

넘나 [<너무나] 유형 형태변이. 부 풀이‘너무나’의 변이형. ¶아부지~

새롭게 바뀐거 **넘나** 조쿠 이쁘구여~ (게).

넘넘 [<너무+너무] 유형 형태변이. 부 풀이 ‘너무’의 통신어인 ‘넘’을 반복한 형태이다. ‘넘’보다 어떤 정도가 더함을 뜻한다. ¶**넘넘** 조아*^^*. (게). /**넘넘** 느리당.... (게). /휴일임에도 불구..작업으로 쉴시간이 없는 진이야 눈에 눈물이..**넘넘** 힘들답니다.. (게) /마자여??? 저두 그영화 봤는데 **넘넘** 잼있었어여... (게). /어우 키티는 **넘넘** 귀여워용 당신들은 키티가 안 귀엽나용 키티는 안네가 붙여준 일기장의 이름이기도 합니다. (게). /일본만화는 **넘넘** 개방이 마뉘 되어있습니당. (게). /**넘넘** 실망이에요. (게). 관너無너無.

넘우 [<너무] 유형 형태변이. 부 풀이 ‘너무’의 변이형. ※소리나는 대로 쓰는 일반적인 통신언어에 대한 반동으로 분철식으로 표기한 형태이다. ¶사람이 **넘우** 마쮜 와써여,,, (대). 관너모. 너므. 넘². 넘후. 넘흐. 노무. 참눅우.

넘우하다 [<너무하다] 유형 형태변이. 형 풀이 ‘너무하다’의 변이형. ¶아무더 날 찾지 않눈..ㅠ_ㅠ몇칠동안 잠수했눈뎅..히잉~ ㅡ_ㅜ **넘우해**~!! (게). 관너므하다. 넘하다. 넘하댜.

넘하다 [<너무하다] 유형 형태변이.

형 풀이 '너무하다'의 변이형. ¶헉..
넘해여...ㅠ_ㅠ;;; (게). 관너므하다.
넘우하다. 넘하댜.

넘하다 [<너무하다] 유형 형태변이.
동 풀이 '너무하다'의 변이형. ¶저주
게시판이 있능데도. 여기다가 저주
를 올리능 이유가 뭐햐.?. 훔;훔; 뎡
말르 **넘 하댜**. .. (게). 관너므하
다. 넘우하다. 넘하다.

넘후 [<너무] 유형 형태변이.
부 풀이 '너무'의 변이형. 원말보다
힘주어 말하는 느낌을 준다. ¶정말
넘후 신나게 널아따.. (게). /**넘후**
욱겨따..-_-;; (게). 관너모. 너므. 넘².
넘우. 넘흐. 노무.

넘흐 [<너무] 유형 형태변이.
부 풀이 '너무'의 변이형. ¶어..^^사
랑아 사진 잘밧어.이쁘게 나와따.사
랑이 **넘흐** 이쁘다. (게). /**넘흐** 이
뿌게 나왔네혓^^*. (게). . 관너모.
너므. 넘². 넘우. 넘후. 노무.

넙쭉 [<넙죽] 유형 의미전이.
감 풀이 몸을 바닥에 너부죽하게
대고 닝큼 엎드리는 모양을 흉내낸
통신상의 인사말. ※문자를 통해서
이루어지는 통신언어에서 대화의
현장감을 높이기 위해 의성어 의태
어들이 효과적으로 사용된다. ¶안녕
들 하세요.. 너무 간만에 인사 드리
네요.. **넙~쭉** (게). 참꾸벅.

넝담 [<농담] 유형 형태변이.

명 풀이 '농담'의 변이형. 원말보다
장난스러운 느낌을 준다. ¶멋진 남
자 만나세휴~~~ 찾기 힘들면 저.,..
를... ㅋㅌㅋㅌ (**넝담~**) ――ㅋ (게).
/저깅 누구신지...――;^^; **넝담**...ㅋ
ㅋ (게). /렌즈샀다거...고건 몰랐당..
우띠.. 나더 회색렌즈 조아하는뎅...
얼마냐... 그리거 너 다중인격체가
아니라. 사이코당...푸하하하..(물론
넝담이거..) (게). /**넝담**인거 알쥐..
ㅋㅋㅋ (게).

넵 [<네] 유형 새말. 감 풀이 대답하
는 말 '네'의 변이형. 원말보다 단호
하고 분명한 느낌을 준다. ¶헉...까
불지말고 ...도배방이나 가라고여...
넵.. 꾸바닥...^^* (게). /우리 같이
여행가요..**넵**..(여행가자..와우..).
(게). 관냉². 넹. 뉘. 참옙.

넹 [<네] 유형 형태변이. 감 풀이 대
답하는 말 '네'의 변이형. 원말보다
귀여운 느낌을 준다. ¶저 나가라구
여 #**넹**. (대). /허걱...사장님께서 심
부름을 보내신당... 차타구 가서...이
거좀 전해주고 와라... **넹**~~~쫑~쫑~
쫑...고개숙인 내 모습이 쩍8리당...
(게). /아이는 있나여. **넹**. (대). /**넹**
감따 (대). 관냉². 넵. 뉘

녀 [<여자] 유형 형태변이. 명 풀이
'여자'의 변이형. ¶방콕 파타야 같이
가실 **녀**.. (게). /화끈한 **녀** 만 오세
요.. (대). 관여좌. 요자.

노딩 [<노(老)+-딩] 〔유형〕 형태변
이. 〔부〕 〔풀이〕 나이가 많이 든 사람.
상대적이긴 하나 통신상에서 20대
이상은 '노딩' 취급을 받는다. ※통
신언어 중딩, 고딩에서 유추된 '-딩'
이 접미사처럼 쓰이어 파생된 말이
다. ¶**노딩**입니다. 하지만 그렇게 부
르지마세요. 〔참〕초딩. 중딩. 고딩. 대
딩.. 직딩. -딩.

노무 [<너무] 〔유형〕 형태변이.
〔부〕 〔풀이〕 '너무'의 변이형. ¶**노무** 귀
엽고 깜찍해요. (게). 〔관〕너모. 너므.
넘². 넘우. 넘후. 넘흐. 노무.

놀애 [<노래] 〔유형〕 형태변이.
〔명〕 〔풀이〕 '노래'의 변이형. ¶포이즌
놀애애서.. 『난 엄정화가 제일 실
옹』 (게). 〔관〕노래. 너붸. 너뤼. 너리.
널래.

날릐다 [<날리다] 〔유형〕 의미전이.
〔동〕 〔풀이〕 문자나 메일을 보내다. '날
리다'의 변이형. ¶어렵더라두멜팍팍
날릐구~!!! (게). 〔관〕날뤼다. 날리다.

뇨대 [<여대] 〔유형〕 형태변이.
〔명〕 〔풀이〕 '여자 대학'의 생략형인 '여
대'의 변이형. 원말보다 좀 낮추어
부르는 느낌을 준다. ¶수원**뇨대**축
제때 모습은 열정적이신대다가~♨
♨♨♨♨♨♨♨ (게).

뇨석 [<녀석] 〔유형〕 형태변이.
〔명〕 〔풀이〕 '녀석'의 변이형. 원말보다
좀 귀여운 느낌을 준다. ¶그 넘 나

이 이제 19세.. 고딩 3학놈 알바 할
때 알게 된 **뇨석**인데 넘 기엽져~
나이 답지 않은외모로 호프집서 같
이 일을 하게 되었답니다. (게).

뇨자 [<여자] 〔유형〕 형태변이.
〔명〕 〔풀이〕 '여자'의 변이형. ¶내가 아
는 바람둥이가 있다.. 그넘은 **뇨자**
를 **뇨자**로 안보는 넘이다.. 어릴때
부터 그넘 주위엔 **뇨자**들이 들
긇는다.. 그넘에게 **뇨자**는 장
난감일 뿐이다.. (게).

뇬 [<년] 〔유형〕 형태변이. 〔명〕 〔풀이〕 여
자를 낮잡아 이르는 '년'의 변이형.
※여자에 대한 비속어를 통신상에서
완곡하게, 또는 장난스럽게 표현한
말이다. ¶언**뇬**이 이눔의 여자 친구
가 될지~ 주기 무지 아깝져 ㅜㅜ 그
넘 나이 이제 19세.. 고딩 3학놈 알
바 할때 알게 된 뇨석인데 넘 기엽
져~ 나이 답지 않은 외모로 호프집
서 같이 일을 하게 되었답니다. (게).

뇽 [<내용] 〔유형〕 형태변이. 〔명〕 〔풀이〕
'내용'의 변이형. ¶나둥 폼나게 살고
잡앙 **뇽** 텽.. (게). 〔관〕내영. 냉¹.

뇽무 [<냉무<내용+무(無)] 〔유형〕
새말. 〔명〕 〔풀이〕 게시판에서 제목만
있고 내용이 없을 때 제목 뒤에 붙
여 나타내는 말. 통신언어 '냉무'의
변이형. ¶Re:어 언니 좋겠다~오빠랑
데이또 잘하세요~(**뇽무**) (게). /아~
받으러가야디>_< (**뇽무**). (게). /이

거 또 머시기 팬들이 배껴가는거 아냐?불안~~~;;(**늉무**). (게). ㉢글무. 깡텅. 냉잠수탐. 냉가출. 냉도망. 냉도주. 냉무. 냉뮤. 냉빔. 냉사망. 냉엄. 냉없음. 냉텅구리. 냉텅텅. 냉X. ㉢냉유. 냉쯤.

늉유 [<내용+유(有)] 〔유형〕 새말. 〔명〕〔풀이〕 게시판에서 내용이 있음을 나타내는 말. '냉유'의 변이형. ※게시판에 내용이 없음을 의미하는 통신언어 '냉무'에 유추해서 만들어진 말이다. ¶우성아 늦었지만...추카한다~(**늉유**^^) 음..자식 축하한다..ㅡ,ㅡ (게). ㉢냉유. 냉있음.

누가 [<누구+-야] 〔유형〕 형태변이. 〔복〕〔풀이〕 '누구야'의 변이형. 원말보다 거칠게 말하는 느낌을 준다. ¶ㅡ.ㅡ;;황당합니다..당신 **누갸**?. (게).

누낭 [<누나] 〔유형〕 형태변이. 〔명〕〔풀이〕 '누나'의 변이형. 원말보다 애교스러운 느낌을 준다. ¶**누낭** 저겨 티켓이여 입금 언제쯤 해야되여??? (게). /Re:흐미...앙~~시**누낭** 미오 (게). /울 **누낭** 별루 안나오싸어여..ㅜㅜ~ (대). ㉢느나.

눅우 [<누구] 〔유형〕 형태변이. 〔명〕〔풀이〕 의문사 '누구'의 변이형. ※소리나는 대로 쓰는 일반적인 통신언어에 대한 반동으로 분철식으로 표기한 형태이다. ¶혼자 있는줄 알았는데..누가 방금 글을 읽었네

+_+ **눅우**쇠직?;; 글좀 남겨줘여;; (게). ㉢넘우.

눈팅 [<눈+채팅] 〔유형〕 새말. 〔명〕〔풀이〕 대화방에서 대화에 참여하지 않고 다른 사람의 대화 내용을 보기만 하는 일. ¶다들 **눈팅**해여? (대). /**눈팅**만 하고 돌아댕기구 있었는데.... (게).

눼 [<네] 〔유형〕 형태변이. 〔감〕〔풀이〕 대답하는 말 '네'의 변이형. 원말보다 힘주어 말하는 느낌을 준다. ¶페리여랑님??? #으엉엉엉엉. #**눼** (대). /웁 스 ~ **눼** 이름은 없눼... ㅡ,ㅡ (게). ㉮냉². 넵. 녱.

뉴수 [<뉴스] 〔유형〕 형태변이. 〔명〕〔풀이〕 '뉴스'의 변이형. ¶방굼 **뉴수**에서 ... . (게).

느나 [<누나] 〔유형〕 형태변이. 〔명〕〔풀이〕 '누나'의 변이형. ¶**느나**가 다 이기줄껭.ㅎㅎ (대). ㉮누낭.

니망 [<님+-아] 〔유형〕 형태변이. 〔복〕〔풀이〕 통신언어 '님'에 호격조사 '-아'가 결합한 '님아'의 변이형. ¶**니망** 제 멜 못받았써염? (게).

닉 [<닉네임(nickname)] 〔유형〕 형태변이. 〔명〕〔풀이〕 '닉네임'의 변이형. ¶군데 #날개는 #참 많이 들어분 #본 #**닉**인데 (대). ㉮닉넴. 닌넴.

닉넴 [<닉네임(nickname)] 〔유형〕 형태변이. 〔명〕〔풀이〕 '닉네임'의 변이형. ¶**닉넴**이 아직 투표를 통해 결

정되구요, 호그와트에서는 공정하게 투표로 합니다. (게). /정말 **닉넴**이 이제 헷갈리니간 누군지 밝혀주라. 근데 나 이제 여기 누구 있는지 다 아러. (게). ㉖닉. 닌넴.

닌넴 [<닉네임(nickname)] 유형 형태변이. 명 풀이 '닉네임'의 변이형. ¶**닌넴** 첸지 해야쥐 (게). ㉖닉. 닉넴.

님 [<-님] 유형 통사변이. 명 풀이 접미사 '-님'이 자립성을 갖는 2인 칭 대명사로 전용된 말. 통신상에서 두루 높임의 용법을 갖는다. ¶**님께** 서 주도하여 정팅을 함 해보는것두 좋을듯 싶사옵니당~ (게). /**님**들 소 개점 해줘영~ (대). /**님** 엄마 아빠 가 참 조아하실꺼 가타여^^ (게). ㉛-님.

ㄷ

다굴 [<다구리] 유형 형태변이/의미 전이. 명 풀이 여럿이서 하는 인터 넷 게임에서 특정한 상대만 집중적 으로 공격하는 일. ※'다구리'는 본 래 부랑배의 은어로 '뭇매'를 뜻하 는 말이다. ¶마턴 **다굴** (대). /**다굴** 하지마여. ㉛팀킬.

다룬 [<다른] 유형 형태변이. ㉖ 풀이 '다른'의 변이형. 원말보다 좀 어눌한 느낌을 준다. ¶**다룬** pc 방에 가야줘 (게).

다쉬 [<다시] 유형 형태변이. 부 풀이 '다시'의 변이형. 원말보다 힘주어 말하는 느낌을 준다. ¶온리 님덜께 간만에 **다쉬** 인사드립니 닷....(--)(_)(--)+ (게). /담 에 걸 어 달 라 구 해 서 네 에~ 하 구 끄 넜 디 만,. **다 쉬** 걸 꺼 얌.... .. (게). ㉖다싁. 다싱.

다싁 [<다시] 유형 형태변이. 부 풀이 '다시'의 변이형. ¶담에 **다 싁** 들와서 할께여^-^;;; (게). /**다싁** 친구등록 해줄꼬징?^-^;; (게). ㉖다 쉬. 다싱.

다시끔 [<다시금] 유형 형태변이. 부 풀이 '다시금'의 변이형. 원말보 다 힘주어 말하는 느낌을 준다. ¶오 늘 그 느낌.. **다시끔** 경험하네..ㅡ, ㅡ;;; (게).

다싱 [<다시] 유형 형태변이. 부 풀이 '다시'의 변이형. 원말보다 귀여운 느낌을 준다. ¶구럼 다음에 또만나영 *^^* **다싱** 만나장 !ㅜ!~! v^^v<--- 요건 승이의 부잉 (게). ㉖다쉬. 다싁.

다여트 [<다이어트(diet)] 유형 형 태변이. 명 풀이 '다이어트'의 변이 형. ¶오늘로써 **다여트** 2틀째인데요.

/요즘은 내가 왜 **다여트**를 해야되는지 생각해봤다. 그건~~날 예전에 찬 그넘땜에!!!! (게). [관]다요투. 다요트. 다이오또.

다요투 [<다이어트(diet)] [유형] 형태변이. [명] [풀이] '다이어트'의 변이형. ¶포또언냐 전에 다요투 한다고 했눈데 살은 많이 뺐우???? 나두 **다요투**해염 (게). [관]다여트. 다요트. 다이오또.

다요트 [<다이어트(diet)] [유형] 형태변이. [명] [풀이] '다이어트'의 변이형. ¶**다요트** 끝날때까지 옷사지 말라고 하셨지만, 샀습니다... 이 기쁜 날 어찌 아니 살 수가 있습니까... (게) /[같이해여~]방학시작과 **다요트** 시작!!!!기필코............ (게). [관]다여트. 다요투. 다이오또.

다움 [<다음] [유형] 형태변이.
[명] [풀이] '다음'의 변이형. 원말보다 좀 무거운 느낌을 준다. ¶나:맞구낭~ 언늬(저 듁눈 줄 알아썸돠.. 저 안튀..) 너래 넘 져아여! **다움** 앨범 빨리 가꾸 와여!(우웨엑~). (게). [관]담.

다이오또 [<다이어트(diet)] [유형] 형태변이. [명] [풀이] '다이어트'의 변이형. 일본말을 흉내낸 느낌을 준다. ¶배고파라;;;; 배고파;;; 그러나;; **다이오또**중;;;; 참아야해;;; 커헉;;; (게). [관]다여트. 다요투. 다요트.

다트하다 [<다이어트(diet)+-하다] [유형] 형태변이. [동] [풀이] '다이어트하다'의 변이형. ¶나여기서 더 찌면.....나 만날라는 사람들 다 더망갈껄.... 그라면 안돼징..... 나가 관리를 해야지.... 추석까지만 먹고 추석 뒷날 부터 깜새 **다트한다**....^^ (게).

닥템 [<다크템플러] [유형] 형태변이.
[명] [풀이] '다크템플러'의 변이형. 인터넷 게임 '스타크래프트'에 나오는 유닛의 이름. ¶어어~ **닥템**이 마구 쑤신다. 옵져 때려~. /**닥템** 쳐들어 온다~

단체멜 [<단체+메일] [유형] 새말.
[명] [풀이] 한꺼번에 똑같은 내용으로 보내는 메일. ¶그전에 **단체멜**이라두 받구싶어여!! 꼭여!! ㄲㄲ~ (게).

달다 [=달다] [유형] 의미전이.
[동] [풀이] 게시판의 질문 따위에 답글을 쓰다. ¶있으면 답장 **달아주세염**^^*. (게).

달학 [=달+학] [유형] 새말. [명] [풀이] 포트리스 게임에서 계급이 낮은 사람들이 계급이 높은 사람을 공격하는 행위. ¶**달학**이나 한 판 때릴까? (대).

담 [<다음] [유형] 형태변이. [명] [풀이] 어떤 차례의 바로 뒤. ¶**담** 주 셤이 끈나면.. 이집트로 배낭여행을 갈력구여~ ^^ . (게). /이 글을 보시는 즉시 당신은 인기가 좋아집니다. 저두 해 봤는데, 바루 **담**날 제가 좋아

하는 남자친구가 제게 편지를 보냈
는데, 그 편지는 바루바루 고백편지
였습니다. 저를 좋아한다는..... (게).
/그담엔 (대). /아 휴가요? 우린 **담
주**. (대). /그담부터눈 암것더 안돼
역〰〰ㅡ.ㅜ (게). /흑흑... 너 요
즘 머하문서 지내?? 얼굴 보기가
힘들다야..... 흠흠...... **담**에 연락점
주라.... 금 빠빠시-★ (게). ㉿다움.

담날 [<다음+날]　유형　형태변이.
　몡풀이 '다음 날'의 변이형. ¶이 글
을 보시는 즉시 당신은 인기가 좋
아집니다. 저두 해 봤는데, 바루 **담
날** 제가 좋아하는 남자친구가 제게
편지를 보냈는데, 그 편지는 바루바
루 고백편지였습니다. 저를 좋아한
다는..... (게). /그래서 우여곡절끝에
담날 아침 출발하였습니다.... (게).

담주 [<다음+주]　유형　형태변이.
　몡풀이 '다음 주'의 변이형. ¶**담주**에
바다로 같이 놀러 가실 분 4:4 (게).

답멜 [<답+메일]　유형　새말.
　몡풀이 답장을 메일로 보내는 것.
¶노숙자!! 멜주소 갈켜주는거 ㅁ ㅓ
그리 대단하다고 그러시는가〜 **답멜**
보내라잉〜 (게). /아무런 **답멜**이 없
어서..이렇게 글 올립니다 (게).

답본 [<답변]　유형　형태변이.
　몡풀이 '답변'의 변이형. ¶글애서..
또 클럽게 **답본** 쓴다;; (게).

답챵 [<답장]　유형　형태변이.

몡풀이 '답장'의 변이형. 원말보다
힘주어 말하는 느낌을 준다. ¶.안해
줄껀줘...**답챵**..부탁이염〜 (게).

당군 [<당근]　유형　형태변이.
　몡풀이 '당연하다'는 뜻의 은어
'당근'의 변이형. ¶울 어빠두 얼렁
나왔슴 좋겠당 구징〰〰**당군** 언냐가
불르면 당장 달려가줘염 대쉰 맛난
거사주야효〜 (게).

당권히 [<당근+-히]　유형　새말.
　붐풀이 '당연'의 은어 '당근'에 부
사 파생의 접미사 '-히'가 결합한
형태. '당연히'에서 유추한 말로 보
인다. ¶Re:★**당권히** 친하것죠...미워
하지마요...그러면...안돼요...<냉무>.

당어뉘 [<당연히]　유형　형태변이.
　붐풀이 '당연히'의 변이형. 원말보
다 힘주어 말하는 느낌을 준다. ¶★
☆ **당어뉘**〜찬성 #ㅋ ㅑㅋ ㅑ 〜 〜
(게). ㉿당여뉘. 당욘히.

당욘히 [<당연히]　유형　형태변이.
　붐풀이 '당연히'의 변이형. 장난스
러운 말투이다. ¶막판은 **당욘히** 이
기거 가야딩 (대). ㉿당여뉘. 당여뉘.

대 [<돼(되다)]　유형　형태변이.　동
　풀이 '되다'의 활용형 '되어'가 준
'돼'의 변이형. ¶안대, 나도 오늘 다
해야대, 엉엉. (대). ㉿뎅.

대게 [<되게]　유형　형태변이.
　붐풀이 '아주, 몹시'의 뜻을 갖는
'되게'의 변이형. ¶친구3. -> 요넘두

첫 출연이군여...(출연료 음따...) 이
넘은 정통파 중국무술을 배운넘이
져.. 무술배우러 대만까지 가따와땀
니다. 음... 근데... 가서 운동말구 딴
걸 배워와떠라구요... 머냐구요?...차
력요... 음냐리... 달걀한판에 올라가
기등등... 어째건 이넘 술취하믄 **대
게** 잼납니다. (게). ㉠디게. 디까. 디
따리.

대다 [<되다] 유형 형태변이.
　동 풀이 '되다'의 활용형 '되어'의
변이형. ¶아무나...저나버너만 저거
다주믄 **대여**??? ㅋㅋㅋㅋ (게). ㉠
데다.

대딩 [<대학+-딩] 유형 새말.
　명 풀이 대학생을 일컫는 말. ※통
신언어 중딩, 고딩에서 유추된 '-딩'
이 접미사처럼 쓰이어 파생된 말이
다. ¶빠른83년생은 웨 **대딩**아이콘
방에 앙드러가지는거죠??? (게). /
부산**대딩** 오세요 (게). /**대딩**23서울
(대). ㉦초딩. 중딩. 고딩. 직딩. 노
딩. -딩.

대딩방 [<대딩(대학생)+방] 유형
새말. 명 풀이 대학생들이 참여하는
대화방. ¶신촌 **대딩방**.... 친구합시
다. (게).

대따시 [=대따시] 유형 새말. 부
　풀이 진짜로. 굉장히. ※무엇이 어
떠하다는 것에 대한 강조 표현. ¶그
래서 난 지금 행복하다^^ 무지하

게.... **대따시**...... (게). ㉦디따. 딘따.

대문 [=대문] 유형 의미전이.
　명 풀이 홈페이지의 첫화면을 비유
적으로 일컫는 말. ¶카페 **대문** 전면
수정중~!! 게시판들은 이용 가능하
니깐 계속 이용바래여..^^ .(게). /카페
대문 업그래이드..기대된다.... (게).

대방 [<대화방] 유형 형태변이. 명
풀이 통신상에서 대화를 나누기 위
해 마련된 가상의 공간. ¶구럼 빠빠
쉬`!`!`!`~~~! 왜냐구염? 지금
대방에 어빠 이쓰니까..얼렁 가서
말할라겅 (게).

대박 [<대박] 유형 형태변이.
　명 풀이 '대박'의 변이형. 크게 성
공한다는 뜻. ¶6집 앨범 **대박**이야
대박~ ^^* 승준따랑 (게).

대퍼 [<대포] 유형 형태변이.
　명 풀이 '대포'의 변이형. ¶지금 포
투리스 하는중 인대엽.. 가치 하실
분 암나 오세여.. 실력 그런거 상관
엄씀다.. **대퍼** 쏘기 시름 스타 해더
대는뎅.. 암튼 심심한분 다 모
이~~ (게).

대헤 [<대회] 유형 형태변이.
　명 풀이 '대회'의 변이형. ¶합 창
대 헤.. 어 디 서?? (게). /바 로 **대
헤** 한 다 그.. 하 든 데 (게).

댈깡 [<될까(되다)] 유형 형태변이.
　동 풀이 '되다'의 활용형 '될까'의 변
이형. 어린아이 말투의 느낌을

준다. ¶저두 레프팅을 우리 앤하구 넘넘 하구 시픈데여 레프팅두 첨이구 어디서 어케 해야댈깡 이궁리 저궁리 하다가 언니의 글을 읽고 눈이 휘둥그레져서 ●● 얼릉 언니에게 조언을 받아 함 해볼라구 합니다. (게).

댓글 [=댓글(對—)] 유형 새말. 몡 풀이 다른 사람이 게시판에 남긴 글에 대해 남긴 답변 글. ¶요즘 많은 님들이 삼양 라묜을 극찬하시던데. 이라면 드셔본분 있으세서? 소감좀~ 5개 한꺼번에 사야하기땜에 드신님의 소감을 좀 듣고 사야될꺼 가타서염~~ **댓글** 부탁해여~~ (게). 참리플.

댜 [<디아블로] 유형 형태변이. 몡 풀이 인터넷 게임 '디아블로'의 변이형. ¶요즘 **댜** 하시는 분들 만쳐??? (게).

댜쉐히 [<자세히] 유형 형태변이. 뷔 풀이 '자세히'의 변이형. ¶긍 데 저 뎌 아 쥑 앙 버 내 서 **댜 쉐 히** 멀 롸 헛 (게).

댝② [<자기] 유형 형태변이. 몡 풀이 '자기'의 변이형. ¶**댝②**햐... ^^너無너無싸룽햇♡ (게).

댤 [<잘] 유형 형태변이. 뷔 풀이 '잘'의 변이형. ¶글엄 **댤** 보세요~ (게). /암턴간 부산생쑈 **댤** 가따오쉬구염,.. (게).

더라비 [<돌아버리다] 유형 형태변이. 뫽 풀이 '미치다'의 뜻을 갖는 '돌아버리다'의 변이형. ¶네 **더라비** (대).

더롸 [<들어와(들어오다)] 유형 형태변이. 똥 풀이 통신상에서 대화방이나 게임에 참여하다. ¶암나 **더롸여...——;;** (대).

더리더리 [<도리도리] 유형 의미전이/형태변이. 깜 풀이 어린아이가 머리를 좌우로 흔드는 동작인 '도리도리'의 변이형. 상대방의 물음에 대하여 부정의 뜻을 나타낸 표현이다. ※문자를 통해서 이루어지는 통신언어에서 대화의 현장감을 높이기 위해 의성어 의태어들이 효과적으로 사용된다. ¶미영이 삐진 거시야???? Re:**더리더리**..나 먼나가자너.. 알몬소.. 나 대작 한다거.. 앙앙.. 잼나게 널아..겨울방학때 맛난거 꺽사져야해..^^ (빈깡텅) (게).

더망 [<도망] 유형 형태변이. 몡 풀이 '도망'의 변이형. ¶여시야...내가 먼저 죽엉?? 그럼 **더망** 가야쥐 머... (게).

더망가다 [<도망가다] 유형 형태변이. 똥 풀이 '도망가다'의 변이형. 장난스런 말투. ¶자매품:오리를 닮아가는 깜새 ^^;;; 오리는 통통한게 매력이니 우리 식구가 되려면 계속 살을 찌우도록 하여랑.. 깜새야!!!**더망가자**~ 휘리릭~~~~~~~

쌩⌒⌒ (게).

더배방 [<도배+방] 유형 새말. 명
풀이 통신언어 '도배방'의 변이형.
같은 게시판에 연속적으로 글을 올
리는 행위를 허용하는 방. ¶여그 **더
배방** 아니예여? 더배하러 준비해
왔는디... 마저 하고 가지 모. (게).
㉲도배방.

더배하다 [<도배하다] 유형 의미전
이/형태변이. 동 풀이 통신언어 '도
배하다'의 변이형. 게시판에 한 사람
이 연속적으로 같은 내용의 글이나
파일을 올리다. ¶여그 더배방 아니
예여? **더배하러** 준비해 왔는디... 마
저 하고 가지 모. (게). ㉲도배하다.

더아두다 [<도와주다] 유형 형태변
이. 동 풀이 '도와주다'의 변이형. ¶
레모니가 **더아두릴께효**⌒⌒. (게).
/[질문인데...]열분 **더아져여**⌒ㅠ.ㅠ
.(게)./그니깐⌒⌒쩜**더아쥬요**⌒*^*
(게). ㉲더와주다.

더와주다 [<도와주다] 유형 형태변
이. 동 풀이 '도와주다'의 변이형. ¶
님들두 저 추가머집할때 꼭 정회원
이 될수 있더럭 **더와주세염**^^ (게).
㉲더아두다.

더장 [<도장] 유형 형태변이.
명 풀이 '도장'의 변이형. ¶오늘도
왔다 감돠.. **더장** " 꾹" (게).

덕하다 [<독하다] 유형 형태변이.
형 풀이 '독하다'의 변이형. ¶친구2.

-> 이넘은 첫 등장하는 넘인데...
무술을 배운적은 엄찌만... 거의 실
전에서 단련된.. 아주 **덕한**너님니다.
성격두 거의 파탄에 가깝져.. ㅠ.ㅠ
(친구를 이케 써도 댈까?) (게).

던 [<돈] 유형 형태변이. 명 풀이 '돈'
의 변이형. ¶여긴 절라게 심심하당...
어제 구영이랑 운귀성하구 통화는
했는디 다 덜 여전히 **던**을 위해서
열심히들이더군.... (게). /궁굼하당
이제 운갱이두 **던** 버눈구낭 난중에
설 오면 맛나구 사중~ㅋㅋ (게). /이
제는 허접들 주머니에서 **던**까지 빨
아먹을라구 씹텡이 들⌒ (게).

덜러오다 [<들어오다] 유형 의미전
이/형태변이. 동 풀이 대화방에 참
여하다. ¶★15살만 **덜러와** ★ (게).

덜아댕기다 [<돌아다니다] 유형
의미전이/형태변이. 동 풀이 홈페이
지, 대화방, 게시판 등 여기 저기에
접속하다. ¶**덜아댕기다** 발견한겁니
다;; (게).

덩 [<등] 유형 형태변이. 명 풀이 등
급을 나타내는 '등'의 변이형. 장난
스러운 느낌을 준다. ¶너 몇등했
니?# 5**덩**.. (대).

덩감하다 [<동감하다] 유형 형태변
이. 동 풀이 (남과) '동감하다'의 변
이형. ¶항상 건강하시구 행복하세여..
그것이 어라버니를 위한 최선의 방
법이 아닐까? 생각이 듭니다... 모두

덩감하믄... 오예라구 소리쳐봅시다여.. (<=떠 헛소릴 ㅡ.ㅡ; 켁~!) (게).

덩갑 [<동갑] 유형 형태변이.

명 풀이 '동갑'의 변이형. 원말보다 장난스러운 느낌을 준다. ¶그리고 우리는 지구 누나~~~잘해줘서 거마워여~ 울누나랑 **덩갑**이라서 참 저았음...ㅡ.ㅡ;; ^^누나도 운영자누나랑 고생해서;;;;;^^;; 수고요~~~ (게). 관갑¹.

덩내 [<동네] 유형 형태변이.

명 풀이 '동네'의 변이형. ¶어제... 원내 계획은 봉개 가려구 해뜸니다만... 며틸전 불캐한 멜 사견으로 인하여... 걍 **덩내**에서 칭구드리랑 술을 푸기로 해씀니다. (게). 관덩네. 덩눼.

덩네 [<동네] 유형 형태변이.

명 풀이 '동네'의 변이형. ¶앗 싸이님 양말 저희 **덩네**시장에서도 팔아효 ㅋㅋㅋ (게). /중앙병원??.. #울 **덩네**넹.. (게). 관덩내. 덩눼.

덩눼 [<동네] 유형 형태변이.

명 풀이 '동네'의 변이형. ¶울**덩눼** ㄴㅓ루게방은 거의 다(오락실 노래방기기까지두吠) (게). 관덩내. 덩네.

덩럭 [<등록] 유형 형태변이.

명 풀이 '등록'의 변이형. 통신상의 모임이나 정보를 제공하는 곳에 가입하는 일. ¶**덩럭**~~감솨~빠이~ (게). 관등럭.

덩말 [<정말] 유형 형태변이.

부 풀이 '정말'의 변이형. 원말보다 좀 어눌한 느낌을 준다. 북한식의 말투. ¶어제 정모가 있었져.. 건데 못가떠여.. ㅜㅜㅜ... **덩말** 가구시퐜눈뎅.. (게). 관뎡말. 종말. 중말.

덩말루 [<정말로] 유형 형태변이.

부 풀이 '정말로'의 변이형. 원말보다 귀엽거나 좀 어눌한 느낌을 준다. 북한식의 말투. ¶**덩말루** 어제 가구시포떠여.. (게). 관뎜말루. 뎡말러. 뎡말르. 경말럭.

덩생 [<동생] 유형 형태변이.

명 풀이 '동생'의 변이형. 원말보다 어눌한 느낌을 준다. ¶엥 어케 **덩생**아 어빠 걍 장난이얌. (대). /**덩생**~. (대). /전 오늘이 녹화일 인줄 멀라서... 걍 듣구 있었는데... 걍 **덩생**버구 다 울 팬들 일꺼라구해쬬... (게). /ㅇㅣ **덩생**둘은 인천에 살아소 인천까지 가티 가서 헤어져떠여... (게). /엄마,아빠,**덩생**,고모,이모,,ㅇㅏ~미치게따!! (게). /1.JJ보스(닭띠형님) --- 덩치 짱임다....이형이 공격할땐 피하는거시 상책일거라 생각함다... 2.뭉게구름(개띠형님)---일명 뭉게캅....^^ 3.Mr.빈 (도야지칭구)---- 니 허리 아포두 뛰라...^^ 3.주후니 어빠(쥐띠 **덩생**)--- 니 미드필드라거? 4.매너꽝 (토끼띠 **덩생**)---이넘 축구 전투 축군디...^^..닌 공격이당구리 (게). /칭구에게.... # **덩생**이나.. (게). ㉔덩쉥.

덩쉥 [<동생] 유형 형태변이.
　몡 풀이 '동생'의 변이형. ¶싸동은 내가 아끼능 男**덩쉥**이훗— (게). ㉔덩생.

덩시 [<동시] 유형 형태변이.
　몡 풀이 '동시'의 변이형. ¶일딴 현수막가진님덜은 입장과 **덩시**에 냅다 무조건 3층으로 튀세요!! . (게).

덩안 [<동안] 유형 형태변이.
　몡 풀이 '동안'의 변이형. ¶그덩안 감따했었꾸여.,,, (게). /구러게..학기 **덩안**....열씨미 하지......냐하하 비싼던 또 쥐가면서..방학때 학겨 댕겨.....냐하하.........담학기때부텀..욜씨미 경부합시다.........냐하하하하하하하하 (게). /굼 열 분 들 싸 이 어래 **덩 안** (게).

덩영상 [<동영상] 유형 형태변이.
　몡 풀이 '동영상'의 변이형. ¶여기 가믄 **덩영상**으루.. (게).

덩허회 [<동호회] 유형 형태변이.
　몡 풀이 '동호회'의 변이형. ¶이 클럽 싸이 **덩허회** 만들어떠염^^ (게). ㉔덩호회. 동회.

덩호회 [<동호회] 유형 형태변이.
　몡 풀이 '동호회'의 변이형. ¶어제 '우리만의자유'한테 **덩호회** 홍보했던 사람은 와라.. (게). ㉔덩허회. 동회.

데다 [<되다] 유형 형태변이.
　동 풀이 '되다'의 변이형. ¶로그인하구 대화명 입력하눈거 까진 **데눈데여**. (게). ㉔대다.

데또 [<데이트(date)] 유형 형태변이. 몡 풀이 '데이트'의 변이형. 장난스러운 느낌을 준다. ¶지금 난 남편따라서 남편직장에 왔다... 한 서너시간만 일하구나서 우린 **데또**를 할꺼다... 그래서 난 지금 무쟈게 신났다... (게). ㉔데뚜. 데이또.

데또하다 [<데이트(date)하다] 유형 형태변이. 동 풀이 '데이트하다'의 변이형. ¶**데또하게** (대).

데뚜 [<데이트(date)] 유형 형태변이. 몡 풀이 '데이트'의 변이형. ¶그러면서 **데뚜**도하구 어때?ㅇㅋ?........ㅡ.ㅡ;;;;;;; (게). ㉔데또 데이또

데이또 [<데이트(date)] 유형 형태변이. 몡 풀이 '데이트'의 변이형. 장난스러운 느낌을 준다. ¶Re:어 언니 좋겠다~오빠랑 **데이또** 잘하세요~(눙무) (게). ㉔데또. 데뚜.

뎀쥐[<데미지(damage)] 유형 형태변이. 몡 풀이 '데미지'의 변이형. 인터넷 게임에서 상대방에게 입히는 손상. ¶★아샤1-오리지널)배틀해머.**뎀쥐**:140넘는거구함!! (게).

뎄구여 [<되었고(되다)+−요] 유형 형태변이. 뵥 풀이 '되다'의 활용형 '되었구요'의 변이형. ¶5.0일때

두 안**뎄구여**.. (게).

뎅 [<돼(되다)] 유형 형태변이. 동
풀이 '되다'의 활용형 '돼'의 변이형.
귀엽고 애교스런 느낌을 준다. ¶그
람 담에 보는 그날까정 항상 행복
해야**뎅**～ (게). ㉚대.

뎌 [<저] 유형 형태변이. 명 풀이 '자
기'의 낮춤말 '저'의 변이형. ¶Say n
구해염...**뎌**는 갑부이구..남자도 갑부
이구..특의있어.. (게).

뎌금 [<조금] 유형 형태변이.
부 풀이 '조금'의 변이형. 장난스러
운 느낌을 준다. ¶정말 수영장에 가
믄 저런 사람들 많이 보져..ㅋㅋㅋ
나는 수영을 **뎌금** 할줄 알지만 .. 구
래뎌 이런 사람들 몇번 봣어
여.. ㅋㅋㅋ 정말 꼴불견이야.. 히히
혹.. 우리 카페 친구들중에 저러신분
없겠죠?? (게). ㉚저금. 점². 쩌굼.
쩌까. 쩌꿈. 쩌끔. 쩜². 쬐끔.

뎌혀 [<줘(주다)+－요] 유형 형태
변이. 동 풀이 '주다'의 활용형 '줘'
에 높임의 조사 '－요'가 결합한 '줘
요'의 변이형. 어린아이 말투를 흉
내내어 응석을 부리는 느낌을 준다.
¶ㅁ ㅓㅈ ㅣ......꼭 알켜**뎌혀**～ (게).

뎔때 [<절대] 유형 형태변이.
부 풀이 '절대'의 변이형. ¶방명녹
뎔때 필쓰!!! 알뛰??^^ (게).

뎔뮌하다 [<절친하다] 유형 형태변
이. 형 풀이 '절친하다'의 변이형. ¶

살앙 ⇒ 나으 **뎔뮌한** 女뎡생..ㅋ _ㅋ
기여븐 살앙～ 요뜀은 버리에
두 만나기가 하눌으 ──★ 따기로
세─ (게).

뎜뎜 [<점점] 유형 형태변이.
부 풀이 '점점'의 변이형. 혀 짧은
발음을 흉내내어 장난스러운 느낌
을 준다. ¶실력울 **뎜뎜** 쌓아가능
살앙울 버뉘 내맘이 다 뿌듯하오~
ㅌ ─_─^;;; (게).

뎜말루 [<정말로] 유형 형태변이.
부 풀이 '정말로'의 변이형. ¶우웃..
수학여행이여..? **뎜말루** 잼났겠네
염..T_T.. 저는 수학여행두 가을에
간다지 모예염..--++ 맘에 안들
어..T_T 뎜말 나쁜 학교겸?? (게).
㉚뎡말루. 뎡말러. 뎡말르. 졍말럭.

뎡말 [<정말] 유형 형태변이.
부 풀이 '정말'의 변이형. 원말보다
좀 귀여운 느낌을 준다. ¶뒨따 **뎡
말** 기분좋네엽..2부엔딩에다가..순서
도 27..∩∩..(무). (게). /혜 혜...**뎡
말 뎡 말** 잘 가 따 오 셩!!!! (게). /
환장하도록 놀랐다..**뎡말**..-ㅅ-∞
(게). /앞으로 **뎡말** 열쩜히 활동하
는 재상럽♡ 되겠습니다~ (게). ㉚
뎡말. 졍말. 즁말.

뎡말러 [<정말로] 유형 형태변이.
부 풀이 '정말로'의 변이형. 원말보
다 좀 귀여운 느낌을 준다. 그대로
틀림없이. ¶**뎡말러** 확실이에요(게).

/**뎡 말 러** 이 론 상 업적 인 글 에.. 울 쵸 티오 빠 들 핑 계 대 고 올 리 게.. 이 상 한 사람 이 야.. (게). [관]덩말루. 덤말루. 뎡말르. 졍 말럭.

뎡말르 [<정말로] [유형] 형태변이. [부] [풀이] '정말로'의 변이형. ¶어떵 사람이 제목을 "저질" 이라고 해놔서 클릭했떠니 그 내용이 **뎡말르** 황당했어요 (게). /저주 게시판이 있능데됴. 여기다가 저주를 올리능 이유가 뭐햐.?. 훔;훔; **뎡말르** 넘 하댜. .. (게). [관]덩말루. 덤말루. 뎡말러. 졍말럭.

뎨 [<제<저+-의] [유형] 형태변이. [복] [풀이] '제'의 변이형. ¶**뎨**가 딘따릅 옵빠들팬이걸랑여.. 브랸빠랑 화냐빠...폰번호...멜주서.. 버디<이쓸랑가?>아디 알려듀세여.. 제 멜르 버내듀심 감사하게씀미닷.. (게).

도멘 [<도메인(domain)] [유형] 형태변이. [명] [풀이] IP어드레스를 줄여서 편하게 사용하도록 한 '도메인'의 변이형. ¶아.. **도멘** 사고 잡다.

도배글 [<도배+글] [유형] 새말. [명] [풀이] 같은 게시판에 한 사람이 연속적으로 같은 내용의 글이나 파일을 올리는 행위. 부정적인 의미를 갖는다. ¶도배방에서 **도배글** 읽는 중 (게).

도배방 [<도배+방] [유형] 새말. [명] [풀이] 같은 게시판에 연속적으로 글을 올리는 행위를 허용하는 방. ※ 같은 게시판에 한 사람이 연속적으로 같은 내용의 글이나 파일을 올리는 행위를 '도배'라고 하는데, 공식으로 이와 같은 도배 행위를 할 수 있는 게시판을 '도배방'이라 하여 따로 마련해 주는 곳도 있다. ¶헉...까불지말고 ..**도배방**이나 가라고여... 넵.. 꾸바닥...^^* (게). [관]더배방.

도배하다 [=도배하다] [유형] 의미전이. [동] [풀이] 게시판에 한 사람이 연속적으로 글을 올리다. 대화방에서 대화를 방해하기 위해 연속으로 글을 올리는 행위를 말하기도 한다. 글을 자주 올리는 경우에도 사용한다. ¶우씨 내가 어제 그렇게 멋지다고 해줬는데... 또 **도배하**냥... (게). /죄송... 현정선배, 태연이.... 글구 철구! 내가 엄중 경고하겠는데... 담부터 **도배하면** 진짜루... 미워할거야 (게). [관]더배하다.

독서쉴 [<독서실] [유형] 형태변이. [명] [풀이] '독서실'의 변이형. 원말보다 힘주어 말하는 느낌을 준다. ¶움...~...쥐금...**독서쉴**서...빠져나와...겜방에와땀니다..~ (게).

돔 [<도움] [유형] 형태변이. [명] [풀이] '도움'의 변이형. ¶제가여, 엉덩이 하구 허벅지가 마니 굴근 편이거든여,

군데 홈 쇼핑에 벨폼 나이트 랩 선
전을 보구 열분덜 한테 **돔**을 청합니
다.. 진짜루 효과는 있는지여... (게).

동회 [<동호회] 유형 형태변이. 명
풀이 '동호회'의 변이형. ¶세이최고
의 장나라 팬**동회**~ 많위 밀어주세
요~ (게). 관덩허회. 덩호회.

되성하다 [<죄성하다<죄송하다]
유형 형태변이. 형 풀이 '죄송하다'
의 변이형. 혀 짧은 발음을 흉내내
어 장난스러운 느낌을 준다. ¶..　..
우성....**되성함돠**...그치만..끄지는 말
아주세여... 이거 한번만 읽어보세
여....^* (게). 관제성하다. 죄성하다.
지떵하다. 지성하다. 지송하다.

됴다 [<주다] 유형 형태변이.
동 풀이 '주다'의 변이형. ¶방명녹에
글 꼭 한번떡 남겨 **됴효**~~ (게).
관듀다.

돔 [<좀] 유형 형태변이. 부 풀이 부
탁이나 동의를 구할 때 말을 부드
럽게 하기 위하여 삽입하는 '좀'의
변이형. ¶누가... 날 **돔**,.... 건져가듀
－ － － － － － － (게). 관듐. 떰.
점¹. 줌. 쥼. 즘. 쩜¹. 쫌.

동아하다 [<좋아하다] 유형 형태변
이. 동 풀이 '좋아하다'의 변이형.
※'동다'는 '좋다'의 중세국어 어형
이다. ¶**동아하는** 사람이 생겨떠음...
그녀를 위해 준비중..하나. (게). 관
동아하다. 저아하다. 졓아하다. 져아

하다. 조아하다. 조하하다.

두금 [<죽음] 유형 형태변이.
명 풀이 '죽음'의 변이형. ※통신에
서 '죽음'이라는 말을 완곡하게 또
는 장난스럽게 표현하는 경우에 사
용한다. ¶쫄쫄이~~~~~더위먹었
냐!~~~이런 글 또 올림 **두금**이
얏~~~가뜩이나 날두 더운데....ㅡ.
ㅡ (게). 관듀금.

두됴 [<드디어] 유형 형태변이. 부
풀이 '드디어'의 변이형. ¶∑모 이
자 ∞ **두됴** 업구레드를 하는구나
ㅠ_ㅠ* (게). 관드뎌. 드됴.

두리다 [<드리다] 유형 형태변이.
동 풀이 '드리다'의 변이형. 좀 어눌
한 느낌을 준다. ¶굼............빠샤
시~^0^* -제가 마음에 드는분덜께
는 특별히 제얼굴을 메일로 날려**두
립니다**^-☆ (게). /항뇬커플말뜸해
두리개뜸다..^ㅁ^* (게).

둑다 [<죽다] 유형 형태변이.
동 풀이 '죽다'의 변이형. 원말보다
좀 어눌한 느낌을 준다. ※부정적인
의미를 갖는 낱말을 변이하여 완곡
하게 표현하는 통신언어 유형이다.
¶이게 뭡니까... 그넘이 시퍼런.. 눈
을 비비며..가방을 들고 나옵니다.
으.. 난.. **둑었슴다**... (게). /히루 :
머야~!!!!!! 너.. **두글래**~!.. (게). /단
수이 **둑겐네** (대). /언냐 못 본지
넘 오래 되어서 버거 시퍼 **둑겠또**

여,, 우리 빨리 약속 정해서 빨리 빨리 만나여 (게).

둑이다 [<죽이다] 유형 형태변이. 동 풀이 '죽이다'의 변이형. 원말보다 좀 어눌한 느낌을 준다. ¶Re:Re:뭐암~덩생 널리면 뼈락마자욤^^;; 케ㄱ ....누나야가...따랑을 몰라...?... 그 나이에...? 커ㄱ ....누나야가 날 욱.겨.둑.인.당....^ (게).

둘 [<줄] 유형 형태변이. 명 풀이 의존명사 '줄'의 변이형. ¶전 님이 다른 연예인하거 똑가치 말을 하넌둘 알쌰염 (게). /글애서 ㅡ_ㅡ;; 나라 언니랑 다른 연예인이랑 똑가치 말하넝 둘 알거... ㅡ_ㅡ (게).

둥둥 [<등등] 유형 형태변이. 명 풀이 여러 사물들을 늘여서 말하다가 그 다음 것들은 줄여서 말할 때 사용하는 '등등'의 변이형. 북소리의 소리흉내말(의성어)과 같은 형태로 표기하여 장난스러운 느낌을 준다. ¶저 그거 바떠여.. 말멀을 통일하자..god와 강타를 같이 섭외시키자..기타둥둥.. (게).

된따 [<진짜] 유형 형태변이. 부 풀이 '진짜'의 변이형. ¶된따 갑해주시눈분..제가 된따 떠바뜨려 드리게뚭돠~!! (게). /된따..내 카페...갑즘....해줘... (게). /된따 올만에 들어와봤넹~ (게). 관된따. 디인짜. 딘따. 쭨짜. 진따. 진쨔. 징짜.

된따러 [<진짜로] 유형 형태변이. 부 풀이 '진짜'의 힘줌말 '진짜로'의 변이형. ¶된따러 무서버.............. (게). /된따러 무섭따아아아아아이이이이- (게). 관된따러. 된따르. 딘따러. 딘따루. 딘따릅. 띤따루. 진따루. 진따룽. 진싸루.

뒵 [<집] 유형 형태변이. 명 풀이 '집'의 변이형. ¶암퉁가네 어제 하루 음퉁나게 뒵부뉘기가 쓸―――――벌∞해가꼬. (게). /선도리네뒵에서 잤나 보넹... (게). 관딥.

뒹술뒹굴하다 [<뒹굴뒹굴하다] 유형 형태변이. 동 풀이 '둥굴둥굴하다'의 변이형. ¶집에서 왠종일 뒹술뒹굴했어. 넘 심심해서 커텐빨래랑 욕실청소했오. (게).

듀그 [<죽어(죽다)] 유형 형태변이. 동 풀이 '죽다'의 활용형 '죽어'의 변이형. *부정적인 의미를 갖는 낱말을 변이하여 완곡하게 표현하는 방식이다. ¶또 울다가 엄만퉤 걸림 듀그.. (게).

듀금 [<죽음] 유형 형태변이. 명 풀이 '죽음'의 변이형. ※원말이 주는 거부감, 공포감 등을 줄이고자 완곡하게 또는 장난스럽게 혀 짧은 소리로 표현한 것으로 보인다. ¶드뎌 떴다! 공포의 울 아부지!! ㅡ,,ㅡ;; 이미 출발하셨다니 빨랑 병실루 튀어들어가야겠다!! 우띠!! 최대

한 아픈척 해야한다!! 나이렁처럼 보이면 **듀금**이다!! 빨랑 들어가서 부시시하게 누워서 퍼져있어야겠다!! 후다다------------------------------------닥 !!!!!! (게). /니네 낭중에 만나서리 내 말에 웃으면 **듀금**이야!!! (게). ㉯두금.

듀다 [<주다] 유형 형태변이. 동 풀이 '주다'의 변이형. 원말보다 귀엽고 좀 어리숙한 느낌을 준다. ¶꼭 갈켜**듀세혀**^^-^ (게). /울딥으로 오랑께롱? 그먼 맛난거 사**듈게**~ (게). /선 생 넴~ 회 원 이 됩 구 석 갑 해 **듀 세 여**..~ ─,.─;; (게). ㉯됴다.

듀서 [<주소] 유형 형태변이/의미전이. 명 풀이 '주소'의 변이형. ※통신상에서 '주소'는 홈페이지의 도메인이나 전자우편을 일컫는 말이다. ¶**듀서**남기세효^^정확한것만 올리긔 ^^ (게). ㉯듀소. 주서. 쥬소. 쥬쇼

듀세혀 [<주세요(주다)] 유형 형태변이. 동 풀이 '주다'의 활용형 '주세요'의 변이형. 어린아이 말투를 흉내낸 말로 원말보다 귀엽고 깜찍한 느낌을 준다. ¶꼭 갈켜 **듀세 혀**^^-^ (게).

듀소 [<주소] 유형 형태변이/의미전이. 명 풀이 '주소'의 변이형. ※통신상에서 '주소'는 홈페이지의 도메인이나 전자우편을 일컫는 말이다.

¶계상빠 멜 **듀소**~ (게). /제가 윤계상님 멜 **듀소**나... 민빠, 성빠 멜 아는 것중에 하나 버내드립니다.... (게). /위에 인능 **듀소**르 빨리 텨 가 (게). ㉯듀서. 주서. 쥬소. 쥬쇼

듁다 [<죽다] 유형 형태변이. 동 풀이 '죽다'의 변이형. 원말보다 좀 어눌한 느낌을 준다. ※부정적인 의미를 갖는 낱말을 변이하여 완곡하게 표현하는 통신언어 유형이다. ¶짐두 아파 **듁겠는데** 미티거땅...ㅠ. ㅠ (게). ㉯둑다.

듐 [<좀] 유형 형태변이. 부 풀이 부탁이나 동의를 구할 때 말을 부드럽게 하기 위하여 삽입하는 '좀'의 변이형. ¶꼭 **듐** 후기날뤄듀세효.... (게). /구러니깐이뿔쌍한아이에게 멜**듐**버내듀엇쑴조켓따~ (게). ㉯듐. 떰. 점¹. 쫌. 줌. 쥼. 즘. 쩜¹.

듕학생 [<중학생] 유형 형태변이. 명 풀이 '중학생'의 변이형. ¶암통 연관디서 기분 져타~ 비록 **듕학생**이디만∞ ∞ ∞ ∞ ∞ ∞ ∞ㅋ_ㅋ∀　(게). ㉱중딩.

드가다 [<들어가다] 유형 형태변이. 동 풀이 '들어가다'의 변이형. ※경상도 방언형이다. ¶오늘날씨는 무쟈게 덥구만 어제는 케리비안베이입구에서 사람이 넘 많아 **드가지두못**하구 헐~ (게). ㉯들가다.

드뎌 [<드디어] 유형 형태변이. 부

ⓟ '드디어'의 변이형. 원말보다 좀 극적인 느낌을 준다. ※말을 짧게 줄여 쓰려는 통신언어상의 특징이 반영된 말. ¶안녕하세요? 외국어에 관심이 많은 대학 새내기입니다. 외국어 관련 카페들을 돌아 다니다가 **드뎌** 요기 이곳 카페에 가입했어여.. (게). /**드뎌** 마지막 날 몇시인지 기억이 안나지만 비행기 시간 맞춰서 정말 배타기 좀전까지 빡세게 놀았져...어쩔 수 없이 그러긴 햇지만... . (게). /컴맹 치우 **드뎌** 인터넷 달았습다. 기분?. (게). /오늘 **드뎌** '파아란'을 보았습니다 (게). ⓠ두됴. 드됴.

드됴 [<드디어] ⓤ 형태변이. ⓜ ⓟ '드디어'의 변이형. 원말보다 어눌한 느낌을 준다. ¶**드됴** 앙마가 예비시댁에 인사 하로 갑니당~ (게). /**드됴** 외출하고 오셧군엽,,방장님 (대). ⓠ두됴. 드뎌.

들가다 [<들어가다] ⓤ 형태변이. ⓓ ⓟ '들어가다'의 변이형. 비통사적 합성어 형식이다. ¶집에 빨리 **들가서** 편히 왕건을 봐야지.. 즐거운 한주 되세여들... (게). /회사는 안들가고 딴곳에서 쓰다니.. 어여 **들가서** 내가 부탁한거 빨랑해줘어.............. (게). /[[힘들다]]100일휴가 나왔습따...근데 내일 **들가는군**요^^;;; 음... 집에 있을떄 암

것도 모르겠는데...힝... 낼막상 **들간다니까** 이상타 .. 하여간 군생활 잘해서 나중에는 열시미 회원활동하는 인간이 되겠슴따^^;; (게). ⓠ드가다.

등럭[<등록] ⓤ 형태변이. ⓜ ⓟ '등록'의 변이형. 원말보다 장난스러운 느낌을 준다. ¶구럼 칭구 **등럭** 꾹꾹 마니 눌러두시거.. (게). ⓠ덩럭.

등럭하다 [<등록하다] ⓤ 형태변이. ⓓ ⓟ '등록하다'의 변이형. ¶지금 친구 **등럭 해떠혀** (게).

등산 [=등산] ⓤ 의미전이. ⓜ ⓟ 게임하는 순서를 바꿀 때 맨 마지막 또는 뒤의 순서에서 앞의 순서로 옮기는 행위. ¶**등산**더 제대러 먼해요? (대).

딘따 [<진짜] ⓤ 형태변이. ⓤ ⓟ '진짜'의 변이형. ¶**딘따** 뎡말 기분좋네엽..2부엔딩에다가..순서도 27..∧∧..(무). (게). ⓠ딘따. 디인짜. 딘따. 쥔짜. 진따. 진쨔. 징짜.

딘따러 [<진짜로] ⓤ 형태변이. ⓤ ⓟ '진짜'의 힘줌말 '진짜로'의 변이형. ¶흠..-_-**딘따러** 버게 도ㅣㄴㅣ끼ㅏ능∞감동 백바가지∞ 먹었씀다..∞ (게). ⓠ딘따러. 딘따르. 딘따러. 딘따루. 딘따릅. 떤따루. 진따루. 진따룽. 진짜루

딘따르 [<진짜로] ⓤ 형태변이.

🞕🞕 '진짜'의 힘줌말 '진짜로'의 변이형. ¶싸이 **된따르** 이 바닥에스장 머그뿌려야데. (딸긔말같군 굴효 ㅋ_ㅋ) (게). 🞮된따러. 된따러. 딘따러. 딘따루. 딘따릅. 떤따루. 진따루. 진따룽. 진짜루

디 [<뒤] 유형 형태변이. 명 풀이 '뒤'의 변이형. 원말보다 귀여운 느낌을 준다. ¶**디**에 벽뿐. (대).

디거디거 [<되게+되게] 유형 새말. 볼 풀이 '매우, 몹시'를 뜻하는 부사 '되게'의 변이형. 반복하여 뜻을 강조하는 형식이다. ¶ㄷ ㅣ ㄱ ㅓ ㄷ ㅣ ㄱ ㅓ 재미떠여^^ (게). 🞮디게디게.

디게 [<되게] 유형 형태변이. 볼 풀이 '매우, 몹시'를 뜻하는 '되게'의 변이형. ¶그런걸 어디서 차자서 보나욤~ **디게** 궁금하넹~ (게). / 클릭비 짱이얌~!!역시 울클릭비 너래면너래 춤이면춤 라이브면 라이브 클릭비**디게**잘해~!!! (게). /평균은 **디게** 마뉘 올렸눈데, (게). /에경 ....**디게** 나뻤넹 님..... ──*^^ (게). 🞮대게. 디까. 디따리.

디게디게 [<되게+되게] 유형 형태변이. 볼 풀이 '매우, 몹시'를 뜻하는 부사 '되게'의 변이형. 반복하여 뜻을 강조하는 형식이다. **¶디게디게** 심심해..^^;; ㄷ ㅏ 가치 널자^-^ (게). 🞮디거디거.

디굼 [<지금] 유형 형태변이. 🞕/명 풀이 '지금'의 변이형. 원말보다 좀 어눌한 느낌을 준다. ¶난..**디굼**집이당..——;; (게). 🞮디꿈. 디끔. 쥐굼. 쥠. 지검. 지굼. 짐.

디기 [<되게] 유형 형태변이. 🞕 풀이 '매우, 몹시'를 뜻하는 '되게'의 변이형. ¶마지막엔 정말 찡해염~! **디기** 감동 받았더염~! (게). / 남자님..-_- 성적 **디기** 좋으시넹..-_- (게). 🞮대게. 디까. 디따리.

디까 [<디따<되게] 유형 형태변이. 🞕 풀이 '되게'의 비속어 '디따'의 변이형. ¶여기에글**디까**간만에얼린닷~!℃^ (게). 🞮대게. 디게. 디따리.

디꿈 [<지금] 유형 형태변이. 🞕/명 풀이 '지금'의 변이형. ¶**디꿈** 바께 ㅂㅣ가 오고이뜹니다..ㅇㅔㅎㅕ~! (게). 🞮디굼. 디끔. 쥐굼. 쥠. 지검. 지굼. 짐.

디끔 [<지금] 유형 형태변이. 🞕/명 풀이 '지금'의 변이형. ¶**디끔** 오빠랑 쩍지 슝슝 날리고 있는중에 쓰는거야. (게). 🞮디굼. 디꿈. 쥐굼. 쥠. 지검. 지굼. 짐.

디디리 [<지지리] 유형 형태변이. 🞕 풀이 '아주 몹시'를 뜻하는 '지지리'의 변이형. 원말보다 더 어리숙한 느낌을 준다. ¶공부를 **디디리** 더 안해서 내신은 땅바닥을 호벼파고. (게).

디따리 [<디따<되게] 〔유형〕 형태변이. 〔부〕〔풀이〕 '되게'의 비속어 '디따'의 변이형. ¶[안녕하세요]우와〜〜**디따리** 오랜만이다……　(게).　관대게. 디게. 디까.

디인짜 [<진짜] 〔유형〕 형태변이. 〔부〕〔풀이〕 '진짜'의 변이형. 길게 발음하여 원말보다 강조하는 느낌을 준다. ¶Re:Re:전교 1등여? **디~인짜** 대단하다〜^^. (게).　관뒨따. 뒨따. 딘따. 쥔짜. 진따. 진쨔. 징짜.

딘따 [<진짜] 〔유형〕 형태변이. 〔부〕〔풀이〕 '진짜'의 변이형. 원말보다 좀 어리숙한 느낌을 준다. ¶[걍할말이써효]┼나드.회원이디만„회원님들.**딘따**.너ㅍ.하신댜.!┼ (게). /레뒤언니 오구…레뒤언니…캬~ **딘따** 이쁘데요 (게). /어제 팬미팅 **딘따** 즐거웠습니다 (게). /**딘따** 기여벗어염..^▽^ (게). 관뒨따. 뒨따. 디인짜. 쥔짜. 진따. 진쨔. 징짜.

딘따러 [<진짜로] 〔유형〕 형태변이. 〔부〕〔풀이〕 '진짜'의 힘줌말 '진짜로'의 변이형. ¶ㄴㅏ딘ㄸㅏㄹㅓ심심ㅎㅐ..ㅡ_ㅡㅇㅇㄴㅏ랑널ㅇㅏ줄ㄸㅏ.. (게). 관뒨따러. 뒨따러. 뒨따르. 딘따루. 딘따릅. 띤따루. 진따루. 진따룽. 진짜루

딘따루 [<진짜로] 〔유형〕 형태변이. 〔부〕〔풀이〕 '진짜'의 힘줌말 '진짜로'의 변이형. ¶오빠 벤이 서는순간…**딘따**

루 조았습니다.. (게). /싸카언뉘.. 나낼은.. **딘따루** 안늦을꺼야! (게). 관뒨따러. 뒨따러. 뒨따르. 딘따러. 딘따릅. 진따루. 띤따루. 진따룽. 진짜루

딘따릅 [<진짜로] 〔유형〕 형태변이. 〔부〕〔풀이〕 '진짜'의 힘줌말 '진짜로'의 변이형. ¶뎌가 **딘따릅** 옵빠들팬이걸랑여.. 브랸빠랑 화나빠…폰번호…멜주서..버디<이쓸랑가?>아디 알려듀세여.. 제 멜르 버내듀심 감사하게쏨미닷.. (게). 관뒨따러. 뒨따러. 뒨따르. 딘따러. 딘따루. 띤따루. 진따루. 진따룽. 진짜루

딜문 [<질문] 〔유형〕 형태변이. 〔명〕〔풀이〕 모르는 것이나 알고 싶은 것 등을 묻는 것. ¶물턋 ⇒ 은췌 날자바가꼬 즐겁게 담소나 뜨자무나~나으 살앙하능 팅구효ㅡㅡ 싸랑한Day ☆ **딜문**> 지니어케햇??ㅡ_ㅡ^ (게).

딥 [<집] 〔유형〕 형태변이. 〔명〕〔풀이〕 '집'의 변이형. ¶글구 생쑈 담날은 설에서 널다가 **딥**에 갈꾼데 그럴꺼지? (게). /각자 **딥**에 가고„ 노송이랑 싸이 따랑이랑 셋이서 아뜹니다 (게). /**딥**까지가는 동안에 "아빠~빼 ㅣ 져써^^?"그래떠니..조용~ (게). /울**딥**으로 오랑께롱? 그먼 맛난거 사듈게~ (게). /조용한거보니 **딥**엔 잘 들어간거 가꾸나..^^ (게). /택시 타고 **딥**에 까지 가는돈이 5-6만원

정도들면 타고 갈려고 핸는데.....
(게). 관됨.

따람 [<사람] 유형 형태변이.
명 풀이 '사람'의 변이형. 원말보다
장난스럽고 귀여운 느낌을 준다. ¶
나랑 친구 할 **따람**(게). /나랑 널
따람??? (게). /지베 안사는 **따람**더
있음. (대). /n있눈 **따람**만 와엽~☆
(게). 관살암. 싸람.

따랑¹ [<따라(따르다)] 유형 형태
변이. 동 풀이 '따르다'의 활용형
'따라'의 변이형. 원말보다 귀여운
느낌을 준다. ¶은희가 어빠 **따랑**
하는것두 ㅋㅋ . (대).

따랑² [<사랑] 유형 형태변이.
명 풀이 '사랑'의 변이형. 원말보다
장난스럽거나 좀 어눌한 느낌을 준
다. ¶따쉭 힘내거라 뭐 **따랑**이 다그
런거지 뭐 ㅋㅋㅋ (게). /Re:Re:Re:뭐
얌~덩생 널리면 뼈락마자윰~~;; 케
ㄱ ....누나야가...**따랑**을 몰라...?...그
나이에...? 거기 ....누나아가 날 윽.겨.
둑.인.당....^^ (게). 관살앙. 쏴랑.

따랑하다 [<사랑하다] 유형 형태변
이. 동 풀이 '사랑하다'의 변이형.
어린아이 말투를 흉내내어 귀여운
느낌을 준다. ¶언니..**따랑해요**~
(게). /징짜 징짜 **따랑해** ~~~ 숨사
탕승준 (게). /쌤 **따랑해요**~ (게).
관살앙하다. 샹하다. 쏴랑하다. 쎵하
다. 싸룽하다. 쌀앙하다. 쏴랑하다.

쌍하다. 짜랑하다.

따벌 [<더블(double)] 유형 의미
전이/형태변이. 명 풀이 인터넷 게
임에서 상대방을 2회 연속 공격하
는 일. ¶내 중퍽 **따벌**. (대) /**따벌**
마물해영 (대).

따쉭 [<자식] 유형 형태변이.
명 풀이 '놈'보다 낮추어 남자를 욕
할 때 쓰는 '자식'의 변이형. 원말보
다 거친 느낌을 준다. ¶**따쉭** 힘내
거라 뭐 따랑이 다그런거지 뭐 ㅋ
ㅋㅋ (게). 관자식.

따증 [<짜증] 유형 형태변이.
명 풀이 '짜증'의 변이형. 어린아이
말투를 흉내낸 느낌을 준다. ¶정말
따증..T.T . (게). 관자증.

딱샤랑 [<짝사랑] 유형 형태변이.
명 풀이 '짝사랑'의 변이형. ¶물론...
됴아한다고는 하지만... 어디까지나
딱샤랑... 아잉 부끄 =^^= 그녀를
위해 하나씩... 조금씩... 천천히 준
비하는 잠이... (게).

때던 [<떼돈] 유형 형태변이.
명 풀이 '떼돈'의 변이형. ¶느그들
망할지 **때던** 벌지는 장담 못하겠지
만 (게).

때매 [<때문+-에] 유형 형태변이.
뵥 풀이 '때문'에 격조사 '-에'가 결
합한 '때문에'의 변이형. ※입말을
반영한 표기이다. ¶부산 콘썰가려다
가...이런저런 사정 **때매**..결국엔 수

원 콘썰 가게 됐눈디... (게). /어제는 예언의노트**때매** 학생들이 난리가아니였어여 (대). ㉿때메. 때미.

때메 [<때문+-에] 유형 형태변이. 목 풀이 '때문'에 격조사 '-에'가 결합한 '때문에'의 변이형. ※입말을 반영한 표기이다. ¶언니는 날씨가 더운거뿌다 요즘 장난 저나**때메** 살 수가 엄딴다.. (게). /썰뚜**때메**.. 글을올뤼눈데염... (게). ㉿때매. 때미.

때미 [<때문+-에] 유형 형태변이. 목 풀이 '때문'에 격조사 '-에'가 결합한 '때문에'의 변이형. ¶아무튼 울이 추종자 **때미** 안웃을수가 엄떠^^ (게). ㉿때매. 때메.

땜 [<때문] 유형 형태변이. 명 풀이 '때문'의 변이형. 주로 격조사 '-에'와 결합하여 쓰인다. ¶선배들**땜**에 그런다.. 그러니깐... 특별한 장소 정하자... (게). /카드값**땜**에 걱정이 만은 분들..... (게). /학원**땜** 못봐서 볼려구하니 예고편만 나오자나요 (게).

따 [<때] 유형 형태변이. 명 풀이 '때'의 변이형. ¶저두 울학교 축제**따** 싸이행님을 부를까여?? (게). ㉿떼.

떠 [<또] 유형 형태변이. 부 풀이 접속부사 '또'의 변이형. 원말보다 귀여운 느낌을 준다. ¶버디 아디 있음 갈쳐주구 ㄷㄷㅓ 보장~ (게). /모이자;;게시판 **떠** 안되요..ㅠ.ㅠ (게). /잠쉬 **떠** 우울의도가니에 빠져이써

서...ㅋㅋㅋ (대). /---; 등록하구 나이덜 보닝깐 저도다 평균이 마니 낮응거 간네염.. 쥔장님은 **떠** 나랑 열라리 가까운데 사시구.. (게). /구럼 담에 **떠** 올께여. 빠빠~~~~~ (게). /**떠**..미지선배님강안부른다거. (게). /발톱이 빠졌다... 엄지발톱 빠져서 새루나구있는지 얼마안대는데... 새끼발톱이 **떠** 빠졌당... (게).

떠다 [<뜨다] 유형 의미전이/형태변이. 동 풀이 게시판에 글이 오르다. ¶공지 **떤다구** 하던데.....입금 아직 안해두 돼죠?..... (게).

떠리 [<소리(sorry)] 유형 형태변이. 부 풀이 영어 '소리(sorry)'의 변이형. ¶이거 보고 예습해랑..너무 길었낭?? **떠리**,,,,, 그럼. 안녕~ (게).

떡같다 [<똑같다] 유형 형태변이. 형 풀이 '똑같다'의 변이형. 원말보다 귀여운 느낌을 준다. ¶따른 칭구 아뒤로 들와두 **떡 같던데**... (게).

떡바로 [<똑바로] 유형 형태변이. 부 풀이 '똑바로'의 변이형. 원말보다 귀여운 느낌을 준다. ¶지들두 우리 어빠들 이름 **떡바로** 불러주지 않으면서 말이 마너.. 지들 부터나 떡바루 하지..(냉 업쓰~) . (게). ㉿똑바러. 떡바루. 똑바루. 쪽바로

떡바루 [<똑바로] 유형 형태변이. 부 풀이 '똑바로'의 변이형. ¶지들두 우리 어빠들 이름 떡바로 불러

주지 않으면서 말이 마녀.. 지들 부터나 **떡바루** 하지..(넹 업쓰~) . (게). ㉒떡바로. 떡바루. 똑바러. 똑바루. 쪽바로.

떰 [<좀] 유형 형태변이. 부풀이 부탁이나 동의를 구할 때 말을 부드럽게 하기 위하여 삽입하는 '좀'의 변이형. 어린아이의 말투를 흉내낸 느낌을 준다. ¶울..젝키어빠들..세이 아뒤**떰**.. 갈켜주세여.. (게). ㉒돔. 듐. 점¹. 줌. 쥼. 즘. 쩜¹. 쫌.

떵 [<똥] 유형 형태변이. 몡풀이 '똥'의 변이형. 부정적인 의미의 '똥'을 완곡하게 표현한 말이다. ¶하룻밤새 우리집 식구 4식구가 되었당. 동생.. 제 부.. 나.... 그 리 고 저 넘 ! ! ! ------------> 백일된 조카!! 동생? 지금 어딜 놀러간다구 옆에서 열쒸미 화장한다. 제부? 작은방에서 자고있다. 저넘? 공갈젖꼭지 물고 열쒸미 나 노려보구 있당....──* 저넘 목욕시킬려구 욕실에 넬구 들어갔다. "이뿐 현규야~ 목욕하장~ ^^;;" "어바바바바~~텍!텍!텍! ~~풍 덩풍덩!!! 헤헤헤~~방실~~" 철퍼 덕!!!.................ㅠ.ㅠ* 상대가 작다고 너무 만만히 봤다.저넘땜시 욕탕에 엎어졌다.옷두 다 젖구 ...힝... 입닦 아준다구 손가락 집어넣었더니 물어버린다. 이빨도 안났는데 무지 아프다.. 열쒸미 놀던 저넘 .. 갑자기

조용해졌다. 얼굴이 빨개진다..아..나에게 조금은 미안해 하는것일까? 그러나 그건 나의 착각이었다. 헐...... **떵**쌌다..(--;) 내 이뿐 세숫대야에 **떵**싸는 넘이 있을줄이야~--.ㅜ (게).

또까틍 [<똑같은(똑같다)] 유형 형태변이. 혱풀이 '똑같다'의 활용형 '똑같은'의 변이형. ¶으뜨케 굴휀 나랑 **또까틍** 생각을 가지거 잇능게효.-_-+ (게).

똑가칙 [<똑같이] 유형 형태변이. 부풀이 '똑같이'의 변이형. 원말보다 힘주어 말하는 느낌을 준다. ¶내가 진짜 얼굴만 그정도 귀엽게 생겨쓰면 그 머릐 **똑가칙** 해따..ㅠ_ㅠ (게). ㉒똑가치.

똑가치 [<똑같이] 유형 형태변이. 부풀이 '똑같이'의 변이형. ¶전 님이 다른 연예인하거 **똑가치** 말을 하넌둘 알쌰염 (게). ㉒똑가칙.

똑바러 [<똑바로] 유형 형태변이. 부풀이 '똑바로'의 변이형. ¶저경!!! 운영자님!! 이거 **똑바러** 들으세욤.. (게). ㉒떡바로. 떡바루. 똑바루. 쪽바로.

똑바루 [<똑바로] 유형 형태변이. 부풀이 '똑바로'의 변이형. ※현실 발음을 표기에 반영한 형태이다. ¶마케팅 **똑바루**해. (게). ㉒떡바로. 떡바루. 똑바러. 쪽바로.

뚝뜨럽다 [<쑥스럽다] 유형 형태변

이. 휑 풀이 '쑥스럽다'의 변이형. 어린아이 말투를 흉내내어 애교스러운 느낌을 준다. ¶아잉~~~ 말하고 나니까 **뚝뜨럽다**. p.s 몇몇분이 알고계신거루 아는데... 말하면 둑습니다. (게). ㉠쑥슬.

뛰 [<씨] 유형 형태변이. 몡 풀이 성이나 이름 뒤에 붙어서 높임의 뜻을 나타낼 때 쓰는 '씨'의 변이형. 원말보다 귀엽고 장난스러운 느낌을 준다. ¶강타**뛰**~ 넘 보구시퍼여~~ *^.^*. (게). /루니**뛰**~ 이번달두 행복하시옵서서 (게). ㉠띠. 띠. 쒸. 쓰.

뜨군헌 [<뜨끈한(뜨끈하다)] 유형 형태변이/의미전이. 휑 풀이 '뜨끈하다'의 활용형 '뜨끈한'의 변이형. '새롭다'는 뜻으로 쓰인다. ¶god의 **뜨꾼헌** 소식. (게).

띠 [<씨] 유형 형태변이. 몡 풀이 성 또는 이름 뒤에 붙어 높임을 나타내는 '씨'의 변이형. ¶버 거 시 픈 승 준 **띠** .. (게). /승쥰**띠** 기다릴게요~ 언제든지 오세요~ 맑은눈빛승준 (게). ㉠뛰. 띠. 쒸. 쓰.

띄우다 [=띠우다] 유형 의미전이. 몽 풀이 대화방에서 1:1 대화를 원할 때 상대방에서 쪽지를 보내다. ¶백조 는 다모여라 나지검 껨하는 중 쪽지**띄워**??^^* (대).

띠 [<씨] 유형 형태변이. 몡 풀이 성

이나 이름 뒤에 붙어서 높임의 뜻을 나타낼 때 쓰는 '씨'의 변이형. 원말보다 애교스러운 느낌을 준다. ¶인선**띠**.. 오늘 갔었오? (게). /난 절대 안밝히는 남자얌!!! 그러구 난!! 현주**띠** 뿐이 없싸~~~ 힝~ 괜히 올렸나바 ㅠ.ㅜ 현주**띠**~~ (게). ㉠뛰. 띠. 쒸. 쓰.

띠다 [<뛰다] 유형 형태변이. 몽 풀이 '뛰다'의 변이형. ¶담에는 빠랑 **띠어서** 바야지..겨우 볼수 있다~~~ (게).

띠어나다 [<뛰어나다] 유형 형태변이. 휑 풀이 '뛰어나다'의 변이형. ¶연예인이란 직업이 사람들한테 어필해서 이끌어 가는직업인데 다방면에서 **띠어 나야** 한다고 생각하는 거심-_- (게).

띠우다 [<띄우다] 유형 형태변이. 몽 풀이 '띄우다'의 변이형. ※실제 발음을 표기에 반영한 형태이다. ¶제 글이 조금이나마 도움이 되길 바라면서 글 **띠웁니다**. (게).

띤구 [<친구] 유형 형태변이. 몡 풀이 '친구'의 변이형. 어린아이 말투를 흉내내어 원말보다 귀엽거나 좀 어리숙한 느낌을 준다. ¶제 **띤 구** 삼 촌 이 촬 영 부 쪽 에 서 일 해 서 갈 키 둔 곤 데;; 허 걱 ;; 자 쉐 히 넌 머 르 늬 까 아 니 더 라 더 역 하 즤 마 쉐 혁 ..

(게). /저겨 여자**띤구** 구해여... (게).
㉇띵구. 찡구. 췬구. 칭구. 칭그. 틴
거. 틴구. 팅구. 팅그.

띤따루 [<진짜로] 〔유형〕 형태변이.
㈜〔풀이〕 '진짜'의 힘줌말 '진짜로'의
변이형. ¶옷두넘잘어울리구**띤따루**
깜찍그자체!!! (게). ㉇된따러. 된따
러. 된따르. 딘따러. 딘따루. 딘따릅.
띤따루. 진따루. 진따룽. 진짜루.

띨망 [<실망] 〔유형〕 형태변이.
㈐〔풀이〕 '실망'의 변이형. 혀 짧은
말투를 흉내내어 애교스럽게 표현한
형태이다. ¶오빠의 유머가 이거밖에
안되써쏘? **띨망띨망**...정말 **띨망**인
걸? 읍스...재미 없짜나〰〰!! (게).

띰띰하다 [<심심하다] 〔유형〕 형태변
이. 〔형〕〔풀이〕 '심심하다'의 변이형.
어린아이의 장난스러운 말투를 흉
내내어 귀여운 느낌을 준다. ¶밥 먹
으러 가기전에 구냥...**띰띰해서**...ㅋ
ㅋㅋ 언제나 느끼는 거쥐만...시장
사람들...욜라 독하다...(ㅡ.ㅡ)... 어려
보인다구 반말이나 해대구...확˜기
냥... 아˜ 오늘은 따랑하는 그녀와
어디라두 쏘구 싶은 날이군여...쩝...
(게). /**띰띰~♡해서** 올리는 것이에
여˜^* (게). /**띰띰 하시쟎** 어늘 문
학과 철학 시간에 교수 님이 정말
쇼킹한 질문 을 하셨거든요!! (게).
/방성안하면 **띰띰하다**. (대). ㉇쉼
쉼하다. 팀팀하다. 팅팅하다.

띱다 [<씹다] 〔유형〕 의미전이/형태변
이. 〔동〕〔풀이〕 남을 좋지 않은 말로
헐뜯는 뜻을 갖는 비속어 '씹다'의
변이형. ¶ㄴ ㅐ 말을 ㄸ ㅣ ㅂ ㅓ
ㄸ ㅓ ˜. (대).

띵구 [<친구] 〔유형〕 형태변이.
㈐〔풀이〕 '친구'의 변이형. 어린아이
말투를 흉내내어 원말보다 귀엽거
나 좀 어리숙한 느낌을 준다. ¶하도
띵구들이안오네효;; (게). ㉇띤구.
찡구. 췬구. 칭구. 칭그. 틴거. 틴구.
팅구. 팅그.

띵기다 [<당기다] 〔유형〕 형태변이/의
미전이. 〔동〕〔풀이〕 '당기다'의 변이형.
'술을 마시다'의 뜻. ※'당기다'는 현
실 발음에서 첫소리를 된소리인 '땅
기다'로 발음하는 경향이 있다. ¶ㅁ
ㅓ더 이슬 한잔씩 **띵기시죠**〰
ㅋㅋㅋ. (게).

ㄹ

라뎌 [<라디오(radio)] 〔유형〕 형태
변이. 〔명〕〔풀이〕 '라디오'의 변이형.
¶sbs**라뎌**엔공방불팬없거든여˜ (게).
㉇라됴. 라이오.

라됴 [<라디오(radio)] 〔유형〕 형태
변이. 〔명〕〔풀이〕 '라디오'의 변이형. ¶

오늘 **라됴** 하나두 못듣구 컴만 잡았눼~ (게). /새벽 2시에 하는 **라됴**... "신해철의 고스트 스테이션" 아시져??. (게). /제가 **라됴** 안 들은 지가 하두 오래 되.. 녹음하는 방법 두 까먹었답니다....헷... ^^;;. (게). / **라됴**디제이의 구수한 멘트와 삼한 아가씨의 음색좋은 노래넌 가을을 가을답게 채워주는 듯. (게). ㉾라뎌. 라이오.

라묜 [<라면] 유형 형태변이. 명 풀이 '라면'의 변이형. ¶[가입인사]저 ..저기**라묜**저아하는..남이여여 축하해주세요*^^* (게). /집에와 **라묜**하나 끓여 먹을라거 했뜨니~~~ 집에 빈 냄비가 없돠~~~~ 간큰 맘에...군대 에서 써먹떤...뽕지 **라묜** 함 해먹을라거 했눈데.. (게).

라시 [<나시] 유형 형태변이. 명 풀이 민소매, '나시'의 변이형. ¶누나는 빨간색 **라시**를 입었뜬는데 역시 어떤걸 입어두 이쁘염^^ (게).

라이오 [<라디오(radio)] 유형 형태변이. 명 풀이 '라디오'의 변이형. ¶왜 나라누나는 **라이오**만 하는 걸까?? (게). ㉾라됴.

랙 [(?)] 유형 의미전이. 명 풀이 대화방에서 대화를 하거나 인터넷 게임 중에 서버나 통신 상태 불량으로 작동이 멈추는 것. ※주로 '랙걸리다'의 구성으로 쓰인다. ¶**랙**이

눼 (대).

러부 [<러브(love)] 유형 형태변이. 명 풀이 영어 '러브'의 변이형. ¶**러부**카페 정팅방 ^^. (대). ㉾럽.

러브방 [<러브+방] 유형 새말. 명 풀이 '사랑'을 주제로 개설한 대화방. ¶오빠와 ♡ **러브방**ㅋㅑㅋㅑ (게).

럽 [<러브(love)] 유형 형태변이. 명 풀이 영어 '러브'의 변이형. ¶백설공주와 응삼이의 **럽**스터뤼~~ (게). ㉾러부.

럽하다 [<러브(love)하다] 유형 새말. 동 풀이 '러브'의 변이형 '럽'에 '-하다'가 결합한 형태. ¶오빠 영원히 **럽할꼬샤**~!!!!! (게).

레뒤 [<레디(ready)] 유형 형태변이. 명 풀이 '준비'의 뜻인 '레디'의 변이형. 원말보다 힘주어 말하는 느낌을 준다. ¶자 모두 **레뒤** (대).

렙 [<레벨(level)] 유형 형태변이. 명 풀이 '레벨'의 변이형. 인터넷 게임에서 실력 정도에 따라 매기는 등급. ¶같이 **렙**올려요... (게).

렙업 [<레벨(level)+업(up)] 유형 형태변이/의미전이. 명 풀이 '레벨'의 변이형인 '렙'에 '업'이 결합한 형태. 인터넷 게임에서 실력에 따라 등급을 올리는 일. ¶같이 아템도 주고받고 **렙업**도 하고... (게).

리붓 [<리(re-)+부팅(booting)]
[유형] 새말. 몡 (풀이) 컴퓨터를 껐다가 다시 키는 일. ¶안들어가지면 어캐 하라는겨 제접도 안되구 **리붓**도 안되구. (게).

리뿔 [<리플<리플라이(reply)]
[유형] 형태변이 몡 (풀이) '대답'의 영어 '리플라이'의 변이형. 게시판에 올린 글에 답을 달아주는 일. 메일에 답장을 하는 일. ¶존 생 각 이 씀 **리 뿔** 다 셔!!! (게). /그것은 바루... 터끼가 쓴 글에 무조건 **리뿔** 달기... 터끼가쓴글... 손꾸락 삐다구가 으스러지는한이 이떠라두 **리뿔**을 꼬옥단당 (게). 관리쁠. 리풀. 리플. 립흘.

리쁠 [<리플<리플라이(reply)]
[유형] 형태변이. 몡 (풀이) '대답'의 영어 '리플라이'의 변이형. 게시판에 올린 글에 답을 달아주는 일. 메일에 답장을 하는 일. ¶오널 첨 가입했눈데 눈에 띄이는 안타사운 글이 있어서 이렇게 **리쁠**냄겨여~ (게). 관리뿔. 리풀. 리플. 립흘.

리풀 [<리플<리플라이(reply)]
[유형] 형태변이, 의미변이. 몡 (풀이) '대답'의 영어 '리플라이'의 변이형. 게시판에 올린 글에 답을 달아주는 일. 메일에 답장을 하는 일. ¶내가 올린 동시에 희야의 **리풀**도 있길래 한 줄 더 쓴다. (게). 관리뿔. 리쁠.

리플. 립흘.

리플 [<리플라이(reply)] [유형] 형태변이. 몡 (풀이) '대답'의 영어 '리플라이'의 변이형. 게시판에 올린 글에 답을 달아주는 일. 메일에 답장을 하는 일. ¶철구가 올린 글 삭제하다가...그만 태연이가 올린 글하고 현정선배가 올린 글, 그리고 내가 **리플**단 글을 지워버렸다. (게). / 와~ 나두 여기 첨 **리플** 달아본다.. (게). 관리뿔. 리쁠. 리풀. 립흘.

리플매니아 [<리플라이(reply)+마니아(mania)] [유형] 새말. 몡 (풀이) 게시판에서 다른 사람의 글에 답글을 달아주는 일을 즐겨하는 사람. ¶왠지 제가 가입한 카페와 비슷하네염;; 유키랑 저랑 f.u.c.k이라는 가튼 만화동아리거든여+ _ + 거기두 하루에 두세페이지 넘어가있구 **리플매니아**두 많은데.. (게).

리하이 [<리-(re-)+하이(hi)]
[유형] 새말. 깜 (풀이) 대화방에서 대화 도중 접속이 끊겨서 다시 연결했을 때 주로 하는 인사말. ¶**리하이** (대). 관리

리할 [<리-(re-)+하이(hi)] [유형] 새말. 깜 (풀이) 대화방에서 대화 도중 접속이 끊겨서 다시 연결했을 때 주로 하는 인사말. 통신언어 '리하이'의 변이형. ¶**리할** (대). 관리하이.

립흘 [<리플<리플라이(reply)]

유형 형태변이. 명 풀이 '대답'의 영어 '리플라이'의 변이형. 게시판에 올린 글에 답을 달아주는 일. 메일에 답장을 하는 일. ¶제가 잘 알게 **립흘** 좀 냉겨주세혀~ (게). 관리뿔. 리쁠. 리풀. 리플.

Ⓜㅓ임 [<모임] 유형 형태변이. 명 풀이 때와 곳을 정하여 모이는 일을 뜻하는 '모임'의 변이형. ¶구 ㄹㅏ쟁◎ㅣ들의 Ⓜㅓ임 (게)

마나 [<만화]

유형 형태변이. 명 풀이 '만화'의 변이형. ※소리나는 대로 표기한 형태이다. ¶안냐세엽,,,**마나**를 무지무지 조아하시는 분 (게). /여기는 일본 **마나** 클럽,,임돠~ (게). /전여 **마나**를 배우고 싶어서 춘천서 설로 상경했어여 짐은 친구랑 같이 살고 있구여...짐은 문하생 자리를 알아보고있음니당 (게). /제가이제껏수만권가량의만화를바왓지만봉신만큼완벽한**마나**는업는거같아요우리자주연락하구모임가져요제멜루멜두마니마니넣어주시구여그럼오늘은안녕 (게). /스포츠 **마**나를 좋아하는데여 마니좀 올려주세여 (게).

마나가 [<만화가]

유형 형태변이. 명 풀이 '만화가'의 변이형. ※소리나는 대로 표기한 형태이다. ¶전 **마나가**가 되고시픈데 마나에 취미 있으신 분 없어여? (게). /**마나가**를 저아하세요? (게). /저희 레드카툰스는여 **마나가**덜 자료를 마니 수록해놓앗구여 동영상두 잇슴다. 글구 가끔씩 **마나가**덜 화실두 차자가여. **마나가**덜 화실을 차자가구 싶으시져? 그럼 얼른 레드카툰스로 오세여. (게).

마나책 [<만화책]

유형 형태변이. 명 풀이 '만화책'의 변이형. ※소리나는 대로 표기한 형태이다. ¶여기 오셔서 **마나책**도 보시구엽,, (게). /나눈 **마나책** 빌려볼 도느루 갓눈디.. (게).

마너 [<많아(많다)]

유형 형태변이. 형 풀이 '많다'의 활용형 '많아'의 변이형. ※현실 발음을 표기에 반영한 형태이다. ¶?케 사라미 **마너**? (대). /우리방 보다는 남자가 더 **마너**....^^. (게). 관만어.

마뇨 [<마녀]

유형 형태변이. 명 풀이 '마녀'의 변이형. 원말보다 귀여운 느낌을 준다. ¶안냐세횻...;;저번에 정팅 갔눈댐 ^--^* **마뇨**온냐 넘방가보 쏘횻 ˚◡˚ 거래 오빠두흅

＾０＾ 낭 둥 에　또 와 아 딥
＾＿＿＿＿＿＿＿＾ (게).

마눈 [<많은(많다)] 유형 형태변이.
형 풀이 '많다'의 활용형 '많은'의
변이형. ¶갠팬클에 관한 무지막지하
게 **마눈** 말둘.. 토론방에 갠팬클에
관한 의견 많답니다~ . (게).

마뉘 [<많이] 유형 형태변이.
뮈 풀이 '많이'의 변이형. 원말보다
힘주어 말하는 느낌을 준다. ¶울 외
할머니가 광주서 사는데 마침 그날
부터 울 학겨무슨 공사를 해서 10
일간 학교 안가여~그래서 오빠 보
러 **마뉘** 갈꺼예여~ 암튼 금욜날
학겨갔다와서 옷챙겨서 아빠한테
외할머니 집에 놀러 갈꺼라구 했어
여~. (게). /일본만화는 넘넘 개방
이 **마뉘** 되어있습니둥. (게). /운영
자님 울 카페에 이상한 글을 자꾸
마뉘 올라오네여 쫌 삭제해 주시던
지 (게). ㈜10002. 마늬. 마니. 만히.
많위.

마뉘마뉘 [<많이+많이] 유형 형태
변이. 뷁 풀이 많다는 것을 강조하
기 위해 '많이'를 거듭 쓴 '많이 많
이'의 변이형. ¶ㅎㅎㅎ.....님아....그러
케 **마뉘 마뉘** 찌르면 잼있어염?
(게). ㈜마니마니. 만이만이

마늬 [<많이] 유형 형태변이.
뮈 풀이 '많이'의 변이형. ¶내 컴튀
마늬 놀러오그, (게). /암튼 인터넷
에서 찾아보믄 자려 **마늬** 있어
요~~~ (게). /아프로 저냐듀 **마늬**
하거라 ~ (게). ㈜10002. 마뉘. 마니.
만히. 많위.

마니 [<많이] 유형 형태변이.
뮈 풀이 '많이'의 변이형. ※소리나는
대로 표기한 형태이다. ¶글케 **마니**?
(게). /추천 **마니** 해주세여^^ (게). /
애니눈 **마니** 안봤지만... (대). /태그
마니 있으니까 **마니** 퍼가세여 (게).
/**마니**! **마니**! 널러와 주세여. (게). /
마니 들려 주세염..^^ (게). ㈜10002.
마뉘. 마니. 만히. 많위.

마니마니 [<많이+많이] 유형 형태
변이. 뷁 풀이 많다는 것을 강조하
기 위해 '많이'를 거듭 쓴 '많이 많
이'의 변이형. ¶**마니마니** 조아해여.
(게). /그래두. 소설 **마니마니** 올려
주세욤... (게). /소설을 한번 써보세
여!!! 다른 글들도 **마니마니** 써보세
여!!! /아이들두 **마니마니** 사용하는
걸루 아는데 어찌 이럴수가,,돈 ㅠ.
ㅠ. (게). /조또 **마니마니**.. 싸랑해
여. (게). ㈜마뉘마뉘. 만이만이

마뜸 [<말씀] 유형 형태변이.
명 풀이 '말씀'의 변이형. 혀 짧은
소리를 흉내내어 좀 어눌한 느낌을
준다. ¶그런 **마뜸**이 어디떠여..^^;;
(게). ㈜말뜸. 말쌈.

마물 [<마무리] 유형 형태변이/의미
전이. 명 풀이 '마무리'의 변이형.

인터넷 게임에서 승리를 결정 짓는 일. ¶따벌 **마물**해영 (대). /**마물** #헐 /위에 **마물**. (대).

마물하다 [<마무리+하다] 유형 형태변이/의미전이. 동 풀이 '마무리하다'의 변이형. 인터넷 게임에서 승리를 결정 짓는 일. ¶따벌 **마물해영** (대).

마우수 [<마우스] 유형 형태변이. 명 풀이 컴퓨터 입력 장치 '마우스'의 변이형. 원말보다 촌스러운 느낌을 준다. ¶저영한거뜰은 **마우수쥘** 하쥐마러 (대).

마자 [<맞아(맞다)] 유형 형태변이. 형 풀이 '맞다'의 활용형 '맞아'의 변이형. ※소리나는 대로 표기한 형태이다. ¶**마자** (대). 관마장. 마조. 맞앙.

마장 [<맞아(맞다)] 유형 형태변이. 형 풀이 '맞다'의 활용형 '맞아'의 변이형. 원말보다 부드러운 느낌을 준다. ¶기다렸어여 #**마장**^^^ (대). 관마자. 마조. 맞앙.

마조 [<맞아(맞다)] 유형 형태변이. 형 풀이 '맞다'의 활용형 '맞아'의 변이형. 원말보다 귀여운 느낌을 준다. ¶**마조** 우리는 꿋꿋하게 사라와 따 (대). 관마자. 마장. 맞앙.

마쥐막 [<마지막] 유형 형태변이. 명 풀이 '마지막'의 변이형. 원말보다 힘주어 말하는 느낌을 준다. ¶다

음으 쪼가리④탄이 **마쥐막** 라스트겠군요 -_-∞ 흐삐~습습하요★ (게).

막방 [<마지막+방송] 유형 새말. 명 풀이 마지막으로 하는 방송. ¶**막방**이라안갈수도없구. (게). /암튼 쓸데 없는 얘기 다 빼구 **막방** 즐거웠음다 (게). /오눌이 **막방**인데 가지두 몬하구......ㅠ.ㅠ (게). 관막빵.

막빵 [<막방<마지막+방송] 유형 새말. 명 풀이 마지막으로 하는 방송. 통신언어 '막방'의 힘줌말. ¶글거 **막빵**은 은줴나 함께(?)해뜬 스페셜 쪼가리!!!!★ (게). 관막방.

막턴 [<마지막+턴(turn)] 유형 새말. 명 풀이 마지막 순서. ¶**마턴** 다굴 (대).

만둘다 [<만들다] 유형 형태변이. 동 풀이 '만들다'의 변이형. 원말보다 좀 촌스러운 느낌을 주는 말투이다. ¶언냐가 멜이 넘으 마니 온다구혘; 멜을 다시 **만두셨데욤**.. 사실일지.. 모르겠는뎈 답멜 바다써요~ . (게). 관맹글다.

만쉐 [<만세] 유형 형태변이. 감 풀이 '만세'의 변이형. 원말보다 힘주어 말하는 느낌을 준다. ¶나라누나짱 파팅 **만쉐** 짱 (/-_-)/ (게). 관만쉐리. 만쉐이.

만쉐리 [<만세] 유형 형태변이. 감 풀이 '만세'의 변이형. ¶나라누나짱 파팅 ~! **만쉐리** (/-_-)/ (게). 관만

쉐. 만쉐이.

만쉐이 [<만세] 유형 형태변이. 명
풀이 ‘만세’의 변이형. ¶하여튼 나라
누나짱 파팅 **만쉐이**(/-_-)/ (게). /
암턴 쓰 ㅏ ㅇ ㅣ **만쉐이~** 쌩쑈대
박입뉘다요!!!!! (게). /엄상궁 **만쉐
이!** 오널 테레비연기 짱!! (게). 관
만쉐. 만쉐리.

만어 [<많아(많다)] 유형 형태변이.
형 풀이 ‘많다’의 활용형 ‘많아’의
변이형. ¶이상하죠...겜은절라잘되구..
정작하고픈 쳇은안되구... 문제가**만어**
~~~ (게). 관마너.

만이만이 [<많이+많이] 유형 형태
변이. 뵘 풀이 많다는 것을 강조하
기 위해 ‘많이’를 거듭 쓴 ‘많이 많
이’의 변이형. ¶영자님두 **만이만이**
고쳐 주세여 (게). /푸우는 울 반에
서도 인기가 만아요... 푸우 **만이만
이** 사랑... 부탁해요.. (게). 관마뉘마
뉘. 마니마니.

만퀴방 [<만화+퀴즈방] 유형 새말.
명 풀이 만화에 관련된 문제를 내
고 푸는 대화방. ¶어설픈**만퀴방** ^^
(게). 참영퀴방.

만히 [<많이] 유형 형태변이.
뵘 풀이 ‘많이’의 변이형. 원말보다
힘주어 말하는 느낌을 준다. ¶**만히**
이용해주세여~~ (게). 관10002. 마
뉘. 마늬. 마니. 많위.

많위 [<많이] 유형 형태변이.

뵘 풀이 ‘많이’의 변이형. ¶세이 최고
의 장나라 팬동회~ **많위** 밀어주세
요~ (게). 관10002. 마뉘. 마늬. 마
니. 만히.

말뜸 [<말씀] 유형 형태변이.
명 풀이 ‘말씀’의 변이형. 혀 짧은
소리를 흉내내어 좀 어눌한 느낌을
준다. ¶저 백신 이꺼덩여!! 필요하
시면 **말뜸** 하세염!~ 보내드릴께염!!
(게). 관마뜸. 말쌈.

말뜸하다 [<말씀하다] 유형 형태변
이. 동 풀이 ‘말씀하다’의 변이형.
혀 짧은 소리를 흉내내어 좀 어눌
한 느낌을 준다. ¶항눈커플**말뜸해**
두리개뜸다..^ㅁ^* (게).

말멀 [<말머리] 유형 형태변이/의미
전이. 명 풀이 ‘말머리’의 변이형.
다른 사람의 글과 구분하기 위해
자신의 글 앞에 붙이는 일정한 표
시나 말. ¶[핑크투야] 라는 **말멀**을
사용하는 현수라고――ㅋㅋ 님들도
그런식으로 사용하세요^^; (게). /암
튼...**말멀** 있으면 애용합시다...――;;
(게). /[♡투♡야♡뿌♡냐♡]**말멀**바
꿉시다!! (게).

말쌈 [<말씀] 유형 형태변이.
명 풀이 ‘말씀’의 변이형. ‘말씀’의
옛말형이다. ¶멱국 별러 안좋아라
하시는엄니가... 멱국에 밥을 말아
드심미다.....글면서 하시는**말쌈**이.. “울
딸네미...멱국 죽이넹...넘마시떠셩..”
~~~

[관]마뜸. 말뜸.

맘대루 [<맘대로] [유형] 형태변이. [부] [풀이] '마음대로'의 준말 '맘대로'의 변이형. ※현실 발음을 표기에 반영한 형태이다. ¶저 묶어 놓구..**맘대루**하면서 할 누나만★대구만★20 이상 (게).

망실 [<망신] [유형] 형태변이. [명] [풀이] '망신'의 변이형. ¶**망실**이야...;; 이론~ 지금 보니깐 나랑 진짜 닮았구먼.. (게).

망튀다 [<망치다] [유형] 형태변이. [동] [풀이] '망치다'의 변이형. ¶저처럼 공부안하고 셤 **망튀신** 분덜 많이 있쥐 않슴까??? (게).

맞앙 [<맞아(맞다)] [유형] 형태변이. [형] [풀이] '맞다'의 활용형 '맞아'의 변이형. 애교스러운 느낌을 준다. ¶신동엽..진짜자증나요 #리수언니도 똑같은 대답할려면 입 아프겠어여~~~ #**맞앙** (대). [관]마자. 마장. 마조.

매냐 [<마니아(mania)] [유형] 형태변이. [명] [풀이] '마니아'의 변이형. ¶성룡**매냐**로써 넘 기쁨니다.......한국에서두 홍행대박!!꼭 보세욤..진짜 강추임니다 (게). /Re:Re:Re:비빔면 **매냐**~! 비빔면 더확실하게 드시거잡으면요... 참기룸하고 식초하고 소금조금 치시고요 거기다가 깨(?)를 듬묵 넣어드시면 좋아요 국산이 맛이있어요...^^; 시큼한 맛을 원하시면요 식초를 쳐드세요... 사과 식초나 과일 식초같은 건 않데요 ---; 그럼 맛있게 드세용 ^^ (게).

맨져 [<매니저(manager)] [유형] 형태변이. [명] [풀이] '매니저'의 변이형.. ¶애들 하는 짓거리가 너무 심하니깐 어빠따라 **맨저**가 갓다는데. (게).

맬 [<매일] [유형] 형태변이. [명] [풀이] '매일'의 변이형. ¶나한테 **맬**마다 전화해주구..착한..... (게).

맹글다 [<만들다] [유형] 형태변이. [동] [풀이] '만들다'의 변이형. ※'만들다'의 경기·경남 방언형이다. ¶하늘사랑 관계자께선...이점..다시 기피기피.생각해보시궁.. 빨뤼..대화창에.. 파일첨부를 **맹글어** 주세염~~~ (게). /고만해라! 계속 그사람을 느끼구 있음은 오빠만 힘들어 그만 생각을 접구 좋은 추억으로 **맹글어봐** (게). /근데...아직 답변이 없네요....흑흑..... 빠른시일네에 메뉴하나 더 **맹글도록** 할꼐염 (게). /지금 또 방 하나를 **맹글려고** 하는데.... 량이 부족해소 용량추가 신청을 해 놓은 상태거든요 (게). [관]만둘다.

먀네염 [<미안해요(미안하다)] [유형] 형태변이. [형] [풀이] '미안하다'의 활용형인 '미안해요'의 변이형. ¶Re:Re:아뜨... 오늘 정팅나리구낭... 제성..**먀네염**..ㅠ.ㅠ (게).

먄 [<미안] [유형] 형태변이. [명] [풀이]

‘미안’의 변이형. 원말보다 귀여운 느낌을 준다. ¶Re:Re:**먄~** (게).

먄하다 [<미안하다] 유형 형태변이. 동 풀이 ‘미안하다’의 변이형. 원말보다 귀여운 느낌을 준다. ¶면식..경 후니..미야얌..풍경이형.. 일수.....아이... 쩡이.... 왕자............... 연락 몬해 **먄해여**... 여기 자주 들르지 못하는 것두여.... (게). /엉아가 카페 잘 몬와 **먄~하구**......구럼 빠빠~ 연락하그레이. (게). /에그#**먄 해염.** (대). /청주가 도시였구나..(물찬언냐 **만해~**) (게).

머 [<뭐] 유형 형태변이. 명/갑 풀이 ‘뭐’의 변이형. ¶**머징?** (대). /**머징** 저도 불러봐요. (대). /시작페이지가 **머지?.** (대). /어떻게든 돼겠지머 ――;;. (대). /**머라거여?** (대). /눅아머 래더H.O.T∧∧v 언니보기!!!!!!. (게).

머거뚜 [<먹었어(먹다)] 유형 형태변이. 동 풀이 ‘먹었다’의 활용형 ‘먹었어’의 변이형. ¶라면 **미기 뚜~~~~~** (대).

머늬 [<머니(money)] 유형 형태변이. 명 풀이 영어 ‘머니(money)’의 변이형. ¶암턴 **머늬** 절나 모아 떠뤼 꼬옥 물마즐꼬쉬..얌.. (게).

머더 [<모두] 유형 형태변이. 부 풀이 ‘모두’의 변이형. ¶**머더** 이 슬한잔씩 땡기시죠~ㅋㅋㅋ . (게). 관 머두. 모드.

머두[<모두] 유형 형태변이. 풀이 ‘모두’의 변이형. ¶**머두**들 즐겁게 이 슬한잔씩 땡기시거여. (게). /**머두** 나이가. (대). 관머더. 모드.

머루다 [<모르다] 유형 형태변이. 동 풀이 ‘모르다’의 변이형. ¶표롤 어케 구하눈듸 **머루겠또욤**...―0―;;. (게). /날 **머 룬 단** 마 랴??바 버^ ▼^ 글쓴이:2-1학생^^* (게). 관머르다. 멀다. 멀루다. 몰다. 몰으다.

머르다 [<모르다] 유형 형태변이. 동 풀이 ‘모르다’의 변이형. ¶다시 태그 자료와 환경을 바꾸었다... 나름데로 열심히 했는데... 음악 이름은 **머르지만** ... (게). /Re:Re:Re:저두 **멀 랐 는데**. 아마 그때 발표 래요.^^;;(냉무). (게). /어 먼저 우리 파 일원중에 SM에서 일하시눈 친척을 두신분이 계시다눈고 다 이시져? **머르나?** (게). /유진냥 성격이 털털하고 그래서 그런지**멀라더** 남자여네인이랑 허물업씨 지내는사이 같네여 신화분들 보면 유진냥 보고 밥잘먹고 씩씩하고 힘세다고 ――;;;. (게). /전 오늘이 녹화일 인줄 **멀라 서**... 걍 듣구 있었는데... 걍 덩생버구다 울팬들 일꺼라구 해쬬.. (게). /신화민증(에릭은 **멀라여**). (게). /에쵸티전체주민번호알구여.. 전체멜알거.. 신화전체민증역시알구여...(앤디까지포함.. 근데에릭**머**

릅)-.-;; (게). [관]머루다. 멀다. 멀루다. 몰다. 몰으다.

머릐 [<머리] [유형] 형태변이.
[명] [풀이] '머리'의 변이형. 원말보다 힘주어 말하는 느낌을 준다. ¶내가 진짜 얼굴만 그정도 귀엽게 생겨쓰면 그 **머릐** 똑가칙 해따.. ㅠ_ㅠ (게). [관]모리. 멀이

머숍 [<모습] [유형] 형태변이.
[명] [풀이] '모습'의 변이형. ¶아프러더저은 **머숍** 기대하구여^^* (게). [관]머습.

머습 [<모습] [유형] 형태변이.
[명] [풀이] '모습'의 변이형. ¶앞으로두..저은 **머습** 기대할게여... (게). /집 콘서트 열씨미 준비하시구여~ 좋은모습, 멋진 **머습**으로 뵈여 그럼 빠~ (게). /ㅆ ㅏ군**머습** 아룽아룽~∴+∵ (게). /왜 구런지 알지??? 나의 진정한 **머습**을 봐라...^^ (게). [관]머숍.

머으다 [<모으다] [유형] 형태변이.
[동] [풀이] '모으다'의 변이형. ¶제가 나라언냐 팬클가입 할라껑 던**머으는뎅** (게).

머집 [<모집] [유형] 형태변이.
[명] [풀이] '모집'의 변이형. ¶님들두저 추가**머집**할때 꼭 정회원이 될수 있더럭 더와주세염^^ (게).

머쪔 [<뭐+좀] [유형] 형태변이. [복] [풀이] 의문 대명사 '뭐'에 부사 '좀'이 결합한 '뭐 좀'의 변이형. ¶**머쪔** 물바두 돼남여? (대).

먹서리 [<목소리] [유형] 형태변이.
[명] [풀이] '목소리'의 변이형. ¶애교있는 목소리인뎅.... 점 어린 **먹서리**에요.... 군뎅....... 정말 마자요......... (게). /군데 여기서 웬 남자의 **먹서리**가 들리궁... 나:엉?? 군데 왜 진이랑 **먹서리**가 같지?? (게). /**먹 서 리** 두 너 래 부 르 는 거 랑 은 저 금 다 른 데... 아 까 초 특 급 일 열 만 세 에 서 나 온 거 랑. 떠 가 테 여.... (게). [관]먹소리. 목서리. 목셔리. 목소릐. 목솔이.

먹소리 [<목소리] [유형] 형태변이.
[명] [풀이] '목소리'의 변이형. ¶말러 표현을 먼하게 써염 넘 저아서 **먹소리**가... (게). /듣고 시픈데 **먹소리**. (대). /신디 **먹소리** 오늘은 더 죽이넹. (대). /듣고 시픈데 **먹소리**. (대). [관]먹서리. 목서리. 목셔리. 목소릐. 목솔이.

먼뎌 [<먼저] [유형] 형태변이.
[부] [풀이] '먼저'의 변이형. ¶저번엔 **먼뎌** 아라듀스 감격에 빼까뜨~ ㅠ_ㅠ 거맙눼 팅구 (게). [관]먼져. 먼조.

먼져 [<먼저] [유형] 형태변이.
[부] [풀이] '먼저'의 변이형. ※표기상으로는 원말과 발음에 차이가 없다. ¶대일아!!!!누나가 너 따랑해도 댈라나???ㅋ ㅑㅋ ㅑ.. 대일아~~~~~~지

돌려라......누나가 사랑에빠지면..젤러 **먼져** 갈쳐줄게 흠흠.......덴쟝......사랑이 몰까??? (게). ㉿먼뎌. 먼조.

먼조 [<먼저] 유형 형태변이.

무 풀이 '먼저'의 변이형. ¶동덕여대 이뿐 사진 우리 홈에 젤루 **먼조** 올려주세요 (게). ㉿먼뎌. 먼져.

먼지 [<뭔지<무엇＋−인지(이다)]

유형 형태변이. 복 풀이 지시대명사 '무엇'에 서술격 조사 '−이다'의 활용형 '−인지'가 결합한 '무엇인지'의 변이형. ¶에이스가 **먼지**를 모르는군요 (게).

먼하다 [<못하다] 유형 형태변이. 동 풀이 '못하다'의 변이형. ¶등산더 제대러 **먼해요**? (대). /말러 표현을 **먼하게** 써염 넘 저아서 먹소리가... (게). ㉿멋하다. 몬하다.

멀 [<뭘<무엇＋−을] 유형 형태변이. 복 풀이 지시대명사 '무엇'에 목적격 조사 '−을'이 결합한 '무엇을'의 변이형. ¶**밀** 어째? 깻잎 녖 뉡음 사들고 와야지. (대). /**멀** 가르쳐 달라는건지..나원 참(게).

멀다 [<모르다] 유형 형태변이. 동 풀이 '모르다'의 변이형. ¶이야그는여.. 작년에 들은건데여.. 사진인지.. 아닌지는 아직 **멀지만**..−.−;; . (게). ㉿머루다. 머르다. 멀루다. 몰다. 몰으다.

멀래 [<몰래] 유형 형태변이.

무 풀이 '몰래'의 변이형. 원말보다 귀여운 느낌을 준다. ¶쥐금...엄마**멀래**...컴을...하눈거라...엄마가...등장하믄...죽슴니다...; (게).

멀로 [<뭘로<무엇＋−으로] 유형 형태변이. 복 풀이 지시대명사 '무엇'에 보조사 '−으로'가 결합한 '무엇으로'의 변이형. ¶유리언냐 정팅 방오면 아뒤**멀로**해여? (대).

멀루다 [<모르다] 유형 형태변이. 동 풀이 '모르다'의 변이형. ¶용량이 ㄷ ㅏ 차서 멜이 안오던데 **멀루게따**^^; (게). /군데 접속아뒤를 **멀루게 또욤**...멀루했눈지....어떡게　할방법이 엄나염???? (게). ㉿머루다. 머르다. 멀다. 몰다. 몰으다.

멀이 [<머리] 유형 형태변이. 명 풀이 '머리'의 변이형. ※소리나는 대로 쓰는 일반적인 통신언어에 대한 반동으로 분철식으로 표기한 형태이다. ¶글애떠 모니러 바라버구 이뜨려뉘 **멀이** 아파오네요~ 띠―――――잇;;;; (게). ㉿머릭. 모리.

멈 [<몸] 유형 형태변이. 명 풀이 '몸'의 변이형. ¶Re:니친구 미스코리아믄....낸 팅구는 안티 미스터커리앙께 캬캬~ 팅구 **멈**이 쫘 마른랑께 ㅋ ~ 지나가다가 써봤어...... 그럼 휘리릭~~ (게).

멋앵이 [<멋쟁이] 유형 형태변이. 명 풀이 '멋쟁이'의 변이형. ¶우왕~

테제님 **멋앵이**~ (게).

멋쥐다 [<멋지다] 유형 형태변이.
형 풀이 '멋지다'의 변이형. 원말보
다 힘주어 말하는 느낌을 준다. ¶언
제나 **멋쥔** 성욱오빠˘>.< (게). /누
야...이사한걸루 알고 있는데... 씩씩
하게 **멋쥐게** 사세요... (게).

멋하다 [<못하다] 유형 형태변이.
동 풀이 '못하다'의 변이형. ¶츄석ㄸ
ㅐ 널긔더 **멋하게** 생겨찌효...-_-+...
∞ (게). /츄석ㄸㅐ 널긔더 **멋하게**
생겨찌효...-_-+...眽(게). 관먼하다.
몬하다.

메덩메덩 [<메롱메롱] 유형 형태변
이. 깜 풀이 '메롱'의 변이형. ¶**메덩
메덩** (게).

메에렁 [<메롱] 유형 형태변이. 깜
풀이 '메렁'의 변이형. 길게 말하여
놀리는 정도를 더한다. ¶이반이냐
=ㅁ= **메에렁**~ (게).

멘뚜 [<멘트(comment)] 유형 형
태변이. 명 풀이 '멘트'의 변이형.
※'멘트'는 영어 '코멘트'(comment)
의 변이형으로 한국식 영어이다. ¶
좋은생각 **멘뚜**엄씨..내캉 저아하는
너래만 튼다˘ 가요 (게).

멜 [<메일(mail)] 유형 형태변이.
명 풀이 '메일'의 변이형. ¶**멜**이..긴
데...아주쉬운겁니다..구니까..**멜**서주
알쪄?? impzzangxxxx@hanmail.net
굴고....저나는...해도 되여.. 저나 주

세여... . (게). /그런데 몇일위 답이
왔다구 하면서 제게 그내용을 보두
멜로 보내 주셨걸랑여... (게). /긍돼
자꾸 저한테 폰버노를 가르쳐달라
는 사람이 많응데 절대 안 도ㅐ 니
까 **멜** 보내지 마세여~!!! (게). /**멜**
을받거 시포해혀?. (대).

**멜진 [<메일(mail)+매거진
(magazine)]** 유형 새말.
명 풀이 인터넷상에서 전자우편 형
태로 발송되는 잡지. ¶후훗..**멜진**
아시는 분들은 아시죠?? (게). /**멜
진** 열심히 운영 하세요^-^ (게).

멜친구 [<메일+친구] 유형 새말.
명 풀이 전자우편을 통해 사귀는 친
구. ¶근데 몇칠전 부터 **멜친구**를 하
는 아이가 있습니다 (게). 관멜칭구.

멜칭구 [<멜친구<메일+친구]
유형 새말. 명 풀이 전자우편을 통
해 사귀는 친구. ¶움..저는 만화 **멜
칭구**를 구하구 잇거덩여~~ (게).
관멜친구.

멜틴 [<메일+(미)팅] 유형 새말.
명 풀이 전자 우편을 주고 받으며
사귀는 일. ¶저랑 **멜틴**할 분!! 제
멜로 날려주셤~~~. (게). 관멜팅.

멜팅 [<메일+(미)팅] 유형 새말.
명 풀이 전자 우편을 주고 받으며
사귀는 일. '메일'의 변이형인 '멜'과
'미팅'의 '팅'이 결합한 혼성어. ¶[정
말이햐!]현정이랑 **멜팅**할사람.. ~

(게). 관멜틴.

멜팅하다 [<메일+미팅하다] 유형
새말. 동 풀이 메일을 주고 받으며
서로 사귀다. ¶말구대루 **멜팅할** 여
팅을 구해여~ (게).

머틸 [<며칠] 유형 형태변이.
명 풀이 '며칠'의 변이형. ¶어제... 원
내 계획은 봉개 가려구 해뜸니다
만..... **머틸**전 불쾌한 멜 사건으로
인하여... 걍 덩내에서 칭구드리랑
술을 푸기로 해씀니다. (게).

멱 [<미역] 유형 형태변이. 명 풀이
'미역'의 변이형. ※말을 짧게 줄여
쓰려는 통신언어 특징이 반영된 말
이다. ¶오늘은.....울엄마 생신이심
다......*^^* 일단 재료들........다준비
해두고.....다듬고....썰어서...냉장고에
넣어두고...불고기 쬐끔 재워두고..
흠흠....**멱**점 담가두고...ㅇ ㅔㅎ ㅓ
글고나니....새벽 4시였음다...6시부터
는 준비해야 해서...ㅠ ㅠ (게).

멱국 [<비역국] 유형 형태변이. 명
풀이 '미역국'의 변이형. ¶..효녀당..
난 빨랑 **멱국** 안해주나궁..언능 용
돈달라궁..마악~떼쓰궁...구랬눈뎅...
님덕에 반성했어염...(--)(__)감
사~~~~ (게).

모 [<뭐] 유형 형태변이. 명 풀이 의
문대명사 '뭐'의 변이형. ※'뭐'는
'무엇'의 입말체이다. ¶이건 또 **모**
지?? (게). /**모**가 이렇게 즐거운걸

까~(게). /^^ 다들 **모**하면서 지내고
계신지여?? (게). /깔 이 **모**냐. (대).
/엔카가 **모**에여? (대).

모니러 [<모니터] 유형 형태변이.
명 풀이 '모니터'의 변이형. 원어 발
음을 흉내낸 표기이다. ¶글애떠 **모
니러** 바라버구 이뜨려뉘 멀이 아파
오네요~ 띠————잇;;;; (게).

모다서 [<몰아서(몰다)] 유형 형태
변이. 동 풀이 '몰다'의 활용형인
'몰아서'의 변이형. ¶저오리라게당해
서 히딴거안쓰구 한번에 **모다서** 올
려요. (게).

모던 [<모든] 유형 형태변이.
관 풀이 '모든'의 변이형. ¶글구 이
글을 읽는 **모던** 분덜더 조은 하루
대세여.... (게).

모덜 [<모두+-들] 유형 형태변이.
복 풀이 '모두'에 보조사 '-들'이 결
합한 '모두들'의 변이형. ¶**모덜** ~!
즐거운 일주일되세여^^ (게).

모드 [<모두] 유형 형태변이.
명 풀이 '모두'의 변이형. ¶파주님만
오면 **모드** 잠스를 했었나보죠?움..
어쩌다 보니 그러케 된거 같네요.
(게). 관머더. 머두

모리 [<머리] 유형 형태변이.
명 풀이 '머리'의 변이형. ¶내!! 우
리한번 미쳐버져.....저보실려면 **모
리**크구 안경 썼어여 (게). /냐하하
하~ 갑자기 아픈 **모리**가 더 아프

당--; 잘자〜〜 (게). ㉇머뤼. 멀이.

모하다 [<뭐하다] 유형 형태변이.
동 풀이 '뭐하다'의 변이형. ¶모하
니? (대).

모하루 [<무엇하러(무엇하다)]
유형 형태변이. 동 풀이 '무엇하다'
의 활용형 '무엇하러'의 변이형. ¶제
친구들은 오빠들 안오는데 **모하루**
가냐구...했는데...헤헤.(맞는 말이긴
하지만....). (게).

목서리 [<목소리] 유형 형태변이.
명 풀이 '목소리'의 변이형. ¶간미
연: 누구세요~(자다가 막깬 어리버
리한 목소리여따..열라 견척하는 **목**
서리여따.) (게). / 간미연:(내칭구가
쩌끔 화난 **목서리**로 따지듯 말하자
쫄은거 가타따) ....누구세여~~? (게).
㉇먹서리. 먹소리. 목셔리. 목소릐.
목솔이.

목셔리 [<목소리] 유형 형태변이.
명 풀이 '목소리'의 변이형. ¶언니
의 음반에 너래더 저치만 언니의
목셔리가 넘저아여 (게). ㉇먹서리.
먹소리. 목서리. 목소릐. 목솔이.

목소릐 [<목소리] 유형 형태변이.
명 풀이 '목소리'의 변이형. ¶오빠~
목소릐 ㅋㅋㅋ넘..이쁜거가테~ (게).
㉇먹서리. 먹소리. 목서리. 목셔리.
목솔이.

목솔이 [<목소리] 유형 형태변이.
명 풀이 '목소리'의 변이형. ¶두꺼운

목솔이가 『난 엄정화가 제일실
옹』... (게). ㉇먹서리. 먹소리. 목서
리. 목셔리. 목소릐.

몬 [<무슨] 유형 형태변이. ㉇ 풀이
'무슨'의 변이형. ※경기, 경상도 방언
형이다. ¶**몬** 방송. (대). ㉇무신. 문.

몬하다 [<못하다] 유형 형태변이.
동 풀이 '못하다'의 변이형. ※경남
방언형이다. ¶방에 드러가질 **몬하**
자나여. (게). ㉇먼하다. 멋하다.

몰다 [<모르다] 유형 형태변이. 동
풀이 '모르다'의 변이형. ¶쯧..-_-누
군진 **몰겠지만**... (게). /아진짜 싸
이트 관리를 어케하는진 **몰겠찌만**
방에 렉줌 없에요. (게). ㉇머루다.
머르다. 멀다. 멀루다. 몰으다.

몰으다 [<모르다] 유형 형태변이.
동 풀이 '모르다'의 변이형. ¶솔직
히..나 여기 팬클럽 사람들 성별을
몰으겠어 (게). ㉇머루다. 머르다.
멀다. 멀루다. 몰다.

몰팅 [<몰래+채팅] 유형 새말. 명
풀이 남이 알지 못하게 하는 채팅.
'몰래'의 첫 글자 '몰'과 채팅의 끝
글자 '팅'을 결합하여 만든 혼성어.
¶띄어놓은 챗팅 창..오늘도 **몰팅**...^^
(설만..) (게).

묜 [<면] 유형 형태변이. 명 풀이 국
수. '면'의 변이형. ¶젓가락으러 잡
히지더 않는 라묜 면을 집다....성질
나..숟가락으러.. 퍼먹을떄의

그 심정...ㅡㅜ 밥더 못 말아 묵게....
국물더 **묜**이 다 빨아 먹었떠.. ㅡㅜ
하나 밖에 읍떤 라묜......ㅡㅜ (게).

무듸 [<무지] 유형 형태변이.
　뷔 풀이 '무지'의 변이형. 원말보다
어눌한 느낌을 준다. ¶거뚜 꼽사리
라 기분 **무듸** 욜놔 안져튀만 .....∞
(게). 관무즤. 무리.

무디무디 [<무지무지] 유형 형태변
이. 뷔 풀이 '무지무지'의 변이형.
좀 어리숙한 느낌을 준다. ¶헤헷^^
무디무디 추카 드려효~(냉무). (게).
/배치 고사 2등먹으니까 기분좋드
라..**무디무디**..ㅋㅋㅋ (게).

무리 [<무지] 유형 형태변이.
　뷔 풀이 '무지'의 변이형. ¶v캠찍은
지 **무리** 오래되서..이 사진밖에 없
네여..ㅡㅡ;;; (게). 관무듸. 무즤.

무서버 [<무서워(무섭다)] 유형
형태변이. 형 풀이 '무섭다'의 활용형
'무서워'의 변이형. ※ㅂ불규칙 동사
를 ㅓ직 활용한 형태이다. ¶내 여친
무서버 ㅜ.ㅠ (대). 참어디러버.

무선 [<무서운(무섭다)] 유형 형태
변이. 형 풀이 '무섭다'의 활용형
'무서운'의 변이형. ¶**무선**야그 (게).

무신 [<무슨] 유형 형태변이.
　관 풀이 '무슨'의 변이형. ¶회원 아
뒤를 치래여 근데 **무신** 에이알 에
스 회원 아뒤를 치눈건지 몰겠더염.
(게). /다들 **무신**소리야?ㅡ.ㅡa 모두

지 알 수가 엄따~ >.< (대). /Re:나
의 경쟁자가 되어줄래요...? 맞짱앙
ㅡㅡ+ **무신** 경쟁 할꼰데..... (게).
관몬. 문.

무쟈게 [<무지하게(무지하다)]
유형 형태변이. 뷔 풀이 '무지하다'
의 활용형 '무지하게'의 변이형. 원
말보다 좀 속된 느낌을 준다. ¶그리
고 어케 해야 되나여? 아시는 분은
답좀 주세요...울 언니 **무쟈게** 화나
떠염... (게). /**무쟈게** 기대했던. (게).

무적껀 [<무조건] 유형 형태변이.
　뷔 풀이 '무조건'의 변이형. 원말보
다 힘주어 말하는 느낌을 준다. ¶글
거 친구들이 언니 후속곡 이머냐거
하며 궁금해하넝 사람들이 있뜸 **무
적껀** 들려줍니다 (게).

무직 [<무지] 유형 형태변이.
　뷔 풀이 '무지'의 변이형. 원말보다
힘주어 말하는 느낌을 준다. ¶철수
도 보구 싶구..**무직** 착하든데 (게).
관무듸. 무리.

묵념 [<묵념] 유형 형태변이.
　명 풀이 '묵념'의 변이형. ¶올 ◎ ㅐ
쟈 가틍 하꾜에스능 10시에 **묵념**울
하라대요. (게).

문닫다 [=문+닫다] 유형 의미전이.
　복 풀이 공개적으로 진행되던 대화
방을 비공개 대화방으로 전환하거
나 대화방을 폐쇄하자고 제안하다.
¶방 문 닫을까요? (대).

문 [<무슨] 유형 형태변이. 관 풀이 ‘무슨’의 변이형. 원말보다 어눌한 느낌을 준다. ¶죄송.. **문**말인디 이데 이해가 가네요.. (게). 관몬. 무신.

문+팅 [<문자+미팅] 유형 새말. 명 풀이 핸드폰으로 문자를 주고 받으며 사귀는 일. ‘문자’의 첫 글자 ‘문’에 ‘미팅’의 끝 글자 ‘팅’이 결합한 혼성어. ¶☆요즘에 하드 심심해서..☆ ☆전화 하푼서 널사람이나.. 문자 버내묘 **문팅** 하신분들☆ ☆폰 쌔려 주쉐혀 (게).

문따 [<문자] 유형 의미전이/형태변이. 명 풀이 ‘문자’의 변이형. 통신상으로 보내는 짧은 글. ¶혜성이 오빠한테 7번째 **문따**와떠염~~ˊ[신화 팬 필똑] (게). 관문자.

문자 [=문자] 유형 의미전이. 명 풀이 통신상으로 보내는 짧은 글. ¶난니가내**문자**를씹길래 널 죽이려고했어. (게). 관문따.

문팅하다 [<문자+미팅하다] 유형 새말. 동 풀이 핸드폰으로 문자를 주고 받으며 사귀다. ¶폰도 있더염~~~**문팅 하실** 분은 열루 016~439~2197 (게).

뮤뱅 [<뮤직+뱅크] 유형 새말. 명 풀이 텔레비전 프로그램 이름. ¶저는 **뮤뱅**서 첨 봤는데 (게).

뮤비 [<뮤직+비디오] 유형 새말. 명 풀이 ‘뮤직비디오’의 생략형. ¶**뮤비** 이상해~ 감독이 누군지~ 넘 이상하당~ (게). /[[경험담]]지금 엠넷에서 행복**뮤비**가.... . (게). /오빠 **뮤비** 넘 멋있어요!!! (게). /**뮤비** 넘 멋있었어요.. (게).

뮤플 [<뮤직+플러스] 유형 형태변이. 명 풀이 텔레비전 프로그램 이름. ¶ㅋㄷㅋㄷ 암턴.. **뮤플** 가따올께여.. (게). /헤헤.. 암튼.. 저 **뮤플** 가따와따구..-_- (게).

미뤄미뤄 [<미리미리] 유형 형태변이. 부 풀이 ‘미리미리’의 변이형. 원말보다 힘주어 말하는 느낌을 준다. ¶**미뤄미뤄**버눈신문이래나뭐래나 쎄시니여 (게).

미륀 [<미친(미치다)] 유형 형태변이. 형 풀이 ‘미치다’의 활용형 ‘미친’의 변이형. 원말을 변이하여 완곡하게 표현한 말이다. ¶**미륀**자식. 술쳐먹꼬-_- 꼬장 부리냐. (게). 관미린.

미린 [<미친(미치다)] 유형 형태변이. 형 풀이 ‘미치다’의 활용형 ‘미친’의 변이형. 원말을 변이하여 완곡하게 표현한 말이다. ¶**미린** 년아~. 관미륀

미보 [<미워(밉다)] 유형 형태변이. 형 풀이 ‘밉다’의 활용형인 ‘미워’의 변이형. 원말보다 애교스러운 느낌을 준다. ※ㅂ불규칙 동사를 규칙 활용한 형태이다. ¶저더 정팅때 올

께홋 ..;; 엉젠지 말더 앙해주구 ㅠo
ㅠ **미보미보** ㅠoㅠ 구람 님들아 -
ㅜ 후울쩍~ 안나줌때홋 ^ㅡ^*/ 구람
천사는..;;　ㅂㅂ 띠롱ㅇㅇㅇㅇㅇㅇ
ㅇㅇㅇㅇㅇㅇㅇㅇㅇ (게). ㉠미
어. 미오.

미어[<미워(밉다)] 〔유형〕 형태변이.
〔형〕〔풀이〕 '밉다'의 활용어 '미워'의
변이형. ¶**미어** 글이 안 일거져.
(대). /**미어** 글을 클릭하니까 에러,
관리자만 일거. (대). ㉠미보. 미오.

미어하다[<미워하다] 〔유형〕 형태변
이. 〔형〕〔풀이〕 '미워하다'의 변이형. ¶
난 오널더 약석 못지킬것 같아....선
약이 이쏘소.......... 구래더 나 안**미
어** 하꼬쥐? ㅋㅋㅋㅋ (게). /SJ군
을**미어해**　ㅋㄷㅋㄷ (게). ㉠미오
하다.

미오[<미워(밉다)] 〔유형〕 형태변이.
　〔형〕〔풀이〕 '밉다'의 활용형 '미워'의
변이형. 원말보다 귀여운 느낌을 준
다. ¶언니 내가 진화했눈뎅.. 왜 전
화　안받오~**미오미오**...피~ (게).
㉠미어. 미오. 미보

미오하다[<미워하다] 〔유형〕 형태변
이. 〔형〕〔풀이〕 '미워하다'의 변이형. ¶
아 뉘 여 뎌 **미 오 하 쥐** 마 라 여
(게). ㉠미어하다.

미쵸[<미쳐(미치다)] 〔유형〕 형태변
이. 〔형〕〔풀이〕 '미치다'의 활용형인 '미
쳐'의 변이형. 원말보다 귀여운 느낌

을 준다. ※통신상에서 반복형으로
사용하는 경우가 많다. ¶우리집 식
구덜 나 부려먹을려구 시집도 안보
내는거 같당..천천히 가랜다..**미쵸미
쵸~** (게). ㉠미텨. 미티. 釁**미티다.**

미취다[<미치다] 〔유형〕 형태변이. 〔동〕
〔풀이〕 '미치다'의 변이형. 원말보다
힘주어 말하는 느낌을 준다. ¶버지
두 멋하구 **미취게떠** ㅠ.ㅜ 왜인나떠
여~!! 승준날개 (게). ㉠미티다.

미텨[<미쳐(미치다)] 〔유형〕 형태변
이. 〔복〕〔풀이〕 '미치다'의 활용형인
'미쳐'의 변이형. ※통신상에서 반복
형으로 사용하는 경우가 많다. ¶**미
텨미텨~~** 사랑스런 누나 **미텨~**
(게). ㉠미쵸. 미티. 釁**미티다.**

미티[<미쳐(미치다)] 〔유형〕 형태변
이. 〔형〕〔풀이〕 '미치다'의 활용형인
'미쳐'의 변이형. ※통신상에서 반복
형으로 사용하는 경우가 많다. ¶근
데 거기다가 (지긋 지긋)ㅡㅡ;;;;;;
미 티. (게). /아..지금 "엽기적인 그
녀" 보고 있는데 정말 웃긴당..**미티
미티..** (게). /으앙 ㅠ.ㅠ **미티미티**...
또 싸웠정 (게). ㉠미쵸. 미텨. 미티.
釁**미티다.**

미티다[<미치다] 〔유형〕 형태변이. 〔동〕
〔풀이〕 '미치다'의 변이형. 원말보다
좀 어리숙한 느낌을 준다. ¶빨랑좀
제대로 복귀시켜노시라요......아우....
미티부렁// (게). /정말 **미티겠당**

ㅠ.ㅠ (게). /가입한것두 없눈거 같은데...**미티겟음당**..계속. (게). /짐두 아파 듁겠는데 **미 티 거 땅**...ㅠ.ㅠ (게). ㉾미취다.

민번[<주민등록번호] 〔유형〕 형태변이. ㉟ ㉮ '주민등록번호'의 변이형. ¶[정 말 이 야!]**민번**으로..추적한...god에..관한정보..교환합니다~신화팬들..필독 (게). ㉾주민등력번호

민증[<주민등록증] 〔유형〕 형태변이/의미전이. ㉟ ㉮ '주민등록증'의 변이형. 주민등록번호를 뜻한다. ¶신화**민증**(에릭은 멀라여) (게). /민우님 **민증** 버내주심 확인 절차 후 제가 단 2개만을 버내드리도록 하겠습니다. (게). /멤버들전테멜듀소 알구여...글구..클릭비(종혁.연석.태형 **민증**아라여) 핑클전체**민증**알구.. 고지용(젝키멤버)**민증**..차태현. 윤계상 **민증**압니다.. (게). /에쵸티전체주민번호알구여.. 전체멜알거.. 신화전체 **민증**역시알구여...(앤디까지포함..근데에릭머름)-.-;; (게).

ㅂ

ㅂ2ㅂ2[<바이바이(bye-bye)] 〔유형〕 형태변이. ㉦ ㉮ 영어식 작별인사 '바이바이'의 변이형. 한글의

첫자모와 같은 발음의 숫자로 표기한 형태이다. ¶앞으론 자주 놀러올께여.. ㅂ 2 ㅂ 2 (게). ㉾ㅂㅂ2. 빼ㄴ빼ㄴ. ㅂ빠빠빵. 빠22.

ㅂㅂ2[<바이바이(bye-bye] 〔유형〕 형태변이. ㉦ ㉮ 영어식 작별인사 '바이바이'의 변이형. 한글의 첫자모와 같은 발음의 숫자로 표기한 형태이다. ¶앙 ㅂ ㅂ 2 (대). ㉾ ㅂㅂ2. 빼ㄴ빼ㄴ. ㅂ빠빠빵. 빠22.

바[<봐(보다)] 〔유형〕 형태변이. ㉦ ㉮ '보다'의 활용형 '봐'의 변이형. ※현실 발음 경향을 반영한 표기이다. ¶맘대루 해**바**. (대). /ㅊㅊㅊㅊㅊ 어짠디야⌒⌒⌒⌒ 근데 너 아푸다는 소리에 나넌 왜 이케 입이 째지는 것이냥 말머리 바**바** 이 소식을 들은 내 맘이야 (게). ㉾벼.

바까라[<바꿔라(바꾸다)] 〔유형〕 형태변이. ㉦ ㉮ '바꾸다'의 명령형 '바꿔라'의 변이형. ※실제 언중들이 잘못 쓰는 발음을 표기한 형태이다. ¶니 아디 개몽딩이로 다시 **바까라**~~~ (대).

바꺼쓰[<바꿨어(바꾸다)] 〔유형〕 형태변이. ㉦ ㉮ '바꾸다'의 활용형 '바꿨어'의 변이형. ¶이름 **바꺼쓰여**~~~ (대).

바따[<봤다(보다)] 〔유형〕 형태변이. ㉦ ㉮ '보다'의 과거형 '보았다'의 변이형. ¶카이야.....영화 초대권 ..넘

넘 거마웠엉... 영화 잘**바따**.....쑝해....... (게).

바또[<봤어(보다)] 유형 형태변이. 동 풀이 ‘보다’의 활용형 ‘보았다’의 변이형. 어린아이 말투를 흉내낸 표기이다. ¶내 얼굴**바또**?. (대).

바랫[<바라<(바라다)] 유형 형태변이. 동 풀이 ‘바라다’의 활용형 ‘바라’의 변이형. ※‘바라’의 현실 발음인 ‘바래’를 힘주어 말한 형태이다. ¶나의 죄를 제발 사해주길 **바랫** 물탄 ― 쏴랑한Day!♡ (게).

바루[<바로] 유형 형태변이. 뷔 풀이 ‘바로’의 변이형. ※‘바로’의 현실 발음 경향을 표기한 형태이다. ¶오늘이...**바루** 오늘이...넘 고대하고 고대하던 그 날이라...^^. (게).

바루바루[<바로바로] 유형 형태변이. 뷔 풀이 ‘바로바로’의 변이형. ※‘바로바로’의 현실 발음 경향을 표기한 형태이다. ¶내 폰에는 전화두 않오구. 증말 심심하나. 선화줌 해주라. 이거 보면 **바루바루** 해주라 (게).

바버[<바보] 유형 형태변이. 명 풀이 ‘바보’의 변이형. ※통신언어에는 부정적인 의미를 갖는 낱말을 형태 변이하여 좀 완곡하게 표현하는 경우가 있다. ¶님덜**바버**지영. (대). /어휴 **바버**. (대). 관바부. 바붕. 바비. 밥5. 밥튀. 밥팅. 밥흐.

바부[<바보] 유형 형태변이. 명 풀이 ‘바보’의 변이형. ※통신언어에는 부정적인 의미를 갖는 낱말을 형태 변이하여 좀 완곡하게 표현하는 경우가 있다. ¶바비 #바비? #웅 **바부**의 변형이야 #뭐에요 **바부**? #바보의 변형 (대). /계산 안 해더 다 안당...캬캬캬 은갱이 **바부~바부~바부~** (게). /승준오빠가 젤~조아♥★ 준이**바부** (게). 관바버. 바붕. 바비. 밥5. 밥튀. 밥팅. 밥흐.

바붕[<바보] 유형 형태변이. 명 풀이 ‘바보’의 변이형. ※통신언어에는 부정적인 의미를 갖는 낱말을 형태 변이하여 좀 완곡하게 표현하는 경우가 있다. ¶Re:**바붕**.....^^......즐건...하루...보내라......(농무) (게). 관바버. 바부. 바비. 밥5. 밥튀. 밥팅. 밥흐.

바비[<바보] 유형 형태변이. 명 풀이 ‘바보’의 변이형. ¶**바비** #**바비**? #웅 바부의 변형이야 #뭐에요 바부? #바보의 변형 (대). 관바버. 바부. 바붕. 밥5. 밥튀. 밥팅. 밥흐.

바뿌다[<바쁘다] 유형 형태변이. 형 풀이 ‘바쁘다’의 변이형. ※실제 발음을 표기에 반영한 형태이다. ¶요즘에 **바뿐가**봐여.. 제감 8통.. 보냈는데.. 멜이 1개 밖에 안왔어염.. 글애두.. 이쁘구 귀엽잖아여.. ^^ 멜 한

번 보내보세염.. ^^ (게). /넘 **바뿐가**
바. (대).

반가[<반갑다] 유형 형태변이/통사
변이. 깜 풀이 '반갑다'에서 온 인사
말. ¶**반가**^^* (대). 관방가.

밥5[<바보] 유형 형태변이. 명 풀이
'바보'의 변이형. ¶너 **밥5**쥐? (대).
관바버. 바부. 바붕. 바비. 밥튀. 밥
팅. 밥흐

밥튀[<바보] 유형 형태변이.
　명 풀이 '바보'의 변이형. ¶"Ko" 가
입하느라 마넌 쓰자나......**밥튀**야...
(게). 관바버. 바부. 바붕. 바비. 밥5.
밥팅. 밥흐

밥팅[<바보] 유형 형태변이.
　명 풀이 '바보'의 변이형. ※통신언
어에는 부정적인 의미를 갖는 낱말
을 형태 변이하여 좀 완곡하게 표
현하는 경우가 있다. ¶**밥팅**...놀려와
라. (게). /앗 실수닷! #으그 **밥팅**이
-_-;; (대). 관바버. 바부. 바붕. 바
비. 밥5. 밥튀. 밥흐.

밥흐[<바보] 유형 형태변이.
　명 풀이 '바보'의 변이형. ¶경워늬
밥흐..ㅋ ㅡ.ㅡ; (게). 관바버. 바부.
바붕. 바비. 밥5. 밥튀. 밥팅.

방가[<반갑다] 유형 형태변이/통사
변이. 깜 풀이 '반갑다'에서 온 인사
말. 주로 대화방에서 나누는 인사말
로 널리 쓰이는 통신언어 가운데
하나이다. ※본래 형용사인데 통신

상에서 감탄사로 쓰임. ¶999**방가**^^.
(대). /대딍녀 **방가** (대). 관반가. 참
방가루. 방가방가.

방가루[<반갑다+하이루] 유형 형
태변이/새말. 깜 풀이 '반갑다'에서
온 인사말. ※'반갑다'에서 온 통신
언어 '방가'에 '하이(hi)'의 통신언어
'하이루'가 결합하여 만들어진 혼성
어이다. ¶**방가루**~20살인가요?(내용
무) (게). /**방가루**~~~~담에 뵙죠
(내용무) (게). 관방가룽.

방가룽[<반갑다+하이룽] 유형 형
태변이/새말. 깜 풀이 대화방이나
게시판에서 처음 접속 또는 가입하
는 사람을 반길 때 하는 인사 표현.
¶**방가룽** ^^ 저두 75예여...ㅋㅋㅋ 성
도 같군여(게). 관방가루.

방가방가[<반갑다] 유형 형태변이/
새말. 깜 풀이 '반갑다'에서 온 인사
말 '방가'의 반복 형태. ※대화방에
처음 들어 왔을 때나 게시판에서
처음 글을 남길 때 쓰는 인사말로,
대표적인 통신언어 가운데 하나이
다. ¶**방가방가**~~ 민정이의 홈임
다~!!! *^^* (게).

방갑다[<반갑다] 유형 형태변이. 형
풀이 '반갑다'의 변이형. 원말보다
귀여운 느낌을 준다. ¶일케 **방가울**
수가.. (대). /[가입인사]율분 **방가와**
요....*^^* (게).

방곰[<방금] 유형 형태변이.

⊞(풀이) '방금'의 변이형. 원말보다 귀여운 느낌을 준다. ¶**방곰** 티비서 희준오빠.... . (게). ㉾방굼.

방굼 [<방금] (유형) 형태변이.

명(풀이) '방금'의 변이형. 원말보다 좀 어눌한 느낌을 준다. ¶**방굼** 막 들어와서 글을 남기네요~~^ (게). / **방굼** 뉴수에서 ... . (게). /**방굼**.. 세이에 동완어빠 이써써여.. 근데 어째서 슬푸네염,,, (게). /**방굼** 가입하구.... 갑인사 하는 저랍니다... 점심 두 역시 라면으루.... 제가 라면을 져아해서여.... 구럼 아프루 열띰히 올께염~~~ (게). /저 **방굼** 투표하구 왔어여~ (게). ㉾방곰.

방봅 [<방법] (유형) 형태변이.

명(풀이) '방법'의 변이형. ¶"짜장푠 공짜로 먹는 **방봅**" (게).

방성 [<방송] (유형) 형태변이.

명(풀이) '방송'의 변이형. 원말보다 귀여운 느낌을 준다. ¶워낙에 **방성**을 못했딘지라.. **빙성**녹음뒨거 들어보니간 별러..... -_-"" (게). /ㄴ ㅐ **방 성** 드러줘효~~. (대). /**방성**안하면 떰떰하다. (대). /지은이 **방성** 들어. (대). /다휜이의 **방성**~라이브 멘트 신청곡다 바다염~~ (게).

방장 [=방장] (유형) 새말. **명**(풀이) 대화방의 운영권을 갖고 있는 사람. ¶깊이울정모랑 동호회정모랑 어딜갈까 고민하다가 정작 토욜엔 두 모

임다 잊어버리고 말았죠(**방장님**~ 우리 정팅은 안하나요? 히히.) (게).

방제 [<방+제목] (유형) 새말.

명(풀이) 대화방의 이름. ※주로 대화의 주제나 참여 대상을 대화방의 이름으로 삼는다. ¶정말 좋은 사람만 들어오세요.. **방제** 엄수!! (게).

버거십다 [<보고싶다] (유형) 형태변이. **목**(풀이) '보고 싶다'의 변이형. ¶**버거십꾸** 나의 샬앙스런 칭구 둘도 보고싶은디 (게).

버구 [<보고(보다)] (유형) 형태변이.

동(풀이) '보다'의 활용형 '보고'의 변이형. ¶세진이어빠 **버구** 가야져,,.ㅋㅋ (대).

버내다 [<보내다] (유형) 형태변이. **동** (풀이) '보내다'의 변이형. ¶금 언제나 울 군들같은 하루 **버내시구어**, 닐 하루종일 강타오빠 너래들으면서 행벅하세여... (게). /민우님 민증 버내주심 확인 절차 후 제가 단 2개만을 **버내드리도록** 하겠습니다. (게). /송혜교언니에게 문자를 9.1일 새벽 00시에 **버냈어요**,, (게). /정말 확실한 멜주소나 펀번이면 해보구 **버내드리구어**..... (게). /하이 연가야~~~~여즘 어케 지내길래..... 엉아한테 멜두 없구....이런 글들만........ 멜 **버내구**... (게). /열분은..비마니오는뎅..져심하시구염.. 이더분여름..잘 **버내세염**..^* (게). /다덜방학을알

차게˜**버내거**계시눈지요. /?????ㅋ ㅋ
ㅋ (게). ㉖버눼다.

버너[<번호] 유형 형태변이.
　 명 풀이 '번호'의 변이형. ¶**버너**는
0 1 1 - 5 2 9 - 0 6 0 5 (게). /전
화**버너** 아세여?. (대). ㉖버노. 번허.

버노[<번호] 유형 형태변이.
　 명 풀이 '번호'의 변이형. ※현실
발음을 표기에 반영한 형태이다. ¶
누구 핸드폰 **버노**예여 /**버노**는 0 1
9 9 7 2 6 6 5 7 7 오캬 ?? (게).
㉖버너. 번허.

버눼다[<보내다] 유형 형태변이. 동
풀이 '보내다'의 변이형. ¶방학 행벅
하개 **버눼서혀** ˜ ☆☆☆ (게). ㉖버
내다.

버다¹[<보다] 유형 형태변이.
　 동 풀이 '보다'의 변이형. ※원말보
다 귀여운 느낌을 준다. ※ㅗ>ㅓ
유형의 변이형이다. ¶세진이어빠 **버
구** 가야져.,.ㅋㅋ (대). /ㅂ ㅓㄱ ㅓ
시퍼쓰^^ (게). /굼 ㅃ ㅏ ㅅ ㅣ ㄹ
ㅓ 21날**법쉬닷** (게). /구러니깐 낼
버자. (대). /낼**버장.** (대). /ㅁ ㅓ..
그때**버던지..** (게). /콘썰날 **법쉬
닷...** (게). /텔레비 **버구** 찾았어염˜
(텅빔)

버다²[<보다] 유형 형태변이.
　 동 풀이 보조동사 '보다'의 변이형.
¶저 이만 가**벌깨여**˜. (대). ㉖부당.

버이다[<보이다] 유형 형태변이. 동

풀이 '보이다'의 변이형. ※통신언어
의 대표적 변이유형인 'ㅗ>ㅓ'의 변
이형 가운데 하나. ¶--.-- 화난거처
럼 **버여** (대).

번개 잠수[=번개 잠수] 유형 새
말. 복 풀이 통신상에서 이루어진
동호회의 회원들끼리 온라인(on-line)
이 아닌 오프라인(off-line)에서 직
접 만나는 모임을 '번개'라고 하는
데, 이 모임에 당분간 참석하지 못
한다는 뜻으로 사용하는 말. ¶나의
불알 칭구들 야˜ 너 요즘 머하냐
모임도 않오고 바쁘다는 핑계대고
있는 민섭이 하지만 솔직히 2632가
더 재미 있당 이일을 어째 당분간
번개 잠수다 월급 탈때 까정˜˜˜˜
˜ (게).

번개 [=번개] 유형 의미전이.
　 명 풀이 계획이 없다가 갑자기 약
속을 정하여 실제 만나는 일. ¶즐거
운 월욜되시고 다음에 **번개**라도 한
번 칩시다 (게). ㉖봉개. 벙개.

번개방[<번개＋방] 유형 새말. 명
풀이 통신상에서 대화를 하다가 실
제 만나기 위해 모이는 방. ¶설번
개방˜˜˜ 여자분와요˜˜˜ (게).

번지[<번지] 유형 의미전이.
　 명 풀이 포트리스 게임에서 상대방
의 밑에 구멍을 내어 적을 떨어뜨
리는 일. ¶**번지**시켜 버려˜

번팅[<번개＋미팅] 유형 새말. 명

(풀이) 통신상에서 대화를 하다가 갑자기 약속을 하여 실제 만나는 일. ¶암튼 **번팅** 저녁에 할테니 보세! (게).

번허 [<번호] (유형) 형태변이.

(명)(풀이) '번호'의 변이형. ¶Re :니마 **번허**점 (게). (관)버너. 버노.

벌떠 [<벌써] (유형) 형태변이.

(부)(풀이) '벌써'의 변이형. 어린아이 말투를 흉내내어 귀여운 느낌을 준다. ¶온리으 반에눙 **벌떠** 타키팬이 이꾸염 (책상이 환상이라눼˜) (게). /**벌떠** 6일때 집에서 썩구잇다. ――;;… 햇빛을버구싶당.ㅜ.ㅡ (게).

벌레 [=벌레] (유형) 의미전이.

(명)(풀이) 상대방의 아바타, 캐릭터가 보잘 것 없을 때 비유하여 일컫는 말. ¶물 절라 더러˜ **벌레**들 기어다니는 것 좀 봐. /니 캐릭터 **벌레**다. 바꿔 나처럼 쌔끈하게 ㅎㅎ

법쉐 [<보세 (보다)] (유형) 형태변이.

(동)(풀이) '보다'의 청유형 '보세'의 변이형. 원말보다 힘주어 말하는 느낌을 준다. ¶굴해드 온리능 언뤄가 져타눼˜☆ 버리에스 **법쉐** 뽀뽀언뤼! (게).

벙개 [<번개] (유형) 의미전이/형태변이. (명)(풀이) 계획이 없다가 갑자기 약속을 정하여 실제 만나는 일. 통신언어 '번개'의 변이형. ¶그 넘의 담배연기…. **벙개**모임에 한븐씩 다녀올때믄 온몸이 담배냄새에 쩌려

져 있어 아주 죽깟습돠……. (게). / 담에 냉면**벙개** 함쳐라… 내가 꼭 가께…. 아거 나두 션한 냉면 묵고 잡다… (게). (관)번개. 붕개.

벼 [<봐 (보다)] (유형) 형태변이. (동)(풀이) 보조용언 '보다'의 활용형 '봐'의 변이형. ※'봐'의 경기·충청도 방언형이다. ¶★ 다 잠순가**벼**˜☆ (대). /나두 맥퀜토시로 작업하지만˜˜˜ 맥은 디자인 전용이라 어쩔 수가 없니**벼**〜〜〜〜ㅋㅋㅋ (게). (관)바.

벼냈다 [<변했다(변하다)] (유형) 형태변이. (동)(풀이) (무엇이)달라지다. ¶진짜 멋져 계시판도 이쁘게 **벼냈다**..ㅋㅋ (게).

별러 [<별로] (유형) 형태변이.

(부)(풀이) '별로'의 변이형. ¶**별러** 애기두 못했능데..(＿) (게). /글고 엄니 ……아부지…… 엄마가 널래심니다….."언제 이걸다해써???" ㅎ ㅣㅎ ㅣ…뿌듯함미다….ㅈ ㅓㅇ ㅏㅈ ㅓㅇ ㅏ 흠흠….다들 세수하고 오는사이.. 저 후다닥 밥푸고…국뜨고… 울엄니 감격먹었음다….먹국 **별러** 안좋아라 하시는엄니가… 먹국에 밥을 말아 드심미다 (게). (관)별루.

별루 [<별로] (유형) 형태변이.

(부)(풀이) '별로'의 변이형. ※현실 발음을 표기에 반영한 형태이다. ¶시간두 **별루** 안걸립니다 (게). (관)별러.

본 [<번] (유형) 형태변이. (명)(풀이) 일

의 횟수를 나타내는 의존명사 '번'의 변이형. ¶천원짜리 지폐 십만원으로 만드는 방법.. 첫본째.!! (게). 관븐.

봉개 [<번개] 유형 의미전이/형태변이. 명 풀이 계획이 없다가 갑자기 약속을 정하여 실제 만나는 일. 통신언어 '번개'의 변이형. ¶며칠전에.. 종로**봉개** 갔다가... 택시비 3마년 들었다..우띠.....역쉬...이제는.......설루...못 뜬다구 말할줄 알아찌....아니당... 돈 벌어서...짊어지구라두...간다아...내가 누구냐...캬캬캬... 그래두...쫌..띰띰혀....쩝.. (게). 관번개. 벙개.

봐쥬다 [<봐주다] 유형 형태변이. 동 풀이 '봐주다'의 변이형. ※원말과 발음상의 차이는 없다. ¶하나의 제 의견으로 **봐쥬세요** (내용무). (게).

본태 [<변태] 유형 형태변이. 명 풀이 '변태'의 변이형. ※부정적인 개념의 낱말을 완곡하게 돌려 표현한 것이다. ¶힉~~~>>ㅑ~~~이럴수가 럴수가....(참고로 전 절대 **본태**가 아닙니돠 --;) (게).

부뉘기 [<분위기] 유형 형태변이. 명 풀이 '분위기'의 변이형. ※소리나는 대로 표기한 형태이다. ¶암통가뉘 어제 하루 음통나게 뒵**부뉘기**가 쑬————————벌∞ 해가꼬. (게).

부당 [<보다] 유형 형태변이. 동 풀이 보조동사 '보다'의 변이형.

원말보다 귀여운 느낌을 준다. ¶식사중이신가**부당**~~ (대). 관버다.

부원 [<부인] 유형 형태변이. 명 풀이 '부인'의 변이형. ¶글머뉴--;나 갈께.. 인성**부원**이 안녕~!! (게). 관븐.

부탁드리다 [<부탁드리다] 유형 형태변이. 동 풀이 '부탁드리다'의 변이형. 원말보다 힘주어 말하는 느낌을 준다. ¶빨리점 해주세염 **부탁드립니다**! (게).

불땅하다 [<불쌍하다] 유형 형태변이. 형 풀이 '불쌍하다'의 변이형. 어린아이 말투를 흉내내어 보다 귀여운 느낌을 준다. ¶에거~~ **불땅한** 방장 (게).

불캐하다 [<불쾌하다] 유형 형태변이. 형 풀이 '불쾌하다'의 변이형. ¶어제... 원내 계획은 봉개 가려구 해뜸니다만... 며틸전 **불캐한** 멜 사건으로 인하여... 걍 덩내에서 칭구드리랑 술을 푸기로 해씀니다. (게).

불펌 [<불(不)+펌] 유형 새말. 명 풀이 다른 게시판의 글이나 자료를 관리자 허락 없이 가져 오는 것. ※다른 게시판의 내용을 가져 오는 것을 통신언어에서는 '푸다'라고 하는데 '펌'은 명사형 '퍼옴'을 줄여 말한 것이다. ¶허접하지만 **불펌**은 싫어혀.>_< (게). /퍼가실 때는 꼭 멜 버내주시구 퍼 가세여.. **불펌**금

지입니다. 걸림 그땐 제가 아마두 사시미 들구 쫓아 갈 거예요.. ㅡ.ㅡ ++++. (게).

붸이붸 [<베이비(baby)] 유형 형태변이. 명 풀이 '베이비'의 변이형. ¶오빠~ 샹훼흑~♡ 알럽**붸이붸**~ 레몬빛승준 (게).

뷔비다 [<비비다] 유형 형태변이. 동 풀이 '비비다'의 변이형. 원말보다 힘주어 말하는 느낌을 준다. ¶스파게티 2개에 안성탕"면" 하나. 그렇게 해서 **뷔벼**먹씀미다. (게).

뷘 [<부인] 유형 형태변이. 명 풀이 '부인'의 변이형. ¶6집 대박이에여~ 승준**뷘** (게). /나 승준**뷘**이당!!!!글구 승준zzang!!!!!!!! (게). 관부인.

브탁하다 [<부탁하다] 유형 형태변이. 동 풀이 '부탁하다'의 변이형. ¶저겨.. 세이아디 신화오빠둘 세이 아뒤 알료 두세요... **브탁합뉘다**... 그롬 이뫈.. .. (게).

븐 [<번] 유형 형태변이. 명 풀이 일의 횟수를 나타내는 의존명사 '번'의 변이형. ¶근디......지는 담배를 무쟈게 시로 한담니돠.......ㅡㅡ;; 그 넘의 담배연기.... 벙개모임에 한븐씩 다녀올 때믄 온몸이 담배 냄새에 쩌려저 있어 아주 죽깟슴돠..... (게). 관본.

블마 [<브로마이드(bromide)] 유형 형태변이. 명 풀이 '브로마이드'의 변이형. ※본래 '브로마이드지'는 최고 감도의 확대용 인화지를 가리키는 말인데, 우리나라에서는 '브로마이드' 만으로 주로 연예인이나 스포츠 선수의 확대 사진을 가리키는 말로 쓰인다. ¶쥐금 ㅇ ㅣ ㅇ ㅕ요.. 내일 살수있겠죠..? **블마**받을수있겠져..?..?. (게).

비겅개 [<비(非)+공개] 유형 형태변이. 명 풀이 '비공개'의 변이형. ¶치사한녀마.... **비겅개**루 하냐??? 제발 겅개해라... (게).

비겨하다 [<비교하다] 유형 형태변이. 동 풀이 '비교하다'의 변이형. ¶허나.. 나더 이사람과 별반다르지 않어.. ㅋㅋㅋ 자료실에다가.. 내사진 함 올려봤어.. 내가 쩌어기~ 위에 올린사진이랑 함 **비겨해바**... ㅋㅋㅋ (게).

비됴 [<비디오] 유형 형태변이. 명 풀이 '비니오'의 변이형. ¶벌써 **비됴**로 나왔어여? (대). /나 **비됴** 사야하는데....첨에 살껄.....ㅠ.ㅠ. (게).

비됴가수 [<비디오+가수] 유형 새말. 명 풀이 '비디오 가수'의 변이형. ¶음악성 과 실력을 으로 .....**비됴가수**는 씨를 말려야돼... (게).

비됴테이푸 [<비디오테이프] 유형 형태변이. 명 풀이 '비디오테이프'의 변이형. ¶촷이당... 언냐 **비**

됴테이푸나 갔다줄겸 우리 바람이나 쐬일까낭? (게).

비방[<비공개＋대화방] 유형 새말. 명 풀이 비밀번호를 걸어두어 비밀번호를 알아야만 들어갈 수 있는 대화방. ¶대화방에는 **비방**이나 비공개방 뿐이다. /대화방 초기화면에 방만들기(NEW)들어가기(JOIN)등이 있으며 **비방**만들기도 가능 .

비번[<비밀＋번호] 유형 새말. 명 풀이 '비밀번호'에서 온 말. ¶영자님 거기에200분남았는데 **비번**이틀리다고나와여 ㅜ.ㅜ ㅜ.ㅜ (게). /**비번**을 같게해서 서루서루 올리는 방법.. (게). /캐시 올려 드려엽~버그 차잤음~ **비번**필쑤~ (게).

ㅃㄴ [<빠<바이(bye)] 유형 새말. 깜 풀이 영어식 작별인사 '바이'의 변이형. '바이'의 변이형 '빠'에서 'ㅏ'를 비슷한 형태의 'ㄴ'으로 표기한 형태이다. ¶저 뎌 잉 줴 함 버널 볼 려 구 웁,,, 고 돔 님 덜 ㅃㄴ^^ .. (게). 관빠¹. 빠디. 빠빠. 빠빠시. 빠시. 빠룽. 빠아. 빠잇.

ㅃㄴㅃㄴ [<빠빠<바이바이(bye-bye)] 유형 형태변이. 깜 풀이 영어식 작별인사 '바이'의 변이형. '바이바이'의 변이형 '빠빠'에서 'ㅏ'를 비슷한 형태의 'ㄴ'으로 표기한 형태이다. ¶구럼ㅃㄴㅃㄴ. (대). /미인언니ㅃㄴㅃㄴ. (대)./세세언니ㅃㄴ

ㅃㄴ. (대). /존재어빠ㅃㄴㅃㄴ. (대). 관ㅂ2ㅂ2. ㅂㅂ2. ㅂ 빠ㅃ빵. ㅃ22.

ㅃ빠ㅃ빵[<바이바이(bye-bye)] 유형 형태변이. 깜 풀이 영어식 작별인사 '바이바이'의 변이형. ¶거럼 ㅃ빠ㅃ빵~~~ v (게). 관ㅂ2ㅂ2. ㅂㅂ2. ㅃㄴㅃㄴ. ㅃ22.

빠¹[<바이(bye)] 유형 형태변이. 깜 풀이 영어식 작별인사 '바이'의 변이형. 짧게 줄어서 표기한 형태이다. ¶집 콘서트 열씨미 준비하시구여~ 좋은모습, 멋진 머습으로 뵈여 그럼 **빠**~ (게). /언냐 #그럼 **빠**.. (게). 관ㅃㄴ. 빠디. 빠빠. 빠빠시. 빠시. 빠룽. 빠아. 빠잇.

빠²[<오빠] 유형 형태변이. 명 풀이 '오빠'의 변이형. ※원말인 '오빠'와 달리 홀로 부름말로 쓰지 않으며 사람 이름 뒤에 쓰인다. ¶Re:설마.. ——; 강타**빠** 나올지도 확실히 머르는데여?^^;(냉무). (게). /워낙 잼있어서.. 그리구 울 젝키**빠**랑 쵸티랑 아주 조금 더 친해진것 같아 좋네요 (게). /민**빠** 주민등럭 번호 절라 정확한거 아시는분 계시면! 버내주세여~ (게). /민**빠**한테 받은 멜이예여... (게). /신화**빠**덜 누가 노트북이 있었눈데여... 고장 났다더군여?-_-∞ (이론...) (게). /오늘은 신화**빠**덜의 멜 듀소의 베일을 벗겨 -_-∞ 드리겠습니다...! (게). /혜성

빠민증알고계신분들~교환해요! (게). /언니도 싸이**빠** 꿈 꾸시구요~ (게). /내가 지오디**빠**덜 팬이라서 욕은안 하지만.. (게). [관]어바. 어빠. 업바. 업빠. 오뻐. 옵. 옵빠. 옵빠. 옺빠.

빠22 [<바이바이(bye-bye)] [유형] 형태변이. [감] [풀이] 영어식 작별인사 '바이바이'의 변이형. ¶홈피 잘 운영해가구 번창해라(무신 사업 가따..^^;;) **빠22**~~♡ (게). [관]ㅂ2ㅂ2. ㅂㅂ2. ㅃㄴㅃㄴ. ㅂ빠ㅃ빵.

빠띠 [<바이(bye)] [유형] 형태변이. [감] [풀이] 영어식 작별인사 '바이'의 변이형. ¶**ㅃ ㅏ ㄸ ㅣ**~~. (대). [관] ㅃㄴ. 빠[1]. 빠디. 빠빠시. 빠시. 빠룡. 빠아. 빠잇.

빠랑 [<빨랑<빨리] [유형] 형태변이. [부] [풀이] '빨리'의 잘못 쓰는 말 '빨랑'의 변이형. ¶담에는 **빠랑** 띠어서 바야지..겨우 볼수 있다~~ (게). [관] 빨. 빨뤼. 빨릐.

빠룡 [<바이(bye)] [유형] 형태변이. [감] [풀이] 영어식 작별인사 '바이'의 변이형. ¶언늬. **빠룡**^-^ (게). [관]ㅃㄴ. 빠[1]. 빠디. 빠빠. 빠빠시. 빠시. 빠룡. 빠아. 빠잇.

빠륑 [<파이팅(fighting)] [유형] 형태변이. [감] [풀이] '파이팅'의 변이형. 의지를 다지거나 기운을 복돋기 위해 외치는 구호. ¶울 다 같이 **빠륑**!! 하구 열심히 시험 봅시다... (게). [관]빠이팅. 빠팅. 파링. 파위팅. 파이팅구르. 파팅. 파튕. 팟팅. 하팅. 화링. 화링. 화이륑. 화이링. 화팅. 홧팅. 홧팅. -홨팅.

빠빠 [<바이바이(bye-bye)] [유형] 형태변이. [감] [풀이] 영어식 작별인사 '바이바이'의 변이형. 어린아이 말투의 느낌을 준다. ¶구럼 **빠빠**~ (대). /굼 열분덜두 만날수 있겠네염~~ㅋㅋㅋ **빠빠**~ (게). [관]ㅃㄴ. 빠[1]. 빠디. 빠빠시. 빠시. 빠아. 빠잇.

빠빠렁 [<바이바이(bye-bye)+하이렁(hi)] [유형] 형태변이. [감] [풀이] 영어식 작별인사 '바이바이'의 변이형 '빠빠'에 인사말 '하이'의 변이형인 '하이렁'이 결합한 혼성어. ¶구럼 이만 **빠빠렁**~ (게). [관]빠빠룽. 빠이룽.

빠빠루 [<바이바이(bye-bye)+하이루(hi)] [유형] 새말. [감] [풀이] 영어식 작별인사 '바이바이'의 변이형 '빠빠'에 인사말 '하이'의 변이형인 '하이루'가 결합한 혼성어. ¶그럼 **빠빠루**~ 또 봐~~ (게). [관]빠이루.

빠빠룽 [<바이바이(bye-bye)+하이룽(hi)] [유형] 새말. [감] [풀이] 영어식 작별인사 '바이바이'의 변이형 '빠빠'에 인사말 '하이'의 변이형인 '하이룽'이 결합한 혼성어. ¶**빠바룽**~~~ (게). [관]빠빠렁. 빠이룽.

빠빠시[＜바이바이(bye-bye)] 유형 형태변이. 갬 풀이 영어식 작별인사 '바이바이'의 변이형. ¶다른 영화라도 꼭 같이 보고싶네염.. 구럼..리플 기대합니다염... **빠빠시**~@^^@ (게). 관 삐ㄴ. **빠**¹. 빠디. 빠빠. 빠시. 빠아. 빠잇.

빠시[＜바이(bye)] 유형 새말. 갬 풀이 영어식 작별인사 '바이'의 변이형. ¶규럼 **빠시**~ (게). 관 삐ㄴ. **빠**¹. 빠디. 빠빠. 빠빠시. 빠룽. 빠아. 빠잇.

빠아[＜바이(bye)] 유형 형태변이. 갬 풀이 영어식 작별인사 '바이바이'의 변이형. ¶**빠 ㅏㅇㅏ**~ #쿠히쿠히~Ⓖ (게). 관 삐ㄴ. **빠**¹. 빠디. 빠빠. 빠빠시. 빠시. 빠룽. 빠잇.

빠이루[＜바이(bye)＋하이루(hi)] 유형 새말. 갬 풀이 영어식 작별인사 '바이'의 변이형 '빠이'에 인사말 '하이'의 변이형인 '하이루'의 '-루'가 결합한 혼성어. ¶**빠이루** ..[소재석] (대). 관 빠빠렁. 빠빠루. 빠빠룽. 빠이룽.

빠이룽[＜바이(bye)＋하이룽(hi)] 유형 새말. 갬 풀이 영어식 작별인사 '바이'의 변이형 '빠빠'에 인사말 '하이'의 변이형인 '하이룽'이 결합한 혼성어. ¶영애씨 **빠이룽**..정말루 답장두 주나요 ㅎㅎ. (게). 관 빠빠렁. 빠빠루. 빠빠룽. 빠이루.

빠이팅[＜파이팅(fighting)] 유형 형태변이. 갬 풀이 '파이팅'의 변이형. 의지를 다지거나 기운을 복돋기 위해 외치는 구호. 원말보다 힘주어 말하는 느낌을 준다. ¶건강하시구여 행복하시기를 우리들이 기도할께여. 힘내요 **빠이팅**!!^^* (게). 관 빠링. 빠팅. 파링. 파위팅. 파이팅구르. 파팅. 파팅. 팟팅. 하팅. 화링. 화링. 화이룅. 화이링. 화팅. 홧팅. 홧팅. 홧팅.

빠잇[＜바이(bye)] 유형 형태변이. 갬 풀이 영어식 작별인사 '바이바이'의 변이형. 원말보다 힘주어 말하는 느낌을 준다. ¶나 엄마 와서 나 이만 갈께^^;; #(그만사랑해) **빠잇**~ (영원하도록) (대). 관 삐ㄴ. **빠**¹. 빠디. 빠빠. 빠빠시. 빠시. 빠룽. 빠아.

빠줌마[＜아줌마] 유형 형태변이. 명 풀이 '아줌마'의 변이형. ¶내가 **빠줌마**의길로 가고있구나 친구들은 정신연령에 문제가있다는말까지 하지만 제가 철이 없는걸까요... (게).

빠팅[＜파이팅(fighting)] 유형 형태변이. 갬 풀이 '파이팅'의 변이형. 의지를 다지거나 기운을 복돋기 위해 외치는 구호. ※이전에 국가대표를 지냈던 여자 탁구 선수가 외치던 말투를 흄내낸 표기이다. ¶그럼 나라누나 **빠팅**!! (게). 관 빠링. 빠이팅. 파링. 파위팅. 파이팅구르. 파팅.
파튕. 팟팅. 하팅. 화링. 화링. 화이
링. 화이링. 화팅. 홧팅. 홧팅. 홨팅.

빡슈 [<박수] 유형 형태변이.
　명 풀이 '박수'의 변이형. 원말보다
힘주어 말하는 느낌을 준다. ¶온리
두 두뎌 정식 KO회원 이 되었습니
다...!!!!!! **빡슈**~짝짝짝 (게).

빤쮸 [<반쪽] 유형 형태변이.
　명 풀이 '반쪽'의 변이형. 아내 또는
애인에 비유하여 사용되는 말이다.
¶캬옷...안냐심꺼.....내..재상**빤쮸**이지
요...푸훼훼眈 (게).

빨 [<빨리] 유형 형태변이. 부 풀이
'빨리'의 변이형. ¶에궁 넘 복잡하
당...**빨** 정상적으로 되었음 좋겠어
요 (게). 관빠랑. 빨뤼. 빨릐.

빨뤼 [<빨리] 유형 형태변이.
　부 풀이 '빨리'의 변이형. 원말보다
힘주어 말하는 느낌을 준다. ¶하늘
사랑 관계자께선...이점..다시 기퍼기
씌.생각해보시눙.. **빨뤼**..대화창에..
파일첨부를 맹글어 주세염~~ (게).
/**빨뤼**...네 닉넴 꿀릭해줘여..(신화팬
분덜 화이팅) (게). /**빨뤼** 올리구
나 준다구 했자나!!! (게). /**빨뤼**...
올려주면 어디 덪나닝??? ㅜㅜ
(게). /**빨뤼**효!!!!!!!! (게). 관빠랑.
빨. 빨릐.

빨뤼빨뤼 [<빨리빨리] 유형 형태변
이. 부 풀이 '빨리빨리'의 변이형.

원말보다 힘주어 말하는 느낌을 준
다. ¶음,....9권하거 10권까지 밖에
업뎃 안하눈데여 **빨뤼빨뤼**해서 업
뎃부탁드립뉘다 (게). 관8282. 빨빨.

빨릐 [<빨리] 유형 형태변이.
　부 풀이 '빨리'의 변이형. 원말보다
힘주어 말하는 느낌을 준다. ¶빨릐
버구싶돠^^* 승준영혼 (게). 관빠랑.
빨. 빨뤼.

빨빨 [<빨리빨리] 유형 형태변이. 부
풀이 '빨리빨리'의 변이형. ¶**빨빨** 들
어오셔요. (게). 관8282. 빨뤼빨뤼.

뺀 [<팬 (fan)] 유형 형태변이.
　명 풀이 '팬'의 변이형. ¶오늘 갑한
나라언니**뺀**임니닥 (게).

뻐뻐 [<뽀뽀] 유형 형태변이.
　명 풀이 '뽀뽀'의 변이형. 장난스러
운 말투이다. ¶혁재야..**뻐뻐**~~!!!!^^
(게). /**뻐ㅓ뻐ㅓ**언늬..미안헤~* (게).

뻐뻐하다 [<뽀뽀하다] 유형 형태변
이. 동 풀이 '뽀뽀하다'의 변이형. ¶
생각해보면 저는 그에게 해준것이
없습니다. 무뚝뚝은 아니지만 그에
게 애교다운 애교도 부려본 적이
없는거 같습니다. **뻐뻐해준다구** 안
아주면 도망가는 일이 일쑤였습니
다. (게).

뽀나쓰 [<보너스] 유형 형태변이. 명
풀이 '보너스'의 변이형. ※현실 발
음을 표기에 반영한 형태이다. ¶졸
라 잼써따.. **뽀나쓰**...1시간.. (게)

뽀뚜[<뽀+투(two)<뽀뽀] 유형 형태변이. 명 풀이 '뽀뽀'의 변이형. ※반복형을 숫자 2(two)로 표시한 형태이다. ¶(그만사랑해) **뽀뚜** 잼없어염 (영원하도록) (대).

뽀렙[<포에버(forever)] 유형 형태변이. 무 풀이 '포에버'의 변이형. ¶어빠!! 싸랑해~~~~~ 영원히 **뽀렙**!!! (게).

뽀스[<버스] 유형 형태변이. 명 풀이 '버스'의 변이형. 귀여운 느낌을 준다. ¶뽀스 타구 집에 갔어. 빠이~~ *^^* (게).

뽄번[<폰(phone)+번호] 유형 새말. 명 풀이 전화번호. ¶오늘은 마리가 온만에 왔구..노랭방에 **뽄번** 남기구 가끄라구여.. (게).

뾰록샷[<뾰록+슛(shoot)] 유형 새말. 명 풀이 포트리스 게임에서 그냥 아무렇게나 쏜 공격이 운 좋게 맞은 경우. ¶나이쑤~ **뾰록샷**!

삣다[<버렸다(버리다)] 유형 형태변이. 동 풀이 보조동사 '버리다'의 변이형. ¶자수 충격 받어**삣다** (대).

사기다[<사귀다] 유형 형태변이. 동 풀이 '사귀다'의 변이형. ※현실 발음 경향을 표기에 반영한 형태이다. ¶나와 **사길**사람~ 남자만... (게).

사둰[<사진] 유형 형태변이. 명 풀이 '사진'의 변이형. ¶징짜. **사둰** 너무너무 이뻐서 (정현언니 ㅠ_ㅠ)반했시요~ ♡ (게). /[ㅣ잡솔ㅣ] 희준오빠 **사둰**에 대한 나의 추측..... (게). /가입하시구여! **사둰**도 얼려주세여! (게). /퀸ㅋㅏ&킹ㅋㅏ ㅆㅏ둰~! (게). 관사딘. 사쥔. 사젼. 사징.

사딘[<사진] 유형 형태변이. 명 풀이 '사진'의 변이형. ¶노송양 **사딘** 한장더 올려요^^ (게). /오늘 노송이가 겜방에서 **사딘**을 찍었는데요~* (게). /어빠들 **사딘** (게). / 엽기사진,연예인**사딘**,이쁜글,님들**사딘**등등 있습니다.. (게). 관사둰. 사쥔. 사젼. 사징.

사사삭[=사사삭] 유형 새말. 깜 풀이 주로 대화방에서 대화를 마치고 나갈 때 쓰는 표현. ※옷 따위가 살짝 스치면서 사라지는 모습을 나타내는 흉내말이다. ¶이도역에서 좀더 가까운 소래 포구도 마찬

가지구요. 그럼 전 20000 **사사삭**~~
(게). ㉛꾸벅. 펑. 후다닥. 후다다닥.
휘리릭. 휘릭.

사쉴 [<사실] 유형 형태변이.
　명 풀이 '사실'의 변이형. 원말보다
힘주어 말하는 느낌을 준다. ¶음.....
사쉴.... 학교에서.... 얼마나 열쉬미
썼는데.. (게).

사이버부부 [<사이버＋부부] 유형
새말. 명 풀이 통신상에서 가상으로
관계를 맺은 부부. ¶**사이버 부부**가
현실에서 만나서 한 집에서 잠을
잤습니다.#나도 저희방에 총각들과
같이 잤는데. (대).

사쥔 [<사진] 유형 형태변이.
　명 풀이 '사진'의 변이형. 원말보다
힘주어 말하는 느낌을 준다. ¶넘 기
분좋은 **사쥔**..다정한 모습ㅋㅋ (게).
/너가 예전에 스캔한 **사쥔** 있지???
너 첨으루 찍은 명암**사쥔**...^^ (게).
/음냐뤼 드됴 싸이오빠에 **사쥔**과
(즉찍사) (게). ㉞사뒨. 사딘. 사줸.
사징.

사줸 [<사진] 유형 형태변이.
　명 풀이 '사진'의 변이형. ¶첨부 누
르시믄 **사줸** 있소효~ (게). ㉞사뒨.
사딘. 사쥔. 사징.

사진방 [<사진＋방] 유형 새말. 명
풀이 사진교환이나 사진게시를 위
해 모이는 방. ¶**사진방** 작업가능(아
라서가능)(방장잠수) (게). /**사진방**..

설..대딩...그리고 짝대기..사진 없음
강퇴!! 방제.. (게). /**사진방**이에엽..*
사진은 필뚜..멋쟁이들만오기.. (게).

사징 [<사진] 유형 형태변이.
　명 풀이 '사진'의 변이형. 원말보다
귀여운 느낌을 준다. ¶대구나랑사길
분..ㅠㅠ*사진가쟈와(나더**사징**공개)
(게). ㉞사뒨. 사딘. 사쥔. 사줸.

사트 [<사이트(site)] 유형 형태변
이. 명 풀이 '사이트'의변이형. ¶제
꺼 안튀 **사트** 짤렸어염......ㅠㅠ
(게). ㉞싸트.

살암 [<사람] 유형 형태변이.
　명 풀이 '사람'의 변이형. ※발음나
는 대로 쓰는 연철표기와는 달리
분철표기를 하여 의미를 좀더 강조
하는 느낌을 준다. ¶욕먹을짓하는**살**
암한테 욕하는게 나쁜거냐. (게). /
저랑 팅구하거 시푼**살암**은 멜 슝~
날려듀셰효^^ (게). /모르는**살암**은...
한번해바.. (게). /구미 사눈 **살암**운
엄닝.. (게). /띔띔한 **살암** 드러와
*^^* (게). ㉞따람. 싸람. ㉛살앙.

살앙 [<사랑] 유형 형태변이.
　명 풀이 '사랑'의 변이형. 원말보다
부드러운 느낌을 준다. ¶그냥 팬써
뷔쓰 한다거 하쉬거 울 KO에대한
살앙이 이빠쉬 담긴 너래럴 첫빵으
러 부탁드리거 십눼~ ☆사소한 부
탁☆ (게). /쵸티 **살앙**~ (게). ㉞따
랑². 살앙. ㉛살암.

살앙슬언[<사랑스런(사랑스럽다)]
[유형] 형태변이. [형] [풀이] '사랑스럽
다'의 활용형 '사랑스런'의 변이형.
원말보다 부드러운 느낌을 준다. ¶
살앙슬언 울이 파주. (게). ㉘살앙
쑤런. 샤앙스런.

살앙쑤런[<사랑스런(사랑스럽다)]
[유형] 형태변이. [형] [풀이] '사랑스럽
다'의 활용형 '사랑스런'의 변이형. ¶
시작~ ♥."+:*:+:*계상업빠가**살앙쑤
런**이유~♡100가지~*:+:*:+". (게). ㉘
살앙스런. 샤앙스런.

살앙하다[<사랑하다] [유형] 형태변
이. [동] [풀이] '사랑하다'의 변이형.
원말보다 애교스런 느낌을 준다. ※
발음나는 대로 쓰는 연철표기와는
달리 분철표기를 하여 의미를 좀더
강조하는 느낌을 준다. ¶저만 **살앙
해** 줄수 있눈 남자푼 조켔눈데..
(게). /제가왔어여 **살앙하는** 코가족
열붕 ㅋㅋㅋㅋ 보구시퍼떤여 ㅠ.ㅠ
(게). /정은경듀 정으뉘를 **살앙하눈**
모임 (게). /클릭비를 **살앙하눈분**
(게). ㉘따랑하다. 샹하다. 쇠랑하다.
쏭하다. 싸룽하다. 쌀앙하다. 쫘랑하
다. 쫭하다. 짜랑하다.

살훼[<사랑해(사랑하다)] [유형] 형
태변이. [동] [풀이] '사랑하다'의 활용형
'사랑해'의 변이형. ¶승준 ㅇ ㅓ ㅃ ㅏ
를 **살훼**! (게). ㉘샹훼. 쌀랑해.

삼쉴[<사무실] [유형] 형태변이.

[명] [풀이] '사무실'의 변이형. ¶오늘은
삼쉴에 도면그리러 잠시 들려따가
글남겨여〰 아.... 집에서는 잠
자기 바빠소 글남길 시간두 엄
꾸...... (게). ㉘삼실.

삼실[<사무실] [유형] 형태변이. [명]
[풀이] '사무실'의 변이형. ¶지금 시대
가 어느땐데 글씨 울 **삼실**에 에어
컨이 없어서리 완존히 통돼지 되겠
따〰싸우나도 아니구 찜질방도 아
니구 선풍기 강풍으로해도 바람이
뜨거워서리 (게). ㉘삼쉴.

삼씨[<솜씨] [유형] 형태변이.
[명] [풀이] '솜씨'의 변이형. ¶글**삼씨**
가 좋으시네^^ (게).

삽질[<삽질] [유형] 의미전이.
[명] [풀이] 다른 사람이 쓴 글이나 자
료를 그대로 옮겨 오는 행위. ※엉
뚱한 짓을 하는 모양을 비꼬아 말
할 때 쓰기도 한다. ¶저는 영원한
삽질을 할 것입니다!! /야! 너 왜
삽질해... ㉘푼글. 퍼온글. 펌.

새론[<새로운(새롭다)] [유형] 형태
변이. [형] [풀이] '새롭다'의 활용형
'새로운'의 변이형. ¶현 님!! 힘내세
여.. 시간이 지나면 사랑은 또 찾아
오죠..물론 같은 사람더, 같은 사랑
더 아니지만여.. **새론** 사랑이 오자
나여..구때눈 꼭 놓치지 마시구여~*
(게). ㉘샐운.

새루[<새로] [유형] 형태변이.

🔡 풀이 '새로'의 변이형. ※현실 발음 경향을 표기에 반영한 형태이다. ¶와. 이번에 **새루** 한 홈피 넘 깔끔하구 이뻐여^^* (게).

샐운[<새로운(새롭다)] 유형 형태변이. 형 풀이 '새롭다'의 활용형 '새로운'의 변이형. ¶**샐운** 것 만들어 줘염... (게). 관새론.

생파[<생일+파티] 유형 새말. 명 풀이 '생일 파티'에서 온 말. ¶[[필독]] H.O.T. 9월 9일 5주년 **생파**!! 지방 차대절 및 홍보공지!!. (게).

샤라락[=샤라락] 유형 새말. 깝 풀이 주로 대화방에서 대화를 마치고 나갈 때 쓰는 표현. ※옷 따위가 살짝 스치면서 사라지는 모습을 나타내는 흉내말이다. ¶헤어스타일이 안 나오폰 스프링머리띠를 하시는　할머니!!큰집가선 대박이었다져,,,,,ㅋㅋㅋㅋㅋㅋ굼 전 **샤라락**~ (게). 참꾸벅. 펑. 후다닥. 후다다닥. 휘리릭. 휘리.

샤샤샥[=샤샤샥] 유형 새말. 깝 풀이 주로 대화방에서 대화를 마치고 나갈 때 쓰는 표현. ※옷 따위가 살짝 스치면서 사라지는 모습을 나타내는 흉내말이다. ¶굼 개학 하션 님덜 열뜨미 하쉬구염 온리 물러갑뉘다효~ **샤샤샥** — (게). 참꾸벅. 펑. 후다닥. 후다다닥. 휘리릭. 휘리.

샥쉬 [<색시] 유형 형태변이. 명 풀이 '색시'의 변이형. ¶설 출발하기 5시 20분전.......으~~떨려~ 승준**샥쉬** (게).

살앙스런[<사랑스런(사랑스럽다)] 유형 형태변이. 형 풀이 '사랑스럽다'의 활용형 '사랑스런'의 변이형. ¶버거십꾸 나의 **살앙스런** 칭구둘도 보고싶은디 (게). 관살앙스런. 살앙쑤런.

샹하다[<사랑하다] 유형 형태변이. 동 풀이 '사랑하다'의 변이형. ¶글구..언냐...! **샹해여**..^^* 알져? (게). /버거시퍼 미치겠눈뎅...어떠케여..ㅜㅜ♡**샹훼여**♡ (게). /승 주 뉘 .. 어 라 버 뉘 .. **샹 해 효**~~ ★나본쳐TM (게). /승 준 어 빠 ~ **샹 해 브 러** ~~^-^ ★나본쳐TM (게). /[답변]**샹하눈** 영떠뉘~ ㅂ ㅓㄱ ㅣㄹ ㅓ~~♡ (게). 관따랑하다. 살앙하다. 쇠랑하다. 쌍하다. 싸룽하다. 쌀앙하다. 쏴랑하다. 쏴하다. 짜랑하다

샹훼 [<사랑해 (사랑하다)] 유형 형태변이. 동 풀이 '사랑하다'의 활용형 '사랑해'의 변이형. ¶참 언 니 야 토 욜 날 머 입 그 가 끄 야 ?? 에 효 !! 난 옷 이 벌 러 웁 는 뎨 ..ㅡㅡ;; 어 디 서 .. 옷 을 입 그 가 지 ?? 읗 !!...ㅡㅡ;; 온 늬 양 ~ 입 뽀 게 입 그 나 와 ~ 크 득 크 드 ㄱ 안 입 뽀 게 해 드 이 쁘 지

만 ⌒ 헤 헤 ～ 모 입 그 나 가 꼰
디 알 려 즈 그 ～ 금 뱌 뱌 ──;
상 훼 〰〰〰〰` (게). ㉩살훼.
쌀랑해.

서루서루[<서로서로] 유형 형태변
이. 뮈 풀이 '서로서로'의 변이형.
※현실 발음 경향을 표기에 반영한
형태이다. ¶엄 어쨌든!! 열분!! 우리
아프루 **서루서루** 속이9.. 살지 맙시
당 ～ㅠ_ㅠ (게). /비번을 같게해서
서루서루 올리는 방법.. (게).

서뤼[<소리] 유형 형태변이.
명 풀이 '소리'의 변이형. ¶후움..소
녀얌, 무슨 **서뤤**지눈 머루게꾸..
-_-;; (게). ㉩서리. 소뤼.

서리[<소리] 유형 형태변이.
명 풀이 '소리'의 변이형. ¶잘들믄..
ㅈ ㅕ 은 ㅅ ㅓ ㄹ ㅣ 였음ㄷㅏ
..;;; ㅎ ㅔ ㅎ ㅔ ㅎ ㅔ (게). ㉩서
뤼. 소뤼.

서배[<섭외] 유형 형태변이.
명 풀이 '섭외'의 변이형. ¶라디오
서배 최강 1위인 나라누님 우리가
신화를 이룩합시당 ⌒⌒⌒ (게).

서식[<소식] 유형 형태변이.
명 풀이 '소식'의 변이형. ¶Re:어빠
야 저은 **서식** 업쏘????? ㅋㅋㅋ 잘
지내줘????? 집들이 언제 할껴!!
(無) (게).

선붸[<선배] 유형 형태변이.
명 풀이 '선배'의 변이형. ¶하뒤만

②항눈**선붸**하구 사귀눈 사람듀이뜨
니 (게).

설[<서울] 유형 형태변이. 명 풀이
'서울'의 변이형. ¶**설** 처럼 그렇게
많이 복잡하지도 않고... . (게). /**설**.
(대). /전 **설** 목동여. (대). /나두 **설**
사는데 (대).

설녀[<서울+여자] 유형 새말. 명
풀이 서울에 사는 여자. ¶어벙한 **설
녀**? 낼름 들어오세요.^ (게).

설대[<서울대] 유형 새말. 명 풀이
서울대학교 학생. ¶**설대** 킹카.. (게).

섭[<수업] 유형 형태변이. 명 풀이
'수업'의 변이형. ¶그럼 이만 이제
섭 들어가야해요..^ (게). ㉩셥. 쉽.

성겅하다[<성공하다] 유형 형태변
이. 동 풀이 '성공하다'의 변이형. ¶
언냐 부디 꺼억～ **성겅하시길** 바래
염 그람 건투를!!!! (게).

세이앤[<세이+애인] 유형 새말.
명 풀이 대화방에서 사귀는 애인.
'세이'는 인터넷 채팅 사이트 '세이
클럽'에서 온 말. ¶나랑 **세이앤** 할
분 〰〰〰 (대). ㉩세이n.

세이하다[<세이(say)+하다]
유형 새말. 동 풀이 대화방에서 말
을 주고 받다. ¶아침부터 **세이하
네**~ (대).

세이n[<세이+애인] 유형 새말. 명
풀이 대화방에서 사귀는 애인. ¶**세이**

n만들기 대작전...♡ (대). [관]세이앤.

셀클[<세이클럽] [유형] 형태변이. [명] [풀이] 채팅을 전문으로 하는 인터넷 사이트 '세이클럽'의 변이형. ¶[정말 이햐!]민 희 엉 늬 **셀 클** 아 뒤 (게).

셔난[<시원한(시원하다)] [유형] 형태변이. [형] [풀이] '시원하다'의 활용형 '시원한'의 변이형. ¶**셔난**바람 참 좋다~ (게).

셔언하다[<시원하다] [유형] 형태변이. [형] [풀이] '시원하다'의 변이형. ¶피에쑤---아~~ 이랄때 가차운데을 엄마가 이써뜨믄 목에다가 **셔언한** 파스한개라더 부쳐줘쓸테인데 (게). [관]션하다.

션하다[<시원하다] [유형] 형태변이. [형] [풀이] '시원하다'의 변이형. ¶담에 냉면벙개 함쳐라... 내가 꼭 가께.... 아거 나두 **션한** 냉면 묵고잡다... (게). [관]셔언하다.

셤[<시험] [유형] 형태변이. [명] [풀이] '시험'의 변이형. ¶담 주 **셤**이 끈나면.. 이집트로 배낭여행을 갈력구여~ ^^ . (게). /워드 **셤** 잼없어 ㅡㅡ;;. (대). /참, 온니 나 오늘 워드 **셤**치구 와따 ㅡㅡ;;;. (대). /혜정이가 기둘린당,,, **셤**잘보구 이따 와랑,,, (게). /**셤**을 무사히 마친게 넘 기쁘답니다....^^ (게). /**셤** 기간인데..... (게).

섭[<수업] [유형] 형태변이. [명] [풀이] '수업'의 변이형. ¶전요 헤헤^^ 짐 현재 북한언어 **섭**을 듣구 있는 학생이죵. (게). [관]섭. 숩.

셩복[<수영복] [유형] 형태변이. [명] [풀이] '수영복'의 변이형. ¶나랑은 언제 가? ^^ 나..**셩복**도 사놨는데..함 입지도 못했당구리~!~! 겨울에 셩장이나 댕겨볼까 생각중이닷~ (게).

셩장[<수영장] [유형] 형태변이. [명] [풀이] '수영장'의 변이형. ¶**셩장** 못가서 무쟈게 샘났었는뎅...기분이 좋아졌당...냐하하하.....^^헤롱.... (게).

소뤼[<소리] [유형] 형태변이. [명] [풀이] '소리'의 변이형. 원말보다 힘주어 말하는 느낌을 준다. ¶클럽에 글을 올려,글을..-_-;;무순 **소륀**지 알디?-_++ (게). /ㅁ ㅓ그라구,,,,,,,**소뤼** ㅊ ㅣㄱ ㅓ,,,ㅡㅡ (대). [관]서뤼. 서리.

소섬하다[<소심하다] [유형] 형태변이. [형] [풀이] '소심하다'의 변이형. ¶나 **소섬항거** 알긔? (게).

손꾸락[<손가락] [유형] 형태변이. [명] [풀이] '손가락'의 변이형. 장난스러운 느낌을 준다. ¶딱 **손꾸락** 한마디만 들어가고는 그곳에서 결국 멈추고 마는...........아무리 밀어 넣으려해도 살만 접히고 살속에 파묻히고 마는 그 반지...... 두툼한 내 **손꾸락**--; 어찌하여 이다지 두껍단 말이더냥 --; (게).

쏘랑하다[<사랑하다] 유형 형태변이. 동 풀이 '사랑하다'의 변이형. 원말보다 힘주어 말하는 느낌을 준다. ¶승준오빠 **쏘랑함돠**^^ 불멸의 승준 (게). 관따랑하다. 살앙하다. 상하다. 쌍하다. 싸룽하다. 쌀앙하다. 쏴랑하다. 쌍하다. 짜랑하다.

쏙여행[<수학여행] 유형 형태변이. 명 풀이 '수학여행'의 변이형. ¶여러분은 얼마나 **쏙여행**이 얼마나 좋았는가 글을 올려주세용~ (게).

샹하다[<사랑하다] 유형 형태변이. 동 풀이 '사랑하다'의 변이형. ¶연락 할 게 훁 ..眹**샹 하 그** 훁 -♡ (게). /엄니.....지송함다.....앞으로 더 잘할께엽.... **샹해여**....ㅇ 엄니......알라붕......건강하셔야 함다...... 올만에....엄니한테 이쁜짓 한번하거....일케..끄적여봅니다.... *^^*저 봄살나씀다......ㅇ ㅔㅎ ㅓ 절려두거.....ㅋ ㅣ득 (게). /카이야..... 영화 초대권 ..넘넘 거마웠엉... 영화 잘바따.....**샹해**....... (게). /승준업빠 팬들두 넘넘 **샹해여~♥** (게).관따랑하다. 살앙하다. 상하다. 쏴랑하다. 싸룽하다. 쌀앙하다. 쏴랑하다. 쌍하다. 짜랑하다.

쇄하다[<소개하다] 유형 형태변이. 동 풀이 '소개하다'의 변이형. ¶전 증평살구여 지금은 청주에서 자취하는 20세의 건장한^^;; 남자입니다

간단히 **쇄하겠쓰당**^^;; (게).

쇠욜[<쇠(金)＋요일] 유형 새말. 명 풀이 '금요일'에서 온 말. '금'의 고유어인 '쇠'와 '요일'의 변이형인 '욜'이 결합한 말. ¶오늘은 내가 젤루 시로하는 나무욜... 낼은 내가 가장 조아하는 **쇠욜**.. 그롬.. 낼은 조아지려나?? (게). 참금욜.

수거[<수고] 유형 형태변이/의미전이. 명 풀이 '수고'의 변이형. ※여럿이서 하는 인터넷 게임에서 먼저 진 사람에게 하는 인사말로 쓰기도 한다. ¶여하튼 좋은 까페가 되길바래여 # **수거**!! (게). 관숙. 숙5. 스거.

수욜[<수요일] 유형 형태변이. 명 풀이 '수요일'의 변이형. ¶비오는수욜엔 빨간맥주를... (게).

숙[<수고] 유형 형태변이. 명 풀이 '수고'의 변이형. ¶느나 **숙** (대). 관수거. 숙5. 스거.

숙5[<수고] 유형 형태변이. 명 풀이 '수고'의 변이형. ¶모두 나라누나 꿈꾸시고 잘잘여~영자님도 **숙5**^^ (게). 관수거. 숙. 스거.

숨[<스무] 유형 형태변이. 관 풀이 '스무'의 변이형. ¶안냐세염?? *^^* 저넌.. 사람덜이 꽃띠라구 불리우는 꽃다운 나이 **숨살**입니다 (게). 관습.

쉰[<수원] 유형 형태변이. 명 풀이 '수원'의 변이형. ¶**쉰** 콘썰때 인사못해서 아쉽네요.. (게).

쉽[<수업] 유형 형태변이. 명 풀이 '수업'의 변이형. ¶영어**쉽**이 약간 지루하고 어려운 점이 있다면.. (게). 관섭. 섭.

쉽하다[<수업하다] 유형 형태변이. 동 풀이 '수업하다'의 변이형. ¶**쉽하기가** 힘이 드네요. (게).

쉼쉼하다[<심심하다] 유형 형태변이. 형 풀이 '심심하다'의 변이형. 원말보다 힘주어 말하는 느낌을 준다. ¶[넋두리]ㅡ,.ㅡ;; **쉼쉼해~** (게). /아**쉼쉼해!!!** 잼난애기 할 사람 어여 들어오게나! (게). 관띰띰하다. 팀팀하다. 팅팅하다.

슝[=흉] 유형 새말. 부 풀이 바람을 가르며 재빠르게 날아가는 모양을 흉내낸 말. ※전자우편을 보내는 일을 비유적으로 표현하는 경우가 많다. ¶저랑 팅구하거 시푼살암은 멜**슝~**날려듀세효^^ (게). 관쓩.

스[<수] 유형 형태변이. 명 풀이 의존명사 '수'의 변이형. ¶우 리 학 교 학 생 이 다 들 어 갈 스 있 을 런 지 (게). 관쑤.

스거[<수고] 유형 형태변이. 명 풀이 '수고'의 변이형. ¶안주무시고 글남기시고 홈피 구경하시느라 **스거여** ^_^ (게). 관수거. 숙. 숙5.

스님[<스님] 유형 형태변이. 명 풀이 '스님'의 변이형. 원말보다 힘주어 말하는 느낌을 준다. ¶그러

나 참고로 전 집안 대대로 불교를 믿어여~**스님**까지 집에 오시니깐 보통 믿는건 아니져,, ^^;; (게).

스카이럽[<스카이러브] 유형 형태변이. 명 풀이 채팅 서비스를 전문으로 하는 인터넷 사이트 이름. ¶**스카이럽** 반성하라. (게). 관스칼럽.

스칼럽[<스카이러브] 유형 형태변이. 명 풀이 채팅 서비스를 전문으로 하는 인터넷 사이트 이름. ¶**스칼럽**하구는 관계없는 질문인데요..^^;;; (게). 관스카이럽.

스킨[<스캔(scan)] 유형 형태변이. 명 풀이 '스캔'의 변이형. 사진·그림·문자 등을 스캐너로 읽어 들이는 일. ¶왜 나라뛰 **스킨**은 암데더 엄쩡 (게). /누구헉시 **스킨** 이뿐거 잇나여 이뜸 저에게 적선을.... (게).

스탈[<스타일(style)] 유형 형태변이. 명 풀이 '스타일'의 변이형. ¶쫜장^^;...3층에 일명 이영애 투(우리 긴물에서 젤로 이쁘댱)와 미주쳤따...뜨아~ 오널 나의 컨셉은 정장에 넥타인뎅.....**스탈** 완죤히 꾸겼땅... (게).

스터뤼[<스토리(story)] 유형 형태변이. 명 풀이 '스토리'의 변이형. ¶백설공주와 웅삼이의 럽 **스터뤼**~~~~ (게).

슬러랏[<슬퍼라(슬프다)] 유형 형태변이. 형 풀이 '슬프다'의 활용

형 '슬퍼라'의 변이형. 원말보다 단호히 말하는 느낌을 준다. ¶지굼 1시 27분 정모를 하겠쥐-_-못가서 **슬러랏** (게).

슬포 [<슬퍼(슬프다)] 유형 형태변이. 형 풀이 '슬프다'의 활용형 '슬퍼'의 변이형. 원말보다 귀여운 느낌을 준다. ※ㅓ>ㅗ 유형의 변이형이다. ¶넘 외롭당..넘 **슬포**... (게). / **슬포** 이런 결과가 나오다니 눈물 뚝 ~ (게).

슬푸다 [<슬프다] 유형 형태변이. 형 풀이 '슬프다'의 변이형. ※실제 음을 표기에 반영한 형태이다. ¶이별에슬품 (대).

슴 [<스무] 유형 형태변이. 관(수사) 풀이 '스무'의 변이형. ¶**슴**살오세염~~~~♡ (게). 관숨.

습습하다 [<씁쓸하다] 유형 형태변이. 형 풀이 '씁쓸하다'의 변이형. ¶암통 **습습하네** 뒤통수 져심덜~ⁱ_ⁱ (게).

승질 [<성질] 유형 형태변이. 명 풀이 '성질'의 변이형. 부정적인 의미로 쓰인다. ※실제 언중들이 잘못 쓰는 발음을 표기한 형태이다. ¶30대 무한방 들어 갈라면 **승질이** 저아야 들어감,,,,,,,,, (게).

싶다 [<싶다] 유형 형태변이. 형 풀이 보조형용사 '싶다'의 변이형. ¶딸기 복우**싶다**..ㅠ_ㅠ (게). 관

썹다.

시걸 [<시골] 유형 형태변이. 명 풀이 '시골'의 변이형. 장난스러운 느낌을 준다. ¶맞아 언뉘. 천주절래두 **시걸** 아뉘얍 (게). /건물두 만쿠. 도로두 넓구 **시걸** 아닙니다!!!!!! (게).

시경 [<신경] 유형 형태변이. 명 풀이 '신경'의 변이형. ¶차라리 **시경** 꺼주는게 편해..흐움.. (게).

시나 [<신화] 유형 형태변이. 명 풀이 '신화'의 변이형. ¶탕됴가글 떼...그딴생쑈에**시나**어빠두뤼나가겠냐??튬〰〰〰〰〰〰격☆ (게).

시러 [<싫어(싫다)] 유형 형태변이. 동 풀이 '싫다'의 활용형 '싫어'의 변이형. ※소리나는 대로 그대로 표기하여 장난스럽고 귀여운 느낌을 준다. ¶**시러시러시러**?? 시른 분 잠깐만 짬을 내어 나좀 봅세~~∞(그러다 한대 맞고~) 가뜩이나 피둥피둥한데 더 피둥피둥하게 살이 쪘어ㅠㅠ. (게). /빠이 **시러**. (대). /엥 **시러** 안. (대). /삐지면 # **시러시러**. (대). /그럼 따 당하기 **시러** (대). 관시렁. 시로. 시롯.

시렁 [<싫어(싫다)] 유형 형태변이. 형 풀이 '싫다'의 활용형 '싫어'의 변이형. 원말보다 귀여운 느낌을 준다. ¶언냐 바깥에 나가서리 션한 콩물국수 먹좌-**시렁**=구라니까 시집을

못가는겨 (게). ㉦시러. 시로. 시룻.

시로 [<싫어(싫다)] 유형 형태변이.
형 풀이 '싫다'의 활용형 '싫어'의
변이형. 원말보다 귀여운 느낌을 준
다. ¶신화나 젝키두 싫지만 지오디
도 싫어여..연합은 다 **시로**~~-_-;걍
울팬들끼리..(냉없슴돠~). (게). /메직
엔인지 짜쯩엔이지 넘 **시로** ――;;
(게). /엥 난 남자 **시로**. (대). ㉦시
러. 시렁. 시룻.

시룻 [<싫어(싫다)] 유형 형태변이.
형 풀이 '싫다'의 활용형 '싫어'의
변이형. 귀여우면서도 좀 강하게 거
부하는 느낌을 준다. ¶Re:Re:절대
국수 못먹을겨 --; 췌.. **시룻**... 안해
--; (게). ㉦시러. 시렁. 시로.

시작하다 [<시작하다] 유형 형태변
이. 동 풀이 '시작하다'의 변이형.
※표기상으로는 원말과 발음에 차
이가 없다. ¶아침부터 **시작해서** 하
눈곤데.. (게).

시포 [<싶어(싶다)] 유형 형대변이.
형 풀이 보조형용사 '싶다'의 활용
형 '싶어'의 변이형. 원말보다 귀여
운 느낌을 준다. ¶아파트 살고 **시
포** ㅜ.― (대). ㉦싶포

시푼 [<싶은(싶다)] 유형 형태변이.
형 풀이 '싶다'의 활용형 '싶은'의
변이형. ¶저랑 팅구하거 **시푼**살암
은 멜 슘~날려듀세효^^ (게).

시프스 [<싶어서(싶다)] 유형 형태

변이. 형 풀이 '싶다'의 활용형 '싶
어서'의 변이형. ¶으쬔일인가 **시프
스** 접어떤 귀를 화――알짝 열어뜨
늬.... (게).

신거 [<신고] 유형 형태변이.
명 풀이 '신고'의 변이형. ¶욕방~!!!
신거하면되져 (게).

신거하다 [<신고하다] 유형 형태변
이. 동 풀이 '신고하다'의 변이형. ¶
이건 어케 **신거 하나여**? (게). /제
발 **신거 하눈** 법점 갈텨 주세혀..
ㅜ.ㅜ (게).

신문쮜 [<신문지] 유형 형태변이. 명
풀이 '신문지'의 변이형. ¶**신문쮜**
흔들구 싸이코 외쳤져.ㅋㅋ (게).

신청걱 [<신청곡] 유형 형태변이. 명
풀이 '신청곡'의 변이형. 장난스러운
느낌을 준다. ¶심심한 사람만...노멘
트...**신청걱**오케~레츠거 종합 (게).

심테 [<심리+테스트(test)] 유형
새말. 명 풀이 '심리테스트'에서 온
말. ¶**심**ⓣ**테**ⓩ**ㅏ료**~! (게).

십다 [<쉽다] 유형 형태변이.
형 풀이 '쉽다'의 변이형. ¶차라리
사랑하는 사람을 억지루 잊는것 보
다는 헤어진 앤을 만나는게 더 **시
울꺼** 같지 안나여........ (게).

싱기하다 [<신기하다] 유형 형태변
이. 형 풀이 '신기하다'의 변이형. ¶
[할말있어요!!!!]Re:Re:내가 이럴줄
알았어--;난 절대 변태 아니라궁~

잉~징짜 **싱기해서** 군거야~ (게).

싶포 [<싶어(싶다)] 〔유형〕 형태변이.
〔형〕 〔풀이〕 보조형용사 '싶다'의 활용형 '싶어'의 변이형. ¶나덩 아파르 가구 **싶포**. (대). 〔관〕시포.

싸람 [<사람] 〔유형〕 형태변이.
〔명〕 〔풀이〕 '사람'의 변이형. 원말보다 힘주어 말하는 느낌을 준다. ¶비어 자나...이러이...나랑 널**싸람**~!!!!!! (게). 〔관〕따람. 살암.

싸룽하다 [<사랑하다] 〔유형〕 형태변이. 〔동〕 〔풀이〕 '사랑하다'의 변이형. ¶닥②햐...^^너無너無**싸룽햇**♡ (게). / 승준빠**싸룽햇**^^ ★劉눈빛★ (게). 〔관〕따랑하다. 살앙하다. 샹하다. 쇠랑하다. 썅하다. 쌀앙하다. 쏴랑하다. 쌍하다. 짜랑하다.

싸트 [<사이트] 〔유형〕 형태변이. 〔명〕 〔풀이〕 '사이트'의 변이형. ¶덤으로 안 튀 **싸트**가 보이길래 그거 까지 올렸거든요.......ㅡㅡ; (게). 〔관〕사트.

쌀랑해 [<사랑해(사랑하다)] 〔유형〕 형태변이. 〔동〕 〔풀이〕 '사랑하다'의 활용형 '사랑해'의 변이형. ¶Re:바부탱 이 누나야..? 걍 여행 간다고 생각 하고 잘 다녀오쇼.**쌀랑해**..ㅋㅋㅋ ㅋ...시집 다 갔군...ㅡ.ㅡ^ (게). 〔관〕살 훼. 샹훼.

쌀앙하다 [<사랑하다] 〔유형〕 형태변이. 〔동〕 〔풀이〕 '사랑하다'의 변이형. ¶★♡ 열분 **쌀앙해염** ^^ ★♥ (게).

〔관〕따랑하다. 살앙하다. 상하다. 쇠랑하다. 썅하다. 싸룽하다. 쏴랑하다. 쌍하다. 짜랑하다.

쌔끈녀 [<쌔끈+여자] 〔유형〕 새말. 〔명〕 〔풀이〕 멋지거나 예쁜 여자들을 일컫는 말. ¶**쌔끈녀** 필요.. 얼굴에 자신있는 쌔끈녀만 들어오세요.

쌤 [<선생님] 〔유형〕 형태변이. 〔명〕 〔풀이〕 '선생님'의 변이형. ¶**쌤** 따랑해요~~ (게).

쏠렁하다 [<썰렁하다] 〔유형〕 형태변이. 〔형〕 〔풀이〕 '썰렁하다'의 변이형. 분위기에 맞지 않는 행동이나 말을 하다. ¶열라 **쏠렁후** ㅔ ㅡㅠㅡ...;; 글엄 ㅂㅂㅏㄸㅣ~~~~★ (게).

쏴랑 [<사랑] 〔유형〕 형태변이. 〔명〕 〔풀이〕 '사랑'의 변이형. 원말보다 힘주어 말하는 느낌을 준다. ¶울 **쏴랑**을 버여줍쒸닷... 크흑... (게). 〔관〕따랑². 살앙.

쏴랑하다 [<사랑하다] 〔유형〕 형태변이. 〔동〕 〔풀이〕 '사랑하다'의 변이형. 원말보다 힘주어 말하는 느낌을 준다. ¶나의 죄를 제발 사해주길 바랫 물탄 ─ **쏴랑한**Day!♡ (게). 〔관〕따랑하다. 살앙하다. 상하다. 쇠랑하다. 썅하다. 싸룽하다. 쌀앙하다. 쌍하다. 짜랑하다.

쌍하다 [<사랑하다] 〔유형〕 형태변이. 〔동〕 〔풀이〕 '사랑하다'의 변이형. ¶**쌍해** 여~승준빠^^ (게). 〔관〕따랑하다. 살앙

하다. 샹하다. 쇠랑하다. 셩하다. 싸룽
하다. 쌀앙하다. 쏴랑하다. 짜랑하다.

쑤[<수] 유형 형태변이. 명 풀이 의
존명사 '수'의 변이형. ※소리나는대
로 표기한 형태이다. ¶나두 열뛰미
할**쑤**이뜰까....ㅠㅠ (게). 관스.

쑤다[<쓰다] 유형 형태변이.
동 풀이 '쓰다'의 변이형. ¶군디 난
탐 올앤만에 글**쑤**넼...ㅎㅎ (게). /그
냥..편지**쑤거** 이떠떠.. (대).

쑤레기통[<쓰레기통] 유형 형태변
이. 명 풀이 '쓰레기통'의 변이형.
원말보다 좀 어눌한 느낌을 준다. ¶
쑤레기통에 마뉘있음..... (게).

쑥슬[<쑥스럽다] 유형 새말.
형 풀이 '쑥스럽다'에서 온 말. 감탄
사로 쓰인다. ¶^^; 감동까지 안하셔
두 되는데.. **쑥슬**...승훈님의 대한
자료를 마니 얻어서 제가 감사해서
리.. (게). 관뚝뜨럽다.

쒸[<씨] 유형 형태변이. 명 풀이 성
이나 이름 뒤에 붙이서 높임의 뜻
을 나타낼 때 쓰는 '씨'의 변이형.
원말보다 힘주어 말하는 느낌을 준
다. ¶집때 승호오빠 머리 쳐 놓고
멋쩍게 웃던 희준**쒸**~. (게). /유진양
이...강타**쒸**에게....컴백추카한다는 말
을 하지못하게 외친걸루 알았습니
다... . (게). 관뛰. 띄. 띠. 쓰.

쓩[=슝] 유형 새말. 뮈 풀이 바람을
가르며 재빠르게 날아가는 모양을

흉내낸 말. ※전자우편을 보내는 일
을 비유적으로 표현하는 경우가 많
다. ¶궁금미한건 세이나 멜로 **쓩**@
@@@@웅-@@@@@.. (게). 관슝.

쓰[<씨] 유형 형태변이. 명 풀이 성
이나 이름 뒤에 붙어서 높임의 뜻
을 나타낼 때 쓰는 '씨'의 변이형. ¶
지영**쓰**~!!! 괜찮은거징?? 그런거
지??+_+?;;;; (게). /글엄..민정**쓰** 빠
잇 (게). 관뛰. 띄. 띠. 쒸.

쓰뤼빠[<슬리퍼(slipper)] 유형
형태변이. 명 풀이 '슬리퍼'의 변이
형. '슬리퍼'의 일본어투 '쓰레빠'를
변이한 형태이다. ¶**쓰뤼빠** 끌구 (대).

쓸벌하다[<살벌하다] 유형 형태변
이. 형 풀이 '살벌하다'의 변이형. ¶
암퉁가네 어제 하루 음퉁나게 뒵부
뉘기가 **쓸——벌∞ 해가꼬**. (게).

씝다[<싶다] 유형 형태변이.
형 풀이 보조형용사 '싶다'의 변이
형. ¶섬끝 어빠버거**씝따** (게).

씨러지다[<쓰러지다] 유형 형태변
이. 동 풀이 '쓰러지다'의 변이형. ¶
어찌나 새벽에 우리 자기들은 그리
두 잘먹는지.. 이쁘해 줄꼬야 덩달
아 열쒸미 간장게장에 비빔밥에 청
국장에.... 에궁~~ 머꾸 졸려 **씨러
짐**.... (게).

씨엡[<시에프(C.F)] 유형 형태변
이. 명 풀이 광고용 텔레비전 필름
을 뜻하는 commercial film의 약자

인 'C.F.'의 변이형. ¶호기심천국에서여...라면 **씨엡**하는거 나왔는데... 여기 분들 말씀하시는거 보면... 라면과 궁물을 따로 긇여야.. 맛나다구 하시거든여 구럼 궁물 끓이시구여... (게). /강타오빠 **씨엡** 봐써용.. 맨날 김민희꺼만 봤는데..정말 져았어요...^^(냉이씀.^^) . (게). / 나는 걍 티비보다가 보면 강타형 **씨엡** 잘나오던데..^^; 김민희꺼는 한번두 못보구..(냉 없뜸). (게). /**씨엡**이 나오드라구여 글애서 좋아서 그 증ㅅ ㅔ(^^) 보이구나서 진정시키구 기다리는데 ㅇ ㅏㄴ ㅣ!!이게 웬일~ ㅌ ㅏㅇ ㅑ어빠 **씨엡**이 또 나오는 것이 ㅇ ㅏㄴ ㅣ겠습니ㄲ ㅏ. (게). / 어제 KTF **씨 엡** 2번 봄!!^______^ . (게).

씨큐 [<아이시큐(ICQ)] 　유형　 형태변이. 　명　　풀이　 메신저 프로그램 가운데 하나인 '아이시큐'(ICQ)의 변이형. ¶야! 오늘 메시지 띄울꺼니까 **씨큐** 온란 시켜놔!

아겅 [<아이고] 　유형　 형태변이/의미전이. 　깜　　풀이　 작은 실수를 하거나 좀 안타까울 때, 또는 곤란한 일을 보거나 당했을 때 표현하는 말. ¶**아겅**.. 불과 월급탄지 삼일 지났는뎅.. 아까 학원갔다 옴시롱 통장 잔액 찍어보니까.. 살다 살다 왠일.. 허‿‿거‿‿거‿‿걱.. 잔액 한 푼 에누리고 뭐고 없이 빵원.. (게). 　관　아공. 아궁. 　참　에겅

아공 [<아이고] 　유형　 형태변이/의미전이. 　깜　　풀이　 작은 실수를 하거나 좀 안타까울 때, 또는 곤란한 일을 보거나 당했을 때 표현하는 말. ¶**아공**.. 난 대군다~ (대). 　관　아겅. 아공.

아궁 [<아이고] 　유형　 형태변이/의미전이. 　깜　　풀이　 곤란한 일을 보거나 당했을 때의 느낌을 나타내는 말. ¶난 아직 젊구 나이가 먹을 수록 더 용기가 없어 질텐데.... **아궁‿‿‿** (게). 　관　아겅. 아공. 　참　에궁.

아나세용 [<안녕하세요(안녕하다)] 　유형　 형태변이. 　형　　풀이　 인사말 '안녕하세요'의 변이형. ¶**아나세용**......... (대). 　관　아령하세여. 안냐때욤. 안냐때횻. 안냐샘. 안냐세여. 안냐세염. 안냐세엽. 아나세요. 안냐셈. 안녕하세영. 안늉하뗴욥. 안능하세염. 안냥하세여. 안여하세요. 앙냥하세염. 앙뇽하세효. 앙능하세효. 언늉하세염.

아녀 [<아니요] 　유형　 형태변이. 　깜　　풀이　 '아니요'의 변이형. 원말보다 귀여운 느낌을 준다. ¶**아녀**. (대).

아녕 [<안녕] 　유형　 형태변이.

감 풀이 '안녕'의 변이형. 원말보다 어눌하고 느끼한 느낌을 준다. ¶**아녕** (대). 관아뇽. 아롱. 안냥. 안능. 안령.

아뇽[<안녕] 유형 형태변이.

감 풀이 '안녕'의 변이형. ¶구럼 **아뇽~** (게).

아뉘[<아니] 유형 형태변이.

감 풀이 감탄사 '아니'의 변이형. 원말보다 힘주어 말하는 느낌을 준다. ¶★ **아뉘~** ☆ (대). /**아뉘** 연립인가??. (대). 관아닛.

아뉘다[<아니다] 유형 형태변이. 형 풀이 '아니다'의 변이형. 원말보다 힘주어 말하는 느낌을 준다. ¶어제 피띠방에떠 본의**아뉘게**스뤄 구만 빠져나오구 말아뚭져..ㅠㅠ (게). / 유리언니 폰 이거 **아뷘**데여.... (게). /자우롭게..대화하거..널수있다거..뽑 뉘까??전혀**아뉘거든여**.. (게). 관아 늬다.

아뉨[<아뉨<아니면(아니다)] 유형 형태변이. 형 풀이 '아니다'의 활용형' 아니면'의 변이형. ¶가능한 데 안쓰는 방법인지..**아뉨** 불하능한 건지졈.. 알려주셍여. (게). 관아뉨.

아닛[<아니] 유형 형태변이.

감 풀이 감탄사 '아니'의 변이형. 원 말보다 감탄에 정도가 더한 느낌을 준다. ¶**아닛!!** 그런 너래가 있었단 말예여!! 틍격적이다~ (게). 관아뉘.

아늬다[<아니다] 유형 형태변이. 형 풀이 '아니다'의 변이형. ¶sbs 42위 가 **아늬구** 42번 이더라구염..^0^ (냉 무). (게). /[답장온당께]장난 **아늬 다**...김동완 폰번호! (게). 관아뉘다.

아님[<아니면(아니다)] 유형 . 형 풀이 '아니다'의 활용형 '아니면'의 변이형. ※실제 입말체서 쓰는 표현 이다. ¶**아님** 댕기오신 분덜이라두.... (게). 관아님.

아뒤[<아이디(ID)] 유형 형태변이. 명 풀이 '아이디'의 변이형. 각종 통 신상의 서비스를 이용하는데 개인 에게 부여하는 고유 기호. ¶.. 에스 이에스 언니 유진언니가......... **아뒤** 를 자주자주 바꾸나봐여 (게). /[교 환할래요?]god오빠들 폰이나 세이 **아뒤** 구해여~ (게). /그래두 전 어 빠덜 멜 주서 및 세이 **아뒤**를 찾고 있음돠..ㅠ_ㅠ.. (게). /전 태지님 사 이트든 어디든 **아뒤**가 "taiji의 지지 자"인데..... /왜 제 **아뒤** 사칭 하구 그래염? (게). /제 **아뒤**요불러주셈. (대). 관아디. 알뒤.

아둑[<아직] 유형 형태변이.

뮤 풀이 '아직'의 변이형. 원말보다 좀 어눌한 느낌을 준다. ¶난 **아둑** 방학숙제더 앙 해따고ㅇㅇㅇㅇㅇㅇ 오------>ㅅ <꼬절규온리꼬 (게). 관아쥑. 아즉.

아듀[<아주] 유형 형태변이.

㈜ ⦅풀이⦆ '아주'의 변이형. ¶일본 교과서 왜곡만 생각하믄 **아듀** 그냉 빡이 올르지만— >ㅅ < (게). ㉜아저. 아조. 아쥬.

아듀아듀 [<아주+아주] ⦅유형⦆ 새말. ㈜ ⦅풀이⦆ '아주 아주'의 변이형. ¶**아듀아듀** 잼께 감땅을 했습져. 더더더— 가구 시퍼져쓰효 (게).

아디 [<아이디 (ID)] ⦅유형⦆ 형태변이. ㈐ ⦅풀이⦆ '아이디'의 변이형. 각종 통신상의 서비스를 이용하는데 개인에게 부여하는 고유 기호. ¶니 **아디** 개몽딩이 로 다시 바까라 (대). /내가 사칭 **아디**를 퍼트린거도 아니다... 난 **아디** 안 알리고 그냥 답장만 적었다... (게). /우리형**아디**~우띠~~~ (대). ㉜아뒤. 아디.

아띠 [<아저씨] ⦅유형⦆ 형태변이. ㈐ ⦅풀이⦆ '아저씨'의 변이형. 어린아이 말투를 흉내내어 귀여운 느낌을 준다. ¶단땐 안그러더니,, 짤들해요 **아띠**. (게).

아라따[알았다(알다)] ⦅유형⦆ 형태변이. ㈕ ⦅풀이⦆ '알다'의 활용형 '알았다'의 변이형. ※소리나는 대로 표기하여 대화의 현실감을 높인다. ¶어뜨케...기절하는줄 **아라따**... 전지현 !!!! (게).

아라떠 [<알았어 (알다)] ⦅유형⦆ 형태변이. ㈕ ⦅풀이⦆ '알다'의 활용형 '알았어'의 변이형. 어린아이 말투를 흉내내어 귀여운 느낌을 준다. 좀 어리숙한 느낌을 주기도 한다. ¶"그래?우린 고3인데...대학생인줄 **아라떠**??" (게). ㉜알써.

아라찌 [<알았지 (알다)] ⦅유형⦆ 형태변이. ㈕ ⦅풀이⦆ '알다'의 활용형 '알았지'의 변이형. ※소리나는 대로 표기하여 대화의 현실감을 높이고 귀여운 느낌을 준다. ¶글구 오빠 진심으로 미안해.. 오빠가 미안하다고 한번만 말하면 화낸다고 했는데... 화내지 말구.. **아라찌** ? (게). ㉜아찌. 알쮜.

아령하세여 [<안녕하세요 (안녕하다)] ⦅유형⦆ 형태변이. ㈅ ⦅풀이⦆ 인사말 '안녕하세요'의 변이형. ¶하늘색 친구들아 **아령하세여**^^. (게). ㉜아나세용. 안냐때욤. 안냐때훗. 안냐샘. 안냐세여. 안냐세염. 안냐세엽. 아냐세요. 안냐셈. 안녕하세영. 안농하떼욥. 안늉하세염. 안냥하세여. 안여하세요. 앙냥하세염. 앙농하세효. 앙능하세효. 언늉하세염.

아롱 [<안녕] ⦅유형⦆ 형태변이. ㈎ ⦅풀이⦆ '안녕'의 변이형. ¶글음 ㅇ ㅏ 롱 희 (-_-)스르르르르륵~ (게). ㉜아녕. 아롱. 안냥. 안능. 안령.

아롱희 [<안녕히] ⦅유형⦆ 형태변이. ㈜ ⦅풀이⦆ 인사말 '안녕히'의 변이형. ¶글음 ㅇ ㅏ 롱 희 (-_-)스르르르르륵~ (게). ㉜안냐히. 안냥히. 앙냥히.

아마더[<아마도] 유형 형태변이. 부
풀이 '아마도'의 변이형. ¶**아마더**...
영어 남어줘 안할꺼가따...ㅋㅋㅋ
(게). /군데 또 집에 간당.. 집가면
아무더 엄눈데 또 간당 나 요즘 왜
이리 조신한고얌.. (게).

아무래더[<아무래도] 유형 형태변
이. 부 풀이 '아무래도'의 변이형. ¶
세이 해쑴돠... **아무래더** 아닌것 같
기는 하지만서두.. (게). 관아물두.

아무턴[<아무튼] 유형 형태변이. 부
풀이 '아무튼'의 변이형. ¶**아무턴**
전 선물 안 주시나여?? ㅠ,ㅠ(게).
관아므툉. 암우튼. 암턴. 암텅. 암툉.
암툰. 암튼. 암후튼.

아물두[<아무래도] 유형 형태변이.
부 풀이 '아무래도'의 변이형. ¶**아물
두** 쬐메 어려울듯.. 쿄쿄쿄....최선은
다해 봐야겠져? (게). 관아무래더.

아므툉[<아무튼] 유형 형태변이. 부
풀이 '아무튼'의 변이형. ¶**아므툉**
나 읍떠드 건상널 하십쇼 ㅠ_ㅡ^
나 버그 ⑩따그 울디말그! ㅋㅋㅋ
ㅋㅋㅋ (게). 관아무턴. 암우튼. 암
턴. 암텅. 암툉. 암툰. 암튼. 암후튼.

아부딩[<아버지] 유형 형태변이. 명
풀이 '아버지'의 변이형. 원말보다
어눌한 느낌을 준다. ¶**아부딩**~한씬
해보고 반응좋으면 계속 출연하세
요~ (게). 관아부쥐. 압쥐.

아부쥐[<아버지] 유형 형태변이. 명
풀이 '아버지'의 변이형. 원말보다
무뚝뚝한 느낌을 준다. ¶가족 : 할
아부지, 할모뉘, **아부쥐**, 오마뉘, 뚜
벨넘의 형쉑, 까부는 10차이나는 여
동생... ㅡ.ㅡ;; (게). 관아부딩. 압쥐.

아아뇨[<아니요] 유형 형태변이. 감
풀이 '아니요'의 변이형. 원말보다
부정하는 정도가 강하다. ¶**아아뇨**..
^^; (대). 관아녀.

아저[<아주] 유형 형태변이.
부 풀이 '아주'의 변이형. ¶왜 이러
케 며칠째 뒷목이 뻐근하니 아픈거
지???? 목에 기브스 한것처럼 뻣뻣
한게 **아저** 살쑤가 읍따아 한때는
글도 360도 회전도 되는 유연함을
자랑하던 목이었드랬눈데^^;; (게).
관아듀. 아조. 아쥬.

아조[<아주] 유형 형태변이.
부 풀이 '아주'의 변이형. 원말보다
귀여운 느낌을 준다. ¶몸도 안좋고..
맴도 않좋고..ㅠ_ㅠ**아조** 죽깠습니
다.. (게). 관아듀. 아저. 아쥬.

아쥑[<아직] 유형 형태변이.
부 풀이 '아직'의 변이형. 원말보다 힘
주어 말하는 느낌을 준다. ¶긍 데 저
더 **아 쥑** 앙 버 내 서 댜 쉐 희 멀
라 헛 (게). /**아쥑**..홍보를 안해서,,회
원이.. 적어여 (게). 관아뒦. 이즉.

아쥬[<아주] 유형 형태변이.
부 풀이 '아주'의 변이형. ※원말과
발음상의 차이는 없다. ¶긌뒷..어주

ᅦ능 **ㅇㅏ쥬~** 오랜만에..-0-때 (게).
/**아쥬** 힘들게..ㅜ.ㅠ (게). ㉽아듀.
아저. 아조

아즉 [<아직] ⃞유형 형태변이.
　⃝무 ⃝풀이 '아직'의 변이형. ¶카페 함
드러오기 딘따루 힘드누만... **아즉**
선을 못깔아서리..이제사 겜방에 들
렀당... (게). ㉽아뒥. 아쥑.

아지 [<알지 (알다)] ⃞유형 형태변이.
　⃝동 ⃝풀이 '알다'의 활용형 '알지'의
변이형. ¶**아지**?. (대). ㉽알찡.

아쩌 [<알았죠<알다] ⃞유형 형태변
이. ⃝형 ⃝풀이 '알다'의 활용형 '알았
죠'의 변이형. 원말보다 귀엽고 앙
증맞은 느낌을 준다. ¶연이의왕자님
에게루~~~멜날료쥬요~~~넵~?! **아
쩌~??**

아찌 [<알았지<알다] ⃞유형 형태변
이. ⃝동 ⃝풀이 '알다'의 활용형 '알았
지'의 변이형. ¶나 험피 만 둘었거
둔~ 마니 찾아와서 글 점 나겨
줘~ **아찌??** (게). ㉽아라찌. 알쥐.

아템 [<아이템] ⃞유형 형태변이/의미
전이. ⃝명 ⃝풀이 '아이템'의 변이형.
인터넷 게임에서 게임을 하는 사람
의 능력을 올려줄 수 있는 각종 도
구. 또는 아이템을 갖고 하는 게임.
¶아샤2 **아템**으루 리니지 캔라우헬
아템구함 (게).

아팀 [<아침] ⃞유형 형태변이.
　⃝명 ⃝풀이 '아침'의 변이형. 원말보다

투박한 느낌을 준다. ¶올 **아팀**에더
입술이 바둘바둘 떨리눈 현상이..
(게). ㉽아팀.

아팀 [<아침] ⃞유형 형태변이.
　⃝명 ⃝풀이 '아침'의 변이형. ¶오늘더
준영이는 **아팀**부터 와서 설치거 있
네.... (게). ㉽아팀.

아포 [<아파(아프다)] ⃞유형 형태변
이. ⃝형 ⃝풀이 '아프다'의 활용형 '아
파'의 변이형. 원말보다 귀여운 느
낌을 준다. ※ㅗ>ㅓ 유형의 변이형
이다. 전..1시 정도에 거기 갔는데
여... 지금두 다리 **아포** 죽겄어여.....
(게). /숫자님 머리**아포**여 (대). /자
기야~~~ **아포~** 살살~~~' (대).

아푸다 [<아프다] ⃞유형 형태변이. ⃝형
⃝풀이 '아프다'의 변이형. ※실제 발
음대로 표기한 형태이다. ¶너무 **아
푸게** 때리지 맙서~ (게). /모리 **아
푸시쥼?** ㅋㅋㅋ (게).

아푸루 [<앞으로] ⃞유형 형태변이. ⃝무
⃝풀이 '앞으로'의 변이형. ※현실 발
음 경향대로 표기한 형태이다. ¶이
뽀이뽀*^^***아푸루** 자주 오께염~*
(게). ㉽아풀우. 압으러. 압흐로. 앞
이로.

아풀우 [<아푸루<앞으로] ⃞유형 형
태변이. ⃝무 ⃝풀이 '앞으로'의 변이형.
※'앞으로'의 현실 발음 '아푸루'를
연철하여 표기한 형태이다. ¶**아풀
우** 친하게 지내구요 (게). ㉽아푸루.

압으러. 압흐로. 앞이로.

아필 [<하필] 유형 형태변이.
　뮈 풀이 '하필'의 변이형. ¶아침마다
일찍일어나서 완나 안완나 확인했
는데...**아필** 오늘 늦게 일어난 날
온거 이찌.. (게). 관하필.

아흑 [=아흑] 유형 새말. 감 풀이 어
려운 일을 당하여 걱정의 느낌을
나타낼 때에 내는 소리. ¶**아흑**..TV
방송 하다니까.. 무지.. 신경쓰이네
효.. ㅠㅠ. (게).

안냐때욤 [<안녕하세요(안녕하다)]
　유형 형태변이. 형 풀이 인사말 '안
녕하세요'의 변이형. 원말보다 귀여
운 느낌을 준다. ¶**안냐때욤**^^ 저는
젝팬인뎀... 요점 울 오빠들이 소식
이 뜸하자나윰... (게). 관아나세용.
아령하세여. 안냐때홋. 안냐샘. 안냐
세여. 안냐세염. 안냐세엽. 아냐세
요. 안냐셈. 안녕하세영. 안눙하떼
욥. 안늉하세염. 안냥하세여. 안여하
세요. 앙냥하세염. 앙눙히세효. 앙눙
하세효. 언늉하세염.

안냐때홋 [<안녕하세요(안녕하다)]
　유형 형태변이. 형 풀이 인사말 '안
녕하세요'의 변이형. ¶**안냐때홋** ..;;
전아기천사예홋..;; (게). 관아나세용.
아령하세여. 안냐때욤. 안냐샘. 안냐
세여. 안냐세염. 안냐세엽. 아냐세
요. 안냐셈. 안녕하세영. 안눙하떼
욥. 안늉하세염. 안냥하세여. 안여하

세요. 앙냥하세염. 앙눙하세효. 앙눙
하세효. 언늉하세염.

안냐루 [<안녕하다+하이루] 유형
새말. 감 풀이 '안녕하다'에 통신언
어 인사말 '하이루'의 '루'가 결합한
말. ¶홈~~**안냐루**요 번팅때 몇번 만
났져? (게).

안냐샘 [<안녕하세요(안녕하다)]
　유형 형태변이. 형 풀이 인사말 '안
녕하세요'의 변이형. ¶**안냐샘** 스카
러브 이용하던 사람인데요. (게). 관
아나세용. 아령하세여. 안냐때욤. 안
냐때홋. 안냐세여. 안냐세염. 안냐세
엽. 아냐세요. 안냐셈. 안녕하세영.
안눙하떼욥. 안늉하세염. 안냥하세
여. 안여하세요. 앙냥하세염. 앙눙하
세효. 앙눙하세효. 언늉하세염.

안냐세여 [<안녕하세요(안녕하다)]
　유형 형태변이. 형 풀이 인사말 '안
녕하세요'의 변이형. 원말보다 귀여
운 느낌을 준다. ¶**안냐세여** 오늘도
어김 없이 원미 마스터로 향한 발
걸음을 내 딛고 있는 유리니에염
(게). /**안냐세여**. (대). /**안냐세여** #
전 이그림을보여드릴려구여 (게). /
안냐세여^-^ 내태형맘입니다..^-^
(게). /**안냐세여** 정훈뿌냐라고 합니
다.. (게). 관아나세용. 아령하세여.
안냐때욤. 안냐때홋. 안냐샘. 안냐세
염. 안냐세엽. 아냐세요 안냐셈. 안
녕하세영. 안눙하떼욥. 안늉하세염.

안냥하세여. 안여하세요. 앙냥하세염. 앙농하세효. 앙능하세효. 언능하세염.

안냐세염 [<안녕하세요 (안녕하다)] 유형 형태변이. 형 풀이 인사말 '안녕하세요'의 변이형. ¶**안냐세염**.. 필교사탕영미라구 합니다.. (게). 관아나세용. 아령하세여. 안냐때욤. 안냐때훗. 안냐샘. 안냐세여. 안냐세엽. 아냐세요. 안냐셈. 안녕하세영. 안농하떼욥. 안능하세염. 안냥하세여. 안여하세요. 앙냥하세염. 앙농하세효. 앙능하세효. 언능하세염.

안냐세엽 [<안녕하세요 (안녕하다)] 유형 형태변이. 형 풀이 인사말 '안녕하세요'의 변이형. 원말보다 단호한 느낌을 준다. ¶**안냐세엽?** (대). 관아나세용. 아령하세여. 안냐때욤. 안냐때훗. 안냐샘. 안냐세여. 안냐세염. 아냐세요. 안냐셈. 안녕하세영. 안농하떼욥. 안능하세염. 안냥하세여. 안여하세요. 앙냥하세염. 앙농하세효. 앙능하세효. 언능하세염.

안냐세요 [<안녕하세요 (안녕하다)] 유형 형태변이. 형 풀이 인사말 '안녕하세요'의 변이형. ¶**안냐세요**... (게). 관아나세용. 아령하세여. 안냐때욤. 안냐때훗. 안냐샘. 안냐세여. 안냐세염. 안냐세엽. 안냐셈. 안녕하세영. 안농하떼욥. 안능하세염. 안냥하세여. 안여하세요. 앙냥하세염. 앙농하

세효. 앙능하세효. 언능하세염.

안냐셈 [<안녕하세요 (안녕하다)] 유형 형태변이. 형 풀이 인사말 '안녕하세요'의 변이형. ¶**안냐셈**~☆ 또 보겨?^^* (게). 관아나세용. 아령하세여. 안냐때욤. 안냐때훗. 안냐샘. 안냐세여. 안냐세염. 안냐세엽. 아냐세요. 안녕하세영. 안농하떼욥. 안능하세염. 안냥하세여. 안여하세요. 앙냥하세염. 앙농하세효. 앙능하세효. 언능하세염.

안냐쉼까 [<안녕하십니까 (안녕하다)] 유형 형태변이. 형 풀이 인사말 '안녕하십니까'의 변이형. ¶에.. **안냐쉼까**..ㅡ.ㅡ; (게). 관안냐심꺼. 안능하심까.

안냐심꺼 [<안녕하십니까 (안녕하다)] 유형 형태변이. 형 풀이 인사말 '안녕하십니까'의 변이형. 경상도 방언형이다. ¶캬옷...**안냐심꺼**.....내..재상빤쮜이지요...푸훼훼吹 (게). 관안냐쉼까. 안능하심까.

안냐여 [<안녕하다+-요] 유형 새말. 복 풀이 인사말 '안녕하다'에 높임의 보조사 '-요'의 변이형 '-여'가 결합한 말. ¶**안냐여?** 니마?(게).

안냐히 [<안녕히] 유형 형태변이. 부 풀이 인사말 '안녕히'의 변이형. ¶굼 **안냐히**~★ (게). /**안냐히**.... (게). 관아롱히. 안냥히. 앙냥히.

안냥 [<안녕] 유형 형태변이.

㉦ 풀이 '안녕'의 변이형. 원말보다 귀여운 느낌을 준다. ¶기별이언니, 익은이 모두 **안냥**..^-^ (대). ㉙아녕. 아뇽. 아룡. 안능. 안령.

안냥하세여 [<안녕하세요(안녕하다)] 유형 형태변이. 형 풀이 인사말 '안녕하세요'의 변이형. ¶**안냥세여**^~~ (대). ㉙아나세용. 아령하세여. 안냐때욤. 안냐때훗. 안냐샘. 안냐세여. 안냐세염. 안냐세엽. 아냐세요. 안냐셈. 안녕하세영. 안눙하떼욥. 안능하세염. 앙냥하세염. 앙눙하세효. 앙능하세효. 언능하세염.

안냥히 [<안녕히] 유형 형태변이. 뮈 풀이 인사말 '안녕히'의 변이형. 원말보다 귀여운 느낌을 준다. ¶구냥 그것만 누르는거에여? 아님 그거랑 플레이 버튼을 가치 누르는거에여? 헤헷. 거럼 **안냥히** 계세요~^-^*. (게). /다덜 **안냥히** 주무시와여 ^^ (게). ㉙아룡히. 안냐히. 안냥히

안녕하세영 [<안녕하세요(안녕하다)] 유형 형태변이. 형 풀이 인사말 '안녕하세요'의 변이형. 원말보다 부드러운 느낌을 준다. ¶**안녕하세영**~ (대). /조심 조심.. **안녕하세영**~ (대). ㉙아나세용. 아령하세여. 안냐때욤. 안냐때훗. 안냐샘. 안냐세여. 안냐세염. 안냐세엽. 아냐세요. 안냐셈. 안눙하떼욥. 안능하세염. 안냥하세여. 안여하세요. 앙냥하세염. 앙눙

하세효. 앙능하세효. 언능하세염.

안눙하떼욥 [<안녕하세요(안녕하다)] 유형 형태변이. 형 풀이 인사말 '안녕하세요'의 변이형. ¶**안눙하떼욥**>> (게). ㉙아나세용. 아령하세여. 안냐때욤. 안냐때훗. 안냐샘. 안냐세여. 안냐세염. 안냐세엽. 아냐세요. 안냐셈. 안녕하세영. 안능하세염. 안냥하세여. 안여하세요. 앙냥하세염. 앙눙하세효. 앙능하세효. 언능하세염.

안눙하심까 [<안녕하십니까(안녕하다)] 유형 형태변이. 형 풀이 인사말 '안녕하십니까'의 변이형. ¶**안눙하심까**... 저눈 2학년 8반 박승애라구 함다.. (게). ㉙안냐쉼까. 안냐심꺼.

안능하세염 [안능하세염] 유형 형태변이. 형 풀이 인사말 '안녕하세요'의 변이형. ¶**안능하세염**??? 저눈 ☆별빛충재★지영이라구 합니다.... (게). ㉙아나세용. 아령하세여. 안냐때욤. 안냐때훗. 안냐샘. 안냐세여. 안냐세염. 안냐세엽. 아냐세요. 안냐셈. 안녕하세영. 안눙하떼욥. 안냥하세여. 안여하세요. 앙냥하세염. 앙눙하세효. 앙능하세효. 언능하세염.

안능 [<안녕] 유형 형태변이. ㉦ 풀이 '안녕'의 변이형. 원말보다 귀엽고 천진스런 느낌을 준다. ¶구래 글 잘봤다......잘지내구 ...**안능** ㅃㅃ2...(^0^)헤헤헤헤. (게). ㉙아녕.

아놓. 아롱. 안냥. 안령.

안데다[<안 되다] 유형 형태변이.
복 풀이 '안 되다'의 변이형. ※일반
적으로 잘못 쓰는 현실 발음대로
표기한 형태이다. ¶5.0일때두 **안됏
구여..** (게). /**안데네여..** (게). 콴앙
대다.

안령[<안녕] 유형 형태변이.
　깜 풀이 '안녕'의 변이형. ¶칭구야
여기다 # **안령-_-/̄** (게). 콴아녕.
아놓. 아롱. 안냥. 안능.

안여하세요[<안녕하다)] 유형 새
말. 깜 풀이 인사말 '안녕하세요'의
변이형. ¶.. **안여하세요..** 저는 지오
디에 폰번호를 알고 있습니다 (게).
콴아나세용. 아령하세여. 안냐때욤.
안냐때훗. 안냐샘. 안냐세여. 안냐세
염. 안냐세엽. 아냐세요. 안냐셈. 안
녕하세영. 안뇽하떼욥. 안능하세염.
안냥하세여. 안여하세요. 앙냥하세
염. 앙뇽하세효. 앙능하세효. 언능하
세염.

안튀[<안티(anti)] 유형 형태변이/
의미전이. 명 풀이 어떤 대상이나
주장에 대해 반대하는 사람들의 모
임. ¶나:맞구낭~ 언뉘(저 듁
눈 줄 알아씸돠.. 저 **안튀..**) 너래
넘 져아여! 다움 앨범 빨리 가꾸와
여!(우웨엑˘) (게). /**안튀**님들 이 편
번에다가 어떤 악다구니를 해야 할
까영?? 팬덜은 저리가라̆ (게). /정

말 이뻐서 **안튀**애 드러떠염. (게).

안티팬[<안티(anti)＋팬(fan)]
유형 새말. 명 풀이 '팬이 아닌 사
람' 혹은 '팬답지 못한 사람'을 이르
는 말. ¶그건.. **안티팬** 만 하는 거
래영.... (게).

알뒤[<아이디(ID)] 유형 형태변이.
　명 풀이 '아이디'의 변이형. 각종 통
신상의 서비스를 이용하는데 개인
에게 부여하는 고유 기호. ¶민우 어
빠 쎄클 **알뒤**랑 진이 어빠 쎄클 **알
뒤..** 모두 맞더군여... (게). 콴아디.
아뒤.

**알라붕[<아이 러브 유(I love
you)]** 유형 형태변이. 복 풀이 영
어 '아이 러브 유'를 장난스럽게 표
현한 말. ¶엄니.....지송함다.....앞으로
더 잘할께엽.... 촁해여....ㅇ 엄니......
알라붕......건강하셔야 함다...... 올만
에....엄니한테　이쁜짓한번하거.... 일
케..끄적여 봅니다.... *^^*저 몸살나
씀다......ㅇ ㅔㅎ ㅓ 절려두거.....ㅋ
ㅣ득 (게). 콴알라뷰.

**알라뷰[<아이 러브 유(I love
you)]** 유형 형태변이. 복 풀이 영
어 '아이 러브 유'를 장난스럽게 표
현한 말. ¶유리알라뷰님아 저ㅓ랑
넘 똑같자아**여**..^^푸웃~ (대). 콴알
라붕.

알료두다[<알려주다] 유형 형태변
이. 복 풀이 '알려 주다'의 변이형.

¶신화 오빠들 아뒤좀 **알료 두데여**..
(게). /저겨.. 세이아디 신화오빠둘
세이 아뒤 **알료 두세요**... 브탁합늬
다... 그롬 이롼.. .. (게).

아르비 [<아르바이트] 유형 형태변
이. 명 풀이 '아르바이트'의 변이형.
¶저 지금 **아르비** 가봐야 해요. 관
알바.

알바 [<아르바이트] 유형 형태변이.
명 풀이 '아르바이트'의 변이형. ¶토
깽이 뭐가 불만이냐? **알바** 하는게
뭐가 좋다구? (게). /**알바**구하기
(게). 관아르비.

알써 [<알았어 (알다)] 유형 형태변
이. 동 풀이 '알다'의 활용형 '알았
어'의 변이형. ※말을 짧게 줄여 쓰
려는 통신언어 상의 특징이 반영된
말. ¶유리 : "옹. **알써**.. 자, 황태자
님... 처컬릿 드세용~" 관알라떠.

알쮜 [<알았지 (알다)] 유형 형태변
이. 동 풀이 '알다'의 활용형 '알았
지'의 변이형. 원말보다 힘주어 말
하는 느낌을 준다. ¶언제 함 보긴
봐야 하는뎅 맘처럼 잘 되지 않넹~
건강하게 잘 지내공~ 대전오게되
믄 연락 함 하공...**알쮜**~ 잘자랑~
(게). 관아라찌. 아찌.

알찡 [<알지 (알다)] 유형 형태변이.
동 풀이 '알다'의 활용형 '알지'의
변이형. 원말보다 귀여운 느낌을 준
다. ¶**알찡**~ (대). 관아지.

알키다 [<아르키다<가르치다]
유형 형태변이. 동 풀이 '아르키다'
의 변이형. '아르키다'는 '가르치다'
를 잘못 쓰는 말이다. ¶'아르키ㅁ
ㅓㅈ ㅣ ....꼭 **알켜더혀**~~ (게).
/가볼만 한 곳을 **알켜주세요**. (게).
관갈키다.

암 [<아무] 유형 형태변이.
명/관 풀이 '아무'의 변이형. ¶오빠
가.. 이거는 새로만든 아뒤라서.. 사
람들이 모른다고.. **암**한테두 알려주
지 말라구했는데.. (게). /그담부터
눈 **암**것더 안돼엮~~~ㅡ.ㅜ (게).
/**암**두 오지 마세염.... (게). /마지막
은 은쮀나 쯤 시간울 끄눈 법....이
라거 해바야 **암**두 앙 기둘렷쮀?
(게). /**암**나 오지마~~(부산대딩)
(게). /내가 서울가서 멜 **암**꺼나 버
내줄껭~!! ^^ (게).

암우튼 [<아무튼] 유형 형태변이. 부
풀이 '아무튼'의 변이형. ¶**암우튼**! 풋..
^^추카추카!!^^ 관아무턴. 아므통. 암
턴. 암텅. 암통. 암툰. 암튼. 암후튼.

암턴 [<아무튼] 유형 형태변이. 부
풀이 '아무튼'의 변이형. ¶**암턴** 기분
이 업!!!!! 경부할 맘을 더욱 돋아준
것은..바루!!!!! 31일날 나올 카달로
그랑　(머랬더라..아...^^;)사은품을!!
드러오는대루 내꺼 챙겨놓으시겠다
거. (게). /**암턴** 오빠 볼수 있어서
정말 즐거웠구요.. 이런 허접잡솔

읽어 주셔서 감사합니다.. (--)(__).
(게). /**암턴** 남친있으니까 건들지마
셔~~ (대). ㉭아무턴. 아므통. 암우
튼. 암텅. 암통. 암툰. 암튼. 암후튼.

암텅 [<아무튼] 유형 형태변이. 부
풀이 '아무튼'의 변이형. ¶**암 텅** 어
제 가 아 니 고 언 제 여 뜨 라 ...;;
(게). ㉭아무턴. 아므통. 암우튼. 암
턴. 암통. 암툰. 암튼. 암후튼.

암통 [<아무튼] 유형 형태변이. 부
풀이 '아무튼'의 변이형. ¶**암통** 올
전일제 C.A라스리 검브 안해가꼬
넘흐 기분 져아뜨훗--∩∨∩ (게).
/**암통** 저능 이번에 잘바야 디능돼
하나더 멀르가꼬 ㅠ_ㅠ (게). ㉭아
무턴. 아므통. 암우튼. 암턴. 암텅.
암툰. 암튼. 암후튼.

암툰 [<아무튼] 유형 형태변이. 부
풀이 '아무튼'의 변이형. ¶파워FM드
림월드컵콘서트..였나? **암툰**..환경콘
썰 아니에여. (게). /**암툰**.. 수기 넘
넘 잼이께 읽었어~ 굴엄 빠빠~
^-^*. (게). /흐밍...나 살찌면 가뚝
이나 몬 생긴 얼굴 더 몬생겨보여
요~모가 귀엽누??~; **암툰** 동덕여
대 기대만빵이다 (게). /흐밍...나 살
찌면 가뚝이나 몬 생긴 얼굴 더 몬
생겨보여요~모가 귀엽누??~; **암툰**
동덕여대 기대만빵이다. (게). ㉭아
무턴. 아므통. 암우튼. 암턴. 암텅.
암통. 암튼. 암후튼.

암튼 [<아무튼] 유형 형태변이. 부
풀이 '아무튼'의 변이형. ¶Re:넘 위
험하자나......**암튼** 에쎔!!! 좀 우리
현군 제대로 챙겨요!!! (게). /**암튼**...
괜한 사진 올려서 님들에게 죄송해
요..ㅠ.ㅠ (게). /**암튼**..ㅋㅋ 제가 오
늘 쉬는 시간에 음악을 듣고 있었
지요.. (게). /내가 넘 사악한가? **암**
튼 정말...재밌겠닷. /**암튼**.... 거기서
봤지만, 최민식은 정말 연기 잘하는
것 같다 (게). /**암튼** 반갑네... (게).
㉭아무턴. 아므통. 암우튼. 암턴. 암
텅. 암통. 암툰. 암후튼.

암후튼 [<아무튼] 유형 형태변이. 부
풀이 '아무튼'의 변이형. ¶**암후튼**
님더 아직 잠이 안 오시나 보
져..?^-^ (게). ㉭아무턴. 아므통. 암
우튼. 암턴. 암텅. 암통. 암툰. 암튼.

압구 [<압구정동] 유형 형태변이. 명
풀이 '압구정동'의 변이형. ¶글구나
서 오빠 미용실 가실꺼 같아서 부
리나케 **압구**로 갔져~~~ (게).

압으러 [<앞으로] 유형 형태변이. 부
풀이 '앞으로'의 변이형. ¶구람 **압으**
러더 만이 만이 활동할꼐여 (게).
㉭아푸루. 아풀우. 압흐로. 앞이로.

압쥐 [<아버지] 유형 형태변이. 명
풀이 '아버지'의 변이형. ¶무서우신
울 **압쥐** 강아쥐 낑낑대눈거..몬참아
하심다 (게). ㉭아부딩. 아부쥐.

압흐로 [<앞으로] 유형 형태변이. 부

풀이 '앞으로'의 변이형. ¶압흐로두 노력하다 안되면. 다시 얼께여. (게). 관아푸루. 아풀우. 압으러. 앞이로.

앙[<안] 유형 형태변이. 부 풀이 부정하는 부사 '안'의 변이형. 원말보다 귀여운 느낌을 준다. ¶내 첫인상이 글케 **앙**져았나?-_-;;; (게). /긍데 저 뎌 아 쥑 **앙** 버 내 서 댜 쉐 희 멀 롸 헛 (게). /난 **앙**구래 다 아가띤중 알오 음화하하하핫 재섭 뜨~~~~~&(ㅡ..ㅡ)&;;; (게). /빠른 83년생은 웨 대딩아이콘방에 **앙**드러가지는거죠??? (게).

앙냥하세염[<안녕하세요(안녕하다)] 유형 형태변이. 형 풀이 인사말 '안녕하세요'의 변이형. 원말보다 귀엽거나 좀 어눌한 느낌을 준다. ¶**앙냥하세염** 전 싸이를 무지 저아하는 16짱 중3 (게). 관아나세용. 아령하세여. 안냐때욤. 안냐때훗. 안냐샘. 안냐세여. 안냐세염. 안냐세엽. 이냐세요. 안냐셈. 안녕하세영. 안눙하떼욥. 안늉하세염. 앙눙하세효. 앙눙하세효. 언늉하세염.

앙냥히[<안녕히] 유형 형태변이. 부 풀이 인사말 '안녕히'의 변이형. 장난스러운 느낌을 준다. ¶신기 하기도 하구 케..ㄱ **앙냥히** 계쎄여. (게). 관아롱히. 안냐히. 안냥히.

앙눙하세효[<안녕하세요(안녕하다)] 유형 형태변이. 형 풀이 인사말 '안녕하세요'의 변이형. ¶..:*:**앙눙하세효**:*:..신화휀~ (게). 관아나세용. 아령하세여. 안냐때욤. 안냐때훗. 안냐샘. 안냐세여. 안냐세염. 안냐세엽. 아냐세요. 안냐셈. 안녕하세영. 안눙하떼욥. 안늉하세염. 안냥하세여. 안여하세요. 앙냥하세염. 앙눙하세효. 언늉하세염.

앙눙하세요[<안녕하세요(안녕하다)] 유형 형태변이. 형 풀이 인사말 '안녕하세요'의 변이형. ¶**앙눙하세효**^^ 저눈 부산에 사눈 입뿐소녀임돠^ㅠ^* (게). 관아나세용. 아령하세여. 안냐때욤. 안냐때훗. 안냐샘. 안냐세여. 안냐세염. 안냐세엽. 아냐세요. 안냐셈. 안녕하세영. 안눙하떼욥. 안늉하세염. 안냥하세여. 안여하세요. 앙냥하세염. 앙눙하세효. 언늉하세염.

앙대[<안 돼(안 되다)] 유형 형태변이. 목 풀이 '안 돼'의 변이형. 원말보다 귀여운 느낌을 준다. ¶그분 만나 기절할까봐 모임 나가기도 무섭따... **앙대앙대**~ (게). 관앙데.

앙대다[<안 되다] 유형 형태변이. 목 풀이 부정부사 '안'의 변이형 '앙'에 '되다'의 변이형 '대다'가 결합한 형태이다.¶아.. 글구.. 탈퇴하면.. 한동안 가입 **앙대고** 하는건 아니죠 (게). 관안데다.

앙데[<안 돼(안 되다)] 유형 형태

변이. 墨 (풀이) ‘안 돼’의 변이형. 원말보다 귀여운 느낌을 준다. ¶**앙데앙데**~!! ^^ 또 바람 나려구... (게). 圀앙대.

앙마 [<악마] (유형) 형태변이. 몡 (풀이) ‘악마’의 변이형. ※소리나는 대로 표기하여 원말보다 귀여운 느낌을 준다. ¶이쁜**앙마** music box!! 조용하고 아담한 30대 음악방..나 (게).

앞이로 [<앞으로] (유형) 형태변이. 뮤 (풀이) ‘앞으로’의 변이형. ¶위 글 뜻은 **앞이로**두 이쁜 사진 마니 올려 달라는 뜻인거 가튼데........ (게). 圀 아푸루. 아풀우. 압으러. 압흐로.

애기하다 [<얘기하다] (유형) 형태변이. 동 (풀이) ‘얘기하다’의 변이형. 어린아이 말투를 흉내내어 귀여운 느낌을 준다. ¶**애기해**보자면 울학겨엔벌점20점 넘으면 겨정겨육을 하겨든.. (게). /벌 써 헤 리 미 랑 **애 기 해 꾸**.... (게).

애니 [<애니메이션 (animation)] (유형) 형태변이. 몡 (풀이) ‘애니메이션의 변이형. ¶사실이나 일본**애니**가 우리를 잡아 먹으려는 것은 아닙니다. (게). /우리 **애니**는 매번 고정된 틀(행복-사건-불행 또는 위기-다시 행복)에서 빠져나오지 못하고 있습니다. (게).

애니팬 [<애니메이션 (animation)+팬] (유형) 새말. 몡 (풀이) 동영상을 좋아하는 사람. ¶**애니팬**들이 아무리 일본애니를 좋아 한더라 하더라도 그것은 일본을 좋아하는 것이 아니라 일본애니의 그 새로운 시나리오와 독특한 주제를 좋아 하는 것이라 생각 합니다. (게).

애자 [<장애자] (유형) 형태변이. 몡 (풀이) ‘장애자’의 변이형. 원말을 변이하여 좀 완곡하게 표현한 말이다. ※대화중에 상대방이 잘못을 했을 때 비유적으로 놀려 표현할 때 쓰인다. ¶송가락 **애자**....ㅋㅋ (대).

액숑영화 [<액션 (action)+영화] (유형) 형태변이. 몡 (풀이) ‘액션영화’의 변이형. ¶잠깐 뜰려다 말거 이젠 삼류 **액숑 영화**에나 나오는 마이클 파레더 나오거.. (게).

앤 [<애인] (유형) 형태변이. 몡 (풀이) ‘애인’의 변이형. ¶군대에 간 **앤**이 요번 7월에 휴가나오는데 갔이 여행이라두 갔다오면 추억두 남구 좋은곳 아시는분덜~! (게). /혹시 **앤**이 군바리 인가여? (게). /내 **앤** 할사람... 손들어 봐여 (게). /**앤**자랑하기&**앤**생기는법&고민털어놓기&친구만들기. (게). 圀n.

야구르다 [<약오르다] (유형) 형태변이. 묵 (풀이) ‘약 오르다’의 변이형. 원말보다 상대방을 더 화나게 하고 조롱하는 느낌을 준다. ¶메롱**야구**

르지까꿍. (게).

야그[<이야기] 유형 형태변이. 명
풀이 '이야기'의 변이형. 장난스러운
느낌을 준다. 전남 방언형이다. ¶화
장실 **야그** (게). /쨈있는**야그**..즐거
운얘기..^^ (게).

야그하다[<이야기하다] 유형 형태
변이. 동 풀이 '이야기하다'의 변이
형. 장난스러운 느낌을 준다. ¶울집
으루와라...우리집 2층 이사간댄다...
울마나님한테 **야그해서** 싸게줄께...
키득키득... (게). /이성꼬시는 법에
대해 **야그하자!** (게).

야덩[<야동<야하다+동영상]
유형 새말. 명 풀이 '야한 동영상'에
서 온 말. 성행위를 노골적으로 드
러내는 동영상을 말한다. 통신언어
'야동'의 변이형이다. ¶애니구함니다.
영화나 **야덩**보유 (대). 관야동.

야동[<야하다+동영상] 유형 새말.
명 풀이 '야한 동영상'에서 온 말.
성행위를 노골적으로 드러내는 동영
상을 말한다. ¶긴급으루 성인**야동**게
시판 알려드립니다.. (게). /취미 **야
동**찾으러 다니기~ (게). 관야덩

야설[<야하다+소설] 유형 새말.
명 풀이 '야한 소설'에서 온 말. 성
행위를 노골적으로 표현한 음란한
내용의 소설을 말한다. ¶**야설** 있습
니다. (게). /절대 강추 **야설!!** (게).

약석[<약속] 유형 형태변이.
명 풀이 '약속'의 변이형. ¶난 오널
더 **약석** 못지킬것 같아....선약이 이
쏘소.......... 구래더 나 안미어 하꼬
쥐? ㅋㅋㅋㅋ (게).

얀사진[<야하다+사진] 유형 새말.
명 풀이 '야한 사진'에서 온 말. 성행
위를 하는 모습이나 누두 사진 따위
를 말한다. ¶**얀사진** 올리는방 (게).

양에하다[<양해하다] 유형 형태변
이. 동 풀이 '양해하다'의 변이형. ¶
구니까 **양에해**주세여 (게).

양침방[<양들의 침묵+방]
유형 새말. 명 풀이 영화 '양들의
침묵'에 대한 주제로 이야기하는 대
화방. ¶**양침방**에선 지금 무슨 일이
일어나고 있을까?? (대).

얘뿌다[<예쁘다] 유형 형태변이. 형
풀이 '예쁘다'의 변이형. ¶어때? **얘
뿌지**아너? (게). /우리 쮜니..애뿌
딩??? (게).

어깨덩무[<어깨동무] 유형 형태변
이. 명 풀이 '어깨동무'의 변이형. ¶
어깨덩무하는건 쩜 들한거죠.^^ (게). .

어냐[<언니] 유형 형태변이.
명 풀이 '언니'의 변이형. ¶진주**어
냐** 참아요 (대). /언냐. 굴구 슈언니
가 동료끼리 만든 야채가족서 당근
이래자나여.. 유진**어냐**눈 고구마거..
슈언니테 온 멜 닉넴 보니깐 당근
수영인가?당근 수영이 인가? (게).
관냐. 참어빠.

어널[<오늘] 유형 형태변이.
　몡 풀이 '오늘'의 변이형. 원말보다 좀 어눌한 느낌을 준다. ¶저더그러는데˜ 저는 **어널** 어랜만에 채팅이나 할까 하거 들왓는데 서버를 찾을수없다고 그러네여˜ 어케된거에여˜ㅠ.ㅠ (게). /군디 **어널**따라 애덜이 안오네. (대). /**어널**은 일찍 자야해. (대). /fangod3기는 언제 오케갑해여? 알 수 있눈 방법점 갈켜주심 감솨하겠숨당˜˜ 참.. **어널** 질문도 마나여..;;. (게). /**어널**,,머두들 약속은?? (게). /ㅇ ㅓ 널 울 ㅇ ㅓ ㅂㅂ ㅑ 덜 1800일인ㄷ 네.. (게). 꽌어눌. 어늘. 오널. 오눌. 올.

어눌[<오늘] 유형 형태변이.
　뷰 풀이 '오늘'의 변이형. 원말보다 어눌한 느낌을 준다. ¶**어눌** 이마투는여? (대). 꽌어널. 어늘. 오널. 오눌. 올.

어늘[<오늘] 유형 형태변이.
　몡 풀이 '오늘'의 변이형. ¶**어늘** 장나라언니 험피 첨 들어 왔는데... 정말 저아여...... (게). /**어늘** 오시기루 되어있었나요? (대). /움냐 **어늘** 갑한 사람인됩.. (게). 꽌어널. 어눌. 오널. 오눌. 올.

어다[<오다] 유형 형태변이.
　됭 풀이 '오다'의 변이형. 원말보다 어눌한 느낌을 준다. ¶자주자주 **얼께혀**˜˜'. (게).

어독하다[<어떻다] 유형 형태변이.
　뵥 풀이 '어떡하다'의 변이형. 원말보다 어리숙한 느낌을 준다. ¶알려줘요 **어독해** 하는지 (게).

어뒤[<어디] 유형 형태변이.
　몡 풀이 '어디'의 변이형. 원말보다 힘주어 말하는 느낌을 준다. ¶**어뒤** 방이 잴루 잼이써여? (대). /룰루랄라.. 즐거운 맘으로 **어뒤** 번개가 저을까?!!ㅋㅋㅋ (게). 꽌오디. 어듸.

어듸[<어디] 유형 형태변이.
　몡 풀이 '어디'의 변이형. ¶합 창 대해.. **어 듸** 서?? (게). 꽌어뒤. 오디.

어디러버[<어지러워 (어지럽다)]
　유형 형태변이. 형 풀이 '어지럽다'의 활용형 '어지러워'의 변이형. 장난스러운 느낌을 준다. ※ㅂ불규칙 동사를 규칙 활용한 형태이다. ¶딴 방은 막 넘어가서 넘 **어디러버** (대). 쫩무서버.

어떠케[<어떻게 (어떻다)] 유형 형태변이. 형 풀이 '어떻다'의 활용형 '어떻게'의 변이형. ※소리나는 대로 표기한 형태이다. ¶**어떠케** 그럴수가...ㅡ.ㅡ; (게). 꽌어캄. 어뜨케. 어케. 얼케. 오또케. 오케. 오토케. 으뜨케. 으쯔케.

어떵[<어떤] 유형 형태변이.
　꽌 풀이 '어떤'의 변이형. ¶**어떵** 사람이 제목을 "저질" 이라고 해놔서 클릭했떠니 그 내용이 뎡말르 황당했어요 (게). [관] 오똔.

어뜨케 [<어떻게 (어떻다)] [유형] 형태변이. [형] [풀이] '어떻다'의 활용형 '어떻게'의 변이형. ※현실 발음 경향을 표기에 반영한 형태이다. ¶**어뜨케**...기절하는줄 아라따... 전지현!!!! (게). /불면증은 **어뜨케** 해야하나효-_-? (게). /나이가 **어뜨케** 되세요?. (대). /구담 대화창이 안뜨구여 **어뜨케** 된거에여? (게). /힝.. 어뜨케 지굼 가믄 넘 늦구.... (게). /오빠 이름 한자로 **어뜨케** 쓰는지 알어?? (게). [관]어캄. 어떠케. 어케. 얼케. 오또케. 오케. 오토케. 으뜨케. 으쯔케.

어래 [<오래] [유형] 형태변이. [명/부] [풀이] '오래'의 변이형. 원말보다 어눌한 느낌을 준다. ¶굼 열 분 들 싸이 **어 래** 덩 안 (게). /**어래**마냐 #웅*^^* (대).

어랜만 [<오랜만] [유형] 형태변이. [명] [풀이] '오랜만'의 변이형. ¶진짜 **어랜만**이넹~^^ (게). [관]얼만. 올만. 올앤만.

어르다 [<오르다] [유형] 형태변이. [동] [풀이] '오르다'의 변이형. ¶[[잡솔]]헤헤... 등급 **얼랐어여**... . (게).

어바 [<오빠] [유형] 형태변이.

[명] [풀이] '오빠'의 변이형. 약간 어눌한 느낌을 준다. ¶언니만 부면 울 **어바**두 두 눈빛이 봐 껴여.. (게). [관]빠². 어빠. 업바. 업빠. 오뻐. 옵. 옵빠. 옵빠. 욥빠.

어빠 [<오빠] [유형] 형태변이.

[명] [풀이] '오빠'의 변이형. 원말보다 귀여운 느낌을 준다. ※ㅗ>ㅓ 유형의 변이형이다. ¶Re:곧 넉화 시작이겠군요.. 긴장말고 잘하시길..^^강타 **어빠**는 H.O.T.이넌까....일집대박.!! (냉기도중..ㅡ.ㅡ;;) (게). /**어빠** 기달려 웅. (대). /**어빠** 알아. (대). /**어빠** 찍었다구. (대). /**어빠** 화상 하러 간당. (대). /**어빤** 당알징. (대). /**어빤** 언제나 기달려. (대). /엥 어케 덩생아 **어빠** 걍 장난이얌. (대). /은희가 **어빠** 따랑 하는것두 ㅋㅋ. (대). /NRG**어빠**(문성훈)집전화번호와 폰번호 아는 사람 갈켜주세여. (게). /그래두 전 **어빠**덜 멜 주서 및 세이 아뒤를 찾고 있음돠..ㅠ_ㅠ.. (게). /데니**어빠** 한테서 멜 답장왔답니돠~*^^* (게). /참!! 우씨리 **어빠**랑,, 엔젤님,, 블루문님,, 종원님,, 에이엘님,, 섹시보이님 등등 모두 덜 잘 계시는 지궁 금하네영.. (게). [관]빠². 어바. 업바. 업빠. 오뻐. 옵. 옵빠. 옵빠. 욥빠.

어솨여 [<어서오세요] [유형] 형태변이. [복] [풀이] 상대방을 맞이할 때의 인사말 '어서 오세요'의 변이형. ※통신상에서 쓰이는 대표적인 인사말이다. ¶순대님**어솨여** (대).

어재 [<어제] 유형 형태변이.
명 풀이 '어제'의 변이형. ¶**어재** 누나 생각하느라 잠모짜떠염 채김줘염.. (게). 관어줴. 에제.

어줴 [<어제] 유형 형태변이.
명 풀이 '어제'의 변이형. 원말보다 힘주어 말하는 느낌을 준다. ¶**어줴** ㄴㅓ루ㅔ방∞ 가쟈능 칭구눈의 꼬심∞에 빠져서∞가그 말았심다....캬 홀홀홀..-0-~아우.. (게). /근뎃**어주ㅔ**능 아ㅏ쥬~ 오랜만에..-0-眹 (게). /**어줴** ㄴㅓ루ㅔ방眹 가쟈능 칭구눈의 꼬심眹에 빠져서眹 (게). /오빠가 **어줴** 울 위해 마뉘 준비하신거 버거 감동~ 레몬빛승준 (게). 관어재. 에제.

어쨋둔 [<어쨌든] 유형 형태변이. 부 풀이 '어쨌든'의 변이형. 원말보다 좀 어눌한 느낌을 준다. ¶**어쨋둔** 넘 느리구여... (게).

어카냥 [<어떻게 하나(어떻게 하다)] 유형 형태변이. 복 풀이 '어떻게 하냐'의 변이형. 원말에 비해 난처함의 정도가 더한 느낌을 준다. ¶Re:엇... 문병갈라해떠니만 다 나안나부넹... 히~ **어카냥**... 꽃다발사들구 갈라핸는뎅... 다 난거가트니 가봐짜 소용엄꺼따... 구지?? 하여튼... 내가 갈라고한건만은 격해도... 옹? (*^○○^*) (게). 참어카지. 어카징.

어카라거 [<어떻게 하라고(어떻게

하다)] 유형 형태변이. 복 풀이 '어떻게 하라고'의 변이형. ¶장난해!! 누나가 안오면 **어카라거**?? 췌췌췌!! (게).

어카져 [<어떻게 하죠(어떻게 하다)] 유형 형태변이. 복 풀이 '어떻게 하죠'의 변이형. ¶다리를 아주 심하게 삐어서 뼈에 이상이 있는것 같대여..-_ㅜ 콘썰 **어카져**? (게).

어카징 [<어떻게 하지(어떻게 하다)] 유형 형태변이. 복 풀이 '어떻게 하지'의 변이형. 원말보다 귀엽고 애교스러운 느낌을 준다. ¶이거 쑤고... 돌맞음.. **어카징**..????? @@ (게). /정연~아^^* **어카징**...ㅠ.ㅠ. 나오늘 못가.. 미안해..ㅠ.ㅠ. (게).

어캄 [<어떻게 (어떻다)] 유형 형태변이. 형 풀이 '어떻다'의 활용형 '어떻게'의 변이형. ¶**어캄**가냐 (대). 관어떠케. 어뜨케. 어케. 얼케. 오또케. 오케. 오토케. 으뜨케. 으쯔케.

어캐하다 [<어떻게하다] 유형 형태변이. 복 풀이 '어떻게 하다'의 변이형. ¶**어캐하지요** ..[소재석] (대). /참 모임 **어캐할거에요**..[소재석] (대). /형님들 모임 **어캐할까요**? ..[소재석] (대).

어케 [<어떻게 (어떻다)] 유형 형태변이. 형 풀이 '어떻다'의 활용형 '어떻게'의 변이형. ※'어떻게'에 대한 대표적인 통신언어이다. ¶티겟뱅

크에서 **어케** 하는건지 금액은 얼마
며 갈땐 준비물로 무엇무엇을 가져
가야하는지..... . (게). /나이는여 **어**
케 됏[늬여? /엥 **어케** 덩생아 어빠
걍 장난이얌. (대). /**어케**수정좀해줘
여. (게). /저 리니지 1분도 못 해봤
어염....**어케**좀 해주세염 (게). /위도
어케가나여?? (게). /사진 **어케** 띄
우는지 갈켜주믄 내 사진 보여줌
(게). /쿠폰을 받을람 **어케**해야돼
여? (게). /스케줄은 **어케** 알 수 있
나요. (게). /나이는 다덜 **어케**돼나?
(대). ㉝어캄. 어떠케. 어뜨케. 얼케.
오또케. 오케. 오토케. 으뜨케. 으쯔
케. ㉛이케. 글케.

언¹[<어느] ⬚유형⬚ 형태변이. ㉝⬚풀이⬚
‘어느’의 변이형. ¶한겜 **언넘**이 만드
럿는지 대가리가 똥만 드럿는지 정
말로 고맙게 생각한다 (게). /**언학**
교세요 (대).

언²[<원] ⬚유형⬚ 형태변이. ⬚명⬚⬚풀이⬚ 화
폐 단위 ‘원’의 변이형. ¶몇
언?????? (대).

언냐[<언니(+-야)] ⬚유형⬚ 형태변
이. ⬚명⬚/⬚복⬚⬚풀이⬚ ‘언니’의 변이형. ※
경우에 따라서는 ‘언니’ 뒤에 호격
조사 ‘-야가 붙은 ‘언니야가 준 것
으로 볼 수 있다. 원말보다 친근감
도 있고 화자가 귀엽게 보이려는
태도도 반영한 것으로 보인다. ¶**언**
냐~ 올만이지?? 정말 오늘은 비가

안온다..하지만 무쟈게 춥다... 옷두
춥게 입구 왔는디...에구구... 언니두
감기 조심하구~ 수고~좋은 하루
보내여~빠빠이~ (게). /**언냐** (대). /
유리**언냐** 정팅방오면 아뒤멀로해
여? (대). /유리**언냐**는 언제쯤오신
데... (대). /경림**언냐**랑 민희언냐는
목소리 똑같슴당~ ..**언냐**. 에쑤이에
쑤 유진**언냐**와 텅화후기 (게). /바
다 **언냐** 멜 주소거덩요? (게). /**언**
냐가 멜이 넘으 마니 온다구
혘;; 멜을 다시 만두셨데욤..
사실일지.. 모르겠는뎈 답멜
바다써요~ (게). ㉝언뉘. 언늬. 언
랴. 언뤼. 엉늬. 온냐. 온니. 옹뉘.
옹니.

언넝[<얼른] ⬚유형⬚ 형태변이.
⬚부⬚⬚풀이⬚ ‘얼른’의 변이형. 원말보다
귀엽고 다소 어눌한 느낌을 준다.
※전남 방언형이다. ¶**언넝** 고쳐줘
요~ ―― (게). /연예인..세이 아뒤
가.. 엄네요^^;; 하핫.. **언넝** 만들어
주세요~T.T ㅓ냥 이 한마니 하러
구요 -_-;;　 .. (게). ㉝언능. 얼렁.
얼릉.

언넝언넝[<얼른+얼른] ⬚유형⬚ 형태
변이. ⬚복⬚⬚풀이⬚ ‘얼른얼른’의 변이형.
¶요기루~~~짐빨리~~**언넝언넝**~~
날료쥬요~~~*^^* (게).

언뉘[<언니] ⬚유형⬚ 형태변이 ⬚명⬚⬚풀이⬚
‘언니’의 변이형. 원말보다 애교스러

운 느낌을 준다. ¶경미**언뉘**~ (대). / **언뉘** 얼굴점 버거 ?다.. (대). /[여자연옌과텅화]예뿐 민희**언뉘**랑 텅화해떠영..내용에 폰버노 있어요.. (게). /학씨리.. **언뉘**... 노친네구낭~!! 난 잘 모르는 노래가 많은데~ 그걸 다 알어? (게). /상이사랑**언뉘**..깜찍싸이..노송불멸..아두미..레뒤**언뉘**..(오나?) (게). /음음.. 뽀뽀..딸기**언뉘**..물찬**언뉘**..혀뉘..뽀대미남..싸이광.. (게). /[여자연옌과텅화]【쫌오래된..-_-】유진**언뉘**ㅆ ㅣ랑 한 저나 텅화(하구서 도는중 알아뜸..) (게). /나:맞구낭~ **언뉘**(저 듁눈 줄 알아씸돠.. 저 안튀..) 너래 넘 져아여! 다움 앨범 빨리 가꾸 와여!(우웨엑~) (게). ㉒언냐. 언늬. 언랴. 언뤼. 엉늬. 온냐. 온니. 옹뉘. 옹니.

언뉘빠[<**언니＋오빠**] 유형 새말. ㉠ 풀이 언니와 오빠를 함께 부르는 말. ¶열뛰미 활덩가튀 열띠미 하쉬눈 **언뉘빠**덜 글을 보뉘..... (게).

언늉하세염[<**안녕하세요(안녕하다)**] 유형 형태변이. 형 풀이 인사말 ‘안녕하세요’의 변이형. ¶**언늉하세염** #저는 슬램팬.....입니당.. (게). ㉒아나세용. 아령하세여. 안냐때윰. 안냐때훗. 안냐샘. 안냐세여. 안냐세염. 안냐세엽. 아나세요. 안냐셈. 안녕하세영. 안뇽하떼윱. 안늉하세염. 안낭하세여. 안여하세요. 앙낭하세

염. 앙눙하세효. 앙능하세효.

언능[<**얼른**] 유형 형태변이. 무 풀이 ‘얼른’의 변이형. 원말보다 귀여운 느낌을 준다. ¶ㅣ滯念ㅣ 날개언니- ㅣ滯念ㅣ #ㅣ滯念ㅣ **언능**나와-0- ㅣ滯念ㅣ (대). /가입을 **언능** 하시죠. (게). /**언능**와~! (게). ㉒언녕. 얼렁. 얼릉

언늬[<**언니**] 유형 형태변이. 몡 풀이 ‘언니’의 변이형. ¶[여자연옌과텅화]보 아 **언 늬** 와 텅 화 쓰 >_< (게). /나 - 거 기 . . . 보 아 **언 늬** 폰 마 자 효 ? (게). /물찬**언늬**는 대전생쑈 취소된게 사실이라는 테제언니말에... (게). /ㅃ ㅓㅃ ㅓ**언늬**..미안혜~* (게). ㉒언냐. 언늬. 언랴. 언뤼. 엉늬. 온냐. 온니. 옹뉘. 옹니.

언랴[<**언니**] 유형 형태변이. 몡 풀이 ‘언니’의 변이형. 원말보다 애교 섞인 느낌을 준다. ¶체포**언랴**~ ☆ 내닷 온리 ^-^γ(게). ㉒언냐. 언뉘. 언늬. 언뤼. 엉늬. 온냐. 온니. 옹뉘. 옹니.

언뤼[<**언니**] 유형 형태변이. 몡 풀이 ‘언니’의 변이형. ¶굴해드 온리능 **언뤼**가 져타녜~☆ 버리에스 법쉐 뽀뽀**언뤼**! (게). ㉒언냐. 언뉘. 언늬. 언랴. 엉늬. 온냐. 온니. 옹뉘. 옹니.

얼걸[<**얼굴**] 유형 형태변이.

명 풀이 '얼굴'의 변이형. ¶고기 언니드루 **얼걸**이 딱 붙어있더라고 욥!!!!! (게).

얼렁[<얼른] 유형 형태변이.

　　부 풀이 '얼른'의 변이형. ¶이 저녁에 약 먹기도 그렇구.....**얼렁** 가서 잘래..그냥. (대). 관언넝. 언능. 얼릉.

얼릉[<얼른] 유형 형태변이.

　　부 풀이 '얼른'의 변이형. ¶**얼릉** 가야쥐~~ (대). 관언넝. 언능. 얼렁.

얼리다[<올리다] 유형 의미전이/형태변이. 동 풀이 '올리다'의 변이형. 게시판에 글을 쓰거나 자료를 등록하다. ¶구런데 갑자기 이슬이가 떠 이상한 유머 **얼리기** 시작한다. 아~~(게). /하 늘 이 휀 님 은 보 세 효 하 늘 이 멜 듀 소 를 알 게 돼 어 서 님 들 광 가 티 정 보 를 나 누 긔 의 해 바 릐 바 릐 글 을 **얼 립 니 닷** 고 돔 님 덜 져 운 결 과 있 길 ,,, (게). / 믿에 글속에 니가 이름쓴거 보고.. 위로 쭉**얼려서** 보니까.. 너더라거~. (게). /조은글도 **얼려주시구여**.. 자주자주˙널러와주세여! (게). /후진켄이나 크로우즈 점 **얼려줘영**.. (게). 관올뤼다. 욜리다.

얼만[<오랜만] 유형 형태변이. 명 풀이 '오랜만'의 변이형. ¶안녕하세요 별빛이에요 **얼만**이죠?? ㅋ ㅔ ㅋ ㅔ (게). /ㅎ ㅏㅎ ㅏㅎ ㅏ 뽀샤

얼만이져....? (게). 관어랜만. 올만. 올앤만.

얼매나[<얼마나] 유형 형태변이.

　　부 풀이 '얼마나'의 변이형. ※경남 방언형이다. ¶**얼매나** 욕 잘 하는 뎅.~~~~ (대).

얼케[<어떻게 (어떻다)] 유형 형태변이. 형 풀이 '어떻다'의 활용형 '어떻게'의 변이형. ¶남들이 저보구 놀랍니당.. **얼케** 글케 빨리 읽냐구.. 저 소설.. 웬만한거 1~2시간이면 한 권 끝냅니당.. (게). 관어캄. 어떠케. 어뜨케. 어케. 오또케. 오케. 오토케. 으뜨케. 으쯔케.

엄다[<없다] 유형 형태변이.

　　형 풀이 '없다'의 활용형. ¶Re:금 희준오빠 머라구 해여?——(냉 **엄쬬**). (게). 관엄따. 옴다. 옵다. 음따. 읍따. 읍땅.

엄따[<없다] 유형 형태변이.

　　형 풀이 '없다'의 변이형. ¶다들 무신소리야?ㅡ.ㅡa 모두지 알 수가 **엄따**~ >.< (대). 관엄다. 옴다. 옵다. 음따. 읍따. 읍땅.

엄떠[<없어 (없다)] 유형 형태변이.

　　형 풀이 '없다'의 활용형 '없어'의 변이형. 어린아이 말투를 흉내내어 귀여운 느낌을 준다. ¶아무튼 울이 추종자 때미 안웃을수가 **엄떠**~~ (게). 관엄써.

엄써[<없어 (없다)] 유형 형태변이.

형 풀이 '없다'의 활용형 '없어'의 변이형. ¶ㅣ滯念ㅣ 지금 별이에 사람이 왜 이렇게 **엄써요?** -_-? ㅣ滯念ㅣ (대). /아냐, 아냐.. 믿을 수 **엄써**. (게). 관엄떠.

엄이 [<없이] 유형 형태변이.
부 풀이 '없이'의 변이형. ¶히루 : 그걸 내가 말로해야 알아?? 여태 수두**엄이** 말핸는데... --" (게). /자긴 저 **엄이** 실수 엄다구... (게).

업 [<업데이트(update)/업그레이드(upgrade)] 유형 형태변이. 명
풀이 '업데이트' 또는 '업그레이'의 변이형. ¶앞으로 나의 홈피에 많은 이벤트두 하고 **업도** 자주 시키고 할껭 (게). 관업댓. 업데잇. 업데투. 업뎃. 업테두. /업구레드.

업구레드 [<업그레이드] 유형 형태변이. 명 풀이 '업그레이드'의 변이형. 원말보다 좀 어눌한 느낌을 준다. ¶Σ모 이 자 ∞ 두됴 **업구레드**를 하는구나 ㅠ_ㅠ* (게). 관업.

업글률 [<업그레이드+-률] 유형 새말. 명 풀이 '업그레이드 비율'에서 온 말. ¶SFI도 사실 시스템과 보상플랜은 우수하지만 당장 국내에 제공되는 서비스가 없어 **업글률**이 상당히 낮았던 것이 사실입니다. (게).

업뎃 [<업데이트] 유형 형태변이. 명 풀이 '업데이트'의 변이형. ¶앗!! 홈

피 **업뎃** 했어여?? (게). 관업. 업데잇. 업데투. 업뎃. 업테두.

업데잇 [<업데이트] 유형 형태변이. 명 풀이 '업데이트'의 변이형. ¶아이라이-- 그린러브 홈페이지 **업데잇**...소식입니다.ㅋㅋㅋ... (게). 관업. 업댓. 업데투. 업뎃. 업테두.

업데투 [<업데이트] 유형 형태변이. 명 풀이 '업데이트'의 변이형. ¶그거 원래 그날바로는 **업데투**가 잘 안대더라구여... (게). 관업. 업댓. 업데잇. 업뎃. 업테두.

업뎃 [<업데이트] 유형 형태변이. 명 풀이 '업데이트'의 변이형. ¶음,....9권하거 10권까지 밖에 **업뎃** 안하눈데여 빨뤼빨뤼해서 **업뎃**부탁드립뉘다 (게). /오랜만이져? **업뎃**뚜 하고 첨 오네여.. 이쿠 지성해라...^^ (게). 관업. 업댓. 업데잇. 업데투. 업테두.

업뎃하다 [<업데이트하다] 유형 형태변이. 동 풀이 '업데이트하다'의 변이형. 자료나 글을 보충하거나 새롭게 바꾸어서 올리다. ¶아름다운 시가 있는 곳.... 틈 날 때마다 **업뎃하겠습니다**.... 마니 찾아주세여^^ (게).

업바 [<오빠] 유형 형태변이. 명 풀이 '오빠'의 변이형. ¶변덜**업바**〰〰〰생일 축하햄〰〰 (게). 관빠². 어바. 어빠. 업빠. 오뻐. 옵. 옵빠. 옵빠. 욧빠.

업빠 [<오빠] 유형 형태변이. 명 풀이

'오빠'의 변이형. ¶난 계상 **업빠**가 이래서 저타...*^^* ♥ [관]빠[2]. 어바. 어빠. 업바. 오뻐. 옵. 옵빠. 옵빠. 욥빠.

업테두 [<업데이트] [유형] 형태변이. [명][풀이] '업데이트'의 변이형. ¶지두 동구리 홈 처럼 이뿌게 되기눈 힘둘겠쥐만 나름대로 열쉼히할께염 **업데투**두 자주 할꼬구염 (게). [관]업. 업댓. 업데잇. 업데투. 업뎃.

엉늬 [<언니] [유형] 형태변이. [명][풀이] '언니'의 변이형. ¶나라 **엉늬**..완복 그 쟈쳬 (게). /**엉늬** 넘 귀엽쥐 아나염..? (게). /유리**엉늬**꺼랑 진이**엉늬**꺼 아닌거같아요. (게). /[여자연옌]민 희 **엉 늬** 떠 따 ! ! ! (게). /[정말이햐!]민 희 **엉 늬** 셀 클 아 둬 (게). [관]언냐. 언눠. 언늬. 언랴. 언뤄. 온냐. 온니. 옹뉘. 옹니.

엉님 [<형+님] [유형] 새말. [명][풀이] '형'의 어린이말인 '엉'에 높임의 접미사 '-님'이 결합한 형태이다. ¶사진에서... 맨 오른쪽에 있는 분이.. 우리 **엉님**이야..^^ (게).

에겅 [<에구] [유형] 형태변이/의미전이. [감][풀이] 작은 실수를 하거나 좀 안타까울 때, 또는 곤란한 일을 보거나 당했을 때 표현하는 말. ¶**에겅** 괜한 사진을 올려서.. 친구 말을 듣고서넘 놀라서...아니라고 우겼건만.... (게). [관]에궁. 에귱. 엑우. [참]아겅.

에궁 [<에구] [유형] 형태변이/의미전이. [감][풀이] 작은 실수를 하거나 좀 안타까울 때, 또는 곤란한 일을 보거나 당했을때 표현하는 말. ※감탄사 '에구'에서 온 말인데, 말맛은 좀 다르다. ¶교생땜시 잠두 4시간씩 밖에 못자구 **에궁**. 어쩌냐...담에 보장~ (게). /**에궁** 블루문님 주부세요? 몰랐는디 히히 (대). [관]에겅. 에귱. 엑우. [참]아궁.

에귱 [<에구] [유형] 형태변이/의미전이. [감][풀이] 작은 실수를 하거나 좀 안타까울 때, 또는 곤란한 일을 보거나 당했을 때 표현하는 말. ¶**에귱**.. 지금 읽었어. 이걸보구 머피의 법칙이라구 하는게 아닐까?? (게). [관]에겅. 에궁. 엑우

에뒤셀 [<에이디에스엘(ADSL)] [유형] 형태변이. [명][풀이] 초고속 인터넷 방식 '에이디에스엘'의 변이형. ¶무엇보다 맘에 드는건 전 한통 **에뒤셀** 쓰는데 부팅 속도가 me를 쓰니깐 엄청나게 빨라지더라구영~~ (게).

에제 [<어제] [유형] 형태변이. [명][풀이] '어제'의 변이형. ¶**에제**까지 뉴스하던데 이젠 특집으루 또 한데여 (게). [관]어재. 어쥐.

엑우 [<에구] [유형] 새말. [감][풀이] 작은 실수를 하거나 좀 안타까울 때, 또는 곤란한 일을 보거나 당했을 때 표현하는 말. ¶**엑 우** - 님 아

쪄 꿈 실 수 하 신 거 가 타 효 ☆ (게). [관]에경. 에궁. 에궁.

엠튀[<엠티(MT)] [유형] 형태변이 [명] [풀이] '엠티'의 변이형. 원말보다 힘주어 말하는 느낌을 준다. ¶**엠튀** 잘 다녀 왔는고. 아래......정현이....... 축제라 놀러 오라고 하더만... 가고야 싶다 (게).

여대딩[<여자+대딩(대학생)] [유형] 새말. [명] [풀이] '여자 대학생'에서 온 말. '대딩'은 대학생의 통신언어. ※일반 어휘는 '여대생' 대학교에서 공부하는 여자 대학생. ¶오늘 같이 영화볼 **여대딩** 오세여! 어둑한 하늘! (게).

여벙[<여보] [유형] 형태변이. [감] [풀이] '여보'의 변이형. 원말보다 애교스러운 느낌을 준다. ¶울 **여벙** 욕쟁이당. (대). /응 거마워 **여벙**. (대).

여새[<요새] [유형] 형태변이. [명] [풀이] '요새'의 변이형. ¶**여새** 다덜 잘들 지내시죠?? 예비 고3은 무쟈게 힘들담미다... (게).

여좌[<여자] [유형] 형태변이. [명] [풀이] '여자'의 변이형. 원말보다 힘주어 말하는 느낌을 준다. ¶물론.. **여좌** 구 영....?? (게). [관]녀. 요자.

여즘[<요즘] [유형] 형태변이. [명] [풀이] '요즘'의 변이형. ¶저눈 **여즘** 너무 행복해여.. (게). /구래더 **여즘**에 학언 댕기느라고 멋보눈데..!! (게). /미인집 왔다가여......**여즘** 다덜 어케 지내는쥐.....^^ (게). /**여즘** 생활이 궁핍한대염.. (게). /**여즘** 나의 칭구들이 마니 눈물을 흘려염.. (게). [관]요듐. 요듬. 요딈. 요딤. 요점. 요줌.

여친[<여자+친구] [유형] 새말. [명] [풀이] '여자 친구'의 변이형. ※널리 쓰이는 통신언어 가운데 하나이다. ¶정현이는 누구지? #내 **여친** ——;;. (대). /남친**여친** 없는분~! 걍 들어오십셔~! (게). [관]여팅.

여튼[<여하튼] [유형] 형태변이. [부] [풀이] '여하튼'의 변이형. ¶**여튼** 그래두 전 낼 한번 가바야 게써여...^0^ **** (게)./ 숨쉬고싶어여~~~ㅠ.ㅠ # **여튼**~`` # 비오는데 (게).

여팅[<여친<여자+친구] [유형] 새말. [명] [풀이] '여자 친구'에서 온 통신언어 '여친'의 변이형. ¶말구대루 멜팅할 **여팅**을 구해여~ (게). [관]여친. [참]남친. 절친. 통친.

여학겨[<여학교] [유형] 형태변이. [명] [풀이] '여학교'의 변이형. ¶군데..낼이 화이트데인디....ㅠㅠ 우린 **여학겨**라서리... 흑흑흑... 빽을먹을 사탕도엄꼬..ㅠㅠ 흑흑... (게).

역뛰[<역시] [유형] 형태변이. [부] [풀이] '역시'의 변이형. 원말보다 좀 어눌한 느낌을 준다. ¶아이고오~ 숙자님울 만나기가 **역뛰** 하늘으 —

━★얌. 굴훼! (게). /루나님 감솨여⌢ **역뛰** ⌢⌢ (게). /2일째 못하다가... 아까금방 했또염...˘ **역뛰**나 반갑게...^^ (게). ㉵역띠. 역쉬. 역쉬이. 역쒸. 욕쉬. 욕시.

역띠[<역시] 유형 형태변이.
㈜ 풀이 '역시'의 변이형. 원말보다 좀 어눌한 느낌을 준다. ¶근데 숙취가 전혀 없네 ㅋㅋㅋ 젊음이 좋은 거야 **역띠**.. (게). /**역띠** 용량이 다 차꾼..에거;; (게). ㉵역뛰. 역쉬. 역쉬이. 역쒸. 욕쉬. 욕시.

역쉬[<역시] 유형 형태변이.
㈜ 풀이 '역시'의 변이형. 원말보다 힘주어 말하는 느낌을 준다. ¶**역쉬**.. god 멋진 오빠들이 키워서 그런지.. 똑똑하구.. 잘생기구.. 하여튼.. (게). /**역쉬**... 팬 성격에 차이가 다르다!!! (게). /음...전 영화를 넘 넘 좋아하는 24살 학생입니다,,, 그냥 오늘 한 달 만에 처음 방문했는데..**역쉬** 좋네요,,그럼 다들 좋은 한주가 되시길... (게). /**역쉬** 돈이 세상에 전부란 말인가여,,운영자님 부탁 드려여,, (게). /**역쉬**~팀버튼~영화 다 봤다.. (게). /**역쉬**~성욱오빠짱짱~ (게). ㉵역뛰. 역띠. 역쉬이. 역쒸. 욕쉬. 욕시.

역쉬이[<역쉬<역시] 유형 형태변이. ㈜ 풀이 '역시'의 변이형. '역쉬'를 길게 발음하여 더욱 강조하는

느낌을 준다. ¶글서 여기다 올리는데 **역쉬이** 몇번씩 에러나고 시간 무지하게 먹구 ... (게). ㉵역뛰. 역띠. 역쉬. 역쒸. 욕쉬. 욕시.

역쒸[<역쉬<역시] 유형 형태변이.
㈜ 풀이 '역시'의 변이형. '역쉬'를 된소리로 표기하여 원말보다 더욱 힘주어 말하는 느낌을 준다. ¶**역쒸**나 고쳐지지 않은 머슴말투.... (게). ㉵역뛰. 역띠. 역쉬. 역쉬이. 욕쉬. 욕시.

역하다[<욕하다] 유형 형태변이. 동 풀이 '욕'의 변이형. ¶ㄷㅏ른ㄱㅏ수를 왜 **역ㅎㅏㄴㅣㄲㅏ**?? (게). /딴 가수점 **역ㅎㅏㅈㅣㅁㅏㅅㅔ영**.. (게).

연옌[<연예인] 유형 형태변이. 명 풀이 '연예인'의 변이형. ¶이 같은 **연옌**에게 관심 전혀 없는 이런 사람까지도 울 승준빠의 대쪽같은 의지를 알고 있습니돠 (게). ㉵연엔. 욘에인. 욘옌.

연옌[<연예인] 유형 형태변이. 명 풀이 '연예인'의 변이형. ¶여기서 캐쥬얼 잘 어울리는 남자 **연옌** 투표를 하는데여.. (게). /[남자**연옌**과텅화]상혁오빠하구....나하구...텅화해쓰효˘˘ (게). /[여자**연옌**과텅화]효 뤼언니랑 텅화 ˘^-^ (게). /**연옌** 편번?이리와~다있어!노래두있구사진 등˘˘★ (게). ㉵연엔. 욘에인. 욘옌.

열뜀히[<열심히] 유형 형태변이.
뮈 풀이 '열심히'의 변이형. 원말보
다 어눌한 느낌을 준다. ¶이재부터
더 **열뜀히** 바야딩. (게). 웬열띠미
열띰히. 열쉬미. 열시미. 열쒸미. 열
씨뮈. 열씨미. 열씸히. 열찜히. 욜뚬
희. 욜뛰미. 욜뜨뮈. 욜띠미. 욜찌미.

열띠미[<열심히] 유형 형태변이. 뮈
풀이 '열심히'의 변이형. 어린아이
말투를 흉내내어 귀엽거나 어눌한
느낌을 준다. ¶과학시간에 졸려서
졸구 있다가 그 담부터 기분 져아
져서 수업 **열띠미** 들었떠여..^^ (게).
/드뎌 등급이 올랐어여... 추카해주
세여... 아푸로 활동 **열띠미** 할게
여...^^ (게). 웬열뜀히. 열띰히. 열쉬
미. 열시미. 열쒸미. 열씨뮈. 열씨미.
열씸히. 열찜히. 욜뚬희. 욜뛰미. 욜
뜨뮈. 욜띠미. 욜찌미.

열띰히[<열심히] 유형 형태변이. 뮈
풀이 '열심히'의 변이형. 어린아이
말투를 흉내내어 귀엽거나 어눌한
느낌을 준다. ¶하튼..**열띰히** 사진
마니 올려라..쿠하하하.. (게). 웬열
뜀히. 열띠미. 열쉬미. 열시미. 열쒸
미. 열씨뮈. 열씨미. 열씸히. 열찜히.
욜뚬희. 욜뛰미. 욜뜨뮈. 욜띠미. 욜
찌미.

열루[<여기로] 유형 형태변이. 뮈
풀이 '여기로'의 변이형. ¶폰도 있더
염~~~~문팅 하실 분은 **열루** 016~

439~2197 (게).

열분[<여러분] 유형 형태변이. 명
풀이 '여러분'의 변이형. ¶**열분**들 말
대로 96년에 시작한 대형 콘썰의
개인기 그첫번째입니다... (게). /**열
분**.. 저 위로 좀 해주세여.. 일케 이
상한 학겨 다녀야 하다니... (게). /
열분들께 드리는 선물이예염..*^^*
(게). /**열분**..,가서 한번 보세용~~
(게). /**열분**덜두 입뿐 사랑하시구
여~ 행복하세여~...♡(게). 웬요로분.
욜분.

열쉬미[<열심히] 유형 형태변이. 뮈
풀이 '열심히'의 변이형. 원말보다
힘주어 말하는 느낌을 준다. ¶그래
서 누님 때문에 요즘 안보던 TV도
열쉬미 시청하고 있슴다 (게). 웬열
뜀히. 열띠미. 열띰히. 열시미. 열쒸
미. 열씨뮈. 열씨미. 열씸히. 열찜히.
욜뚬희. 욜뛰미. 욜뜨뮈. 욜띠미. 욜
찌미.

열시미[<열심히] 유형 형태변이. 뮈
풀이 '열심히'의 변이형. ¶내용은 그
대로이지만... ^^; **열시미** 해볼랍니
다.. ^^; (게). /**열시미** 치세여..-_-
음..아! 남자님 아직 안끝났나?-_-
(게). 웬열뜀히. 열띠미. 열띰히. 열
쉬미. 열쒸미. 열씨뮈. 열씨미. 열씸
히. 열찜히. 욜뚬희. 욜뛰미. 욜뜨뮈.
욜띠미. 욜찌미.

열쒸미[<열심히] 유형 형태변이.

㉻ ㉮ '열심히'의 변이형. 원말보다 힘주어 말하는 느낌을 준다. ¶**열쒸미**덜 하세여,,,,, (게). /장동건 한 대마꺼 **열쒸미** 뜀박질 합니다 (게). ㉩열뜀히. 열띠미. 열띰히. 열쉬미. 열시미. 열씨뮈. 열씨미. 열씸히. 열찜히. 욜뚬희. 욜뛰미. 욜뜨뮈. 욜띠미. 욜찌미.

열씨뮈 [<열심히] ㉤ 형태변이. ㉻ ㉮ '열심히'의 변이형. 원말보다 힘주어 말하는 느낌을 준다. ¶누나 방송 **열씨뮈** 해주세욤..~ (게). ㉩열뜀히. 열띠미. 열띰히. 열쉬미. 열시미. 열쒸미. 열씨미. 열씸히. 열찜히. 욜뚬희. 욜뛰미. 욜뜨뮈. 욜띠미. 욜찌미.

열씨미 [<열심히] ㉤ 형태변이. ㉻ ㉮ '열심히'의 변이형. ※소리나는 대로 표기한 형태이다. ¶언니 활동 **열씨미** 하세엽~^^ (게). ㉩열뜀히. 열띠미. 열띰히. 열쉬미. 열시미. 열 쒸미. 열씨뮈. 열씸히. 열찜히. 욜뚬희. 욜뛰미. 욜뜨뮈. 욜띠미. 욜찌미.

열씸히 [<열심히] ㉤ 형태변이. ㉻ ㉮ '열심히'의 변이형. ¶님들 **열씸히**들 글남기셈... (게). ㉩열뜀히. 열띠미. 열띰히. 열쉬미. 열시미. 열쒸미. 열씨뮈. 열씨미. 열찜히. 욜뚬희. 욜뛰미. 욜뜨뮈. 욜띠미. 욜찌미.

열찜히 [<열심히] ㉤ 형태변이. ㉻ ㉮ '열심히'의 변이형. 장난스러운 느낌을 준다. ¶글애두 **열찜히** 할려구 저 발행자 재상럽♡ 이랑 부발행자 ◗재상그림자◖노력 많이 하구 있으니깐요~ 꼭 다들 구독 신청해 주세요~★ (게). ㉩열뜀히. 열띠미. 열띰히. 열쉬미. 열시미. 열쒸미. 열씨뮈. 열씨미. 열씸히. 욜뚬희. 욜뛰미. 욜뜨뮈. 욜띠미. 욜찌미.

엽녀 [<엽기+녀] ㉤ 새말. ㉰ ㉮ 비일상적인, 남이 보기에 당혹스러운 행동을 하는 여자. ※통신상에서 '엽기'라는 말이 많이 사용되면서 만들어진 합성어이다. ¶차태현이 **엽녀**와 사귀려면..지켜야할 10가지 수칙과..지하철장면들.. (게).

영대 [<영어/영화+(대화)방] ㉤ 새말. ㉰ ㉮ '영어 대화방' 또는 '영화 대화방'에서 온 말. 영어로 이야기하거나 영화에 대한 주제로 이야기하는 대화방. ¶**영대** 방임돠~. (게). ㉧영퀴방.

영자 [<운영자] ㉤ 새말. ㉰ ㉮ '운영자'의 변이형. 홈페이지를 관리하는 사람. ¶**영자**님두 만이만이 고쳐 주세여 (게). /전**영자**님을 믿고 있습니다 (게). ㉩영자. 웅영자.

영퀴방 [<영화/영어+퀴즈방] ㉤ 형태변이. ㉰ ㉮ 영화/영어에 대하여 질문하는 방. ¶오붓한 **영퀴**방. 이지롱... (대).

옙 [<예] ㉤ 형태변이. ㉴ ㉮ 대

답하는 말 '예'의 변이형. 원말보다 단호한 느낌을 준다. ¶엡???. (대). 참넵.

오께 [<올게(오다)] 유형 형태변이. 동 풀이 '오다'의 활용형인 '올게'의 변이형. ※소리나는 대로 표기하여 대화의 현장감을 높이고 장난스러운 느낌을 준다. ¶셋구 **오께**'!. (대). /잠시 타야징 ㅡ.ㅜ 셋구 **오께**요. (대).

오널 [<오늘] 유형 형태변이. 명 풀이 '오늘'의 변이형. 원말보다 귀엽고 장난스러운 느낌을 준다. ¶**오널** 언어영역문제집을 푸는데 오빠들 얘기가..여러분들께서 어떠신지 평가해주셔여. (게). /[잡솔] **오널** 영어시간에... (게). /글서 **오널** 크렌시아가서 배가릴^^;;; 조끼와 니트 하나 샀습져^^ (게). /**오널** 기분 넘 져아여... (게). /**오널** 영어시간에여 영어샘이 들어오시더뉘 "강타가 노래를 참 잘하지?" 라구 하시눈고예요^-^. (게). /안녕하세요.. **오널** 새로가입했습니다.. (게). /난 **오널** 죽음의 날이써다..... (게). /**오널**도 즐거운 하루 되세여~! (게). 관어널. 어눌. 어늘. 오눌. 올.

오눌 [<오늘] 유형 형태변이. 명 풀이 '오늘'의 변이형. 말하는 사람이 좀 무뚝뚝한 느낌을 준다. ¶구래덩 **오눌** 인기 가요에 ㄴ ㅏ ㄹ ㅏ 누 낭 ㄴ ㅏ ㅇ ㅓㅈ ㅕ? (게). /그럼

오눌 한 컴백쇼는 언제 방송 되는 거죠??... 언제 어디서 몇시에 하는지.. 자세히 쥼 알려주세여...^^*... (게). /**오눌** 뎡말 행벅해떠 ㅠ.ㅜ 나더 우느라^^; 승준날개 (게). /**오눌**이 막방인데 가지두 몬하구......ㅠ.ㅠ (게). 관어널. 어눌. 어늘. 오널. 올.

오디 [<어디] 유형 형태변이. 명 풀이 '어디'의 변이형. 원말보다 귀엽게 말하는 느낌을 준다. ¶그롬 **오디** 살아여?. (대). 관어뒤. 어듸.

오딧지 [<어디+있지] 유형 형태변이. 복 풀이 '어디 있지'의 변이형. 원말보다 귀여운 느낌을 준다. ¶운영자님은 **오딧지**?? (대).

오또케 [<어떻게(어떻다)] 유형 형태변이. 형 풀이 '어떻다'의 활용형 '어떻게'의 변이형. 원말보다 귀여운 느낌을 준다. ¶**오또케** 글도 안뜰수가.....? 뜨는것도 넘 느린거 아니에염? (게). 관어캄. 어떠케. 어드케. 어케. 얼케. 오케. 오토케. 으뜨케. 으쯔케.

오똔 [<어떤] 유형 형태변이. 관 풀이 '어떤'의 변이형. 원말보다 귀여운 느낌을 준다. ¶안흥하세..★☆⊠망치군멜주소가 col-shi@한멜 마따요?? ★**오똔**휀이 그러더네여.. ──ⓐ★ (게). 관어떵.

오라버뉘 [<오라버니] 유형 형태변이. 명 풀이 '오라버니'의 변이형.

원말보다 힘주어 말하는 느낌을 준
다. ¶빌 **오라버늬** 대구 오신대서
여... (게).

오뤠전 [<오래전] 유형 형태변이. 명
풀이 '오래'의 변이형. 원말보다 힘
주어 말하는 느낌을 준다. ¶나능 **오
뤠전**에 아키하바라럴 따운 바닷쥐
럭. (게).

오뻐 [<오빠] 유형 형태변이.
명 풀이 '오빠'의 변이형. ¶성이 **오
뻐** 폰이 뭐예용?? .. (게). 관뻐².
어바. 어빠. 업바. 업빠. 옵. 옵빠.
옵빴. 욧빠.

오션 [<오디션 (audition)] 유형 형
태변이. 명 풀이 '오디션'의 변이형.
¶제가 **오션** 봄 떨어 지는 걸 알지
만 잼있을꺼 가타서 ㅋㅋ 떨리네여
ㅋㅋㅋㅋ (게).

오옷 [=오옷] 유형 새말. 감 풀이 놀
람, 기쁨 등의 감정을 표현할 때 사
용하는 표현. 주로 긍정적인 반응을
표시한다. ¶잡솔] **오옷~** 짐 쿨 누래
부르는데.. 휜풍선이..——;;. (게).

오케 [<어떻게 (어떻다)] 유형 형태
변이. 형 풀이 '어떻다'의 활용형
'어떻게'의 변이형. ※평북 방언형이
다. ¶**오케** 하는데? (대). /fangod3
기는 언제 **오케** 갑해여? 알 수 있
눈 방법점 갈켜주심 감솨하겠숨당~
참.. 어널 질문도 마나여..;;;. (게). /
영자님아~~~**오케**된고예역!!!아뒤

까지는돼는데. (게). 관어캄. 어떠케.
어뜨케. 어케. 얼케. 오또케. 오토케.
으뜨케. 으쯔케.

**오토소개하다 [<오토 (auto)+소개
하다]** 유형 새말 동 풀이 대화방
에서 알아서 자기 소개를 하다. ※
대화방에 들어가면 순차적으로 성
명, 나이, 성별, 사는 곳 따위를 묻
게 되는데, 이를 알아서 한꺼번에
소개하라는 뜻이다. ¶**오토소개해
여~**. (대) 참자소하다.

오토케 [<어떻게 (어떻다)] 유형 형
태변이. 형 풀이 '어떻다'의 활용형
'어떻게'의 변이형. ¶나 해킹당했어
오토케??? (게). 관어캄. 어떠케. 어
뜨케. 어케. 얼케. 오또케. 오케. 으
뜨케. 으쯔케.

온냐 [<언니] 유형 형태변이.
명 풀이 '언니'의 변이형. ¶울 **온 냐**
께 서 포 샵 을 아 주 쬐 끔 해 서
시 리. (게). /헤에;; **온냐**두 곧 생
기시게쪄-+ (게). 관언냐. 언뉘. 언
늬. 언랴. 언뤼. 엉늬. 온니. 옹뉘.
옹니.

온니 [<언니] 유형 형태변이.
명 풀이 '언니'의 변이형. 원말보다
귀여운 느낌을 준다. ¶참, **온니** 나
오늘 워드 셤치구 와따 ——;;;. (대).
/할롱..지아 나는 유칵년 사반 애연
이 **온니당**~~~~! (게). /혜교 **온니**
(게). /푸하하하...**온니** 그럴줄 알았

스.. 벗어날수 엄따..그대는 쓰레빠 여인네...ㅋㅋㅋㅋ 아침부터 열라 기분 나쁜 일만 있었지만..오후에 좋은 일 생길려구 액땜했다구 생각하구.. **온니** 기분 풀어..알쮜... **온니**는 애교있게 화~알~쫙 웃는게 이쁘.. 웃으면 복이 온대자노..웃으며 잊읍시다..ok!!! (게). ㉮언냐. 언늬. 언니. 언랴. 언뤼. 엉늬. 온냐. 옹늬. 옹니.

온뤼간만[<오래간만] 〔유형〕 형태변이. 몡 풀이 '오래간만'의 변이형. ¶**온뤼 간만**에 오눈데... (게).

온제[<언제] 〔유형〕 형태변이. 몡 풀이 '언제'의 변이형. ※경남 방언형이다. ¶**온제**모여되지않겠뉘...??? (게). /**온제** 떠 휴가를 기댕겨 보낭..음... (게). /너 증말이여 또?? 얼마간인데? 무신일러 가는데? **온제**오는데? 앙? (게). ㉮은쮀.

올[<오늘] 〔유형〕 형태변이. 몡 풀이 '오늘'의 변이형. ¶**올** 회원증 도착한고 있죠... 헛헛헛 참.... (게). /아웅~ **올**도 일케 시간을 때우는구낭--; (게). ㉮어널. 어눌. 어늘. 오널. 오눌.

올뤼다[<올리다] 〔유형〕 의미전이/형태변이. 동 풀이 '올리다'의 변이형. 게시판에 글을 쓰거나 자료를 등록하다. ¶콘썰뚜때메.. 글을**올뤼눈데** 염... (게). ㉮올리다. 욜리다.

올마[<얼마] 〔유형〕 형태변이.

몡 풀이 '얼마'의 변이형. ¶나라누나 땜시 수능이 **올마** 안남으신 흉아 누님들은 다 S대 K대 Y대 합곡하실거애여~ (게).

올만[<오랜만] 〔유형〕 형태변이. 몡 풀이 '오랜만'의 변이형. ¶뒨따 **올만**에 들어와봤넹~ (게). /**올만**이네여... (게). ㉮어랜만. 얼만. 올앤만.

올애돌옥[<오래도록] 〔유형〕 형태변이. 뷔 풀이 '오래도록'의 변이형. ¶츄카츄카!!!!! **올애돌옥** 사귀세효!!!! (게).

올앤만[<오랜만] 〔유형〕 형태변이. 몡 풀이 '오랜만'의 변이형. ¶군디 난 탐 **올앤만**에 글쑤넼...ㅎㅎ (게). ㉮어랜만. 얼만. 올만.

옴다[<없다] 〔유형〕 형태변이. 혱 풀이 '없다'의 변이형. ¶그 아디 **옴눈뎀** (대). ㉮엄다. 엄따. 옵다. 음따. 읍따. 읍땅.

옴뫄[<엄마] 〔유형〕 형태변이. 몡 풀이 '엄마'의 변이형. ¶그덩안 오구시퍼가꼬 몰래몰래 슬쩍 할라다가 바루 **옴뫄**항퉤 딱 걸리그∞-_-|||| 재수뽕이닷!!!★ㅋ_ㅋ (게).

옵[<오빠] 〔유형〕 형태변이. 몡 풀이 '오빠'의 변이형. ¶[긴급공지]96626 글에 있는 변돌**옵** 생일이요.... (게). /변돌**옵**...어제까지만 해도 아침일쩍 문자보내야지 생각했는데.. 깜빡했어여... 좋은 하루 보내구여.... **옵** 덕

담한마디.....빨랑 결혼해여...^^ (게).
/Re:운석옵 생일이었어??? 츄카츄
카!!! (게). 웹빼². 어바. 어빠. 업바.
업빠. 오뻐. 옵빠. 옵빠. 욧빠.

옵다 [<없다] 유형 형태변이.
　형 풀이 '없다'의 변이형. 어린아이
말투를 흉내내어 애교스럽고 귀여
운 느낌을 준다. ¶들어갈수가옵더
여어어어〰〰〰〰!!! (게). 관
엄다. 엄따. 옴다. 음따. 읍따. 읍땅.

옵빠 [<오빠] 유형 형태변이.
　명 풀이 '오빠'의 변이형. ¶그리공.
옵빠.장염때문에한참.아푸실때. 보약
그림이 그려진.멜을.날렸거덩여 구러
뉘까. (게). /특히 죠디 **옵빠** 팬은
읽어 나두 팬인데 이거 읽으니까 넘
좋더라..... (게). 관빼². 어바. 어빠.
업바. 업빠. 오뻐. 옵. 옵빠. 욧빠.

옵빠 [<오빠] 유형 형태변이.
　명 풀이 '오빠'의 변이형. ¶재훈옵빠
랑~100일에엽~*^~* 관빼². 어바. 어
빠. 업비. 업빠. 오뻐. 옵. 옵빠. 욧빠.

옹뉘 [<언니] 유형 형태변이.
　명 풀이 '언니'의 변이형. ¶옹 니 너
무 해여 . <나라옹뉘> (게). /ㄲ ㅑ
악 알려뷰당~ 땡큐 **옹뉘**야~ (게).
관언냐. 언뉘. 언늬. 언랴. 언뤼. 엉
늬. 온냐. 온니. 옹니.

옹니 [<언니] 유형 형태변이.
　명 풀이 '언니'의 변이형. ¶옹 니 너
무 해여 . .<나라옹뉘> (게). 관언

냐. 언뉘. 언늬. 언랴. 언뤼. 엉늬.
온냐. 온니. 옹뉘. 온니. 관언냐. 언
뉘. 언늬. 언랴. 언뤼. 엉늬. 온냐.
온니. 옹뉘.

완복 [<완벽] 유형 형태변이.
　명 풀이 '완벽'의 변이형. 원말보다
귀여운 느낌을 준다. ¶나라 엉늬..**완
복** 그 쟈체 (게).

완저니 [<완전히] 유형 형태변이. 부
　풀이 부족함이 없음. ¶우정vs사랑
나 **완저니** 새돼쓰 ⌐(---)⌐ (게).
관완존히. 완존히.

완존 [<완전] 유형 형태변이/통사변
이. 부 풀이 '완전'의 변이형. 원말
보다 귀여운 느낌을 준다. ※본래
명사이나 통신언어로는 종종 부사
로 쓰인다. ¶내 여친=**완존** 아줌마.
(대). 관완존.

완존히 [<완전히] 유형 형태변이. 부
　풀이 '완전히'의 변이형. ※'완존히'
는 현재 입말에서 장난스러운 말투
로 사용하기두 한다. ¶이제 몸이많
이좋아진것같군아 근데 난 너 아픈
줄 몰랐다 전혀 (때리지는마라!) 아
무튼 원기충천 한다니 다행이다. 담
에나올때는 **완존히** 다 충전(건전지
인가?) 해서 나오길 바란다. (게).
관완저니. 완존히.

완죤 [<완존<완전] 유형 형태변이.
　부 풀이 '완전'의 변이형. 원말보다
강조하는 느낌을 준다. ※본래 명사

이나 통신언어로는 종종 부사로 쓰인다. ¶미테글 보면 이경인, 또 누구더라? 암튼 가들 **완죤** 폭탄....ㅋㅋ (게). ㉭완존.

완죤히 [<완존히<완전히] 유형 형태변이. ⬚ 풀이 '완전히'의 변이형. 원말보다 강조하는 느낌을 준다. ¶Re:마야......넌 날 보면 **완죤히** 생각이 바뀔꼬얌.....헤~~~ 마야....우린 좋은 친구가 될 수 있을것 같아.... 올해가 가기전에 꺽 한번 보자구나...... 딘짜루 덩마루 보고파잉..... 우리 만날 수 있는 날을 학수고대 하면서....... 오늘도 존 하루.......^** (게). /창단식.. **완죤히** 감덩의 물결... ㅠ_ㅠ 살앙해여 (게). ㉭완저니. 완존히. 완죤히.

왜캐 [<왜+이렇게] 유형 형태변이. ⬚ 풀이 '왜 이렇게'의 변이형. ¶**왜캐** 인간이 독종이댔지 (게). ㉭왜케. 왠케. 웰케.

왜케 [<왜+이렇게] 유형 형태변이. ⬚ 풀이 '왜 이렇게'의 변이형. 원말보다 장난스러운 느낌을 준다. ※ '왜 이렇게'의 가장 대표적인 변이형이다. ¶**왜케** 안돼. (대). /근데 여긴 **왜케** 좁은거야.. -_- (게). /요즘엔 **왜케** 말들이 많은지........ (게). ㉭왜캐. 왠케. 웰케.

왠케 [<왜+이렇게] 유형 형태변이. ⬚ 풀이 뜻하지 않은 상황에 대해

의문을 나타내는 '왜 이렇게'의 변이형. 원말보다 장난스러운 느낌을 준다. ¶**왠케** 어려운 숙제를...--;; (게). ㉭왜캐. 왜케. 웰케.

웰케 [<왜+이렇게] 유형 형태변이. ⬚ 풀이 '왜 이렇게'의 변이형. ¶31일 날 스케쥴 **웰케** 많지-_- (게). /근뎅 비가 **웰케** 내리는지........쩝 (게). /날씨 **웰케** 더운거죠~? (게). /사람들이 **웰케** 없지.....쩝.. (게). /**웰케** 비싸지?--;; ㉭왜캐. 왜케. 왠케.

외론 [<외로운(외롭다)] 유형 형태변이. ⬚ 풀이 '외롭다'의 활용형 '외로운'의 변이형. ¶저두 **외론** 남자입니다. (게).

요듐 [<요즘] 유형 형태변이. ⬚ 풀이 '요즘'의 변이형. ¶**요듐**에여 나라짱은 멜확인 안해여? (게). /**요듐**에내멜이불통이거던,,구러니깐 이뿔쌍한아이에게멜듐버내듀엇쑴조켓따˜ (게). ㉭여즘. 요듬. 요딈. 요딤. 요점. 요줌.

요듬 [<요즘] 유형 형태변이. ⬚ 풀이 '요즘'의 변이형. 좀 어눌한 느낌을 준다. ¶**요듬** 칭구들끼리 포뚜리스하누라..(하다가　안하뉘게 잼이써여^^;;) (게). ㉭여즘. 요듐. 요딈. 요딤. 요점. 요줌.

요딈 [<요즘] 유형 형태변이. ⬚ 풀이 '요즘'의 변이형. ¶글거뤼 **요딈**(◎ㅐㅉ) 하꾜에떠능 점심방송

때 아주 그냥 『강㉧』 스페셜......∞
이더군효 ㅡ_ㅡ凸 (게). ㉪여즘. 요
듐. 요듬. 요딤. 요점. 요줌.

요딤 [<요즘] 유형 형태변이.
　명 풀이 '요즘'의 변이형. ¶**요딤** 추
워지기 시작해뜸~ (게). ㉪여즘. 요
듐. 요듬. 요딤. 요점. 요줌.

요로분 [<여러분] 유형 형태변이. 명
풀이 '여러분'의 변이형. 원말보다
좀 어눌한 느낌을 준다. ¶제가 이번
주는 학원특별보강도 있고 마무리
지을 중요한일들이 넘 많아서 또
정모찬스를 놓치게 되었군요. 언제
이쁘게 생겼을지 모를 운영자 **요로
분**들을 보냠... (게). ㉪열분. 욜분.

요자 [<여자] 유형 형태변이.
　명 풀이 '여자'의 변이형. ¶저는 모
나지 않은 성격에 좋은환경에서 제
대로 자란 방년23살의 평범한 **요자**
입니다. (게). ㉪녀. 여좌.

요점 [<요즘] 유형 형태변이.
　명 풀이 '요즘'의 변이형. ¶언냐 힘
내염 요점 많이 지치나부당 이궁,,
날씨두 **요점** 꾸물꾸물하징 (게). /
안나때욤^^ 저는 젝팬인뎀... **요점**
울 오빠들이 소식이 뜸하자나늄...
(게). ㉪여즘. 요듐. 요듬. 요딤. 요
딤. 요줌.

요줌 [<요즘] 유형 형태변이.
　명 풀이 '요즘'의 변이형. 원말보다
힘주어 말하는 느낌을 준다. ¶오빠

요줌 맨날 공부만 하나바요~ㅋㅋ
(게). /**요줌**에 바뿐가봐여.. 제감 8
통.. 보냈는데.. 멜이 1개 밖에 안왔
어염.. 글애두.. 이뿌구 귀엽잖아여..
^^ 멜 한번 보내보세염.. ^^ (게). ㉪
여즘. 요듐. 요듬. 요딤. 요딤. 요점.
요줌.

욕방 [<욕+방] 유형 새말. 명 풀이
비속어나 은어를 사용할 것을 미리
약속하고 개설한 대화방. ¶**욕방**~!!!
신거하면뒤져 (게).

욕쉬 [<역시] 유형 형태변이.
　부 풀이 '역시'의 변이형. ¶중말^^
욕쉬. (대). ㉪역뛰. 역띠. 역쉬. 역
쉬이. 역쒸. 욕시.

욕시 [<역시] 유형 형태변이.
　부 풀이 '역시'의 변이형. ¶**욕시** 노
래는 듣기는 즐겁지만 부르는건 힘
들어.. (게). ㉪역뛰. 역띠. 역쉬. 역
쉬이. 역쒸. 욕쉬.

욘락 [<연락] 유형 형태변이.
　명 풀이 '연락'의 변이형. 원말보다
어눌한 느낌을준다. ¶016-624-8776
제 번호구여..마뉘 **욘락** 주셉!! (게).

욘에인 [<연예인] 유형 형태변이. 명
풀이 '연예인'의 변이형. 원말보다
어눌한 느낌을 준다. ¶**욘에인**들 멜
주소 (게). ㉪연옌. 연옌. 욘옌.

욘옌 [<연예인] 유형 형태변이. 명
풀이 '연예인'의 변이형. ¶[남자**욘옌**
(게). ㉪연옌. 연옌. 욘에인.

욜뚬희[<열심히] 유형 형태변이. 부
풀이 '열심히'의 변이형. 좀 어리숙
한 느낌을 준다. ¶아므통 영희얌 온
리누님 잊줘말그 경브 **욜뚬희** 쒜리
락 ㅋ_ㅋ (게). 관열띔히. 열띠미.
열띰히. 열쉬미. 열시미. 열쒸미. 열
씨뮈. 열씨미. 열씸히. 열찜히. 욜뛰
미. 욜뜨뮈. 욜띠미. 욜찌미.

욜뛰미[<열심히] 유형 형태변이. 부
풀이 '열심히'의 변이형. ¶음 열분
제몫까지 응원 **욜뛰미** 하세여 (게).
관열띔히. 열띠미. 열띰히. 열쉬미.
열시미. 열쒸미. 열씨뮈. 열씨미. 열
씸히. 열찜히. 욜뚬희. 욜뜨뮈. 욜띠
미. 욜찌미.

욜뜨뮈[<열심히] 유형 형태변이. 부
풀이 '열심히'의 변이형. ¶암틍가네
경부**욜뜨뮈** 해야것줴~ ㅇ ㅏㅎ ㅏ
ㅎ ㅏ~ (게). 관열띔히. 열띠미. 열
띰히. 열쉬미. 열시미. 열쒸미. 열씨
뮈. 열씨미. 열씸히. 열찜히. 욜뚬희.
욜뛰미. 욜띠미. 욜찌미.

욜띠미[<열심히] 유형 형태변이. 부
풀이 '열심히'의 변이형. ¶하하~~추
카추카!! **욜띠미** 하세요...상아님..
(게). 관열띔히. 열띠미. 열띰히. 열
쉬미. 열시미. 열쒸미. 열씨뮈. 열씨
미. 열씸히. 열찜히. 욜뚬희. 욜뛰미.
욜뜨뮈. 욜찌미.

욜리다[<올리다] 유형 형태변이. 동
풀이 '올리다'의 변이형. 게시판에

글을 쓰거나 자료를 등록하다. ¶언
뉘가 내 사딘 또 보여 달라거 해서
또 **욜리게** 되죠 (게). 관올리다. 올
뤼다.

욜분[<여러분] 유형 형태변이. 명
풀이 '여러분'의 변이형. ¶[가입인
사] **욜분** 방가와요...*^^* (게). 관
열분. 요로분.

욜씸[<열심] 유형 형태변이.
명 풀이 '열심'의 변이형. 원말보다
귀여운 느낌을 준다. ¶암튼 암튼 망
치빠일 **욜씸**~~~~!!!*^^* (게).

욜찌미[<열심히] 유형 형태변이. 부
풀이 '열심히'의 변이형. ¶공부 **욜찌
미** ㅎ ㅐ ㅅ ㅓ ... 우 ㄹ ㅣ ㅁ ㅓ
ㄷ ㅓ 좋은 대학ㅇ ㅔ ㅅ ㅓ ㅈ ㅕ
은 선 ㅂ ㅐ 님 후배님..으 ㄹ ㅓ
만납니시당...;;; (게). 관열띔히. 열
띠미. 열띰히. 열쉬미. 열시미. 열쒸
미. 열씨뮈. 열씨미. 열씸히. 열찜히.
욜뚬희. 욜뛰미. 욜뜨뮈. 욜띠미.

욧빠[<오빠] 유형 형태변이.
명 풀이 '오빠'의 변이형. ¶**욧빠** 사
랑해 나 기욕해 해 (게). 관빠². 어
바. 어빠. 업바. 업빠. 오뻐. 옵. 옵
빠. 옵빠.

용던[<용돈] 유형 형태변이.
명 풀이 '용돈'의 변이형. 원말보다
좀 어눌한 느낌을 준다. ¶나 **용던**
다 떨어졌어..ㅡ,.ㅜ" 그렇게 점백
고스톱을 열씨미 쳐서 만원이라는

돈이 생기면 동생눈을 피해 둘이 몰
래 집밖으로 외출한당~~ (게). /**용
던**두 안 받는담미다... ㅠ.ㅠ (게).

우녕자[<운영자] 유형 형태변이. 명
풀이 '운영자' 홈페이지를 관리하는
사람. ※소리나는 대로 표기한 형태
이다. ¶**우녕자**님이 글 남기셨넹
(게). ⑲영자. 웅영자.

우띠[<우씨(?)] 유형 새말. 깜 풀이
상대방에게 자신의 기분이 별로 좋
지 않음을 나타내는 표현. ※입말에
서 쓰는 비속어 '우(이)씨'에서 온
것으로 보인다. 자신의 기분이 그다
지 유쾌하지 않음을 상대방에게 노
골적으로 드러내지 않고 귀엽게 또
는 완곡하게 표현하려는 말투로 보
인다. ¶좋은 생각이넹... 글케 살구
시픈데.. 난 아까부텀 하늘보믄서...
우띠... 왜 저러코롬 파란거시냐...내
기분도 모르궁... (게). /고속버스눈
머야... **우띠**.... 궁금해.. (게). /**우
띠**!! 최대한 아픈척 해야한다!! (게).
/**우띠**.....역쉬...이제는......설루...못 뜬
구 말할줄 알아찌....아니당... (게).
⑲우띵.

우띵[<우띠] 유형 새말. 깜 풀이 상
대방에게 자신의 기분이 별로 좋지
않음을 나타내는 표현. 통신언어
'우띠'의 변이형. ¶**우띵**~ 덩치는 남
산만 해갖구 인왕산 호랭이가 뜯어
먹으면 일주일정도는 거뜬히 포식

할거 갖구만 왜 덩치 값 못하고 아
프고 그란댜--; 니가 아프면 내가
넘 심심하잖여--; 괜히 막 기분이
나빠지는군--; (게). ⑲우띠.

우렁하다[<우롱하다] 유형 형태변
이. 동 풀이 '우롱하다'의 변이형. ¶
참나! 기가 막혀서 돈 퍼먹는데서
는 잘알고 **우렁했다**는 말은 모르
냐..... (게).

우릐[<우리] 유형 형태변이.
명 풀이 '우리'의 변이형. ¶**우릐** ⓔ
몗승준오빠 낼 만나역 ^^* 레드빛
승준 (게). ⑲울.

우성[<우선] 유형 형태변이.
뮌 풀이 '우선'의 변이형. ¶..**우성**....
되성함돠.......그치만......ㄲ지는 말아
주세여........이거 한번만 읽어보세
여....^^* (게).

우왕[<우아)] 유형 형태변이.
깜 풀이 기대 밖의 일을 당하여 기
뻐함을 나타내는 말. ¶**우왕**~고맙습
니다 멋진 아줌마가 될게여^^; (게).

우이띠[<우띠] 유형 새말. 깜 풀이
상대방에게 자신의 기분이 별로 좋
지 않음을 나타내는 표현. 통신언어
'우띠'의 변이형. ¶**우이띠**..그런것이
다 있떠떠?? 아고아고..... 또 다른것
으로 바꺼야 게따...ㅋㅋㅋ (게). ⑲
우띠. 우띵.

우케케케 [=우케케케] 유형 새말.
깜 풀이 기분이 좋아 웃는 소리를

나타내는 말. ¶**우케케케** 신나당 ^^ 승준애미닷 (게).

우헐헐[=우헐헐] [유형] 새말. [감] [풀이] 장난스럽게 웃는 소리를 나타낸 표현. ¶Re:★**우헐헐**...ㅡ.ㅜ영원하리~H.O.T.,<냉무> . (게).

우헤헤헤[=우헤헤헤] [유형] 새말. [감] [풀이] 장난스럽게 웃는 모양. ¶승준앙~ #조다..바꾸지... #ㅎ #**우헤헤헤** (대). /**우헤헤헤** 풀벌레처럼 밤하늘을 이블삼아 달을 베개 삼아 별들의 속삭임을 자장가 삼아 잠을 청한는 벌레 처럼 살고 싶오 ^^* (게). /소정언냐 화이팅!!! 굴고 게시판에 **우헤헤헤** 링크 넘 감솨해요~ /**우헤헤헤** 기분 좋당~~~~쿄쿄쿄쿄. (게).

욱기다[<웃기다] [유형] 형태변이. [동] [풀이] '웃기다'의 변이형. ¶Re:Re:Re: 뭐얌~~덩생 널리면 빼락마자욤^^;; 케 ㄱ ....누나야가...따랑을 몰라...?... 그 나이에...? 커ㄱ ....누나야가 날 **욱.겨**.둑.인.당....^^ (게).

운덩[<운동] [유형] 형태변이. [명] [풀이] '운동'의 변이형. 원말보다 어눌한 느낌을 준다. ¶쩝.. **운덩**두 가치하고 싶은데 (게).

운덩하다[<운동하다] [유형] 형태변이. [동] [풀이] '운동하다'의 변이형. ¶불쌍한내인생..ㅠ.ㅠ 낼부터는 정말 안토하고 **운덩해소** 살빼야쥐..ㅡ.ㅡ;; 앞으로4키루남았다.. (게).

운덩회[<운동회] [유형] 형태변이. [명] [풀이] '운동회'의 변이형. ¶앗 사랑이 내 학겨 낼 **운덩회** 해요^^ (게).

울[<우리] [유형] 형태변이/통사변이. [관] [풀이] '우리'의 변이형. 원말보다 귀여운 느낌을 준다. ※일반 언어 '우리'의 품사는 명사인데 '우리'의 통신언어인 '울'은 관형사로만 쓰인다. ¶**울** 여벙 욕 쟁이당. (대). /**울**집 지하철. (대). /**울**집. (대). /**울**앤이 좋아할것같아서... . (게). /금 언제나 **울** 군들같은 하루 버내시구여, 낼 하루종일 강타오빠 너래들으면서 행벅하세여.. (게). /지금 **울** 동아리두...하고 많은 대학 중에서 또 많고 많은 동아리 중에서 만난 사람들이니까. (게). /머... 귀찮으시면 안해줘도 좋지만.....**울**동기들은 좀 해줬으면 하네요. (게). [관]우리.

울뒵[<우리+집] [유형] 형태변이. [명] [풀이] '우리 집'의 변이형. ¶**울뒵**은... 방학때 삼지세끼를 라면으로 다 때울정도로... 라면 열라 져아합뉘다. 여즘은 던두 엄꾸.. 없어서 못먹습니다. (게). [관]울집.

움[<음] [유형] 형태변이. [감] [풀이] 무엇을 수긍하는 뜻으로 입을 다물고 내는 소리 '음'의 변이형. 원말보다 더 힘주어 소리 내는 느낌을 준다. ¶**움**... 저번에두 여기 후기방에 글

올렸었거등여? (게).

웅[<응] [유형] 형태변이. [감] [풀이] 물음이나 부름에 대해 반문하거나 대답할 때 하는 말 '응'의 변이형. 원말보다 귀여운 느낌이나 다소 어눌한 느낌을 준다. ¶구낭 너래라 들을까 #**웅**. (대).

웅영자[<운영자] [유형] 형태변이. [명] [풀이] '운영자'의 변이형. 홈페이지를 관리하는 사람. 원말보다 좀 어눌한 느낌을 준다. ¶우_우 **웅영자**님~ 아직도 도착안했어요~?? (게). [관]영자. 우녕자.

웅원[<응원] [유형] 형태변이. [명] [풀이] '응원'의 변이형. 원말보다 어눌한 느낌을 준다. ¶음 열분 제몫까지 **웅원**을뛰미 하세여 (게).

원내[<원래] [유형] 형태변이. [명] [풀이] '원래'의 변이형. 좀 어눌한 느낌을 준다. ¶어제... **원내** 계획은 봉개 가려구 해뜸니다만... 며틸전 눌캐한 벨 사껀으로 인하여... 걍 딩내에서 칭구드리랑 술을 푸기로 해씀니다. (게).

월욜[<월요일] [유형] 형태변이. [명] [풀이] '월요일'의 변이형. ¶지난주 **월욜**에 글을 올렸는데 많은 사람들이 봐주시고 힘내란 말도 해주셔넘 고마워여...^^(게).

위문편쥐[<위문편지] [유형] 형태변이. [명] [풀이] '위문편지'의 변이형. ¶ **위문편쥐**(-_-.) 많이 하세요~ (게).

유령회원[=유령+회원] [유형] 새말. [명] [풀이] 통신상의 모임이나 동호회에 가입하고 활동을 하지 않는 회원. ¶싸이를 좋아하기에 갑했구 열심히 해서 **유령회원**만은 안돼겠음돠... (게).

유부방[<유부녀+방] [유형] 새말. [명] [풀이] 기혼 여성들이 참여하는 대화방. ¶**유부방**............암나..........오세용 (게).

으뜨케[<어떻게(어떻다)] [유형] 형태변이. [형] [풀이] '어떻다'의 활용형 '어떻게'의 변이형. 좀 어리숙한 느낌을 준다. ¶**으뜨케** 굴훼 나랑 또까틍 생각을 가지거 잇능 게 효.-_-+ (게). [관]어캄. 어떠케. 어뜨케. 어케. 얼케. 오또케. 오케. 오토케. 으쯔케.

으쯔케[<어떻게(어떻다)] [유형] 형태변이. [형] [풀이] '어떻다'의 활용형 '어떻게'의 변이형. ¶으흠... **으쯔게** 들음 헛소리궁.. (게). [관]어캄. 어떠케. 어뜨케. 어케. 얼케. 오또케. 오케. 오토케. 으뜨케.

읏담[<이다음] [유형] 형태변이. [명] [풀이] '이다음'의 변이형. ¶군데 하느님께 죄인이 되어서 **읏담**엔 열시미 기도 하면되져뭐 (게).

은제[<언제] [유형] 형태변이. [부] [풀이] '언제'의 변이형. 원말보다

힘주어 말하는 느낌을 준다. ¶물탸 ⇒ **은줴** 날 자바가꼬 즐겁께 담소나 뜨자무나~ 나으 살앙하능 팅구효-- 싸랑한Day☆ 덜문> 지니어케 햇??--_--^ (게). [관]온제.

은줴나[<언제나] [유형] 형태변이. [부][풀이] '언제나'의 변이형. 원말보다 힘주어 말하는 느낌을 준다. ¶글거 막빵은 **은줴나** 함께(?)해뜬 스페셜 쪼가리!!!!★ (게). /마지막은 **은줴나** 쫌 시간울 끄눈 법....이라거 해바야 암두 앙 기둘렷줴?

음녜[<없네(없다)] [유형] 형태변이. [형][풀이] '없다'의 활용형인 '없네'의 변이형. ¶ㅇ ㅔㄱ ㅓㄱ ㅓ..정모는 말만 ㄴ ㅏ온건강?? ㅎ ㅣㅎ ㅣ..은근히 기다리고있었눈뒝..^^ 소식이 **음누 ㅔㅇ ㅕ**~~~^^ (게).

음따[<없다] [유형] 형태변이. [형][풀이] '없다'의 변이형. 보다 귀여운 느낌을 준다. ※통신언어 상에서 과거시제 선어말 어미 '-았/었-'이 사용되는 경우에 어미를 'ㄸ'형의 된소리로 표기하는 경향이 있는데, 'ㅅ' 받침이 들어가는 용언의 활용형에도 이러한 경향이 반영되는 것으로 보임. ¶반찬은 할줄 아는거 전혀 **음따**;;;. (대). /반찬은 할줄 아는거 전혀 **음따**;;;. (대). [관]엄다. 엄따. 옴다. 옵다. 읍따. 읍땅.

음캠[<음악+캠프] [유형] 형태변이. [명][풀이] '음악 캠프'에서 온 말. 텔레비젼의 프로그램의 이름. ¶**음캠** 인가여 인기가요인가여 뮤직뱅크 인가여 (게). /테제양은 저번 **음캠** 때보다 엄청나게 바뀐모습에 놀랐고... (게).

음통[<엄청] [유형] 형태변이. [부][풀이] '엄청'의 변이형. 원말보다 어눌한 느낌을 준다. ¶암통가눼 어제 하루 **음통**나게 뒵부뉘기가 쓸---------벌∞ 해가꼬. (게).

음통나다[<엄청나다] [유형] 형태변이. [형][풀이] '엄청나다'의 변이형. ¶암통가눼 어제 하루 **음통나게** 뒵부뉘기가 쓸---------벌∞해가꼬. (게).

음훼훼[=음훼훼] [유형] 새말. [감][풀이] 매우 호탕하게 웃는 소리. ¶**음훼훼** 나더 테레비 보고 가입했뜹니다 (게).

읍따[<없다] [유형] 형태변이. [동][풀이] '없다'의 변이형. ※경기, 충청, 황해도 방언형이다. ¶난 영식이를 용서할수 **읍따**!!!!~~ (게). /말이**읍따**. (대). [관]엄다. 엄따. 옴다. 옵다. 음따. 읍땅.

읍땅[<없다] [유형] 형태변이. [형][풀이] '없다'의 변이형. ¶미지선배님한텐 아직 연락 **읍땅**......훔훔훔.. (게). [관]엄다. 엄따. 옴다. 옵다. 음따. 읍따.

이겅[<이것] [유형] 형태변이.

명 풀이 ‘이것’의 변이형. 원말보다 귀여운 느낌을 준다. ¶**이겅** ..[소재석] (대).

이기 [<여기] 유형 형태변이.
명 풀이 ‘여기’의 변이형. ※함북 방언형이다. ¶**이기**부터 댄스부 카페. (게).

이뎨 [<이제] 유형 형태변이.
부 풀이 ‘이제’의 변이형. ¶죄송.. 문말인디 **이뎨** 이해가 가네요.. (게). 관이뒈. 잉줴

이뒈 [<이제] 유형 형태변이.
부 풀이 ‘이제’의 변이형. 원말보다 좀 어눌한 느낌을 준다. ¶**이뒈** 연합거사가 3달도 안남아뛰?? (게). 관이뎨. 잉줴

이땀뉘돠 [<있답니다(있다)] 유형 형태변이. 동/형 풀이 ‘있다’의 활용형인 ‘있답니다’의 변이형. 원말보다 어눌한 느낌이 듬. ¶천사들의 언어를 보실수 **이땀뉘돠**..^* (게).

이떠떠 [<있었어(있다)] 유형 형태변이. 동/형 풀이 ‘있다’의 활용형 ‘있었어’의 변이형. 어린아이 말투를 흉내내어 귀여우면서 좀 어눌한 느낌을 준다. ¶그냥..편지쑤거 **이떠떠**.. (대). /머하고 **이떠떠**.. (대).

이뜰까 [<있을까(있다)] 유형 형태변이. 동/형 풀이 ‘있다’의 활용형 ‘있을까’의 변이형. 어린아이 말투를 흉내내어 귀여우면서 좀 어눌한 느

낌을 준다. ¶근데 그거 자세한 내용 쥼 알수**이뜰**ㄲㅏㅇㅕ..? (게).

이러케 [<이렇게(이렇다)] 유형 형태변이. 형 풀이 ‘이렇다’의 활용형 ‘이렇게’의 변이형. ※소리나는 대로 표기한 형태이다. ¶낵아 윤석오빠..;; **이러케** 보내니깐여 네??? 이러시더라구여... (게). 관이케. 일캐. 일케.

이론 [<이런] 유형 형태변이. 감 풀이 감탄사 ‘이런’의 변이형. 원말보다 귀여운 느낌을 준다. ¶다들 무사히 들어 갔군용.......**이론**~~~ 나만이상한 것인가........? (게). /신화빠덜누가 노트북이 있었눈데여...고장 났다더군여?-_-∞ (**이론**...) (게). /**이론**.. #아무더 반응이 없군.. (게). 관이룬.

이룬 [<이런] 유형 형태변이. 감 풀이 감탄사 ‘이런’의 변이형. ¶**이룬**. 언제.. 나온건데..지금써...보다니. (게). 관이론.

이룸 [<이름] 유형 형태변이. 명 풀이 ‘이름’의 변이형. ※통신언어에서 나타나는 원순모음화의 경향을 보이는 예이다. ¶비록 **이룸**엄는 초보이지만, 여러 분덜이 오셔서 마니 마니 일거 주시면 감사 하게 씀당.. (게). /**이룸**운... ┌행벅한..^^을 주는것② ┘ 입돵ﾞ! (게).

이멜 [<이메일(e-mail)] 유형 형태변이. 명 풀이 ‘이메일’의 변이형.

¶아까 1:1 대화로 **이멜** 주소 받았는데 (대).

이퐌[<이만] 유형 형태변이.

부 풀이 '이만'의 변이형. ¶글구 음악 너무 촌스럽다 ㅂ ㅏ ㄲ ㅓ~ 그럼 **이퐌**.. (게). /저겨.. 세이아디 신화오빠들 세이 아뒤 알료 두세요... 브탁합뉘다... 그롬 **이퐌**.. .. (게). /그롬**이퐌**,,,~!안냥?~! (게). 관 20000. 임안.

이바[<이봐] 유형 감 풀이 '이봐'의 변이형. 원말보다 좀 가벼운 느낌을 준다. ¶이바여 (대).

이벵[<이벤트(event)] 유형 형태변이. 명 풀이 '이벤트'의 변이형. ¶저기흅~ 8.19때 하얀우산 **이벵**두 해여? 안하는걸루 알구있는데.. . (게). /무슨**이벵**이..일케 마나여? (게). /종이비행기 날리기..**이벵** 하는거여... (게). /★8.19 핸폰**이벵**★ #일밤 "게릴라콘서트" 논스톱팀의 라이터 **이벵**을 보고 시작하였으며, 라이터는 사고의 위험이 있어 핸폰으로 대체했습니다. (게). /후레쉬**이벵**이 아니구여....핸폰 **이벵**이라 합니다... (게).

이본[<이번] 유형 형태변이.

명 풀이 '이번'의 변이형. ¶제가 **이본**쥬 일욜날에 정모에 갑니다 (게).

이뽀[<이뻐(이쁘다)] 유형 형태변이. 형 풀이 '이쁘다'의 활용형 '이

뻐'의 변이형. 원말보다 귀여운 느낌을 준다. ※'이쁘다'는 '예쁘다'의 잘못이다. ¶ㅋㅋ넘 **이뽀**. (게). /챠언니~ 넘 **이뽀이뽀**~** 역시 챠언니가 은경이를 좋아하는줄은 알고 있었지만... 이렇게 많거 이뿐 반지덜을 선물하다니.. 감동의 물결~~** (게). /떠 따 그 효 ... 캘터 **이뽀**. (게). 참기뽀. 슬포. 시포.

이쁘다[<이쁘다(예쁘다)] 유형 형태변이. 형 풀이 '이쁘다'의 변어형. 원말보다 작고 귀여운 느낌을 준다. ¶오빠~ 목소리 ㅋㅋㅋ넘..**이쁜**거가 테~ (게). 관이뿌다. 이뷰다. 입뿌다.

이뽀하다[<이뻐하다(예뻐하다)] 유형 형태변이. 봄 풀이 어여뻐 여기다. '예뻐하다'의 변이형. 장난스러운 말투. ¶어찌나 새벽에 우리 자기들은 그리두 잘먹는지.. **이뽀해**줄꼬야 (게).

이뿌다[<이쁘다(예쁘다)] 유형 형태변이. 형 풀이 '이쁘다'의 변이형. ※'이쁘다'는 '예쁘다'의 잘못이다. ¶글애두.. **이뿌구** 귀엽잖아여.. ^^ 멜 한번 보내보세염.. ^^ (게). 관이뽀다. 이뷰다. 입뿌다.

이뷰니[<이쁜이(예쁜이)] 유형 형태변이. 명 풀이 '이쁜이'의 변이형. ¶쪼매난 **이뷰니**. (대). /안녕하세여?? **이뷰니**라구 해여 이뿌게 바주세여업~. (대).

이뿨다[<이쁘다(예쁘다)] 유형 형
태변이. 형 풀이 '이쁘다'의 변이형.
※'이쁘다'는 '예쁘다'의 잘못이다. ¶
안녕하세여?? 이뿨니라구 해여 **이
뿨게** 바 주세여업~. (대). 관이쁘다.
이쁘다. 입쁘다.

이케[<이렇게(이렇다)] 유형 형태
변이. 형 풀이 '이렇다'의 활용형
'이렇게'의 변이형. ¶세니어빠팬들을
위해.. **이케**... 어빠의 부탁을.. 어빠
제성해여.. 암툰..진짜루 멜 온다니
까..여..함 보내버세여.. (게). /글 거
내 가 **이 케** 깝 치 는 거 미 안 한
디... (게). /**이케** 하는구나 (대). 관
이러케. 일캐. 일케.

이혜[<이해] 유형 형태변이.
명 풀이 '이해'의 변이형. ¶보기전에
우리말로 내용설명을 보고 난후 보
면 **이혜**가 빠르실겁니다 ^^ (게).

인기더[<인기도] 유형 형태변이. 명
풀이 '인기도'의 변이형. ¶**인기더**
올리기 작전!!4명 (게).

인나다[<일어나다] 유형 형태변이.
동 풀이 '일어나다'의 변이형. ※경
남 방언형이다. ¶어제는 12간을 자
다가 허리가 넘 아포소리 뭔일 난
줄 알고 널라 **인나씀당**..ㅋㅋ (게).

인줴[<인제] 유형 형태변이.
문 풀이 '인제'의 변이형. 원말보다
힘주어 말하는 느낌을 준다. ¶**인줴**
섬드 다가오긍...그라는데..∞ (게).

일댈신청[<일대일+신청] 유형 형
태변이. 복 풀이 '일대일 신청'에서
온 말. 통신상에서 일대일로 대화를
하자고 신청하는 것. ¶지굼 버디에
서 **일댈신청**이 왔는데.........사랑인
즐 아라따......근데 싸이따랑이군......
ㅋㅋ (게).

일댈중[<일대일+(대화)중] 유형
새말. 명 풀이 통신상에서 일대일로
대화를 주고 받는 일. ¶따랑이가 **일
댈중**에 하는말; "언니 거기 청주
시골 아니야?"시골이라니..―― 여
기 시골 절대 아닙니다. (게). /따랑
이가 **일댈중**에 하는말; "근데 언니
주택에 사라?" (게).

일뚱[<일등] 유형 형태변이.
명 풀이 '일등'의 변이형. 원말보다
좀 어눌한 느낌을 준다. ¶ㅋㅋㅋ 내
가 **일뚱이다**〰〰 (게).

일띡[<일찍] 유형 형태변이.
문 풀이 '일찍'의 변이형. ¶이론...10
시빈이...지나길려구하네...**일띡자아**
디...~ (게).

일롸[<이리+와] 유형 형태변이. 복
풀이 '이리 와'의 변이형. 원말보다
명령의 정도가 더한 느낌을 준다. ¶
일롸! 어딜그냥 지나쳐?? 일롸 딱
걸려써~! 텨텨텨~! 몬 .. (게).

일루[<이리로] 유형 형태변이. 문
풀이 '이리로'의 변이형. ※실제 발
음 경향을 표기에 반영한 형태이다.

¶'대딩 00.01은 잽싸게 오시오~**일루**!!. (게).

일루다[<이르다] 유형 형태변이. 동 풀이 '이르다'의 변이형. 원말보다 좀 어눌한 느낌을 준다. ¶Re:성~↓ (태그 닉) 공쥬님을 갈쳐주고 왜 나만 안해줘잉 ㅠ.ㅠ 힝 미워잉 와이프한데 **일루꼬얏**~~~ (게).

일어다[<이러다] 유형 형태변이. 동 풀이 '이러다'의 변이형. ¶보태기-**일어다** 나 임원 짤리눈거 아냐?? 꺄륵... (게).

일욜[<일요일] 유형 형태변이. 명 풀이 '일요일'의 변이형. ¶난 **일욜날** 놀러갈건데.. 역시 자연휴양림(수목원)... (게). /아마두 **일욜부텀** 개통할것 같습니다(게). /일욜도..기다려 지구..웅... (게).

일캐[<이렇게 (이렇다)] 유형 형태변이. 형 풀이 '이렇다'의 활용형 '이렇게'의 변이형. ¶동생봐야하는데....다~내팽겨 치고 **일캐**..피씨방에서 글남겨요-_-+ (게). 관이러케. 이케. 일케.

일케[<이렇게 (이렇다)] 유형 형태변이. 형 풀이 '이렇다'의 활용형 '이렇게'의 변이형. ¶구래떠뉘.. **일케** 보내떠효..^-^ (게). /열분.. 저 위로 좀 해주세여.. **일케** 이상한 학겨 다녀야 하다니... (게). /**일케** 방가울수가.. (대). 관이러케. 이케. 일캐.

임안[<이만] 유형 형태변이. 부 풀이 '이만'의 변이형. ¶굴옴 **임안**.... (게). 관20000. 이만.

입뿌다[<이쁘다(예쁘다)] 유형 형태변이. 형 풀이 '이쁘다'의 변이형. ※'이쁘다'는 '예쁘다'의 잘못이다. ¶앙눙하세효^^ 저눈 부산에 사눈 **입뿐소녀임돠**^ㅠ* (게). 관이쁘다. 이쁘다. 이뿌다.

잇다[<있다] 유형 형태변이. 형 풀이 '있다'의 변이형. ¶글언게 **잇어**. (대). /점**잇다**올깨. (대).

잉간[<인간] 유형 형태변이. 명 풀이 '인간'의 변이형. ¶방송하면서 라이브하라는 **잉간**이젤러 시러-_- ㅌㅌㅌ (게).

잉줴 [<이제] 유형 형태변이. 부 풀이 '이제'의 변이형. 원말보다 힘주어 말하는 느낌을 준다. ¶저 뎌 **잉줴** 함 버 낼 볼 려 구 웁,,, 고 돔 님 덜 ㅃㄴ^^ .. (게). 관이뎨. 이줴.

ㅈ

자갸[<자기+−야] 〔유형〕 형태변이.
〔복〕〔풀이〕 '자기야'의 변이형. 호칭어
'자기'에 호격조사 '−야'가 결합한
'자기야'의 준말. 원말보다 애교스러
운 느낌을 준다. ¶Re:울 깜찍한 망
또 **자갸** 생일„넘넘„추카추카⌒⌒*
(게). ㉙쟈갸.

자게[<자기+게시판] 〔유형〕 새말.
〔명〕〔풀이〕 '자기 게시판'에서 온 말.
개인 게시판이라는 뜻. ※공공 게시
판에 글을 많이 올려 마치 개인(자
기) 게시판처럼 사용하는 것을 비
꼬아 말할 때 쓰기도 한다. ¶용재녀
−!!!! 여기가 니 **자게**뉘??????−_−+
(글무) (게).

자꼬[<자꾸] 〔유형〕 형태변이.
〔부〕〔풀이〕 '자꾸'의 변이형. 원말보다
어눌한 느낌을 순다. ¶긍뎅 하믄 **자
꼬** 영문 아디만 뎐다거 글애혀 (게).

자소하다[<자동+소개하다] 〔유형〕
새말 〔동〕〔풀이〕 대화방에서 알아서
자기 소개를 하다. ※대화방에 들어
가면 순차적으로 성명, 나이, 성별,
사는 곳 따위를 묻게 되는데, 이를
알아서 한꺼번에 소개하라는 뜻이
다. ¶'님들, 한분씩 **자소하세어.**' ㉛
오토소개하다.

자듀[<자주] 〔유형〕 형태변이.
〔부〕〔풀이〕 '자주'의 변이형. ¶암튼 클
럽 싸이에 **자듀** 드러 오겠습니
닷!!!!!! (게).

자려[<자료] 〔유형〕형태변이.
〔명〕〔풀이〕 '자료'의 변이형. ¶암튼 인
터넷에서 찾아보믄 **자려** 마늬 있어
요~ (게).

자식[<자식] 〔유형〕 형태변이.
〔명〕〔풀이〕 '놈'보다 낮추어 남자를 욕
할 때 쓰는 '자식'의 변이형. 원말보
다 힘주어 말하는 느낌을 준다. ¶미
륀**자식**.술쳐먹꼬−_− 꼬장 부리냐.
(게). ㉛따쉭.

자쥬자쥬[<자주자주] 〔유형〕 형태변
이. 〔부〕 〔풀이〕 '자주자주'의 변이형.
※원말과 발음상의 차이는 없다. ¶
아 프 러 **자 쥬 자 쥬** 널 러 올 꿰
훀..^−^* 대 박 나 시 거
엽..!! (게). ㉛자즈자즈

자즈자즈[<자주자주] 〔유형〕 형태변
이. 〔부〕 〔풀이〕 '자주자주'의 변이형.
¶모 두 들 **자 즈 자 즈** 널 러 오
그 가 입 안 해 쓰 면 (게). ㉛자쥬
자쥬.

자증[<짜증] 〔유형〕 형태변이.
〔명〕〔풀이〕 '짜증'의 변이형. ※입말체
에서 장난스럽게 유성음으로 발음
하는 경우가 있는데 이를 표기에
반영한 것이다. ¶시작할때마다 **자
증**으로 시작하게되는 스칼럽 −−−;;

(게). ㉘따중.

잔디 [=잔디] 〔유형〕 의미전이.
명 풀이 대화를 하다 대화방에서 나가는 일. 주로 '잔디 깐다'의 형으로 쓰인다. ¶나 **잔디** 까신다. (대).

잘라다 [<잘나다] 〔유형〕 형태변이. 형 풀이 '잘나다'의 변이형. ※소리나는 대로 표기한 형태이다. ¶전니 18 야니들 목소리는 머 **잘랐나** (대).

잘멋하다 [<잘못하다] 〔유형〕 형태변이. 동 풀이 '잘못하다'의 변이형. ¶무서우신 울 압쥐 강아쥐 낑낑대눈거..몬 참아 하심다. 구래서......울집개 **잘멋하믄**........개죽음 당하기 쉽쏨다. (게).

잠수 [=잠수] 〔유형〕 의미변이.
명 풀이 대화방에 들어와 한동안 대화에 참여하지 않는 행동을 가리키는 말. ¶라이브 50% 멘트 ok **잠수**환영 ^^ (게). ㉘잠스.

잠쉬 [<잠시] 〔유형〕 형태변이.
부 풀이 '잠시'의 변이형. 원말보다 강조하는 느낌을 준다. ¶**잠쉬** 떠우울의 도가니에 빠져 이써서...ㅋㅋㅋ (대).

잠스 [<잠수] 〔유형〕 의미전이/형태변이. 명 풀이 '잠수'의 변이형. 대화방에 들어와 한동안 대화에 참여하지 않는 행동을 가리키는 말. ¶파주님만 오면 모드 **잠스**를 했었나보죠?움..어쩌다 보니 그러케 된거 같

네요. (게). ㉘잠스.

잡소뤼 [<잡소리] 〔유형〕 형태변이. 명 풀이 '잡소리'의 변이형. 원말보다 힘주어 말하는 느낌을 준다. ¶**잡소뤼**가 또 길어졌네..ㅋㅋㅠ (게). ㉘잡솔.

잡솔 [<잡소리] 〔유형〕 형태변이. 명 풀이 '잡소리'의 변이형. ¶[**잡솔**]저널..추첨쓰러가여^^;; 될 수나있을련지... (게). /그냥 **잡솔**이예여 ^^; . (게). /갠적인 **잡솔**은 임의적으로 삭제하였음을 밝힙니다. (게). /오키야 그냥 **잡솔**. (대). ㉘잡소뤼.

재대루 [<제대로] 〔유형〕 형태변이. 부 풀이 '제대로'의 변이형. ¶찍팅쩜 **재대루** 해버자!~♡(게). ㉘제대러.

재섭다 [<재수+없다] 〔유형〕 형태변이. 복 풀이 '재수 없다'의 활용형 '재수 없어'의 변이형. 상대방의 행동이나 말이 말하는 이의 기분에 거슬렸을 때 하는 말이다. ¶저런 **재섭는** 새끼들은 손좀 바줘야해!!!. (대). /머 저런 **재섭는** 녀자가 다 있는겨--;" (게).

재섭뜨 [<재수없어 (재수+없다)]
〔유형〕 형태변이. 복 풀이 '재수 없다'의 변이형. 상대방의 행동이나 말이 말하는 이의 기분에 거슬렸을 때 하는 감정 표현이다. ¶여러분들 맞졍?? 아시는분은 아시졍? 호호호홋 -**재썹뜨**) (게). ㉘재섭서.

재섭서 [<재수없어 (재수+없다)] 〔유형〕 형태변이. 〔복〕〔풀이〕 '재수없다'의 활용형 '재수없어'의 변이형. ¶Re:아침부터 웬오바녀!! **재섭서**... (게). 〔관〕재섭뜨.

잴로 [<제일+-로] 〔유형〕 형태변이. 〔복〕〔풀이〕 '제일로'의 변이형. ¶비소리님이 좋아하는 너래라서 다행! 제가 **잴로** 조아하는 너래! (대). 〔관〕잴루.

잴루 [<제일+-로] 〔유형〕 형태변이. 〔복〕〔풀이〕 '제일로'의 변이형. ¶어뒤방이 **잴루** 잼이써여? (대). 〔관〕잴로.

잼 [<재미] 〔유형〕 형태변이. 〔명〕〔풀이〕 '재미'의 변이형. ※주로 '잼있다. 잼없다'의 형태로 쓰이며 명사 '잼'만으로는 잘 쓰이지 않는다. 말을 짧게 줄여 쓰려는 통신언어 특징이 반영된 말이다. ¶을매나 **잼**이 없었으면...... (게).

잼나다 [<재미나다] 〔유형〕 형태변이. 〔형〕〔풀이〕 '재미나다'의 변이형. ¶참 **잼난**일들이 많았다... 누구나 그랬겠지만... 음.. '국민'학교 교과서도 **잼났었고**, 바른생활, 슬기로운 생활... 방학땐 탐구생활까지... (게). /무지 **잼나답니당~** °∪°(게). /**잼나게** 다녀오세요~ (게). 〔참〕잼없다. 잼있다.

잼없다 [<재미없다] 〔유형〕 형태변이. 〔형〕풀이 '재미없다'의 변이형. ¶워드섬 **잼없어** ──;;. (대). /이방이더잼**없당**. (대). /**잼 없잖아**. (대). 〔참〕잼

나다. 잼있다.

잼있다 [<재미있다] 〔유형〕 형태변이. 〔형〕〔풀이〕 '재미있다'의 변이형. 원말보다 귀여운 느낌을 준다. ¶그냥 **잼있다고** 하길래 봤는뎅... 다른건 다 빼고... 장백지... 호호.... 정말 이쁘더만 (게). /다들 축제 **잼있게** 보내셨는지 (게). /잼있당. (대). 〔관〕잼있다. 쟘있다. 〔참〕잼나다. 잼없다.

쟁일 [<쵬일<종일] 〔유형〕 형태변이. 〔명〕〔풀이〕 '종일'의 변이형. 원말보다 강조하는 느낌을 준다. ¶누야는 오널 하루**쟁일** 왔다리갔다리... 흐미.. 다리 아픈거..T── 원래 업무상 **쟁일** 앉아있어, 허리가 굵어져 (게).

쟈갸 [<자기+-야] 〔유형〕 형태변이. 〔복〕〔풀이〕 상대방을 애교스럽게 부르는 호칭어 '자기'와 호격 조사 '-야'의 결합형인 '자기야'의 변이형. ¶**쟈갸**...나 이쁘지?...히힛^^* (게). 〔관〕자갸.

쟈철 [<지하철] 〔유형〕 형태변이. 〔명〕〔풀이〕 대도시에서 교통외 혼잡을 완화하고, 빠른 속도 운행하기 위하여 땅속에 터널을 파고 부설한 철도. ¶아쉽지만 은행은 월욜부터 투입하기로 했어여~~ 오널은 **쟈철**타고 종점에서 종점까지... ㅋㅋㅋ 넬은 냉방버스타고.. (게).

쟈췌 [<자체] 〔유형〕 형태변이. 〔명〕〔풀이〕 바로 그 본래의 바탕. ¶나라 엉늬..완복 그 **쟈췌** (게).

잠있다 [<잼있다<재미있다] 유형
형태변이. 형 풀이 '재미있다'의 변
이형. 원말보다 장난스러운 느낌을
준다. ¶나는 심심한건 못참는다 나
는 엔탐을 한다 후하〜〜 **잠있당**
(게). 관잼있다. 쨈있다.

저겨 [<저기+-요] 유형 형태변이.
복 풀이 말을 꺼내기 거북할 때 쓰
는 말 '저기'에 보조사 '-요'가 붙어
서 된 '저기요'의 변이형. ¶**저겨**……
차에 대해 아시는 분?!!! (게). /**저
겨** 씨엔엔 오늘 편성표 좀 갈켜주
심 캄솨〜〜. (대). /저겨 엄마 기분
을 위로하구 (게). 관저경.

저경 [<저기+-요] 유형 형태변이.
복 풀이 말을 꺼내기 거북할 때 쓰
는 말 '저기'에 보조사 '-요'가 붙어
서 된 '저기요'의 변이형. ¶**저경**!!!운
영자님!!!!!이거 똑바러 들으세욤..
(게). 관저겨.

저금 [<조금] 유형 형태변이.
부 풀이 '조금'의 변이형. ¶먹 서 리
두 너 래 부 르 는 거 랑 은 **저 금**
다 른 데... 아 까 초 특 급 일 열
만 세 에 서 나 온 거 랑. 떠 가 테
여.... (게). /근데... 이게 라푠입니
까..-_- 찌겝니까... 라면은 라면대
로 익고있구... 위에는 파 한무데
기....애호박두 절반이나 썰어넣으시
구... 거기다 그 제사지내고 남은 전
있죠..-_- 전 그거 뮤쟈게 시러하

는데... 그거뚜 넣으시구... 동생이
제한한 콩나물두 **저금** 너으시구..
참치두 너으시구.. 김치두 넣으시
구... -_-..... 라면찌겝니다... 끝으로
된장을 넣으시겠다는걸 저희는 목
숨을 걸고 말렸습니다.... (게). /방
제한 해야징 ... 그래야 미성년자 **저
금**이라도 탈선안하지. (게).관뎌금.
점². 쩌굼. 쩌까. 쩌꿈. 쩌끔. 쩜². 쬐
끔.

저나 [<전화] 유형 형태변이.
명 풀이 '전화'의 변이형. 어린아이
말투의 느낌을 준다. ¶**저나**는...해도
되어.. /**저나** 주세여... . (게). 관저냐.

저나하다 [<전화하다] 유형 형태변
이. 동 풀이 '전화하다'의 변이형. ¶
한창 연옌 **저나하는거** 물올랐을때..
했던 건데염. 진짜 텅화하구서 뒤지
는지 알았어여. (게). /쿄쿄쿄쿄..무
슨일 생겼나..**저나했더뉘**..언나가 불
상사를..쩝 저나했을때..나한테 한말
기억하쥐? (게). /글애서 어쩔수 엄
띠 ㅈ ㅓ나해쩌 (게). 관저놔하다.

저낙 [<전학] 유형 형태변이.
명 풀이 '전학'의 변이형. ¶1학기 끈
나기전에 **저낙와써**훀^^ (게).

저나 [<전화] 유형 형태변이.
명 풀이 '전화'의 변이형. ¶아프로
저나듀 마늬하거라 ~ (게). /응...**저
나**가....오긴 완눈데...;; (게). 관저나.

저놔버너 [<전화번호] 유형 형태변

이. 몡 풀이 '전화번호'의 변이형. ¶
울 어빠들.. 세이아둬나.. **저놔버너**
알면...껵...꼬리말..달아주세여...제발..
부탁드립니돠 (게).

저놔하다[<전화하다] 유형 형태변
이. 동 풀이 '전화하다'의 변이형. ¶
이제 **저놔하니깐** 옆에 이상한 여자
바꿔줘여.. (게). 관저나하다.

저심하다[<조심하다] 유형 형태변
이. 동 풀이 '조심하다'의 변이형.
¶Re:잘 갔다온나 〰〰차 **저심하구**
〰〰〰그리고 꼬 〰억 선물 잊지마
〰〰텅 (게). 관져심하다. 조슴하다.

저아[<좋아(좋다)] 유형 형태변이.
형 풀이 '좋다'의 활용형 '좋아'의
변이형. 원말보다 귀여운 느낌을 준
다. ¶난 좀 팅기는 애가 **저아**. (대).
/지금더 **저아**,,,욱이 관저앙. 져아.
조아.

저아하다[<좋아하다] 유형 형태변
이. 동 풀이 '좋아하다'의 변이형. ¶
안냐세여???#저는 라이코스 회원인
데여...만화를 아주 **저아해서** 이 힘
피에 갑 했떠여...굼 이만 글 쓸께
여... (게). /정말..**저아하는대** (게).
관둏아하다. 젛아하다. 져아하다. 조
아하다. 조하하다.

저앙[<좋아(좋다)] 유형 형태변이.
동 풀이 '좋다'의 활용형 '좋아'의
변이형. 애교스러운 느낌을 준다. ¶
배경노래다운받을수엄나여??ㅜㅜ넘

저앙~ (게). 관저아. 져아. 조아.

저영하다[<조용하다] 유형 형태변
이. 형 풀이 '조용하다'의 변이형. ¶
저영한거뜰은 마우수췰 하줘마러
(대). 관저용하다.

저용하다[<조용하다] 유형 형태변
이. 형 풀이 '조용하다'의 변이형. ¶
우리 너무 시끄러우니까..쩜 **저용하
자**.. (게). 관저영하다.

전뵤[<전부] 유형 형태변이.
몡 풀이 '전부'의 변이형. ¶당신은,,
나의 **전뵤**,다 ! ~~~~~~~~~ !
기욕나는승준 (게).

전쥬[<전주] 유형 형태변이.
몡 풀이 '전주'의 변이형. 곡이나
노래가 시작되기 전에 반주 악기로
만 연주되는 짧은 부분. ¶이거 맨첨
전쥬 부분애 나온다는거... (게).

전테[<전체] 유형 형태변이.
몡 풀이 '전체'의 변이형. 원말보다
어눌한 느낌을 준다. ¶멤버들**전테**
멜뉴소알ㅓ여... (게).

전함[<존함] 유형 형태변이.
몡 풀이 '존함'의 변이형. ¶그 노프
신 **전함**을 들어쓸땐.. 제 가슴이 멈
추눈줄 알아떠영~ ^^* 우둥생님은
절때 구럴분이 아니지라~ (게).

절립다[<졸리다] 유형 형태변이. 동
풀이 '졸리다'의 변이형. ¶내가 **절립
다**. 안녕히 주무세여, (게).

절친[<절친하다+친구] 유형 새말.

명 풀이 '절친한 친구'에서 온 말. 아주 가까운 친구 사이를 이르는 말이다. ¶5년된 여자**절친**(애인아님)와 바다로 짧게 놀러(여행)갈려고 하는데요 좋은데를 몰라서ㅡ.ㅡ;;; 추천좀 해주세요... . (게).

절케 [<저렇게(저렇다)] 유형 형태변이. 형 풀이 '저렇다'의 활용형 '저렇게'의 변이형. ¶짱똘이가 **절케** 생겼구남.. ^^; (게).

점¹[<좀] 유형 형태변이. 부 풀이 부탁이나 동의를 구할 때 말을 부드럽게 하기 위하여 삽입하는 '좀'의 변이형. 원말보다 좀 간절한 느낌을 준다. ¶야녀내들중에서숙제한사람있음여기에**점**올려주웼음좋겠다그럼 (게). /거롬 꺽**점** 립좀 달아쥬세욧!!. (게). /이것저것 궁금한게 넘 많아서 두서없이..^^;; 중국 여행 갔다 오신분이나 잘 아시는분.. 리플**점** 달아주시면 감사하겠습다..^^ 즐거운 하루되세여..^^ . (게). /말**점**해. (대). 어딘지 **점** 알아야 말이 대징. (대). /난 부산 여자 저아해여 올라오믄서 부산 아씨 저나번호**점** 적어와여^^ (게). /꼭대답**점**해줘여...ㅡㅜ (게). 관돔. 듐. 떰. 줌. 쥼. 즘. 쩜¹. 쫌.

점²[<좀<조금] 유형 형태변이. 부 풀이 '조금'의 변이형. 원말보다 귀여운 느낌을 준다. ¶몰카라 하지만 **점** 심하네여... (게). /**점** 있음 울 쟈

갸 이방에 오는뎅. (대). /**점**잇다올깨. (대). 관뎌금. 저금. 쩌굼. 쩌까. 쩌꿈. 쩌끔. 쩜². 쬐끔.

정모[<정기＋모임] 유형 새말. 명 풀이 '정기모임'에서 온 말. ¶다들.. **정모**안할거지요 ..[소재석] (대). /**정모**...같은거 못하나..? (게). /이거 5월에 정모해야하는거 아니까.. (게). /**정모**정말 즐거웠었나봐요(게) <정팅>님께서 주도하여 정팅을 함 해보는것두좋을듯 싶사옵니당~ (게).

정팅[<정기＋미팅/채팅] 유형 새말. 명 풀이 정기적인 미팅 또는 정기적인 채팅. 일정한 날짜와 시간을 정해 놓고 하는 채팅. ¶오늘잘하믄 **정팅**못하겠는걸 (대). /서사회에는 서로 친한 분들이나.. 서로 **정팅**이나 혹은 챗이 (게).

정팅방[<정팅(정기채팅)＋방] 유형 새말. 명 풀이 정기적으로 채팅을 하는 대화방. ¶러부카페 **정팅방** ^^. (대).

절아하다[<좋아하다] 유형 형태변이. 동 풀이 '좋아하다'의 변이형. ¶저는....만화책은 엽기 부분 말거 다 **절아해서**...상관 없지만... (게). 관동아하다. 저아하다. 져아하다. 조아하다. 조하하다.

제대러[<제대로] 유형 형태변이. 부 풀이 '제대로'의 변이형. ¶등산더 **제대러** 먼해요? (대). 관재대루.

제성하다[<죄송하다] 유형 형태변이. 형 풀이 '죄송하다'의 변이형. ¶세니어빠팬들을 위해.. 이케... 어빠의 부탁을.. 어빠 **제성해어**.. 암툰.. 진짜루 멜 온다니까..여..함 보내버세여.. (게). 관되성하다. 죄성하다. 지떵하다. 지성하다. 지송하다.

제접[<재-+접속] 유형 새말. 명 풀이 인터넷에 다시 접속하는 일. ¶안들어가지면 어캐 하라는겨 **제접**도 안되구 리붓도 안되구. (게).

젤[<제일] 유형 형태변이. 무 풀이 '제일'의 변이형. ¶호원 까페가 **젤** 낳다.. (게).

젤러[<제일+-로] 유형 형태변이. 복 풀이 '제일로'의 변이형. 여럿 가운데에서 첫번째로. ¶ㅋ ㅑㅋ ㅑ.. 대일아⌢⌢⌢⌢⌢지돌려라......누나가 사랑에빠지면..**젤러**먼져 갈쳐줄께 흠흠.......뎬장......사랑이 몰까??? (게). 관젤루.

젤루[<제일+-로] 유형 형태변이. 복 풀이 '제일로'의 변이형. 여럿 가운데에서 첫번째로. ¶아무래두 지금쯤이나 담주쯤이 **젤루** 널널한 휴가를 즐길수 있을거 가튼디? (게). 관젤러.

져[<줘(주다)] 유형 형태변이. 동 풀이 보조동사 '주다'의 활용형 '줘'의 변이형. 원말보다 귀여운 느낌을 준다. ¶ㄴ ㅐ ㄲ ㅓ 방송 드러져~. (대). 관종. 죠.

져심[<조심] 유형 형태변이. 명 풀이 '조심'의 변이형. ¶ㅇ ㅏ⌢ 다들 더위 **져심** 여자**져심** 마녀져**심**⌢ㅋ ㅑㅋ ㅑ (게).

져심스럽다[<조심스럽다] 유형 형태변이. 형 풀이 '조심스럽다'의 변이형. ¶"어느 대학다녀요?"하고 **져심스레** 묻더라궁.. (게).

져심하다[<조심하다] 유형 형태변이. 동 풀이 '조심하다'의 변이형. ※원말과 발음상의 차이는 없다. ¶감기덜 **ㅈㅕ심하시거-** (환절기 감기기운이잇능온뤼)굴 엄 빠 쉐⌢☆ (게). /안나세염.. 가입을해서..인사 올릴라궁.. 날씨가..덥다가..비가오당.. 지맘이네염.. 열분은..비마니오는뎅..**져심하시구염**.. 이더분여름..잘 버내세염..^^* (게). 관져심하다. 조습하다.

져아[<좋아(좋다)] 유형 형태변이. 형 풀이 '좋나'의 활용형 '좋아'의 변이형. ¶오널 기분 넘 **져아어**.... (게). 관져아. 저앙. 조아.

져아하다[<좋아하다] 유형 형태변이. 동 풀이 '좋아하다'의 변이형. ¶(민우님이 **져아하시눈**.. T.O.P 루...>.<") (게). 관동아하다. 저아하다. 젏아하다. 조아하다. 조하하다.

져영히[<조용히] 유형 형태변이. 무 풀이 '조용히'의 변이형. ¶앙..구냥

져영히 있을께.. /당분간 힘들가꾸낭 근신하거 져영.........히 지내랑 그람 빠⁓⁓⁓ (게). (대). /광대뼈 작살 내기전에 쫌 닥치구 **져영히** 사라...... (게).

정말럭[<정말로] 〔유형〕 형태변이. 〔무〕〔풀이〕 '정말로'의 변이형. 원말보다 강조하는 느낌을 준다. ¶울 재 원 이 오 라 버 늬 # **정 말 럭** 추 카 합 쉬 돠⁓ (게). 〔관〕덩말루. 뎜말루. 뎡말러. 뎡말르.

조습하다[<조심하다] 〔유형〕 형태변이. 〔동〕〔풀이〕'조심하다'의 변이형. ¶암튼 감기 **조습하서여**⁓ (게). 〔관〕저심하다. 져심하다.

조아[<좋아(좋다)] 〔유형〕 형태변이. 〔형〕〔풀이〕 '좋다'의 활용형 '좋아'의 변이형. ※소리나는 대로 표기한 형태이다. ¶신화가 **조아**. (대). 〔관〕저아. 저앙. 져아.

조아하다[<좋아하다] 〔유형〕 형태변이. 〔동〕〔풀이〕 '좋아하다'의 변이형. ※소리나는 대로 표기한 형태이다. ¶구리가 뭐에요? #럽이가 **조아하는** 말 구리. (대). /님 엄마 아빠가 참 **조아하실꺼** 가타여^^ (게). 〔관〕됴아하다. 저아하다. 젛아하다. 져아하다. 조하하다.

조케따[<좋겠다(좋다)] 〔유형〕 형태변이. 〔형〕〔풀이〕'좋다'의 활용형 '좋겠다'의 변이형. ※소리나는 대로 표

기한 형태이다. ¶**조케따**⁓ (대). /━━;토토로..놀라는 표정이 귀엽더군.. 귀여운 짜식..내 눈에도 보였슴 **조케따**⁓⁓ (게).

조타[<좋다] 〔유형〕 형태변이. 〔형〕〔풀이〕 '좋다'의 변이형. 원말보다 좋은 정도가 더한 느낌을 준다. ¶무궁화 꽃이피었습니다 하면서 놀아 쏨다.. 정말 신나쏨다... 아⁓⁓기분조 **타**⁓⁓ (게).

조하하다[<좋아하다] 〔유형〕 형태변이. 〔형〕〔풀이〕 '좋아하다'의 변이형. 원말보다 강조하는 느낌을 준다. ¶새학기가 시작 되어 **조하하는** 아이가 생겼습니다.2명이나... (게). 〔관〕됴아하다. 저아하다. 젛아하다. 져아하다. 조아하다.

존[<좋은(좋다)] 〔유형〕 형태변이. 〔형〕〔풀이〕 '좋다'의 활용형 '좋은'의 변이형. ¶또 글을 쓸껭... 빠빠 오늘 **존** 하루 되길 바라며.... (게)./멜 칭구 하구~**존** 칭구 하져~^^ (대).

존꽁하다[<존경하다] 〔유형〕 형태변이. 〔동〕〔풀이〕 '존경하다'의 변이형. ¶싸이형을 **존꽁하는** 마음이 보이지 않습니까????? (게).

존하루[<좋은 하루] 〔유형〕 형태변이. 〔뮤〕〔풀이〕 인사말 '좋은 하루'의 변이형. ¶그럼 **존하루**.....^** (게).

종[<줘(주다)] 〔유형〕 형태변이. 〔동〕〔풀이〕보조동사 '주다'의 활용형

'줘'의 변이형. 애교스러운 느낌을 준다. ※원말과 발음상의 차이는 없다. ¶나 알려줌. (대). ㉙져. 죠.

종말[<정말] 유형 형태변이.
　㉠풀이 '정말'의 변이형. 원말보다 귀여운 느낌을 준다. ¶밥상양..^^ 반가버..종말 올만이네? (게). ㉙덩말. 뎡말. 즁말.

죄성[<죄송-] 유형 형태변이/통사변이. 명/감 풀이 '죄송하다'의 어근 '죄송'의 변이형. ※'죄송-'은 자립할 수 없는 어근인데, 통신상에서 단독으로 감탄사나 명사로 사용하기도 한다. ¶전파견문록 끝나고도 해요~!!! 저번주에 봤거던요!!!**죄성** 시작할때 한다구 하는군요**죄성**~!!(냉X). (게). /에혀... 짐 집이랍니다.. 어제 수학 여행 갔다와서뤄.. 자느라구 못남겼답니다.. 에혀..**죄성**~ (게). ㉙지송.

죄성하다[<죄송하다] 유형 형태변이. 형 풀이 '죄송하다'의 변이형. ¶정말루 **죄성함니다**. (대). ㉙되성하다. 제성하다. 지땡하다. 지성하다. 지송하다.

죠[<줘(주다)] 유형 형태변이.
　동 풀이 보조동사 '주다'의 활용형 '줘'의 변이형. 원말보다 애교스러운 느낌을 준다. ¶건모 노래 해**죠** 닙아. (대). ㉙져. 종.

주군깨[<주근깨] 유형 형태변이. 명

㉠풀이 '주근깨'의 변이형. 원말보다 좀 어눌한 느낌을 준다. ¶**주군깨**.. 안난 애들이 없다거.........기분 나쁘뎅......(대).

주민등럭번호[<주민등록번호] 유형 형태변이. 명 풀이 '주민등록번호'의 변이형. ¶민빠 **주민등럭 번호** 절라 정확한거 아시는분 계시면! 버내주세여~ (게). ㉙민번.

주서[<주소] 유형 형태변이/의미전이. 명 풀이 '주소'의 변이형. ※통신상에서 '주소'는 홈페이지의 도메인이나 전자우편을 일컫는 말이다. ¶쪽지로 내가 멜**주서** 알려 달라고 했거든~ (대). /1학년 7반 샌님 멜 **주서** 아눈 사람 리플 부탁!!! (게). ㉙듀서. 듀소. 쥬소. 쥬쇼

줄서다[=줄+서다] 유형 의미전이
　복 풀이 여럿이서 하는 인터넷 게임에서 편을 가르다. ¶**줄서야져**...**줄서어**... /좋게 **줄서랑**.

줌[<좀] 유형 형태변이. 부 풀이 부탁이나 동의를 구할 때 말을 부드럽게 하기 위하여 삽입하는 '좀'의 변이형. ※현실 발음을 표기에 반영한 형태이다. ¶제발 이렇다 저렇다 답이라두 **줌** 주세여. 부탁임다. (게). /그럼 오눌 한 컴백쇼는 언제 방송 되는거죠??... 언제 어디서 몇 시에 하는지.. 자세히 **줌** 알려주세여...^^*... (게). /누가 메일**줌** 주셈

`⌒⌒⌒⌒⌒. (대). /대답**줌** 해주
줘~ (대). /존하루보내거 핸펀 **줌**
고쳐........ㅡ.ㅡ++ (게). /어떻게 하는
게 좋을지 말 **줌** 해줘요.. (게). ㉗
돔. 듐. 떰. 점¹. 줌. 즘. 쩸¹. 쫌.

중딩 [<중등] 〔유형〕 형태변이. 〔풀이〕
중학생을 일컫는 말. ¶퐝중딩 포함
사는 **중딩**만.... (게). /코디가 **중딩**
두 아니궁..;; /당돌한 **중딩**녀석,.ㅋ
ㅋㅋ (냉유) (게). ㉛초딩. 중딩. 고
딩. 대딩. 직딩. 노딩. -딩.

중말 [<정말] 〔유형〕 형태변이.
　〔부〕〔풀이〕 ‘정말’의 변이형. ¶**중말** 잘
봤떠??. (대). /**중말**^^ 욕쉬. (대).
㉗뎡말. 뎡말. 종말.

중퍽 [<증폭] 〔유형〕 의미전이/형태변
이. 〔명〕〔풀이〕 인터넷 게임(포트리스)
에서 상대방에게 공격할 포의 강도
를 증가시키는 일. ¶웬 **중퍽** (대).

중핵겨 [<중학교] 〔유형〕 형태변이. 〔명〕
〔풀이〕 ‘중학교’의 변이형. ※경기, 평
북 방언형이다. ¶**중핵겨** 3학년 남
여 와서 가치 널쟈~ (게).

줘늄 [<전용] 〔유형〕 형태변이.
　〔명〕〔풀이〕 ‘전용’의 변이형. ¶회원은.
늘어나고......**줘늄**은.......안보이고.....
ㅠㅠ. (게).

쥐굼 [<지금] 〔유형〕 형태변이. 〔부〕/〔명〕
〔풀이〕 ‘지금’의 변이형. 원말보다 힘
주어 말하는 느낌을 준다. ¶구래서
쥐굼운 완전히 이상형이 바뀌어버

렸네영 (게). /**쥐금**...엄마멀래...컴
을...하눈거라...엄마가...등장하믄...죽
슴니다...; (게). /**쥐금**o ㅣ o ㅕ요..
내일 살수있겠죠..?블마 받을수있겠
겨..?..? (게). ㉗디굼. 디꿈. 디끔.
쥠. 지검. 지굼. 짐.

쥔공 [<주인공] 〔유형〕 형태변이. 〔명〕
〔풀이〕 ‘주인공’의 변이형. ¶근뎅 월욜
날하거 화욜날 나라쨩언냐가 **쥔공**
리라믄소요? (게). /나라언냐가 뉴
논애셔 월욜날 하거 화욜날 하거
쥔공으로 나언다덩뎅 (게). /본래
당 영화의 **쥔공**인 라라 크로쁘두
(안젤리나 졸리 분)가 겜에 **쥔공**이
었고 그 겜에서도 그랬으니 우짤
수 없다만은, (게).

쥔장 [<주인장] 〔유형〕 의미전이/형태
변이. 〔명〕〔풀이〕 통신에서 홈페이지나
동호회(까페)를 개설하고 관리하는
사람. ¶**쥔장**=내칭구1. (대). /소개팅
좀~~ 보너스 크폰 #**쥔장**님... (게).
㉛방장. 운영자.

쥔짜 [<진짜] 〔유형〕 형태변이.
　〔부〕〔풀이〕 ‘진짜’의 변이형. ¶**쥔짜**
여?? 구라.... 쥔짬.. 제발... 멜 번호
알켜 주세엽!! (게). /어빠~~어늘 넘
행복해써여~~육집**쥔짜**대박!!　레몬
빛승준 (게). /**쥔짜**..안돼여!!! (게). /
여0길루 멜 버내버세염... **쥔짜** 혜
겨 언니 마뎌여... (게). ㉗뒨따. 뒨
따. 디인짜. 딘따. 진따. 진쨔. 징짜.

쥔짬[<진짜+-(이)면] 유형 형태
변이. 복 풀이 '진짜'와 '이다'의 활
용형 연결어미 '-면'이 결합한 '진짜
면'의 변이형. ¶쥔짜여??? 구라....
쥔짬.. 제발... 멜 번호 알켜 주세
엽!! (게).

쥠[<짐<지금] 유형 형태변이. 무/명
풀이 '지금'의 변이형. ¶할턴 **쥠**도
그 일때문에 뒷수습하고 있었던 참
이죠..... (게). 관디굼. 디꿈. 디끔.
쥐굼. 지검. 지굼. 짐.

쥬[<주] 유형 형태변이. 명 풀이 일
주일 동안을 세는 단위 '주'의 변이
형. ¶제가 이본 **쥬** 일욜날에 정모에
갑니다 (게).

쥬무시다[<주무시다] 유형 형태변
이. 동 풀이 '주무시다'의 변이형.
※원말과 발음상의 차이는 없다. ¶
그럼 님둘 잘둘 **쥬무시구** 이쁜꿈꾸
세엽!!^^ (게).

쥬소[<주소] 유형 형태변이/의미전
이. 명 풀이 '주소'의 변이형. ¶굼
윤계상님 멜**쥬소** 갈켜드릴께여...>.<
(게). 관듀서. 듀소. 주서. 쥬쇼.

쥬쇼[<주소] 유형 형태변이/의미전
이. 명 풀이 '주소'의 변이형. ※통
신상에서 '주소'는 홈페이지의 도메
인이나 전자우편을 일컫는 말이다.
¶S.E.S.바다 언니.. 못믿으니깐 슈
언니랑 찍은 직찍사까지~!! 제가 여
기서 타야 멜 **쥬쇼**를 알아서 올리

는 검니당 (게). 관듀서. 듀소. 주서.
쥬소.

쥼[<줌<좀] 유형 형태변이. 무 풀이
부탁이나 동의를 구할 때 말을 부
드럽게 하기 위하여 삽입하는 '좀'
의 변이형. ¶근데 그거 자세한 내용
쥼 알수이뜰ㄲ ㅏㅇ ㅋ..? (게). 관
둠. 듐. 떰. 점1. 줌. 즘. 쩸1. 쫌.

즐감[<즐겁다+감상] 유형 새말.
명 풀이 즐겁게 감상하라는 뜻. ※
통신언어 가운데 '즐겁다'의 '즐'이
마치 접두사처럼 쓰여 즐겁게 어떤
행위를 한다는 뜻의 새말을 만든다.
예를 들어 '즐팅(즐겁게 채팅하다)',
'즐겜(즐겁게 게임하다)', '즐밤(즐겁
게 밤을 보내다)' 등이 있다. ¶암튼
즐감..-_T (게). 참즐겜. 즐팅.

즐감하다[<즐겁다+감상하다]
유형 새말. 동 풀이 게시판이나 자
료실에 올려진 자료를 즐겁게 감상
하다. ※통신언어 가운데 '즐겁다'의
'즐'이 마치 접두사처럼 쓰여 즐겁
게 어떤 행위를 한다는 뜻을 새말
을 만든다. 예를 들어 '즐팅(즐겁게
채팅하다)', '즐겜(즐겁게 게임하다)',
'즐밤(즐겁게 밤을 보내다)' 등이 있
다. ¶제가 무서운거 하나 선물해 드
리져...^^ **즐감하세요**~~~ 어디서 퍼
온건지 생각이 잘 안나는데 암튼
무서워요... 함 보세요...끝까징....^^
(게). /암튼 **즐감하시고**..암호는 님

스스로!! 풀어보는 재미를 갖으시
길.. (게).

즐건[<즐거운(즐겁다)] 유형 형태
변이. 형 풀이 '즐겁다'의 활용형인
'즐거운'의 변이형. ¶즐건하루되세
여.꾸바닥..^^* (게). /그래서 **즐건**
식사후.. (게).

즐겜하다[<즐겁다+게임하다]
유형 새말. 동 풀이 즐겁게 게임한
다는 뜻. ¶아시겠져? 그럼 시디 받
으신뒤 **즐겜하시길**~~ (게). 관즐팅
하다.

즐공[<즐겁다+공부] 유형 새말.
명 풀이 '즐거운 공부'라는 뜻. ¶그
럼열심히 **즐공**(즐거운공부) (게).

즐날[<즐겁다+날] 유형 새말. 명
풀이 '즐거운 날'이라는 뜻. ¶그럼
즐날 되세요 ^^ (게). 관존하루.

즐넷하다[<즐겁다+(인터)넷]
유형 새말. 동 풀이 인터넷을 즐긴
다는 뜻. ¶그럼 **즐넷하시구랴** (게).

**즐다요트하다[<즐겁다+다이어트
하다]** 유형 새말. 동 풀이 즐겁게
다이어트한다는 뜻. ¶그럼 **즐다요
트 하세어**~ (게).

즐댜[<즐겁다+디아블로] 유형 형
태변이. 명 풀이 즐겁게 디아블로
게임을 즐긴다는 뜻. ※'디아블로'는
인터넷 게임 이름이다. ¶그러니 같
이렙올려요.. **즐 댜아**~~~ (게).

즐라하다[<즐겁다+라면+-하다]
유형 새말. 동 풀이 라면을 맛있고
즐겁게 끓여 먹는다는 뜻. ¶부족한
글이지만 이글 읽고 담부턴 맛있게
끓여 드셨으면 좋겠네요. **즐라하세
여**~~! (^-^) (게).

즐밤하다[<즐겁다+밤+-하다]
유형 새말. 동 풀이 즐겁게 밤을 보
낸다는 뜻. ¶음, **즐밤하세요**. (대).

즐팅[<즐겁다+채팅] 유형 새말.
명 풀이 '즐거운 채팅'이라는 뜻. ¶
즐팅^. (대). 참즐감. 즐겜.

즐팅하다[<즐겁다+채팅하다]
유형 새말. 동 풀이 즐겁게 채팅하
라는 뜻. ¶**즐팅하세여**~. (대).

즐하루[<즐겁다+하루] 유형 새말.
명 풀이 '즐거운 하루'라는 뜻. ¶아
마더.. **즐하루**가 될 듯하네여~ 추
카 거마우믄...구냥 격 함 해주구염..
히히 (게).

즘[<좀] 유형 형태변이. 부 풀이 부
탁이나 동의를 구할 때 말을 부드
럽게 하기 위하여 삽입하는 '좀'의
변이형. ※현실 발음을 표기에 반영
한 형태이다. ¶꼭**즘**알려주세요.
(게). /꺽**즘** 갈켜 주세여... (게). 관
돔. 듐. 떰. 점¹. 줌. 쥼. 쩜¹. 쫌.

지검[<지금] 유형 형태변이. 부/명
풀이 '지금'의 변이형. 원말보다 좀
어눌한 느낌을 준다. ¶방학때 숙제
를 안해서 방학이 끈난 **지검** 열라

게 하다보뉘... (게). /천호병개 이후
로 좀처럼 기회 내기가 어려워서
못본지가 꽤 됐넹 잘 살은거 같고^^
난 **지검** 못사라 술 못 머거서리...
(게). ㉙디굼. 디꿈. 디끔. 쥐굼. 쥠.
지굼. 짐.

지겨버 [<지겨워 (지겹다)] 유형 형
태변이. 형 풀이 ‘지겹다’의 활용형
‘지겨워’의 변이형. ※‘지겹다’는 본
래 ㅂ불규칙 활용어인데, 규칙활용
으로 표기한 형태이다. ¶지구를 떠
나.... <이 주제 계속 쓴다.. **지겨
버&.** (게).

지굼 [<지금] 유형 형태변이. 부/명
풀이 ‘지금’의 변이형. 원말보다 좀
어눌한 느낌을 준다. ¶8282 **지굼** ...
강타..어빠의 너래가..라디오에서.... .
(게). /**지굼** 나라누나 집에 계시
나?? (게). /아까는 18일 이었눈데
지굼은 다시 16일루 써있어여...
(게). /[|잡솔|]하핫... **지굼,,** 착겨닷
^___________^. (게). /킬라링 블
랙이랑 통틀어서 18,000원에 잉크리
필해서 **지굼** 쓰구 있뚑니다 (게). /
지굼 기다리고있어여 (대). ㉙디굼.
디꿈. 디끔. 쥐굼. 쥠. 지검. 짐.

지떵하다 [<죄송하다] 유형 형태변
이. 형 풀이 ‘죄송하다’의 변이형.
좀 어눌한 느낌을 준다. ¶-.-**지떵해
염**...하두 심심해서 장난 쳤어염..ㅜㅜ
(게). ㉙죄성하다. 제성하다. 죄성하

다. 지성하다. 지송하다.

지발 [<제발] 유형 형태변이.
㉤ 풀이 ‘제발’의 변이형. 원말보다
더 간절한 느낌을 준다. ¶**지발** 지
부탁 쫌 들어 주세요~. (게). /**지발**
탈퇴 시켜 줘여. (게).

지성하다 [<죄송하다] 유형 형태변
이. 형 풀이 ‘죄송하다’의 변이형. ¶
암튼 **지성합니당(_)** (게). ㉙되성
하다. 제성하다. 죄성하다. 지떵하
다. 지송하다.

지송 [<죄송-] 유형 형태변이/통사
변이. 명/㉤ 풀이 ‘죄송하다’의 어근
‘죄송’의 변이형. ※‘죄송-’은 자립할
수 없는 어근인데, 통신상에서 단독
으로 감탄사나 명사로 사용하기도
한다. ¶(그만사랑해) **지송~** (영원하
도록) (대). /왠 욕? #쌍? #아하 **지
송여.** (대). /님들 지송여 ^^;;. (대).
㉙죄성.

지송하다 [<죄송하다] 유형 형태변
이. 형 풀이 ‘죄송하다’의 변이형. ¶
지송하지만 실명제를 부탁드려도
될까요? ..[소재석] (대). /**지송함돠..**
여하튼.. 그때당시 버스가 천장이
낮아서리.. (게). /**지송해유**~성적으
로 그동안 수업 열씸히 들었음을
선생님께 자랑 스럽게 보이고 싶었
는데.. (게). ㉙되성하다. 제성하다.
죄성하다. 지떵하다. 지성하다.

직딩 [<직장+-딩] 유형 새말. 명

풀이 직장인을 일컫는 말. ※통신언어 중딩, 고딩에서 유추된 '-딩'이 접미사처럼 쓰이어 파생된 말이다. ¶전 올해 29세의 남 **직딩**이구요 친구랑 둘이서 휴가를계획하고있는데 기왕이면 맘 맞는분이랑 같이 갔음해서요.... . (게). /어린앤 그함...난25**직딩** (대). /아마 저도 며칠있으면 다시 **직딩**이 될성 싶군요^^; (게). 참초딩. 중딩. 고딩. 대딩.. 노딩. -딩.

직텅 [<직통전화번호] 유형 형태변이. 명 풀이 직통전화번호의 변이형. ¶제가 원하는건 신화오빠들 동완..에릭직텅.. 연옌들**직텅**도 괜차나여... (게).

진겜 [<진실+게임] 유형 새말. 명 풀이 '진실 게임'에서 온 말. 게임의 이름이다. ¶□진실게임□**진겜**.한판. 돌리시자.쓰ㅂ (게).

진따 [<진짜] 유형 형태변이. 부 풀이 '진짜'의 변이형. 원말보다 좀 어리숙한 느낌을 준다. ¶우와~ **진따**만치? 이거 다 갈쳐줄까? (게). /첨부파일에 있는 노래목소리 **진따** 귀엽습니다. (게). 관된따. 된따. 디인짜. 딘따. 쥔짜. 진쨔. 징짜.

진따루 [<진짜로] 유형 형태변이. 부 풀이 '진짜'의 힘줌말 '진짜로'의 변이형. 원말보다 어리숙한 느낌을 준다. ¶**진따루** 이번에 언니 신인상 바다야 되는뎅... (게). /캠프.**진.따.**

루.가.구.싶.다.흑.흑 (게). /**진따루**.. 갈꾸지^^ (대). 관된따러. 된따러. 된따르. 딘따러. 딘따루. 딘따룹. 띤따루. 진따룽. 진짜루

진따룽 [<진짜로] 유형 형태변이. 부 풀이 '진짜'의 힘줌말 '진짜로'의 변이형. 원말보다 애교스러운 느낌을 준다. ¶**진따룽**? (대). 관된따러. 된따러. 된따르. 딘따러. 딘따루. 딘따룹. 띤따루. 진따루. 진짜루

진실남 [<진실+남자] 유형 새말. 명 풀이 개인 정보를 솔직하게 공개하는 남자 네티즌. ¶님아~ **진실남**예여? 정말 일본어 강사 마죠? 참진실녀.

진실녀 [<진실+여자] 유형 새말. 명 풀이 개인 정보를 솔직하게 공개하는 여자 네티즌. ¶님 = **진실녀**???? 정말 키가 176이여? 참진실남.

진짜루 [<진짜로] 유형 형태변이. 부 풀이 '진짜'의 힘줌말 '진짜로'의 변이형. ※현실 발음을 표기에 반영한 형태이다. ¶**진짜루** 푸른방이 되버렸어요... 인젠 노랑방이란 말이 무색하네... (게). 관된따러. 된따러. 된따르. 딘따러. 딘따루. 딘따룹. 띤따루. 진따루. 진따룽.

진쨔 [<진짜] 유형 형태변이. 부 풀이 '진짜'의 변이형. ¶제가 미테글 올링고여,,,**진쨔** 쪼라써여,,, (게). 관된따. 된따. 디인짜. 딘따.

쥔짜. 진따. 징짜.

짐 [<지금] 〔유형〕 형태변이.
　〔뷔/몡〕〔풀이〕 '지금'의 변이형. ※말을
짧게 줄여 쓰려는 통신언어 특징이
반영된 말이다. ¶짐부터 논스톱 할
때까지 여기 있을라구여.. ^^: (게).
/짐...전 넘넘 떨려여...^^* (게). /짐
회원수가...^^;; /짐 갈껀가여? (대).
/[잡솔] 오옷~ 짐 쿨 노래부르는데..
휜풍선이..ーーー;;. (게). /짐은 끊쳤지
만. (대). /짐 컴하는거야? (게). /..
짐.. 수업시간인데.. 넘 심심하거든
여~ーーーーーーーーー (게). 괜디굼.
디꿈. 디끔. 쥐굼. 쥠. 지겸. 지굼.

징짜 [<진짜] 〔유형〕 형태변이.
　〔뷔〕〔풀이〕 '진짜'의 변이형. ¶[할말있
어요!!!!]Re:Re:내가 이럴줄알았어
ーー;난 절대 변태 아니라궁~ 잉~
징짜 싱기해서 군거야~ (게). /징
짜 징짜 따랑해 ~~~ 솜사탕 승준
(게). 괜뒨따. 뒨따. 디인짜. 딘따.
진쩌. 진따. 진쨔. 징짜.

짜랑하다 [<사랑하다] 〔유형〕 형태변
이. 〔동〕〔풀이〕 '사랑하다'의 변이형. ¶
언니 짜랑해여~ (게). 괜따랑하다.
살앙하다. 상하다. 솨랑하다. 쌍하
다. 싸룽하다. 쌀앙하다. 쏴랑하다.
쏴하다.

짜장묜 [<자장면] 〔유형〕 형태변이. 〔몡〕
〔풀이〕 '자장면'의 변이형. 장난스러운
느낌을 준다. ¶"짜장묜 공짜로 먹는

방볍" (게).

짤¹ [<살] 〔유형〕 형태변이. 〔몡〕〔풀이〕 나
이를 세는 '살'의 변이형. 어린아이
말투를 흉내내어 귀여우면서 좀 어
눌한 느낌을 준다. ¶참고로 전 여자
구요 27짤입니다... 누구든 여행을
사랑하는 분이면 환영...^^ 멜 주세
요. . (게). /뽀뽀님 머짤이냐구... /
허거..뽀뽀님 진짜 17짤 이에
여???(17짤 아니면ーーー) (게).

짤² [<잘] 〔유형〕 형태변이. 〔뷔〕〔풀이〕 부
사 '잘'의 변이형. 원말을 강조하여
표현한 느낌을 준다. ¶단땐 안그러
더니,, 짤들해요 아띠. (게).

짱나다 [<짜증나다] 〔유형〕 형태변이.
　〔동〕〔풀이〕 '짜증나다'의 변이형. ※입
말에서 비속어로 쓰이기도 한다. ¶
난 안들어 짱나잔아 방송. (대). /짱
나서 못들어 오겠네여....쪽바로 되는
것이 하나도 없져. (게). /전 이 긁
을 읽다가 넘 짱나서.. 이렇게 실례
를 무릅쓰ㄴ.. 글을 올립니다... (게).

째지다 [<째어지다] 〔유형〕 의미전이.
　〔동〕〔풀이〕 '터져서 갈라지거나 베어
져서 벌어지다'의 뜻을 갖는 '째지
다'의 변이형이다. '헤어지다'의 속
된 표현으로 의미가 전이되었다. ¶
그리구 다들 집에빨리가야하기에..7
시경에 전부 째졌습니다..케케. (게).

쨈있다 [<잼있다<재미있다] 〔유형〕
형태변이. 〔몡〕〔풀이〕 '재미있다'의 변

이형. 통신언어 '잼있다'보다 강조하는 느낌을 준다. ¶**잼있는**야그..즐거운애기..^^ (게). ㉰잼있다. 잠있다.

쩌굼 [<조금] 유형 형태변이.

㉿ 풀이 '조금'의 변이형. 원말보다 힘주어 말하는 느낌을 준다. ¶넘 **쩌굼**아닌가염 (게). ㉰뎌금. 저금. 점². 쩌까. 쩌꿈. 쩌끔. 쩜². 쬐끔.

쩌까 [<조금] 유형 형태변이.

㉿ 풀이 '조금'의 변이형. ※ '조금'의 전라도 방언 '쪼까'의 변이형. ¶글거 아범님이 약주 **쩌까** 하시믄 먼너래 부르는디 알겠네혀 ..ㅋㅋㅋ (게). ㉰뎌금. 저금. 점². 쩌굼. 쩌꿈. 쩌끔. 쩜². 쬐끔.

쩌꿈 [<조금] 유형 형태변이.

㉿ 풀이 '조금'의 변이형. ¶엑 우 – 님 아 **쩌 꿈** 실 수 하 신 거 가 타 효 ☆ (게). ㉰뎌금. 저금. 점². 쩌굼. 쩌까. 쩌끔. 쩜². 쬐끔.

쩌끔 [<조금] 유형 형태변이.

㉢ 풀이 '조금'의 변이형. ¶그니까 **쩌끔**만 참으세염~~~~^–^. (게). /간미연:(내칭구가 **쩌끔** 화난 목서리로 따지듯 말하자 쫄은거 가타따) .....누구세여~~? (게). ㉰뎌금. 저금. 점². 쩌굼. 쩌까. 쩌꿈. 쩜².

쩌뷔 [<쩌비<쩝] 유형 형태변이. ㉮ 풀이 생각했던 대로 이루어지지 않았을 때 좀 불만족스러움을 표현하는 말. 주로 '쩌비'의 형태로 쓰인다.

※일반적으로 말을 꺼내기가 어려워 머뭇거릴 때 자주 사용됨. ¶**쩌뷔** ~ 왼쪽으로 정렬을 시켰네여. ㉰쩌비.

쩌비 [<쩝] 유형 형태변이.

㉮ 풀이 생각했던 대로 이루어지 않았을 때 좀 불만족스러움을 표현하는 말. ※불만스럽게 입맛을 다실 때 내는 소리 '쩝'에서 온 것으로 보인다. ¶**쩌비**... 반창회 언제했남? (게). ㉰쩌뷔.

쩍¹ [<쪽지] 유형 형태변이/의미전이.

㉢ 풀이 통신상에서 작은 게시판(메모장)에 쓴 글이나 짧은 편지를 이르는 말. ¶굴거 널줘만 말거 온리 퉤 **쩍**울 날리료무나 ㅡ_ㅡ∨(게). ㉰쩍지. 쪽.

쩍² [<쪽] 유형 형태변이. ㉢ 풀이 방향을 가리키는 '쪽'의 변이형. ¶우리 친구들과 나 3명은..슬그머니 어빠들 **쩍**으로 다가가서.. (게).

쩍8리다 [<쪽팔리다] 유형 형태변이. ㉦ 풀이 부끄러워 체면이 깎인다는 뜻의 속된말 '쪽팔리다'의 변이형. ¶허걱...사장님께서 심부름을 보내신당... 차타구 가서...이거줌 전해주고 와라... 넹~~~쭁~쭁~쭁...고개 숙인 내 모습이 **쩍8리당**... (게).

쩍지 [<쪽지] 유형 형태변이/의미전이. ㉢ 풀이 통신상에서 작은 게시판(메모장)에 쓴 글이나 짧은 편지

를 이르는 말. ¶감마 굼달로 확웨스트 계정 48넘는거 구함 **쩍지** (게). /확아샤1) 국부 파라여~~(조단으로 팜) **쩍지** 주셈… (게). /디끔 오빠랑 쩍지 승승 날리고 있는중에 쓰는거야. (게). /굼 칭구추가하구 **쩍지** 날려 주세여 (게). ㊮쩍¹. 쪽.

쩜¹[<좀] 유형 형태변이. 뿐 풀이 부탁이나 동의를 구할 때 말을 부드럽게 하기 위하여 삽입하는 '좀'의 변이형. 원말보다 힘주어 말한 느낌을 준다. ¶사실분은 **쩜** 나중에 가란 말씀을 드리며… 난 낼 수시접수땜시 (--)(＿)(˚▽˚)V … (게). /되시는분 **쩜** 들어주세요 (대). /홈피틀없이 만들수 있는사람 **쩜** 알려주세여~ (게). ㊮돔. 듐. 떰. 점¹. 줌. 쥼. 즘. 쫌.

쩜²[<쫌<조금] 유형 형태변이. 몡/뿐 풀이 '조금'의 변이형. 원말보다 귀여운 느낌을 준다. ¶님두 **쩜**만 참으셨다가 울 나중에 오빠들 다시 하풀이 귀나되면 그때 팬클럽 들자구염~. (게). /오늘 뉴논에서 나라누나 왜케 **쩜** 나온거얌.. (게). /혼자만 알지말구 **쩜**갈켜주세여^^;; (게). / **쩜** 황당해찌만.. 머라할수가 엄써씀미다.. (게). ㊮뎌금. 저금. 점². 쩌굼. 쩌까. 쩌꿈. 쩌끔. 쬐끔.

쩌려지다[<절여지다] 유형 형태변이. 돔 풀이 '절여지다'의 변이형. 첫소리가 된소리로 발음되는 현대

적 발음 경향을 표기에 반영한 형태이다. ¶그 넘의 담배연기…. 벙개모임에 한븐씩 다녀올때믄 온몸이 담배냄새에 **쩌려져** 있어 아주 죽깟슴돠……. (게).

쪽[<쪽지] 유형 형태변이/의미전이. 몡 풀이 통신상에서 작은 게시판(메모장)에 쓴 글이나 짧은 편지를 이르는 말. ¶나가셔서.저도.구냥.세이.나갔눈데. 낸주 보니까.**쪽** 보내셨더라구욧. (게). ㊮쩍¹. 쩍지. 쪽.

쪽바로[<똑바로] 유형 형태변이. 뿐 풀이 '똑바로'의 변이형. ¶짱나서 못 들어 오겠네여….**쪽바로** 되는것이 하나도 없져. (게). ㊮떡바로. 떡바루. 똑바러. 똑바루.

쪽스럽다[<쪽+-스럽다] 유형 새말. 혱 풀이 부끄러워 체면이 깎인다는 뜻을 속되게 표현한 말. ※'쪽 팔리다'의 '쪽'에 형용사 파생접미사 '-스럽다'가 결합한 형태이다. ¶혼자 떠들기**쪽스러워서리**^^;; (게).

쫌[<좀] 유형 형태변이. 뿐 풀이 '조금'의 변이형. 원말보다 정도가 더한 느낌을 준다. ¶그여자 나가면 다른사람 들어오구..나**쫌** 구해줘.. ㅠ_ㅠ (게). /순정 쪽으로… 마니**쫌** 도와주세요 (게). ㊮돔. 듐. 떰. 점¹. 쩜. 줌. 쥼. 즘.

쫌따[<조금 있다가] 유형 형태변이. 뽁 풀이 '조금 있다가'의 변이

형. ¶글구..그 편지..**쫌따**...밤에 ... 보낼게..^^; ㅂ ㅏ ㅇ ㅣ (게).

쬐끔 [<조금] [유형] 형태변이.
[부] (풀이) '조금'의 변이형. 원말보다 강조하는 의미를 갖는다. ※입말 투를 표기에 반영한 형태이다. ¶울 온냐 께 서 포 샵 을 아 주 **쬐 끔** 해 서 시 리. (게). /가기는 **쬐끔** 그런데..... 홈페이지에 한번 광고 올려봐야지.^^ (게). (관)더금. 저금. 점². 쩌굼. 쩌까. 쩌꿈. 쩌끔. 쩜².

찍팅 [<찍다+채팅] [유형] 새말. [명] (풀이) 통신상에서 대화의 상대방을 정하여 하는 채팅. ¶**찍팅**방임당~^^ 하기시르픈오ㅈㅣ마~~~~~~~~~^^ (게).

찍팅방 [<찍다+채팅+방] [유형] 새말. [명] (풀이) 통신상에서 대화자를 선택하여 채팅을 하는 대화방. ¶100;100**찍팅방**..헥헥..---가능?할까? (게). /13살 남여 **찍팅방** (게). /3:3**찍팅방**!! (게). /앤 만들기(**찍팅방**)13살만... (게). /**찍팅방** *변태사절* (게).

찡구 [<친구] [유형] 형태변이.
[명] (풀이) '친구'의 변이형. 원말보다 장난스러운 느낌을 준다. ¶니 **찡구** 중에... 으미~ 깜딱 놀랬짜놔~ (게). /**찡굴** 놀라게한죄!! 그쥘 엄중히 다뤄야쥐만.. (게). (관)띤구. 띵구. 췬구. 칭구. 칭그. 틴거. 틴구. 팅구. 팅그.

ㅊ

ㅊㅊㅊ [ㅊㅊㅊ] [유형] 새말. [감] (풀이) 상대방을 불쌍히 여기거나 또는 상대방의 행동이 마음에 못마땅하여 자꾸 가볍게 혀를 차는 소리. ※통신상에서는 웃음소리 또는 인사할 때의 동작 등을 나타내는 의성·의태어들이 이와 같이 축약된 기호 모양으로 많이 쓰이고 있다. ¶ㅊㅊㅊㅊㅊ 어짠디야~~~~~ 근데 너 아푸다는 소리에 나넌 왜 이케 입이 째지는 것이냥 말머리 바바 이 소식을 들은 내 맘이야 (게).

ㅊㅋㅊㅋ [<추카추카<축하+축하] [유형] 새말. [감] (풀이) '축하'의 반복형인 '축하축하'를 소리나는 대로 표기한 '추카추카'에서 다시 첫소리만을 딴 형태. ※영어의 '생략'(acronymy)이 자소 단위로 이루어지는 데 반해 우리말은 음절 단위까지만 생략을 한다. 그러나 통신언어에는 자소 단위까지 생략하는 경우가 종종 있다. ¶ㅊㅋㅊㅋ. (게). (관)추카추카. 튜카튜카. (참)ㄱㅅㄱㅅ

ㅊㅋㅊㅋ하다 [<추카하다<축하하다] [유형] 새말 [동] (풀이) 통신언어 'ㅊㅋㅊㅋ'에 '하다'가 결합한 형태. ¶**ㅊㅋㅊㅋ해염**... (게).

ㅊㅋ하다[<추카하다<축하하다] 유형 형태변이. 동 풀이 통신언어 '추카하다'에서 첫소리를 딴 형태. ¶넘넘넘넘x10000000000000000ㅊㅋ한대 ㅡ,.ㅡ;; (게). 관튜카하다. 츄카하다.

차라뤼[<차라리] 유형 형태변이. 부 풀이 '차라리'의 변이형. 원말보다 힘주어 말하는 느낌을 준다. ¶저는 **차라뤼** ㅅㅏ랑이 먼저 인거 가타염 (게).

차카다[<착하다] 유형 형태변이. 형 풀이 '착하다'의 변이형. ※소리나는 대로 표기한 형태이다. ¶군데 진짜루 확실함돠! 목소리 진짜진짜 똑같구염............ 진짜루 **차캐염**..... 막 고맙다고 하시면서... 진짜루 캡짱 차카셔요 (게).

참거[<참고] 유형 형태변이. 명 풀이 '참고'의 변이형. ¶아 참 !! 전 **참 거** 루 남 댜 해 여 ～ (게). 관탐고.

창단식[<창단식] 유형 형태변이. 명 풀이 '창단식'의 변이형. ¶**창단식**.. 완죤히 감덩의 물결... ㅠ_ㅠ 살앙해여 (게).

채김지다[<책임지다] 유형 형태변이. 동 풀이 '책임지다'의 변이형. ※소리나는 대로 표기한 형태이다. ¶어재 누나 생각하느라 잠모짜떠염 **채김줘염**.. (게). 관최김지다.

챗[<채팅] 유형 형태변이. 명 풀이 '채팅'의 변이형. 통신상에서 글자로 대화를 주고 받는 일. ¶**챗** 자주 안 하시나봐여? (대). 관쳇.

챗방[<채팅+방] 유형 새말. 명 풀이 인터넷 상에서 글로 대화를 주고 받는 방. ¶흐매～이따 **챗방**서 봅시다～ (게). /굼...**챗방**이나 들어가볼까나?ㅋ.ㅋ.ㅋ (게). 관쳇방.

처등학겨[<초등학교] 유형 형태변이. 명 풀이 '초등학교'의 변이형. 좀 어눌한 느낌을 준다. ¶에거 **처등학겨**라 운동회를한다죠-_- (게).

천랸[<천리안] 유형 형태변이. 명 풀이 통신 회사 '천리안'의 변이형. ¶**천랸** 아이디를. 만들어야지. (게).

쳇[<채팅] 유형 형태변이. 명 풀이 '채팅'의 변이형. ¶저두여 **쳇**은 안데 거여. 겜만되여.정말 열 받더라구여. (게). /학겨다.... 별루 **쳇** 멋하지만 들어온나...^ (게). 관챗.

쳇방[<채팅+방] 유형 새말. 명 풀이 채팅을 나누는 곳. ¶아 ～～ 심심하다 **쳇방**에는 아무도 없구 ㅡ,.ㅡ;; (게). 관챗방.

초딩[<초등] 유형 형태변이. 명 풀이 초등학교 학생을 일컫는 말. ¶교회에서 **초딩** 어린이를 지도하는 교사인데요 (게). /13 살짜리 마포 **초딩**이라. (대). /울 **초딩** 샘이 드뎌 딸을 출산 하셨다 ..... (게).

ⓒ초딩. 중딩. 고딩. 대딩. 직딩. 노딩. ㅡ딩.

최거[<최고] 유형 형태변이.
　ⓜ 풀이 '최고'의 변이형. ¶이제~ 많이와서~글올려야　겠당^^;;;;우리 반 **최거**~~~~;;; (게).

최김지다[<책임지다] 유형 형태변이. ⓓ 풀이 '책임지다'의 변이형. 원말보다 단호하게 말하는 느낌을 준다. ¶짐 상사병애 걸렸나봐염. **최김쥐염**.. (게). ⓟ채김지다.

추카[<축하] 유형 형태변이.
　ⓜ 풀이 '축하'의 변이형. '축하'를 소리나는 대로 표기한 형태이다. ¶생일 **추카**겸..댕기풀이 겸 (대). ⓟ 츄카. 튜카.

추카드리다[<축하드리다] 유형 형태변이. ⓓ 풀이 '축하드리다'의 변이형. 소리나는 대로 표기한 형태이다. ¶**추카드려요**~☆★ 이번 문제들 되게 어렵던데.. **추카드려요**!!(냉 잠수탐) . (게).

추카추카[<축하+축하] 유형 새말.
　ⓖ 풀이 '축하'의 반복형인 '축하축하'를 소리나는 대로 표기한 형태. ※반복형을 취하여 강조의 의미를 더한다. ¶Re:**추카추카**~ >_< 근데.. 아직두 안주무시구 머하세요..ㅡㅡ;; 반갑긴 합니다만.^-^;;[냉가출ㅡㅡㅡv] . (게). /**추카추카**~*^^* 앞으로 활동 열씨미 하세여~(냉.. 놀러~).

(게). ⓟ츠ㅋ츠ㅋ. 튜카튜카.

출봘[<출발] 유형 형태변이.
　ⓜ 풀이 '출발'의 변이형. 원말보다 힘주어 말하는 느낌을 준다. ¶글서 그냥　수원가는 차를 타구 **출봘**...... +_+ (게).

쳔구[<친구] 유형 형태변이.
　ⓜ 풀이 '친구'의 변이형. 원말보다 힘주어 말하는 느낌을 준다. ¶군뎃.. 그**쳔구**가.. 오늘 뮤플가는디.,. (게). /너 나랑 **쳔구** 아니었냐? (게). ⓟ 띤구. 띵구. 찡구. 칭구. 칭그. 틴거. 틴구. 팅구. 팅그.

츄석[<추석] 유형 형태변이.
　ⓜ 풀이 '추석'의 변이형. ¶머..울학겨는..-_-**츄석**이 끝난담에 셤을 보겠답니다...-_-쳇.. (게).

츄카[<축하] 유형 형태변이.
　ⓜ 풀이 '축하'의 변이형. 원말을 좀 과장되게 표현한 형태이다. ¶[l사랑해요l] Re:★**츄카** 해염~ 넘넘 **츄카**. (게). /정말 **츄카**드려홋^-^♥ (게). ⓟ추카. 튜카.

츄카하다[<축하하다] 유형 형태변이. ⓓ 풀이 '축하하다'의 변이형. ¶[l사랑해요l]Re:★**츄카 해염**~ 넘넘 **츄카**. (게). ⓟ츠ㅋ하다. 튜카하다. 츄카하다.

치나다[<친하다] 유형 형태변이. ⓗ 풀이 '친하다'의 변이형. ¶앞으로 얼굴 자주 보게될텐데 **치나게** 지내여

^^ (게). ㉙틴하다.

치소[<취소] 유형 형태변이. 명 풀이 '취소'의 변이형. 원말보다 좀 가벼운 느낌을 준다. ¶진짜루 대전콘썰 **치소** 댄건가여...?? (게).

친추[<친구+추천] 유형 새말. 명 풀이 통신상에서 친구를 추천하는 일. ¶친추 해주시면 제가 **친추**할께요. (게). ㉙칭추.

칭구[<친구] 유형 형태변이. 명 풀이 '친구'의 변이형. ※소리나는 대로 표기한 형태로 '친구'의 변이형으로 가장 널리 쓰인다. ¶**칭구**가 말해줬느데여... 강타오빠 속이는 몰카가 잇었는데 이야기가 안티와의 대화랑 비슷한데... 어떤 팬? 분이 강타오빠보구. (게). /저 나래**칭구**~. (대). /**칭구** 머 하냐구응. (대). /**칭구** 추가 해 주세요 (대). /그냥 알고 지내는 **칭구**들두 그러쿠... (게). /**칭구**야 여기다 여기~~~ (게). /**칭구**들이 키크리구 구박헸기든여^^;; (대). ㉙떤구. 떵구. 찡구. 쵠구. 칭그. 틴거. 틴구. 팅구. 팅그.

칭그[<친구] 유형 형태변이. 명 풀이 '친구'의 변이형. 귀여운 느낌을 준다. ¶체포언니야한테도 보낼라고 했는데 갑따기 **칭그**한테 (게). /저와 제 **칭그**가 찾아갔던..그 광수 생각이라는노래방에서능... (게). ㉙떤구. 떵구. 찡구. 쵠구. 칭구. 틴거.

틴구. 팅구. 팅그.

칭추[<친추<친구+추천] 유형 새말. 명 풀이 통신상에서 친구를 추천하는 일. ¶오늘...버뒤루...8명...**칭추**시켜노쿠...넘...감동적인날이얌...~ (게). ㉙친추.

ㅋ/ㅋ[=ㅋ/ㅋ] 유형 새말. 깜 풀이 장난스럽게 웃는 소리. ¶2급도 힘든데 왠 1급이야 **ㅋ/ㅋ**. (대). /우리집 한라오로라 아파트 **ㅋ/ㅋ**. (대). ㉛ㅋㄷㅋㄷ. ㅋㅋ. ㅋㅋㅋ.

ㅋㄷㅋㄷ[=ㅋㄷㅋㄷ] 유형 새말. 깜 풀이 웃음이 입속으로 자꾸 새어 나오는 모양. ※'크득크득' 또는 '키득키득'에서 온 말로 보인다. ¶나중에 콘썰때 그런 가방가지구 있음 접뉘다..**ㅋㄷㅋㄷ** (게).

ㅋㅋ[=ㅋㅋ] 유형 새말. 깜 풀이 이 사이로 웃음이 새어 나오는 모양. 장난스러우면서 약간 음흉한 느낌을 줄 때도 있다. ¶H.O.T.안에서 기쁨만 가득하길~!^^* 저 소년이...꼭 나같애~**ㅋㅋ**. (게). /암튼..**ㅋㅋ** 제가 오늘 쉬는 시간에 음악을 듣고 있었지요... (게). /——;; 가자 **ㅋㅋ**.

(대). /겜하는 애덜은 욕을 잘한다 ㅋㅋ. (대). /역시 신디얌 ㅋㅋ. (대). /은희 타자 연습중,ㅋㅋ. (대). /은희가 어빠 따랑 하는것두 ㅋㅋ. (대).

ㅋㅋㅋ [=ㅋㅋㅋ] [유형] 새말. [감] (풀이) 이 사이로 웃음이 새어 나오는 모양. 장난스러우면서 약간 음흉한 느낌을 줄 때도 있다. ¶딸랑이의 몸체에서 광이난다~ 번쩍번?~ #ㅡ.ㅡa 얼라 #ㅋㅋㅋㅋ. (대). /징그러 #ㅋㅋㅋ. (대). /기더 이긴다 ㅋㅋㅋ. (대). /아파트 편해 ㅋㅋㅋ. (대). ㉥ㅋ/ㅋ. ㅋㄷㅋㄷ. ㅋㅋ.

ㅋㅌㅋㅌ [ㅋㅌㅋㅌ] [유형] 새말. [감] (풀이) 장난스럽게 웃는 소리를 표현. ¶Re:강도경이여~ 자주 보겸,,ㅋㅌㅋㅌ. (게).

카페 [<카페 (cafe)] [유형] 의미전이 [명] (풀이) 같은 취미나 목적을 갖는 사람들이 인터넷상에서 정보를 교환하기 위해 만든 가상 공간. ¶어쨌든 구래두 이 **카페**는 여전히 잘 있군여..... (게). ㉤깝페. 깝헤. 카페. 캅훼.

카페쥔 [<카페 (cafe)+주인] [유형] 의미전이/형태변이. [명] (풀이) '카페 주인'의 변이형. 통신상에서 가상의 동호회 모임 공간을 운영하는 사람을 일컫는다. ¶우리 카페 2632는 **카페쥔**이 없는걸루 아는뎅??? (게). ㉥쥔장. 카페지기.

카페지기 [<카페+-지기] [유형] 새말. [명] (풀이) 통신상에서 가상의 동호회 모임 공간을 운영하는 사람. ¶**카페지기** 넘 한당 ㅠㅠ(오널 내 생일인데.. 짠나는 아직 멀었는데...) (게). ㉥쥔장. 카페쥔.

캄사하다 [<감사하다] [유형] 형태변이. [동] (풀이) '감사하다'의 변이형. 원말보다 힘주어 말하는 느낌을 준다. ※이전에 한 연예인의 말투를 흉내내어 유행한 형태이다. ¶가입해주시면대단히**캄사하겠씀다**!! (게). ㉤ㄱㅅ하다. 감따하다. 감솨하다.

캄솨 [<감사] [유형] 형태변이. [명] (풀이) '감사'의 변이형. 원말보다 힘주어 말하는 느낌을 준다. ※이전에 한 연예인의 말투를 흉내내어 유행한 형태이다. ¶저겨 씨엔엔 오늘 편성표 좀 갈켜주심 **캄솨**~~~. (대). /멜주소는여...... **캄솨**~~~~~~!! (게). ㉤감따. 감따르. 감솨. 감쏴. 감땨.

캅훼 [<카페 (cafe)] [유형] 의미전이/형태변이 [명] (풀이) 같은 취미나 목적을 갖는 사람들이 인터넷상에서 정보를 교환하기 위해 만든 가상 공간. ¶신세계학원**캅훼**완성^-^ (게). /죄성하지만**캅훼**홍보좀..ㅐㅆ(죄성..ㅐㅆ) (게). ㉤깝. 깝페. 깝헤. 카페.

캐릭 [<캐릭터] [유형] 형태변이. [명] (풀이) '캐릭터'의 변이형. ¶저랑

캐릭 교환 하실분..스피드있게..통화 가능..아마존71.. (게). ㉙캘터.

캘터[<캐릭터] [유형] 형태변이. [명] [풀이] '캐릭터'의 변이형. ¶글구. **캘터**상품도 많았어여... (게). /떠 따 그 효 ... 캘 터 이 뽀 ... .. (게). ㉙캐릭.

캠발[<캠코더+-발] [유형] 새말. [명] [풀이] 캠코터로 찍은 사진의 효과. ※'사진발'이라는 말에서 유추한 말이다. ¶역시 **캠발** 안좋네염. (게). ㉙캠빨.

캠빨[<캠코더+-발] [유형] 형태변이. [명] [풀이] 캠코터로 찍은 사진의 효과. ※'사진발'이라는 말에서 유추한 말이다. ¶거기. **캠빨**이-_- 안조쿠냐. ; (게). /수원때 보고 **캠빨**이 어뜨면 글 올릴꺼야..ㅋㅋㅋㅋ (게). /언니야 혹시 **캠빨** 아니에여??!(게). ㉙캠발.

캠사딘[<캠코더+사진] [유형] 새말. [명] [풀이] 겜코더로 찍은 사진. ¶까하-_-;캠사딘. 올릴까 말까.-_-고민 중인 선^^도리입뉘댜.;; (게). /노송이-_-; **캠사딘**. 니. 얼굴보다. 이상하게 나왔어-_- (게).

캬[<캬] [유형] 새말. [감] [풀이] 통쾌할 때 내는 소리. ¶캬. 웃기당~잼있당~ (게).

캬캬[<캬캬] [유형] 새말. [감] [풀이] 장난스럽게 웃는 소리. ¶나대로 님이 있으셔야 돼는뎅... #캬캬 #매니저님아

(대).

캬캬캬[<캬캬캬] [유형] 새말. [감] [풀이] 장난스럽게 웃는 소리. ¶요즘은 나이탓인지.. **캬캬캬** 몸도 않좋고.. / 이제 맘대로 소주 먹여도 아무 걱정 없겠군요. 캬캬 . 꽃 받으셨는지...? (게). /뭔디 말혀봐 #여걸이여 #캬캬캬캬캬 #하하하하하하하 #아구 배꼽아(대).

칵[<콱] [유형] 형태변이. [감] [풀이] 못마땅하여 세게 박고 찌르거나 부딪치는 모양. 또는 그러한 마음을 나타내는 말. ¶떠 헛소릴 ㅡ.ㅡ; 그냥.. 아이라이 하믄..헛소리 잘하는 애루 생각하심 되겠네여..**칵**~!! (게). /**칵**. 쫓아가까? **칵**~! (게).

커흑[=커흑] [유형] 새말. [감] [풀이] 특별한 의미없이 내지르는 감탄사. ¶**커흑**... 제가요 계상오빠한테 메일을 보내봣는디음..(칭구한테 얻은 것) (게). /**커흑**...처음엔 읽기만 히시고 답장 안 보내셨었는데~ 오늘 답멜 주셔떠효! >.< (게).

컨뒤션[<컨디션] [유형] 형태변이. [명] [풀이] '컨디션'의 변이형. ¶헉..오늘부터**컨뒤션**조절할려일찍왔는데ㅜ.ㅜ 벌써두시가 (게).

컨서트[<콘서트] [유형] 형태변이. [명] [풀이] '콘서트'의 변이형. ¶원래 대전 **컨서트** 가려고 계획까지 다 짜 놨는디...취소라니....가슴이 미어 졌음

다⌒⌒⌒ (게). ㉐콘서터. 콘셜. 콘쎌. 콘쎌뚜. 콜쎌.

컴 [<컴퓨터] 유형 형태변이. 몡 풀이 '컴퓨터'의 변이형. ※말을 짧게 줄여 쓰려는 통신언어의 특징이 반영된 말. ¶그럼 **컴** 구만하궁 (대). /**컴**앞에 너무 많이 앉아잇어도 안좋아 (대). /울집 **컴**엔 안 열리네요 T.T (게). /계속 **컴**만 하다가 친구가 와서 **컴**을 하는것을 발각되었는데 (게). /**컴**하면 답변 빨리 달아주게나˘* (게). /**컴**이 꾸졌당 ㅋㅋ (대). ㉐컴터.

컴섹하다 [<컴퓨터+섹스하다] 유형 새말. 몡 풀이 대화방에서 음란한 이야기를 나누며 가상으로 섹스를 즐기다. ¶급구 **컴섹할** 남자 구함.

컴탱이 [<컴퓨터+-탱이] 유형 새말. 몡 풀이 '컴퓨터'의 변이형. '컴퓨터'를 낮춰 부르는 말. ※'-탱이'는 '-퉁이'의 경기도 방언형이다. ¶그때에 기분이 매우 요상스러워서 다행히 바이러스 체크를 받아서리 **컴탱이**가 무사했었는뎅 (게). ㉐컴퓨탱이.

컴터 [<컴퓨터] 유형 형태변이. 몡 풀이 '컴퓨터'의 변이형. ¶지금 저희 아빠 께서...**컴터** 끄라고 그러네여.. ㅠ.ㅠ . (게). /울집 **컴터**에서 클럽 싸이 안들어 가져여,,,,, (게). /고수님들... 자기**컴터**의 host id 어떻게 알수있죠? (게). /다른사람이 윈미를 비난하면 니가 **컴터**못해서 그래 이런말을 하시는데.. /그러니까 **컴터**가 고장나면 가장 좋았던 시간으로 모든걸 그때로 그대로 돌립니다. (게). ㉐컴.

컴터실 [<컴퓨터실] 유형 형태변이. 몡 풀이 '컴퓨터실'의 변이형. ¶지금은 **컴터실** 입니당...... 쓸께 없씁니당..... (게).

컴퓨탱이 [<컴퓨터+-탱이] 유형 형태변이. 몡 풀이 '컴퓨터'의 변이형. '컴퓨터'를 낮춰 부르는 말. ※'-탱이'는 '-퉁이'의 경기도 방언형이다. ¶하루종일 **컴퓨탱이**한티 시달렸는디...정작 이멜 확인도 못했다 (게). ㉐컴탱이.

컵라묜 [<컵라면] 유형 형태변이. 몡 풀이 '컵라면'의 변이형. ¶저희 학교눈 매점이 없어여 쥐(?)가 생긴다나?그래서 없눈데 저눈 저의 팅구들과 **컵라묜**을 학교에서 먹기루 계획을 짰져.. 걸리면 어떠케 될지도 모르지만..ㅡㅡˆ (게). /[라면이야기]맛있눈 **컵라묜** 이야기˘˘ (게).

케케케 [=케케케] 유형 새말. 깝 풀이 장난스러운 웃음소리. 좀 체신이 없는 느낌을 준다. ¶**케케케**˘ 나 또왔다⌒ 왜 왔냐구? 오빠 사진 퍼갈라구왔지⌒ (게).

켜켜[=켜켜] 〔유형〕 형태변이. 〔감〕〔풀이〕 장난스럽게 웃는소리. ¶오빠 확실히 살 마뉘 빠졌어여.. **켜켜**.. 월요일날 봤눈데 그거 보구 널랬쪄.. 쿠쿠.. (냉 없음) . (게).

켜켜켜[=켜켜켜] 〔유형〕 형태변이. 〔감〕〔풀이〕 장난스럽게 웃는소리. ¶진이어빠한테 멜 답장 왔지여....-_-;; 한줄...;; 글애더 기분 열나 째졌다 져..**켜켜켜** (게).

코다[<크다] 〔유형〕 형태변이. 〔형〕〔풀이〕 '크다'의 변이형. ¶존나 스카이 러브 좀 **콨다구** 싸가지없게 운영하는데 구러지말자.. (게).

콘서터[<콘서트(concert)] 〔유형〕 형태변이. 〔명〕〔풀이〕 '콘서트'의 변이형. ¶한남대 스타팅 **콘서터** 에 누나들~~ (게). ㉡컨서트. 콘설. 콘썰. 콘썰뚜. 콜썰.

콘설[<콘서트(concert)] 〔유형〕 형태변이. 〔명〕〔풀이〕 '콘서트'의 변이형. ¶엄마링 가츰 **콘설드** 다니그 참 조은 엄마돠ㅋ ㅋ (게). ㉡컨서트. 콘서터. 콘썰. 콘썰뚜. 콜썰.

콘썰[<콘서트] 〔유형〕 형태변이. 〔명〕〔풀이〕 '콘서트'의 변이형. ※'콘서트'에 대한 대표적인 통신언어. ¶**콘썰** 요번에 잠실콘썰말입니다....저는 정말 갈생각입니다... (게). /파워FM드림월드컵콘서트..였나? 암툰..환경**콘썰** 아니에여. (게). /환경**콘썰**은..10

달..쯤..하는걸로..알고있는데..ㅡㅡ;; (게). /열분들 말대로 96년에 시작한 대형 **콘썰**의 개인기 그첫번째 입니다... (게). /글구 우리 **콘썰** 각기 전에 정모하죠?! 벌써 했나?! -_- 그건 아니죠?! 에고에고.. 암튼.. **콘썰** 좌석 배치가 궁금하단 얘길 하려구 늦은 밤에 들렀어염 (게). /저기요~ 우리, **콘썰** 가는 사람들 말예요.. 좌석 배치 안하나용..?! 좌석 배치 궁금해요~~ (게). /★ 난 **콘썰**때 갈꺼야 ☆ (대). /나중에 **콘썰**때 그런 가방가지구 있음 접뉘다..ㅋㄷㅋㄷ (게). /**콘썰**가기 2~3일전까지 문자 날려 주시면 감사하겠습니당 (게). /**콘썰** 어카져? (게). ㉡컨서트. 콘서터. 콘설. 콘썰뚜. 콜썰.

콘썰뚜[<콘서트] 〔유형〕 형태변이. 〔명〕〔풀이〕 '콘서트'의 변이형. ¶**콘썰뚜**때메.. 글을올뤼눈데염... (게). ㉡컨서트. 콘서터. 콘설. 콘썰. 콜썰.

콜썰[<콘서트] 〔유형〕 형태변이. 〔명〕〔풀이〕 '콘서트'의 변이형. ¶음.. 헤헤.. 빨리 다리 낳아서 **콜썰**에 가세효 *^^* (게). /빨리 다리 낳아서 **콜썰**에 가세효*^^* (게). ㉡컨서트. 콘서터. 콘설. 콘썰. 콘썰뚜.

쿄쿄[=쿄쿄] 〔유형〕 새말. 〔감〕〔풀이〕 간드러지게 웃는 소리. ※통신상에서 주로 여자의 웃음 소리를 나타낸다.

¶우헤헤 기분좋당～～～**쿄쿄** (게).

쿄쿄쿄 [=쿄쿄쿄] 유형 새말.
감 풀이 간드러지게 웃는 소리. 주
로 여자의 웃음소리를 나타낸다. ¶
그 키큰 아찌는 종민아찌겠쥐염^^
쿄쿄쿄 (게). 관쿄쿄.

쿠쿠 [=쿠쿠] 유형 형태변이. 감 풀이
장난스럽게 웃는 소리. 좀 겸연쩍은
느낌을 주기도 한다. ¶오빠 확실히
살 마뉘 빠졌어여.. 켜켜.. 월요일날
봤눈데 그거 보구 널랬쪄……**쿠
쿠**……(냉 없음) . (게). /제가 캐논
좋아하시는거 어케 아셨는지… **쿠
쿠**… (게).

쿠쿡 [=쿠쿡] 유형 새말. 감 풀이 재
미있거나 황당함을 나타낼 때 웃는
소리. ¶[|답변|]**쿠쿡**.. 말도 안 되
는…… (게).

쿠힛 [=쿠힛] 유형 새말. 감 풀이 특
별한 의미없이 내지르는 감탄사. ¶
언제는…싸이덤님… 팬클한다믄서
요………;; **쿠힛**…-_-v..; (게). /제가
맞있게 냄비에 밥 해드릴께여……**쿠
힛**..-_-v (게).

쿤일 [＜큰일] 유형 형태변이.
명 풀이 '큰일'의 변이형. 좀 어리
숙한 느낌을 준다. ¶━━ **쿤일**이네.
;;; 쩝.. ;;. (게).

쿨럽 [＜클럽] 유형 형태변이.
명 풀이 '클럽'의 변이형. ¶세이쿨
럽 아뒤는 vshinhwav6이예효 그구…

성격은 무쟈게 활발하구요.. (게).

쿨릭 [＜클릭] 유형 형태변이.
명 풀이 '클릭'의 변이형. 마우스를
누르는 일. ¶아이참 ～～～……여기 **쿨
릭**~! (대).

크헐 [=크헐] 유형 새말. 감 풀이 기
대밖의 상황에 놀라는 표현. ¶**크헐**
아까전만해두～～회원수가3200몇명이
었는대～지금은 4000천명이 넘는군
엽 어느새 가입을 이러케 나 많이
해쥐? (게).

큭큭 [=큭큭] 유형 새말. 감 풀이 웃
음을 참지 못하여 입속으로 웃는
소리. 좀 겸연쩍은 느낌을 주기도
한다. ¶[|경험담|]ㅈ ㅓㄱ ㅓ…..저오
늘 가입해서 정회원 되써여….**큭큭**
….. (게). /선생님 담에 기말고사는
더더욱 정말 더더욱 쉽게 내주세
용.. 용..용.. **큭큭** 그럼 이만. (게).

클나다 [＜큰일 나다] 유형 형태변
이. 명 풀이 '큰일 나다'의 변이형.
원말보다 더 다급한 느낌을 준다. ¶
클나쏘욤,… 아～ 진짜 열심히 연습
해야뒤…#,,#!! 아잣^!~ (게). /이론
클났군.. 소은이두 얼굴에 리봉 묶
구온다구하고.. 플랫두 얼굴에 리봉
묶구온다구하고. (게). 참클라땅.

클라땅 [＜큰일 났다(큰일 나다)]
유형 형태변이. 명 풀이 '큰일 나다'
의 변이형. ¶**클라땅** 어케～～～～
ㅜ.─ 집에가서 빨랑 구거부터 써야

되개땅 (게). ㉚클나다.

키둑키둑 [<키득키득] 유형 형태변이. 감 풀이 '키득키득'의 변이형. 원말보다 어두운 느낌을 준다. ¶안녕???? **키둑키둑**„„아유„„ (게).

키수 [<키스] 유형 형태변이. 명 풀이 '키스'의 변이형. ¶**키수**는 둘만의 행위(대구고1여아만) (게).

키키키키 [=키키키키] 유형 새말. 감 풀이 장난스럽게 웃는 소리. ¶왜여? #**키키키키** (대).

ㅌ

탐 [<참] 유형 형태변이. 감 풀이 문득 생각이 나서 말을 꺼낼 때 하는 말. '참'의 변이형. ¶군디 난 **탐** 올앤만에 글쑤넥...ㅎㅎ (게). ㉚탐.

슉 [<탕수육] 유형 형태변이. 명 풀이 '탕수육'의 변이형. ¶선배님!**탕슉**시켜줘요~ (게).

탐 [<참] 유형 형태변이. 감 풀이 문득 생각이 나서 말을 꺼낼 때 하는 말 '참'의 변이형. ¶**탐**!오시면..방명록에 글 좀 남겨 듀세효ㅡ.ㅠ (게). ㉚참.

탐고 [<참고] 유형 형태변이. 명 풀이 '참고'의 변이형. ¶(**탐고**로

어제만듬) (게). ㉚참거.

터열 [<토요일] 유형 형태변이. 명 풀이 '토요일'의 변이형. ¶후~ 덥져?? 그래두 **터열** 오전이 젤루 한가하네여~ 그래서 흔적 남겨봅니당... 거의... **터열** 오전에만 남기는 거 가튼... --; 암튼 존하루, 존주말 되세여~ (게). ㉚토욜.

텅 [<통] 유형 형태변이. 명 풀이 편지·문서 따위를 세는 의존명사 '통'의 변이형. ¶저 부탁이잇는데 제 메일루 편지한**텅**만 ㅠ.ㅠ (게).

텅화 [<통화] 유형 형태변이. 명 풀이 '통화'의 변이형. ¶[여자연옌과**텅화**]나라누나와 텅화 (게). / 여자연옌과**텅화**]효 뤼 언 니 랑 텅 화 ~ ^ - ^ (게). /호영이 어빠의 **텅화**.... 나:............. 호영어빠:여보세여............. (게).

테비 [<텔레비전] 유형 형태변이. 명 풀이 '텔레비전'의 변이형. 원말보다 어눌한 느낌을 준다. ¶내 **테비**보러 갈거다 (대).

테스뚜 [테스트] 유형 형태변이. 명 풀이 '테스트'의 변이형. 장난스러운 느낌을 준다. ¶방금 심리 **테스뚜**했는데. .(대인관계??) 어느 정도는 맞는듯(반만)ㅋㅋㅋ 잼 있네여..캬캬캬... (게).

텦 [<테이프] 유형 형태변이. 명 풀이 '테이프'의 변이형. ¶나두..

텦 또 사야줴..VCD두 언능 나와랑..^ー^.. (게).

텨[<튀어(튀다)] 유형 형태변이. 동 풀이 '튀다'의 활용형 '튀어'의 변이형. '달아나다'의 속된 표현. ¶Re:우성..너 머리커...ー_ー;;;헉..도망가잣..후다다닥...**텨텨텨**..=3=3=3악..붙잡힘 끝장이야..헉헉..(ー_ー)(_ー_) (게).

텨다[<켜다] 유형 형태변이. 동 풀이 전기기구에 전원을 공급하여 작동시키다. ¶아침부터 한편 보고 시작하자..빨리**텨** (대).

토욜[<토요일] 유형 형태변이. 명 풀이 '토요일'의 변이형. ※말을 짧게 줄여 쓰려는 통신언어상의 특징이 반영된 말이다. ¶이게 얼마만이야... 결혼은 했을테구...애는? 그래두 누나 정도면 **토욜** 참석해두 반대할 인간 별루 없었을텐데... (게). 관터열.

통통녀[<통통+여자] 유형 새말. 명 풀이 통통하게 살이 찐 여자. ¶솔직한**통통녀**만들어와라.같이영화보장~ (게).

툐욜날[<토요일+날] 유형 형태변이. 명 풀이 '토요일날'의 변이형. ¶**토욜날** 뵈여~~ (게).

튜카[<축하] 유형 형태변이. 명 풀이 '축하'의 변이형. ¶오빠 9000일 **튜카***^^* (게). 관추카. 츄카.

튜카튜카[<추카추카<축하+축하] 유형 새말. 감 풀이 '축하'의 변이형

'튜카'를 반복한 형태이다. ※일반적으로 통신상에서는 '추카추카'라는 표현으로 사용하지만, 'ㅊ'을 구개음화 일어나지 않은 'ㅌ'으로 표현. ¶**튜카튜카**~ ^^☆★Forever H.O.T.☆★(냉무). (게). /싸군1위에 당첨디댓!! **튜카튜카**~ (게). 관츠크츠크. 추카추카.

튜카하다[<추카하다<축하하다] 유형 형태변이. 동 풀이 '축하하다'의 변이형. ¶싸이 팬클럽 갑하신거 **튜카혜염**.. (게). 관츠크하다. 추카하다.

튱격[<충격] 유형 형태변이. 명 풀이 '충격'의 변이형. ¶탕됴가 글떼...그딴생쑈에시나어빠두뤼나가 겠냐??**튱**~~**격** ☆ (게)./

튱격적[<충격적] 유형 형태변이. 명 풀이 '충격적'의 변이형. ¶아닛!! 그런 너래가 있었단 말예여!! **튱격적**이다~ (게).

트키[<특히] 유형 형태변이. 뮤 풀이 '특히'의 변이형. ※소리나는 대로 표기한 형태이다. ¶**트키** 아줌마덜 박수치며 찬송가도 부릅니다. (게). /저를 쳐다보는 시선~ (**트키** 가장 뜨거웠던 성경선생님의 눈초리ー.ー*) (게).

틴거[<친구] 유형 형태변이. 명 풀이 '친구'의 변이형. ¶ㄴ ㅏ 랑 정 ㅅ ㅓ ㄱ ㅏ ㅂ ㅣ 슷한 ㄱ ㅓ

보 ㄴ ㅣ.. 혹수 ㅣ ㄴ ㅐ **틴 거** (게). ㉪띤구. 띵구. 찡구. 친구. 칭구. 칭그. 틴그. 팅구. 팅그.

틴구[<친구] 유형 형태변이. 명 풀이 '친구'의 변이형. 장난스러우면서 좀 어눌한 느낌을 준다. ¶거마워~!!! 내 **틴구** 들이 이거 보여 줬더니...무섭게 생겼데... (게). /친구1. -> 가끔 저의 글에 소개되어떤 검도 사범하는 **틴구**입니다. 이 녀석그 특징은 화가나믄 눈이 네모네 진다는.. 아주 트기한 넘입니다. 물론 인상도 듀겨 주지요... (게). ㉪띤구. 띵구. 찡구. 친구. 칭구. 칭그. 틴거. 팅구. 팅그.

틴하다[<친하다] 유형 형태변이. 형 풀이 '친하다'의 변이형. ¶모두모두 **틴 하 게** 지 내 여 ~~~~~~~~~~ ^__________^* (게). ㉪치나다.

팀말[팀 (team)+말] 유형 새말. 명 풀이 팀을 짜서 게임을 할 때 같은 팀끼리 주고받는 말. ¶**팀말** 부탁해여 (대).

팀킬[<팀+킬 (kill)] 유형 새말. 명 풀이 팀을 이루어서 하는 인터넷 게임에서 같은 팀원을 공격하는 일. ¶제 특기는 **팀킬**입니당~.

팀팀하다[<심심하다] 유형 형태변이. 형 풀이 '심심하다'의 변이형. ¶넘넘 **팀팀하당**~~아함~~졸려~~ (게). ㉪쉼쉼하다. 띰띰하다. 팅팅하다.

팀풀하다[<팀플레이하다] 유형 형태변이. 동 풀이 '팀플레이하다'의 변이형. 인터넷 게임에서 팀을 짜서 게임을 하는 것. ¶**팀풀해여** (대).

팅구[<친구] 유형 형태변이. 명 풀이 '친구'의 변이형. ¶**팅구**들하고 여행갈려구 하는데.. . (게). ㉪띤구. 띵구. 찡구. 친구. 칭구. 칭그. 틴거. 틴구. 팅그.

팅그[<친구] 유형 형태변이. 명 풀이 '친구'의 변이형. ¶내일 언니 **팅그**가 숙소를 갈까말까 고민하면서 오늘 저나 때렸던데... (게). / 얘드라..내 여자**팅그**어때써? (게). ㉪띤구. 띵구. 찡구. 친구. 칭구. 칭그. 틴거. 틴구. 팅구.

팅기다[<튕기다] 유형 형태변이. 동 풀이 '튕기다'의 변이형. 다른 사람의 요구나 제안 등을 공연히 받아들이지 않는다. 원말보다 귀여운 느낌을 준다. ¶난 좀 **팅기는** 애가 저아. (대).

팅팅하다[<심심하다] 유형 형태변이. 형 풀이 '심심하다'의 변이형. ¶**팅팅해**~~~ 나랑 놀 왕자 일루 컴온~ (대). ㉪쉼쉼하다. 띰띰하다. 팀팀하다.

ㅍ

파뤼 [<파티] 유형 형태변이.
　명 풀이 '파티'의 변이형. ※원어 발음을 흉내낸 표기이다. ¶어제 드뎌 오빠얌의 생일 **파뤼**를 갔오염 도착한 시간운 9시 20분 딱 도착했눈데 설 혀로꾀 많이 왔더라구염 (게). 관파튀.

파링 [<파이팅(fighting)] 유형 형태변이. 깝 풀이 '파이팅'의 변이형. 의지를 다지거나 기운을 복돋기 위해 외치는 구호. ¶나라누나 **파링**〰〰〰! (게). 관빠링. 빠이팅. 빠팅. 파위팅. 파이팅구르. 파팅. 파팅. 팟팅. 하팅. 화링. 화링. 화이링. 화이링. 화팅. 홧팅. 홧팅. 홧팅.

파쑤 [<파스] 유형 형태변이.
　명 풀이 약품 이름 '파스'의 변이형. ¶파ㅏ스사 줘염▨▨ 션한**파쑤** (게).

파위팅 [<파이팅(fighting)] 유형 형태변이. 깝 풀이 '파이팅'의 변이형. 의지를 다지거나 기운을 복돋기 위해 외치는 구호. ¶누나 **파위팅** (게). 관빠링. 빠이팅. 빠팅. 파링. 파이팅구르. 파팅. 파팅. 팟팅. 하팅. 화링. 화링. 화이링. 화이링. 화팅. 홧팅. 홧팅. 홧팅.

파이팅구르 [<파이팅(fighting)] 유형 형태변이. 깝 풀이 '파이팅'의 변이형. 의지를 다지거나 기운을 복돋기 위해 외치는 구호. ¶마지막으러 빠샤!! 빠샤!! 빠샤!!힘내라〰**파이팅구**〰〰〰〰〰〰〰르 (게). 관빠링. 빠이팅. 빠팅. 파링. 파위팅. 파팅. 파팅. 팟팅. 하팅. 화링. 화링. 화이링. 화이링. 화팅. 홧팅. 홧팅. 홧팅.

파튀 [<파티] 유형 형태변이.
　명 풀이 '파티'의 변이형. 원말보다 힘주어 말하는 느낌을 준다. ¶님도 낼 오시져 생일 **파튀**~ 구럼 행복하시구염 (게). 관파뤼.

파팅 [<파이팅(fighting)] 유형 형태변이. 깝 풀이 '파이팅'의 변이형. 의지를 다지거나 기운을 복돋기 위해 외치는 구호. ¶하여튼 나라누나 짱 **파팅** 만쉐이(/-_-)/ (게). 관빠링. 빠이팅. 빠팅. 파링. 파위팅. 파이팅구르. 파팅. 팟팅. 하팅. 화링. 화링. 화이링. 화이링. 화팅. 홧팅. 홧팅. 홧팅.

파팅 [<파이팅(fighting)] 유형 형태변이. 깝 풀이 '파이팅'의 변이형. 의지를 다지거나 기운을 복돋기 위해 외치는 구호. ¶하여간.. 누나.. **파팅**.... . (게). 관빠링. 빠이팅. 빠팅. 파링. 파위팅. 파이팅구르. 파팅. 팟팅. 하팅. 화링. 화링. 화이링. 화이

링. 화팅. 홧팅. 홧팅. 홧팅.

팟팅[<파이팅(fighting)] 유형 형
태변이. 갑 풀이 '파이팅'의 변이형.
의지를 다지거나 기운을 복돋기 위
해 외치는 구호. ※이전에 국가대표
를 지냈던 여자 탁구 선수가 외치
던 말투를 흉내낸 표기이다. ¶2집...
기대하고 있어여..**팟팅**~!! (게). 관 빠
링. 빠이팅. 빠팅. 파링. 파위팅. 파
이팅구르. 파팅. 파팅. 하팅. 화링.
화링. 화이링. 화이링. 화팅. 홧팅.
홧팅. 홧팅.

팬멜[<팬+메일] 유형 새말.
명 풀이 특정 연예인을 좋아하는
팬들이 자신이 좋아하는 연예인에
게 메일을 보내는 것. ¶**팬멜** 많이
하세요~ (게).

팬써뷔쓰[<팬 서비스(service)]
유형 형태변이. 복 풀이 '팬 서비스'
의 변이형. 팬에게 베푸는 서비스.
¶그냥 **팬써뷔쓰** 한다거 하쉬거 울
KO에대힌 살상이 이빠쉬 담긴 니
래럴 첫빵으러 부탁드리거 십눼~
☆사소한 부탁☆ (게).

팬클[<팬클럽] 유형 형태변이. 명
풀이 '팬클럽'의 변이형. 특정의 연
예인이나 스포츠 선수나 예술가 등
을 열렬히 좋아하는 사람들이 조직
한 클럽. ¶제 보기엔. 운영위원들이
입고 계셨던 티가 **팬클** 단체복이랑
비슷했눈데 뒷판에 디자인이 더 이

뺐어요-_-* (게).

팬피[<팬+홈페이지] 유형 새말.
명 풀이 연예인 팬들의 홈페이지. ¶
안녕하세요? psy **펜피**에 가입해떠
여~ (게).

팬픽[<팬+픽션(fiction)] 유형 새
말. 명 풀이 자기가 좋아하는 연예
인을 주인공으로 해서 쓰는 소설. ¶
승준팬픽 홍보하러 왔뜹니다
(게). /승준오빠 **팬픽** 전문 카페에
염... (게). /오빠 전문 **팬픽**카페인데
회원수가 6명 밖에 안되여.. (게). /
오빠 **팬픽** 유명하게 만들어야져..
(게). / 그래야 울 승준빠두 **팬픽**읽
꾸 (게).

퍼가다[=퍼 가다] 유형 의미전이.
복 풀이 다른 곳에 있는 게시물 및
자료를 받아 가다. ¶특별한 태그있
습니다. 많이 **퍼가세요**. (게). /자료
마뉘마뉘 퍼가세여~ (게). /태그
마니 있으니까 마니 **퍼가세여**. 참
퍼오다.

퍼오다[<=퍼 오다] 유형 의미전이.
복 풀이 다른 곳에 있는 게시물 및
자료를 받아 다시 올리다. ¶퍼오실
땐 꼭 다른이름으로 저장해서 가져
오시는거 알죠. 참퍼가다.

퍼온글[<퍼오다+글] 유형 새말.
명 풀이 다른 사람이 통신상에 올
린 내용을 그대로 옮겨 온 글. ¶[퍼
온글]소리의 자취를 찾아서 2 관편

글. ⓐ푼글. 펌. 삽질.

퍼온글란 [<퍼온글＋란(欄)] 유형
새말. 몡 풀이 통신상에서 유행하고
있는 이야기나 자료 따위를 퍼와서
올릴 수 있도록 따로 마련해 둔 게
시판. ¶공지사항 106번 읽어보세요.
그리고 여긴 **퍼온글란**이 따로 있어
요... (게).

퍽탄어 [<폭탄＋여자] 유형 새말.
몡 풀이 못생긴 여자를 일컫는말. ¶
음악사랑방(kiri.co.kr;8040) **퍽탄어**
완방송중 (게).

펀글 [<퍼오다＋글] 유형 새말. 몡
풀이 인터넷상의 게시판에 올려 있
는 글을 그대로 가져다가 다른 게
시판에 실은 글. ¶**펀글**입니다.....
(게). ⓐ퍼온글. ⓐ푼글.

펀버누 [<핸드폰＋번호] 유형 새말.
몡 풀이 '핸드폰 번호'의 변이형. ¶
안그래여..... 저두 보아 **펀버누** 알거
든여 (게). ⓐ펀번. 펀보넝. 폰버노.
핸펀버노. 핸펀보노.

펀번 [<핸드폰＋번호] 유형 새말.
몡 풀이 '핸드폰 번호'의 변이형. ¶
글구,,,**펀번**..신화(민우..혜성..에릭..)조
성모..에구..넘 만타..... (게). /글구,,**펀**
번.신화(민우.혜성.에릭.)조성모.민희.
장나라,혜교.이진.신지.에구.넘 만타..
펀번은 진짜 마나여... (게). /안튀님
들 이 **펀번**에다가 어떤 악다구니를
해야할까영??? 팬덜은 저리가라˜

(게). /연옌**펀번**?이리와˜있어!노래두
있구사진둥^^★ (게). /정말 확실한
멜주소나 **펀번**이면 해보구 버내드
리구여..... (게). ⓐ펀버누. 펀보넝.
폰버노. 핸펀버노. 핸펀보노.

펀보넝 [<핸드폰＋번호] 유형 새말.
몡 풀이 '핸드폰 번호'의 변이형. ¶
에릭오빠 **펀보넝**.. (게). ⓐ펀버누.
펀번. 폰버노. 핸펀버노. 핸펀보노.

펌 [<품(푸다)] 유형 형태변이. 몡
풀이 다른 게시판의 글이나 자료를
그대로 가져 오는 일. ¶★[**펌**]우리
웨싸잇이 팅콘서트에 꼭 가야할이
유★ (게). ⓐ삽질.

펌쟁이 [<펌(푸다)＋-쟁이] 유형
새말. 몡 풀이 다른 곳에 있는 게시
판이나 자료실에서 글이나 자료를
가져와 올리기를 자주하는 사람. ¶
내가 누굴까?? 궁금하지.. 미치겠지
롱..... ㅋㅋㅋ 미안타. 나는 **펌쟁이**
구..... 나두 4호선 회원인거 몰랐
징... (게).

펌질 [<펌(푸다)＋질] 유형 새말. 몡
풀이 다른 대화방이나 자료실, 게시
판 등에 있는 자료나 이야기를 옮겨
오는 행위. ¶나는 더이상 **펌질** 못하
겄다... 하루하루가 힘들어.. ㅋㅋ 늙
어가꼬.. ㅋㅋㅋㅋ (게). ⓐ삽질.

펑 [=펑] 유형 의미전이. 깜 풀이 주
로 대화방에서 대화를 마치고 나갈
때 쓰는 표현. ※연기와 함께 갑자

기 사라는지는 모양을 흉내낸 말이
다. ¶전 그럼 이만.. 푸슝슝~ **펑!!**
(게). 참사사샥. 샤라락. 사사샥. 후
다닥. 휘리릭.

포샵[<포토샵(photoshop)] 유형
형태변이. 명 풀이 그래픽 전용 프
로그램 '포토샵'의 변이형. ¶울 온
냐 께 서 **포 샵**을 아 주 쬐 끔 해
서 시 리. (게).

포앤[<포트리스+애인] 유형 새말.
명 풀이 포트리스 게임을 함께 하
는 애인. ¶내 **포앤**해줄인간..금별이
닷..ㅡㅡㅡㅋ (배타섭만..) (게).

포투[<포트리스] 유형 형태변이. 명
풀이 인터넷 게임 이름 '포트리스'
의 변이형. ¶에... 오랜만에.. **포투**해
봐야지..움.. (게). 관포트

포트[<포트리스] 유형 형태변이. 명
풀이 인터넷 게임 이름 '포트리스'
의 변이형. ¶벼락치기도 새벽에 **포
트**만하고 공부는 1시간 정도.. (게).
/나랑예기하며포트할여자민!! (게).
관포투.

폭격[폭격] 유형 의미전이. 명 풀이
통신상에서 글을 마구 올리는 행위.
¶그래도 처리가 안되시면은 환경청
대화의 광장에다가 **폭격**을 하십시
요.. (게). 참도배.

폰[<핸드폰] 유형 형태변이.
명 풀이 '핸드폰'의 변이형. ¶성이
오뻐 **폰**이 뭐예용?? .. (게).

폰버노[<핸드폰+번호] 유형 새말.
명 풀이 '핸드폰 번호'의 변이형. ¶
긍돼 자꾸 저한테 **폰버노**를 가르쳐
달라는 사람이 많응데 절대 안 돼
니까 멜 보내지 마세여~!!! (게). /
제가 알구있는 상혁오빠**폰버노**가
상혁 오빠가 친구랑 가족들하고만
쓰는 폰이래염~~ (게). 관편버누.
편번. 편보넝. 핸펀버노. 핸펀보노.

퐝[<포항] 유형 형태변이. 명 풀이
도시 이름 '포항'의 변이형. ¶**퐝**중딩
포항사는 중딩만.... (게).

푸하하[=푸하하] 유형 새말.
감 풀이 호탕하게 웃는 소리. ¶우
리 계같은거 하까? 약달여먹기 계
같은거. **푸하하** (게).

푸헤헤[=푸헤헤] 유형 새말.
감 풀이 장난스러우면서 좀 체신
없게 웃는 소리. ¶그래요..........선수
님..........맨트한번해보세요.......... #ㅎ
ㅎㅎㅎㅎㅎㅎㅎㅎㅎㅎㅎㅎㅎㅎ
ㅎㅎㅎ #멘틈니당~ **#푸헤헤헤헤**
(대). /자아수야야야ㅑㅇ 야야야~ #
불르지마 **#푸헤헤헤헤** (대).

푼글[<푼(푸다)+글] 유형 새말. 명
풀이 다른 사람이 통신상에 올린
글을 그대로 옮겨 온 글. ¶[**푼글**]정
치란 무엇인가? 참펌. 퍼온글. 삽질.

프히히[=프히히] 유형 새말.
감 풀이 장난스럽게 웃는 소리. ¶놀
려줄때 쓴거여 #하하하 #ㅎㅎㅎㅎ

ㅎㅎㅎㅎㅎㅎㅎㅎㅎ　#케케케케케 #프히히히히 (대).

플그램 [<프로그램 (program)] 〔유형〕 형태변이. 몡 풀이 ‘프로그램 (program)’의 변이형. ¶하루하루 나라누나 나오는 **플그램**을... 편성표루 만들었으면... ^^;; (게).

플즈 [<플리즈 (please)] 〔유형〕 형태변이. 뭐 풀이 ‘제발’의 뜻으로 쓰이는 ‘플리즈’의 변이형. ¶그럼 답변을 주시든지..아님 고쳐주시든지 해주세여..**플즈**~~~; (게).

플필 [<프로필 (profile)] 〔유형〕 형태변이. 몡 풀이 ‘프로필’의 변이형. ¶제 **플필**입니다 (혹시라도 사기라구 생각하시는 분들을 위하여....). (게). /님 **플필**을 보니깐 저보다 어리더군여 홍홍^^& (게).

피건하다 [<피곤하다] 〔유형〕 형태변이. 혱 풀이 ‘피곤하다’의 변이형. ¶다들 지금 주무 시나횻 +_+? 꺄웅 ○○○○○○○○○○○○○○ ○ o(T^T)o 그람 천사는이만 **피건해소** ㅠ___________ㅠ+ ##ㅏ##ㅏ 띠롱○○○○○○○○○○○○○○ ○○○ >_< (게).

피뛰방 [<피시 (PC)＋방] 〔유형〕 형태변이. 몡 풀이 ‘피시방’의 변이형. 원말보다 좀 어눌한 느낌을 준다. ¶회원이 널 다 감 돸^-^* 헤 헷.. 디금 학겨끈 나거 **피 뛰 방** 와

서.. 좀 뉘 널 다 가 여 기 까 쥐 와서.. 글 남 기 거 가 욬;^-^* (게). 관**피띠방. 피쒸방.**

피띠방 [<피시 (PC)＋방] 〔유형〕 형태변이. 몡 풀이 ‘피시방’의 변이형. 장난스러운 느낌을 준다. ¶근 데 이 노 무 피 띠 방 이 무 척 상 막 해 요 .;; (게). /요 기 **피 띠 방** 이 이 상 해 서 그 론 가 ? (게). 관**피뛰방. 피띠방.**

피려하다 [<필요하다] 〔유형〕 형태변이. 혱 풀이 ‘필요하다’의 변이형.¶그때까지 다 나을수 있을라나? 위로가 **피려합니당**..-_ㅜ (게).

피쒸방 [<피시 (PC)＋방] 〔유형〕 형태변이. 몡 풀이 ‘피시방’의 변이형. 원말보다 힘주어 말하는 느낌을 준다. ¶여기 **피쒸방**이라 버디 안됩 -_- (게). 관**피뛰방. 피띠방.**

필떡 [<필독] 〔유형〕 형태변이. 몡 풀이 ‘필독’의 변이형. 원말보다 강조하는 느낌을 준다. ¶새 게시판 기능......특징....**필떡**!!! (게). 관**필똑.**

필똑 [<필독] 〔유형〕 형태변이. 몡 풀이 ‘필독’의 변이형. 원말보다 강조하는 느낌을 준다. ¶운영자니 임~**필똑**여! (게). 관**필떡.**

필똑하다 [<필독하다] 〔유형〕 형태변이. 동 풀이 ‘필독하다’의 변이형. ※소리나는 대로 표기하여 원말보다 강조하는 느낌을 준다. ¶★★기

막힌 아이디어에염<**필똑해**주세영>
★★ (게).

필뚜[<**필수**] 유형 형태변이.

명 풀이 '필수'의 변이형. 원말보다 좀 어리숙한 느낌을 준다. ¶사진방이에엽..＊사진은 **필뚜**..멋쟁이들만오기.. (게). 관필쑤. 필쓰

필쑤[<**필수**] 유형 형태변이.

명 풀이 '필수'의 변이형. 원말보다 좀 어리숙한 느낌을 준다. ※소리나는대로 표기한 형태이다. ¶캐시 올려 드려염~버그 차잤음~ 비번**필쑤**~ (게). /가입**필쑤**로해효^-^ (게). 관필뚜. 필쓰

필쑹[<**필승**] 유형 형태변이.

명 풀이 '필승'의 변이형. 원말보다 의지가 더 강한 느낌을 준다. ¶이프로 활동 열씨미 하겠쑴다......... **필쑹**⌒⌒ . (게).

필쓰[<**필수**] 유형 형태변이.

명 풀이 '필수'의 변이형. ¶모드 한번떡 다 들러듀그... 방명녹!! **필쓰**!! 게). 관필뚜. 필쑤

ㅎㅎ[<**히히/하하/흐흐**] 유형 형태변이. 감 풀이 (감탄사 처럼 쓰이어)

웃는 모양을 나타냄. ※'하하'나 '히히' 따위 흉내말에서 첫소리만 표기한 형태로, 주로 문장 뒤어 쓰이며, 즐겁거나 재미있음을 나타낸다. ¶느나가 다 이기줄껭. ㅎㅎ (대). /군디난 탐 올앤만에 글쑤넼...ㅎㅎ (게). /ㅎㅎㅎ.....님아....그러케 마눠 마눠 찌르면 잼있어염? (게). 참ㅋㄷㅋㄷ. ㅋㅋ.

하건[<**학원**] 유형 형태변이.

명 풀이 '학원'의 변이형. ¶오늘 **하건**차에서 싸이님 테이프 틀어 달라구. 해서 틀엇는뎁-_- (게). 관하권. 학언.

하교[<**학교**] 유형 형태변이.

명 풀이 '학교'의 변이형. ¶하지만 우리**하교** 특정상 운동회보다 잼잇는 체력장-_-;;;;;;;;;;;;;;;; (게). 관하꾜 학겨. 학그.

하권[<**학원**] 유형 형태변이.

명 풀이 '학원'의 변이형. 소리나는내로 표기한 형태이다. ¶내일 쨈시 **하권**도 오늘로 옮겼는데.. (게). 관하건. 학언.

하꾜[<**학교**] 유형 형태변이.

명 풀이 '학교'의 변이형. 소리나는대로 표기한 형태이다. ¶글거뮈 요딤 (◎ㅐ㉨)**하꾜**에떠능 점심방송때 아주 그냉 -『강㉧』 스페셜.......∞ 이더군효 ㅡ_ㅡ凸 (게). 관하교. 학겨. 학그.

하눌 [<하늘] 유형 형태변이.

명 풀이 ‘하늘’의 변이형. ¶살앙 ⇒ 나으 멸튄한 女덩생..ㅋ_ㅋ 기여븐 살앙 ~ 요뜸은 버리에두 만나기가 **하눌으** ──★ 따기로세ㅡ (게).

하뒤만 [<하지만] 유형 형태변이. 부 풀이 ‘하지만’의 변이형. ¶**하뒤만** ②항눈선뷔하구 사귀눈 사람듀 이 뜨니 (게).

하드 [<하도] 유형 형태변이. 부 풀이 ‘하’의 힘줌말 ‘하도’의 변 이형. ¶☆요즘에 **하드**º심심해서..☆ ☆전화º하푼서º널사람이나..º문자º버 내묘º문팅º하신분들☆☆폰º쌔려º주 쉐혀º (게).

하아잉 [<하이 (hi)] 유형 형태변이. 깜 풀이 통신 상에서 대화에 처음 참여할 때의 인사말. 귀여운 느낌을 준다. ¶**하아잉** 나 수진이다 (게). 관하알랑. 하이루. 하잇. 할랑. 할렁. 할롱. 할룽.

하알랑 [<하이 (hi)] 유형 형태변이. 깜 풀이 통신 상에서 대화에 처음 참여할 때의 인사말. 귀여운 느낌을 준다. ¶**하~~알랑**. (대). 관하이잉. 하여. 하이루. 하이여. 하이염. 하이 혀. 할랑. 할렁. 할롱. 할룽

하여 [<하이 (hi) + -요] 유형 형태 변이. 복 풀이 통신 상에서 대화에 처음 참여할 때하는 인사말. 귀여운 느낌을 준다. ※‘하이’에 ‘-요’의 변

이형 ‘-여’가 결합한 ‘하이여’에서 가 운데 ‘이’가 준 형태이다. ¶ㅎ ㅏ ㅇ ㅕ~. (대). /하여~. (대). /하 여!!!!!! 넘 자주 들르는게 아닌가 싶네여,,,,ㅇ ㅔㄱ ㅓㄱ ㅓ,,,,, (게). 관하이여. 하이염. 하이혀

하이루 [<하이 (hi)] 유형 형태변이. 깜 풀이 통신언어 상에서의 인사 말. ¶**하이루**~!! ..[소재석] (대). 관 하이잉. 하알랑. 하잇. 할랑. 할렁. 할롱. 할룽.

하이여 [<하이 (hi) + -요] 유형 형 태변이. 복 풀이 통신 상에서 대화 에 처음 참여할 때하는 인사말. 귀 여운 느낌을 준다. ※‘하이’에 ‘-요’ 의 변이형 ‘-여’가 결합한 형태이다. ¶ㅎ ㅏㅇ ㅣㅇ ㅕ~ (게). 안녕하세 요. 관하여. 하이염. 하이혀.

하이염 [<하이 (hi) + -요] 유형 형 태변이. 복 풀이 통신 상에서 대화 에 처음 참여할 때하는 인사말. 귀 여운 느낌을 준다. ※‘하이’에 ‘-요’ 의 변이형 ‘-염’이 결합한 ‘하이여’ 에서 가운데 ‘이’가 준 형태이다. ¶ **하이염**. 5일부터 일주일간 쉬는데 잠깐 바람좀 쓀까하구염. (게). 관하여. 하이여. 하이혀.

하이튼 [<하여튼] 유형 형태변이. 부 풀이 ‘하여튼’의 변이형. ¶ㅋ ㅋ ㅋ **하 이튼** 욕좀 하지 마라 넘들아!!! (게). 관하턴. 하튼. 할턴. 할튼. 함튼.

하이혀 [<하이(hi)＋－요] 유형 형태변이. 복 풀이 통신 상에서 대화에 처음 참여할 때하는 인사말. 귀여운 느낌을 준다. ※'하이'에 '-요'의 변이형 '-혀'가 결합한 '하이혀'에서 가운데 '이'가 준 형태이다. ¶ㅎㅏㅇㅣㅎㅕ~. (대). /ㅎㅏㅇㅣㅎㅕ〜〜〜〜. (대). 관하여. 하이여. 하이염.

하잇 [<하이(hi)] 유형 형태변이. 감 풀이 통신상에서 대화에 처음 참여할 때의 인사말. 단호한 느낌을 준다. ¶하잇!. (대). 관하이잉. 하알랑. 하이루. 할랑. 할렁. 할롱. 할룽.

하턴 [<하여튼] 유형 형태변이. 부 풀이 '하여튼'의 변이형. ¶너 생일이 23일이던가??? 하턴 생일 미리 추카하우다^^* (게). 관하이튼. 하튼. 할턴. 할튼.

하튼 [<하여튼] 유형 형태변이. 부 풀이 '하여튼'의 변이형. ¶하지만 안밀린게무려....몇개였지? 하튼 일기는안밀리고 독서록도안밀리거.. (게). /하튼 자세히점 알려쥬세여~ (게). 관하이튼. 하턴. 할턴. 할튼. 함튼.

하팅 [<파이팅(fighting)] 유형 형태변이. 감 풀이 '파이팅'의 변이형. 의지를 다지거나 기운을 복돋기 위해 외치는 구호. ¶오빵!.~~하팅^^ (게). 관빠링. 빠이팅. 빠팅. 파링. 파워팅. 파이팅구르. 파팅. 파팅. 팟

팅. 화링. 화링. 화이링. 화이링. 화팅. 홧팅. 홧팅. 홧팅.

하쀨 [<하필] 유형 형태변이. 부 풀이 '하필'의 변이형. 원말보다 힘주어 말하는 느낌을 준다. ¶왜 하 쀨 상 지 매 니 아 ?? 쓰 읍~☆★ 아 프 러 자 쥬 자 쥬 널 러 올 꿰 훀..^-^* (게). 관아필.

학겨 [<학교] 유형 형태변이. 명 풀이 '학교'의 변이형. 원말보다 귀여운 느낌을 준다. ¶어제 학겨보니까... (대). /어제 학겨 못봤는데 (대). /어제 학겨보니까 헤라언냐한테 카세트도주던걸 (대). /우리 학겨는 태그를 배울 수 있는 곳이에여.. (게). /우리 학겨 홈피 있어서 정말 좋네여~*^^* (게). /애기해보자면 울학겨엔벌점20점 넘으면 겨정겨육을 하겨든.. (게). /내일 학겨 가는구나 뉴.뉴. (대). /열분.. 저 위로 좀 해주세여.. 일케 이상한 학겨 다녀야 히디니... (게). /그리구.. 지랑 생각이 같으시면.. 꼭 이글을 다른 학겨나.. 교육청 싸이트에 올려 주십시요.. (게). /학겨는 박세리가 나온 충남공주금성여자고등학교 (대). 관하교. 하꾜. 학그.

학그 [<학교] 유형 형태변이. 명 풀이 '학교'의 변이형. 장난스러운 말투이다. ¶울 학 그.. 방 송 에 서 클 래 식 틀 어 주 는 날 (게).

㉮하고. 하꾜. 학겨.

학뇬 [<학년] 유형 형태변이.
㈀ 풀이 ‘학년’의 변이형. 원말보다 귀여운 느낌을 준다. ¶전주 고딩 1 **학뇬**덜 모여라~ (대).

학언 [<학원] 유형 형태변이.
㈀ 풀이 ‘학원’의 변이형. ¶구래더 여즘에 **학언** 댕기느라고 멋보눈데..!! (게). ㉮하건. 하권.

한가여 [<한가(하다)＋-요] 유형
형태변이. ㊄ 풀이 ‘한가하다’의 어간 ‘한가-’에 높임의 보조사 ‘-요’의 변이형 ‘-여’가 결합한 형태. ¶님아 유리님오늘오긴**한가여**>? (대).

할랑 [<하이(hi)] 유형 형태변이. ㉠
풀이 영어식 인사말 ‘하이’의 변이형. 통신상에서 만날 때 하는 인사말. ¶**할랑**~☆ :*:신화팬 and god팬 끝까지 다 보세여... 중요!!!:*: (게). /**할랑**?? 나눈야..너희둘의 지킴이 솔이당...반창회 잘 했냐?? /**할랑** 오랜만이다... (게). ㉮하이잉. 하알랑. 하이루. 하잇. 할렁. 할롱. 할룽.

할렁 [<하이(hi)] 유형 형태변이. ㉠
풀이 인사말. ¶**할렁** 나 지현이..애들이 많이 왔구려... (게). ㉮하이잉. 하알랑. 하이루. 하잇. 할랑. 할롱. 할룽.

할롱 [<하이(hi)] 유형 형태변이. ㉠
풀이 인사말. ¶**할롱**..지아 (게). ㉮하이잉. 하알랑. 하이루. 하잇. 할랑.

할렁. 할룽.

할룽 [<하이(hi)] 유형 형태변이. ㉠
풀이 만나서 하는 인사말. ¶**할룽**!!!!! 나누군지 알젉???? (게). /**할룽***^^* (대). ㉮하이잉. 하알랑. 하이루. 하잇. 할랑. 할렁. 할롱.

할룽할룽 [=할룽할룽] 유형 새말.
㉠ 풀이 통신상의 인사말 가운데 하나. ‘하이’의 변이형 ‘할룽’의 반복 형태이다. ¶**할 룽 할 룽**.~☆★ 희원 이 에 엽^-^* 쿡 쿡.. (게).

할머뉘 [<할머니] 유형 형태변이. ㈀
풀이 ‘할머니’의 변이형. 원말보다 힘주어 말하는 느낌을 준다. ¶본인 두 **할머뉘**와 가치 살고이씀-ㅁ -!). (게). ㉮할머늬. 할모뉘.

할머늬 [<할머니] 유형 형태변이. ㈀
풀이 ‘할머니’의 변이형. ¶글거 니가 **할머늬**믄 온리스는 머가 디능그얌 ——|||| 앙?? (게). ㉮할머뉘. 할모뉘.

할모뉘 [<할머니] 유형 형태변이. ㈀
풀이 ‘할머니’의 변이형. ¶가족 : 할아부지, **할모뉘**, 아부쥐, 오마뉘, 뚜벨넘의 형쉑, 까부는 10차이나는 여동생... ㅡ.ㅡ;; (게). ㉮할머뉘. 할머늬.

할턴 [<하여튼] 유형 형태변이. ㋒
풀이 ‘하여튼’의 변이형. ¶한마디로 스타로 심시티를 한다거 할까여.... **할턴**... 쥠 아는 남정네 분덜 6분이랑 저랑 왔더랬져 (게). ㉮하이튼. 하턴. 하튼. 할튼. 함튼.

할튼[<하여튼] 유형 형태변이. 부 풀이 '하여튼'의 변이형. ¶아! 복사를 잘못 했슴당!! 죄송..**할튼** 신청곡!!!!!! (게). /**할튼**간 쌍꺼풀 수술까지 했죠 (게). 관하이튼. 하턴. 하튼. 할턴. 함튼.

함[<한번] 유형 형태변이. 명 풀이 '한번'의 변이형. ※'시험 삼아 시도함' 또는 '기회 있는 어떤 때'를 의미할 때 주로 쓰이는 변이형이다. ¶저도 이번에는 한번 여행다운 여행 **함** 가볼려구요!! (게). /**함** 해봐~!!! 행운을 빌어~~~♡ (게). /**함** 읽어 보실래요?^^ (게). /언트 자네도 **함** 망가지게나 (대). /담에 올땐 알찬 빅뉴스를 가지구 **함** 방문할께..담에 뵈용~휘리리리리리리리릭~~~ㅋㅋ (게). /홈페이지 업데이트했어염.. ^^ 그거 말할라구.. 이렇게... ㅋㅋㅋ **함** 와서 귀경해보세여.. (게). /**함** 보세요 (게). 관함번.

함번[<한번] 유형 형태변이. 부 풀이 '한번'의 변이형. ¶**함번** 와 주세여. (게). 관함.

함브러[<함부로] 유형 형태변이. 부 풀이 '함부로'의 변이형. ¶굴애스리 **함브러** 말모타져. ㅠ_ㅡ∞ (게).

함튼[<하여튼] 유형 형태변이. 부 풀이 '하여튼'의 변이형. ¶**함튼** 나라 언니 디따시 이뻐여...── (게). 함튼.

합곡하다[<합격하다] 유형 형태변

이. 동 풀이 '합격하다'의 변이형. 원말보다 귀여운 느낌을 준다. ¶나라누나 땜시 수능이 올마 안남으신 흉아 누님들은 다 S대 K대 Y대 **합곡하실거애여~**

해떵[<했어(하다)] 유형 형태변이. 동 풀이 '하다'의 활용형 '했어'의 변이형. 어린아이 말투를 흉내낸 느낌을 준다. ¶ㅇ ㅏㄲ ㅏ..지누가 전화**해떵**..>.< (대).

해쑵돠[<했습니다(하다)] 유형 형태변이. 동 풀이 '하다'의 활용형 '했습니다'의 변이형. ¶어제 다나와 통화를 **해쑵돠**!! 다나 너래를 틀어 놓고..... (게).

핸디폰[<핸드폰] 유형 형태변이. 명 풀이 '핸드폰'의 변이형. ¶아..젠장.. **핸디폰**..도둑 맞았다 (게). 관핸편. 핸폰.

핸편[<핸드폰] 유형 형태변이. 명 풀이 '핸드폰'의 변이형. ¶**핸편**에 자꾸 오삐 짱사시힘에 음성 메세지가 왓다구하눈뎅....ㅋ (게). 관핸디폰. 핸폰.

핸편버노[<핸드폰+번호] 유형 새말. 명 풀이 '핸드폰 번호'의 변이형. ¶내 **핸편버노** 적으시던 다정다감한 아주머니ㅠㅠ 덩말덩말 감사함당!!^^. (게). 관편버누. 편번. 편보넝. 폰버노. 핸편보노.

핸편보노[<핸드폰+번호] 유형 새

말. 명 풀이 '핸드폰 번호'의 변이형. ¶분명히 리플달아서...**핸편보노** 남겼었는데.. (게). 관펀버누. 펀번. 편보녕. 폰버노. 핸펀버노.

핸폰 [<핸드폰] 유형 형태변이. 명 풀이 '핸드폰'의 변이형. ¶**핸폰** 놓고 홀가분하게 떠날곳이 있다면 알려주세요. (게). /희야가...드뎌...안테나 없는 **핸폰**을 떠나보내구.., 이쁜 새 **핸폰**을 마련합니다..... (게). /방금 그..명칭이 모냐....그....**핸폰** 충전시키는거. (게). 관핸디폰. 핸펀.

행벅하다 [<행복하다] 유형 형태변이. 형 풀이 생활의 만족과 삶의 보람을 느껴 마음이 흐뭇하다. 원말보다 장난스럽게 표현. ¶금 언제나 울군들같은 하루 버내시구여, 닐 하루 종일 강타오빠 너래들으면서 **행벅하세어..** (게). /**행벅하시길....** (대). /승준오빠 어닐두 **행벅하세영~~~*^^*** (게).

하 [<해 (하다)] 유형 형태변이. 동 풀이 '하다'의 활용형 '해'의 변이형. 장난스러운 말투이다. ¶란이암^^ 열씨미**햐**˘☆☆ (게).

허거걱 [<허걱] 유형 새말. 뮈 풀이 뜻밖의 상황에 처했을 때 아주 놀라움을 나타내는 말. 통신언어 '허걱'의 변이형. ¶**허거걱**...잘못올렸네..^^ 오랜만에 학원끝나구..겜방와서.. 누나랑 약속 지킬려구..들러봤

어..^^* (게). 관허걱. 허컥. 호곡.

허걱 [<헉+억] 유형 새말. 뮈 풀이 뜻밖의 상황에 처했을 때 아주 놀라움을 나타내는 말. ※대표적인 통신언어 가운데 하나이다. '헉+억'에서 온 말로 보인다. ¶**허걱** 저러케 진리를 꿰뚫는 ――;;. (대). /**허걱**... 사장님께서 심부름을 보내신당... 차타구 가서...이거좀 전해주고 와라... 넹~~쫑~쫑~쫑...고개숙인 내 모습이 쩍8리당... (게). /**허걱** 저러케 진리를 꿰뚫는 ――;;. (대). /군데 나이를 보니...**허걱**...38살...40살...이러지 머여여? 어찌나 널렸든지....ㅠ.ㅠ 전 이제 계란한판인데여 했드니... 글쎄 나버거 영계라자나여...**허걱**... ㅠ.ㅠ (게). 관허거걱. 허컥. 호곡.

허북지 [<허벅지] 유형 형태변이. 명 풀이 '허벅지'의 변이형. ¶흠.. 다름이 아니오라 자꾸 제 허북지를 탐내는 남자가 있어서리 도움 요청합니다... 아시는 분은 아시겠지만.. 제 **허북지**가 어찌나 실한쥐... (게).

허접 [<허접쓰레기<허섭스레기] 유형 새말 명 풀이 ①어느 수준에 이르지 못하는 형편없는 물건, 또는 그러한 사람을 일컫는 말. ②인터넷 게임에서 실력이 매우 떨어지는 사람. ※널리 쓰이는 통신언어 가운데 하나이다. '좋은 것은 다 빠지고 나머지 허름한 물건'이라는 뜻의 '허

섭스레기'에서 온 말로 보인다. '허
섭스레기는' 일반적으로 '허접쓰레
기'로 잘못 불리우는데 여기서 '허
접'이 나온 것으로 보인다. ¶이제는
허접들 주머니에서 던까지 빨아먹
을라구 씹텡이 들~ (게). /전 팜고
로 랩 춤은 **허접** 임다 (게). /암턴
오빠 볼수 있어서 정말 즐거웠구
요.. 이런 **허접**잡솔 읽어 주셔서 감
사합니다.. (--)(__). (게).

허접팅 [<허접+(밥)팅] 유형 새말.
명 풀이 어리석고 멍청하거나 못난
사람을 비아냥거리는 말. ※통신언
어 '허접'에 '바보'의 통신언어 '밥팅'
의 '팅'을 결합한 형태이다. ¶글애
나 **허접팅**이다.. (게). /**허접팅**이 ㅋ
ㄷㅋㄷ 잘 했다!! (게). 참밥팅.

허접하다 [<허접하다] 유형 새말.
형 풀이 어느 수준에 이르지 못하
여 형편없다. ¶졸라 **허접하네**내얼
굴 (게). /**허접하지만** 불펌은 싫어
혀.>_< (게).

허컥 [<허걱] 유형 새말. 감 풀이 뜻
밖의 상황에 처했을 때 아주 놀라
움을 나타내는 말. '허걱'의 변이형.
¶**허컥**..^^;;; 그 오리가 혹시 전가
욥??? 제가 좀.. 통통하다고.. 지금
홍보신건가욥?? (게). 관허거걱. 허
걱. 호곡.

헉스 [<헉+웁스(oops)] 유형 새
말. 감 풀이 뜻밖의 상황에 처했을

때 아주 놀라움을 나타내는 말. ※
감탄사 '헉'에 영어의 감탄사 '웁스'
의 '스'를 차용한 것으로 보인다. ¶
헉스.. 우째요.. 울팬들..가는건지 마
는건지... (게). /**헉스**~이럴수가.. 참
허걱.

헉시 [<혹시] 유형 형태변이.
부 풀이 '혹시'의 변이형. 원말보다
어눌한 느낌. ¶물론 그러실분은 없겠
지만 **헉시**라두 퍼가실분은 멜 날리
구 퍼가세영~. (게). /**헉시** 18일날 첫
방 방송한다는거 아닐까여... (게). /
저두 갈껀데,,**헉시** 몰랐던 분드룬~
(게)./내영없다는데열어번..댁은..**헉시**
바버?-.-;; (게). 관혹뗘. 혹쉬. 혹식.

헉써리 [<확실히] 유형 형태변이. 부
풀이 '확실히'의 변이형. ¶별거 아닌
것가지고 넘 **헉써리**해서 죄성하지
만...... (게).

헌나다 [<혼나다] 유형 형태변이. 동
풀이 '혼나다'의 변이형. 원말보다
좀 완곡한 느낌을 준다. ¶엄마한퉤
헌난닷.. 때춰~ (게).

헐¹ [<훨씬] 유형 형태변이. 부 풀이
'훨씬'의 변이형. 원말보다 좀 귀여
운 느낌을 준다. ¶누님이 나왔더라
면 **헐** 좋았겠죠~~ㅎㅎㅎㅎㅎㅎ.
(게). 관훨.

헐² [<헉] 유형 새말. 감 풀이 뜻밖의
상황에 내지르는 말. ¶원98이 안정
적이라고라.. **헐**.. 언제부텀여? ㅋㅋ

ㅋ (게). /헐.. 저눈 이거 했눈데염.. 사악함을 모르는 순진하다 못해 멍청하데염. 글서 이성이 쉽게 떠난다나 어쩐다나.. 흐미.. 역쉬.. 솔로가 맘편할 듯..쩌비... (게). /드뎌, 저도 할 수 있다는 자신감이 배는군요... 헐... 너무 기쁩니다.. . (게). /오늘 날씨는 무쟈게 덥구만 어제는 케리비안베이입구에서 사람이 넘 많아 드가지두못하구 헐˜ (게). /헐...글케 마니? (게). 참허걱.

험페이지 [<홈페이지] 유형 형태변이. 명 풀이 '홈페이지'의 변이형. ¶이 **험페이지** 어떻게 해서 만들엇니? (게). 관험피. 홈페디. 홈페이쥐. 홈피.

험피 [<홈피<홈페이지] 유형 형태변이. 명 풀이 (단체나 개인이 인터넷을 통해 홍보를 하거나 정보를 교환하기 위해) 특정 프로그램을 이용하여 정보를 제공할 수 있도록 에이치티엠엘(HTML) 규격으로 만든 문서. ¶오널 컴터를 새로 사서 인터넷 달구 나라누나 **험피**에 들어왔는데여...... (게). /시뇨 **험피**에 마니마니 퍼뜨려 주세여˜ (게). 관험페이지. 홈페디. 홈페이쥐. 홈피.

협 [=헙] 유형 새말. 감 풀이 몹시 놀라거나 겁에 질려 호흡을 멈추는 모양. ¶헙. (대). 관허걱.

헛 [헛] 유형 새말. 감 풀이 뜻밖에

놀라운 상황에 짧게 내지르는 소리. ¶헛 ..[소재석] (대).

헝버하다 [<홍보하다] 유형 형태변이. 동 풀이 '홍보하다'의 변이형. 원말보다 장난스럽고 귀여운 느낌을 준다. ¶우리모두 언니 음반 **헝버 합시다**!! (게).

헝보 [<홍보] 유형 형태변이. 명 풀이 '홍보'의 변이형. ¶ㅋㅋ 이건 순전히 컴티 **헝보**니 삭제요청 들어오면 바로 지움미다 (게).

헤헷 [=헤헷] 유형 새말. 감 풀이 겸연쩍어 하거나 장난스럽게 웃는 소리. ¶구냥 그것만 누르는거에여? 아님 그거랑 플레이 버튼을 가치 누르는거에여? **헤헷**. 거럼 안냥히 계세요˜˜-^* (게). /**헤헷**˜˜ 무디무디 추카 드려효˜(냉무). (게).

현막 [<현수막] 유형 형태변이. 명 풀이 '현수막'의 변이형. ¶8.19 오빠들 **현막** 중앙에 걸기. (게).

호곡 [<허걱] 유형 새말. 감 풀이 뜻밖의 상황에 처했을 때 아주 놀라움을 나타내는 말. 통신언어 '허걱'의 변이형. ¶다 보인데염#**호곡** (대). 관허거걱. 허걱. 허컥.

혹뛰 [<혹시] 유형 형태변이. 부 풀이 '혹시'의 변이형. 어린이 말투를 흉내내어 좀 어눌한 느낌을 준다. ¶**혹뛰**...안나오는거 아니져.. (게). 관혹시. 혹쉬. 혹싀.

혹쉬[＜혹시] 유형 형태변이.
뮈 풀이 ‘혹시’의 변이형. 원말보다 힘주어 말하는 느낌을 준다. ¶옹 그건 **혹쉬** 내 야그? 관혹시. 혹뛰. 혹싁.

혹싁[＜혹시] 유형 형태변이.
뮈 풀이 ‘혹시’의 변이형. ¶다들 뭐 하시나?;; **혹싁** 정팅중?+_+ (게). 관혹시. 혹뛰. 혹쉬.

홈장[＜홈페이지＋장] 유형 새말.
몡 풀이 홈페이지를 운영하는 사람. ¶**홈장**님 질만이 있는데요.. (게).

홈페디[＜홈페이지] 유형 형태변이.
몡 풀이 ‘홈페이지’의 변이형. ¶**홈페디** 있능 살암드룬 홈피 홍보탸 한번 들리긍~~~ (게). 관험페이지. 험피. 홈페이쥐. 홈피.

홈페이쥐[＜홈페이지] 유형 형태변이. 몡 풀이 ‘홈페이지’의 변이형. 원말보다 힘주어 말하는 느낌을 준다. ¶**홈페이쥐**도 만들꺼고 맨날 언니 따라다녀야쥐~ ㅋㄷㄷ (게). 관험페이지. 험피. 홈페디. 홈피.

홈피[＜홈페이지] 유형 형태변이. 몡 풀이 ‘홈페이지’의 변이형. ‘홈페이지’에 대한 대표적인 통신언어이다. ¶이병헌 선생님 **홈피**주소가 알구 싶거덩여~~~(게). /은정이가 제 **홈피**에 올린 글인데, 아름다우면서도 조금은 허무한 느낌이에요. (게). / 참, 예전에 네 홈에 들어갔다가 짧은 글만 올리고 나왔던 듯 한데.. .

(게). /드디어 져도 **홈피**를 올렸습니다 (게). /어느 한 여자가 **홈피**를 만들었다 (게). 관험페이지. 험피. 홈페디. 홈페이쥐.

홍보탸[＜홍보차] 유형 형태변이. 몡 풀이 ‘홍보차’의 변이형. ¶홈페디 있능 살암드룬 홈피 **홍보탸** 한번 들리긍~~~ (게).

홍홍홍[＝홍홍홍] 유형 새말.
갑 풀이 장난스러우면서도 간드러지는 듯한 웃음 소리를 흉내낸 말. ¶올만이당...글치? 왜이리 뜸한겨... **홍홍홍**~ 잘 지냈궁? 아~ 오랜만에 뽀란이 글이 보이니깐 넘 좋눼~~~ *^^* (게).

화뇽하다[＜환영하다] 유형 형태변이. 똥 풀이 ‘환영하다’의 변이형. 원말보다 귀여운 느낌을 준다. ¶저희 코 가족이 되신 걸 **화뇽해영**~~~~ (게).

화력전[＝화력전] 유형 의미전이. 몡 풀이 공격 아이템만 쓰는 게임. ¶우리 **화력전** 합시당~

화륑[＜파이팅(fighting)] 유형 형태변이. 갑 풀이 ‘파이팅’의 변이형. 의지를 다지거나 기운을 복돋기 위해 외치는 구호 ¶아잣. **화륑**! (게). 관빠링. 빠이팅. 빠팅. 파링. 파워팅. 파이팅구르. 파팅. 파팅. 팟팅. 하팅. 화링. 화이링. 화이링. 화팅. 홧팅. 홧팅. 홧팅.

화륑 [<파이팅 (fighting)] 유형 형태변이. 깜 풀이 '파이팅'의 변이형. 의지를 다지거나 기운을 복돋기 위해 외치는 구호. ¶아잣. **화륑!** (게). 관빠링. 빠이팅. 빠팅. 파링. 파워팅. 파이팅구르. 파팅. 파튕. 팟팅. 하팅. 화링. 화이륑. 화이링. 화팅. 홧튕. 홧팅. 홨팅.

화링 [<파이팅 (fighting)] 유형 형태변이. 깜 풀이 '파이팅'의 변이형. 의지를 다지거나 기운을 복돋기 위해 외치는 구호. ¶저도 좋아해요..서태지**화링**~(게). 관빠링. 빠이팅. 빠팅. 파링. 파워팅. 파이팅구르. 파팅. 파튕. 팟팅. 하팅. 화륑. 화이륑. 화이링. 화팅. 홧튕. 홧팅. 홨팅.

화이륑 [<파이팅 (fighting)] 유형 형태변이. 깜 풀이 '파이팅'의 변이형. 의지를 다지거나 기운을 복돋기 위해 외치는 구호. ¶오빠 힘내여!!!!!! **화이륑~〜〜!!** (게). /내가 이런말 할 자격은 없지만...ㅋㅋ 체포 **화이륑ˇ!ˇ!ˇ!** (게). 관빠링. 빠이팅. 빠팅. 파링. 파워팅. 파이팅구르. 파팅. 파튕. 팟팅. 하팅. 화륑. 화링. 화이링. 화팅. 홧튕. 홧팅. 홨팅.

화이륑 [<파이팅 (fighting)] 유형 형태변이. 깜 풀이 '파이팅'의 변이형. 의지를 다지거나 기운을 복돋기 위해 외치는 구호. ※원어 발음을 흉내낸 표기이다. ¶내가 이런말 할

자격은 없지만...ㅋㅋ 체포 **화이륑ˇ!ˇ!ˇ!** (게). /오빠 힘내여!!!!!! **화이륑〜〜〜!!** (게). 관빠링. 빠이팅. 빠팅. 파링. 파워팅. 파이팅구르. 파팅. 파튕. 팟팅. 하. 화륑. 화링. 화이링. 화팅. 홧튕. 홧팅. 홨팅.

화이링 [<파이팅 (fighting)] 유형 형태변이. 깜 풀이 '파이팅'의 변이형. 의지를 다지거나 기운을 복돋기 위해 외치는 구호. ※원어 발음을 흉내낸 표기이다. ¶화이링. (게). /기다릴수 있져? 자 힘내자구여.. **화이링***^.^*[냉유]. (게). /이뿌이 송희...**화이링**〜〜(*^.^*) <= 내얼굴...ㅋㅋ^^ (게). /열띠미 해〜〜〜송햐〜〜〜 **화**〜〜〜**이**〜〜〜〜**링**〜〜〜〜 *^.^* (게). 관빠링. 빠이팅. 빠팅. 파링. 파워팅. 파이팅구르. 파팅. 파튕. 팟팅. 하팅. 화륑. 화링. 화이륑. 화팅. 홧튕. 홧팅. 홨팅.

화팅 [<파이팅 (fighting)] 유형 형태변이. 깜 풀이 '파이팅'의 변이형. 의지를 다지거나 기운을 복돋기 위해 외치는 구호. ¶우리나라 나라 **화팅..** (게). /유승준 **화팅!!!!** (게). 관빠링. 빠이팅. 빠팅. 파링. 파워팅. 파이팅구르. 파팅. 파튕. 팟팅. 하팅. 화륑. 화링. 화이링. 홧튕. 홧팅. 홨팅.

화팅 [<파이팅 (fighting)] 유형 형태변이. 깜 풀이 '파이팅'의 변이형.

의지를 다지거나 기운을 복돋기 위
해 외치는 구호 ¶우리나라 **화팅**..
(게). /유승준 **화팅**!!!! (게). ㉲빠링.
빠이팅. 빠팅. 파링. 파위팅. 파이팅
구르. 파팅. 파팅. 팟팅. 하팅. 화링.
화링. 화이링. 홧팅. 홧팅. 홧팅.

활덩 [<활동] 〔유형〕 형태변이.
〔명〕 〔풀이〕 '활동'의 변이형. ¶열뛰미
활덩가튀 열띠미 하쉬눈 언뉘빠덜
글을 보뉘..... (게).

활덩하다 [<활동하다] 〔유형〕 형태변
이. 〔동〕 〔풀이〕 '활덩하다'의 변이형. ¶
인제 진짜 열씨미 **활덩** 할꾼데..
(게). /열심히 **활덩** 하겠습돠 ^ ^
카페 넘 이쁘네여 냐하아~ 구럼..
(게). ㉲활뚱하다.

활뚱하다 [<활동하다] 〔유형〕 형태변
이. 〔동〕 〔풀이〕 '활동하다'의 변이형.
소리나는 대로 장난스럽게 표기한
형태이다. ¶근까 열심히 **활뚱하세
영**... (게). ㉲활덩하다.

홧팅 [<파이팅(fighting)] 〔유형〕 형
태변이. 〔깝〕 〔풀이〕 '파이팅'의 변이형.
의지를 다지거나 기운을 복돋기 위
해 외치는 구호. ※이전에 국가대표
를 지냈던 여자 탁구 선수가 외치
던 말투를 흉내낸 표기이다. ¶나라
언니 **홧팅**~!!!!!!!!!!!(게). /굴엄 다가
치 힘을 내서 **홧팅**!!!!!!!! 깔쌈 승준
(게). ㉲빠링. 빠이팅. 빠팅. 파링.
파위팅. 파이팅구르. 파팅. 파팅. 팟

팅. 하팅. 화링. 화링. 화이링. 화이
링. 화팅. 홧팅. 홧팅.

홧팅 [<파이팅] 〔유형〕 형태변이. 〔깝〕
〔풀이〕 '파이팅'의 변이형. 의지를 다
지거나 기운을 복돋기 위해 외치는
구호. ¶울 팬덜..**홧팅**^^*. (게) /전
액정이 깨졌더래죠... 안타깝네요...
우린 그냥 풍선에 야광봉넣고 흔들
자구요..**홧팅**~!(냉무). (게). /한국
야구의 증흥을 위해 돌아온 이종범
선수 **홧팅**!!!!!!!! (게). /사랑스런 그
림으루요~ #홧/음.. 그럼.. 또 한번
의.. 흰물결을..꿈꾸며.. **홧팅**이에효
~ ^^. (게). ㉲빠링. 빠이팅. 빠팅.
파링. 파위팅. 파이팅구르. 파팅. 파
팅. 팟팅. 하팅. 화링. 화링. 화이링.
화이링. 화팅. 홧팅. 홧팅.

홧팅 [<파이팅(fighting)] 〔유형〕 형
태변이. 〔깝〕 〔풀이〕 '파이팅'의 변이형.
의지를 다지거나 기운을 복돋기 위
해 외치는 구호. ¶넘 슬펐떠여..그리
하어 저는 누나의 팬으로 변신(?)
했네여..^^암튼 몸 건강 하시구요..힘
내세요. **홧팅**~^^;. (게). ㉲빠링. 빠
이팅. 빠팅. 파링. 파위팅. 파이팅구
르. 파팅. 파팅. 팟팅. 하팅. 화링.
화링. 화이링. 화이링. 화팅. 홧팅.
홧팅.

횽 [<형] 〔유형〕 형태변이. 〔명〕 〔풀이〕 '형'
의 변이형. 원말보다 귀여운 느낌.
¶나라누나 땜시 수능이 올마 안남

으신 **흉**아 누님들은 다 S대 K대 Y
대 합곡하실거애여~ (게).

후다다닥[<후다닥] 유형 새말. 감
풀이 갑자기 **빠른** 동작으로 뛰거나
몸을 움직이는 모양을 나타내는 흉
내말. 대화방에서 작별 인사를 대신
하는 표현으로 사용된다. ¶디오야~
메렁이다~ 우히히히~ 머? 반병?
헐~ **후다다닥**~~~ (게). 참꾸벅.
사샤삭. 펑. 후다닥. 휘리릭. 휘릭.

후다닥[=후다닥] 유형 새말.
감 풀이 갑자기 **빠른** 동작으로 뛰
거나 몸을 움직이는 모양을 나타내
는 흉내말. 대화방에서 작별 인사를
대신하는 표현으로 사용된다. ¶그럼
전 이만...**후다닥**~ (게). 참꾸벅. 사
샤삭. 펑. 후다다닥. 휘리릭. 휘릭.

휠[<훨씬] 유형 형태변이. 부 풀이
'훨씬'의 변이형. 현실 발음을 표기
에 반영한 형태이다. ¶그리고 부팅
속도로 치면 ME가 98SE보다 **휠빠**
르죠.. (게). 관헐¹.

훼원[<회원] 유형 형태변이.
명 풀이 '회원'의 변이형. ¶**훼원**들
아 지껄여라..... (게). /**훼원**들 프로
필 (게).

휘리릭[=휘리릭] 유형 새말.
감 풀이 갑자기 바람을 일으키며
빠르게 지나가거나 도는 모양을 흉
내낸 말. 대화방에서 작별 인사를
대신하는 표현으로 사용된다. ¶야심

한 밤에 글하나 올리고 숙제하러
휘리릭~~~물러갑니다~ (게). 참꾸
벅. 사샤삭. 펑. 후다다닥. 후다닥.
휘릭.

휘릭[=휘릭] 유형 새말. 감풀이 갑
자기 바람을 일으키며 **빠르게** 지나
가거나 도는 모양을 흉내낸 말. 대
화방에서 작별 인사를 대신하는 표
현으로 사용된다. ¶솔개그늘 함 들
러보셔여...구람 이만... **휘릭**~ (게).
참꾸벅. 사샤삭. 펑. 후다다닥. 후다
닥. 휘리릭.

흐미[=흐미] 유형 새말. 감풀이 좀
언짢거나 놀라운 일이 있을 때 쓰
는 표현. ¶신청곡이요?#**흐미**. (대).
/**흐미**. 이거 어떻게 하죠 (게). /**흐
미**~~ 이렇게 좋은 가을햇살아래
한강마저 저렇게 반짝이는뒤~ 난
사무실 구석에서 먼지나 마시구 있
었다뉘~~ T^T (게). /**흐미**~ 무
시라. (게).

흐블나게[<허벌나게<허벌나다]
유형 형태변이. 동 풀이 비속어 '허
벌나다'의 활용어 '허벌나게'의 변이
형. ¶ㅠ_^ **흐블나게** 슬프효 (게).

흔둘다[<흔들다] 유형 형태변이. 동
풀이 '흔들다'의 변이형. 원말보다
좀 어눌한 느낌을준다. ¶핸폰이벵에
서..**흔두눈거여**.. 왼쪽에서-오른쪽입
니다(왼-오)그리구 핸폰은 필수구..
휜풍성과 우비도 필수겨.. 꼭가져오

샤야 되어? (게).

히딴[<이딴<이런] 유형 형태변이.
관 풀이 ‘이러하다’의 활용형인 ‘이
런’의 잘못 쓰는 말 ‘이딴’의 변이
형. ¶저오리라게당해서 **히딴**거안쓰
구 한번에 모다서 올려요.. (게).

힘둘다[<힘들다] 유형 형태변이. 동
풀이 ‘힘들다’의 변이형. ¶드뎌다 올
렸군여... ^^;;;**힘두러랑**...... .

조사 · 어미 · 접사

-5 [<-어] 유형 형태변이. 어 풀이 반말 투의 종결어미 '-어'의 변이형. ※같은 발음의 숫자로 표기한 형태이다. ¶유리남편 아뒤 맘에 안들5.. 으아~ (대). 관-더. -떠. -또. -앙. -엄. -엉. -오. 참-9.

-9 [<-구<-고] 유형 형태변이. 어 풀이 연결어미 '-고'의 변이형인(현실 발음) '-구'를 같은 발음의 숫자로 표현한 형태. ¶유미야! 편지(?) 써줘서..^^ 정말 ·왕으루~ 고맙9..^^ (게). 관-거. -공. -구. -굿. -궁. -꾸. -그. 참-5.

-Day [<-데이<-다] 유형 형태변이. 어 풀이 서술형 종결어미 '-다'의 변이형. ※비슷한 발음의 영어로 표기한 형태이다. ¶나의 죄를 제발 사해주길 바랫 물탄 — 쏴랑한**Day**! ♡ (게). 관-돠. -됭. -닷. -당. -땅. -따. -탕.

-가꾸낭 [<-겠-구나] 유형 형태변이. 어 풀이 선어말어미 '-겠-'에 화자가 새롭게 알게 된 사실에 주목함을 나타내는 종결어미 '-구나'가 결합한 '-겠구나'의 변이형. ¶올라오게 되더라러 새로운 일을 시작한다거하닝 정신읍씨 바뿌**가꾸낭** 그람 담에 보는 그날까정 항상 행복해야뎅~~~(게).

-가쑤미닷 [<-겠-습니다] 유형 형태변이. 어 풀이 선어말어미 '-겠

-'에 아주 높임의 종결어미 '-습니다'가 결합한 '-겠습니다'의 변이형. 원말보다 단호한 느낌을 준다. ¶마지막으루 쪼가리루 쫑내**가쑤미닷**!!! 움움움움화화화화홧~★휘리릭— (게). 관-갔숩돠. -거쑤미닷. -게뚜미닷. -게쑴다. -게쓤미닷. -겠쑴다. -겠쓰당. -깟습돠.

-갔숩돠 [<-겠-습니다] 유형 형태변이. 어 풀이 선어말어미 '-겠-'에 아주 높임의 종결어미 '-습니다'가 결합한 '-겠습니다'의 변이형. 원말보다 좀더 단호한 느낌을 준다. ※'-갔-'은 '-겠-'의 경기도 방언형이다. ¶지금 13권봤더뉘여 내용이 않이어져서 넘넘 이해가 않가더라거여 책들을 조금만 올려주심 감사하**갔숩돠**~ (게). 관-가쑤미닷. -거쑤미닷. -게뚜미닷. -게쑴다. -게쓤미닷. -겠쑴다. -겠쓰당. -깟습돠.

-강¹ [<-가] 유형 형태변이. 조 풀이 주격조사 '-가'의 변이형. 어말에 'ㅇ'을 더하여 귀엽고 애교스러운 느낌을 준다. ¶오빠!!!!!화이팅.......힘내구.......오빠를 사랑하는 사람들이 서울에 든든히 버티구 있다는것 잊지마시구여.......... 아콰**강**........^^ (게).

-강² [<-과] 유형 형태변이. 조 풀이 일 따위를 함께 함을 나타내는 격조사 '-과'의 변이형. 원말보

다 부드러운 느낌을 준다. ¶미지선
ㅂㅐ님강조만간불를테니깐.. (게)
㉐-광

-개땅 [<-겠-다] 유형 형태변이.
어 풀이 선어말어미 '-겠-'과 종결
어미 '-다'가 결합한 '-겠다'의 변이
형. ¶클라땅 어케︿︿ ㅜ.ㅡ 집에가
서 빨랑 구거부터 써야되**개땅** (게).
㉐-게따. -겠당. -겠돠. -겠땅.

-거 [<-고] 유형 형태변이.
어 풀이 연결어미 '-고'의 변이형.
원말보다 장난스러운 느낌을 준다.
※'-요>-여'와 같이 통신언어의 대
표적인 변이유형인 'ㅗ>ㅓ' 변이형
가운데 하나이다. ¶지금 13권봤더뉘
여 내용이 않이어져서 넘넘 이해가
않가더라**거**여 책들을 조금만 올려주
심 감사하갔숩돠~ (게). /저는....만화
책은 엽기 부분 말**거** 다 젛아 해
서...상관 없지만... (게). ¶멜을받**거**시
포해혀?. /ㅁ ㅓ그라구,,,,,,소뤼 ㅊ
ㅣㄱ ㅓ,,,ㅡㅡ (대). /매니저님 율누
나 좀 데리**거** 와봐여 ....ㅋㅋ (대). /
체육대회날 사진찍**거**,, 도시락 안싸
와따**거** 김밥두 줬눈데,,ㅋㄷㅋㄷ (대).
/한시간 뒤면 두남자쇼 녹화하시네
요~!!^ 가**거** 시푼뎅..ㅡㅡ;; (게). ㉐
-공. -구. -굿. -궁. -꾸. -그. -9.

-거덩 [<-거든] 유형 형태변이. 어
풀이 앞으로 할 어떤 이야기의 전
제로 베풀어 놓음을 나타내는 종결

어미 '-거든'의 변이형. 원말보다 장
난스러운 느낌을 준다. ※연결어미
로 기능하는 '-거든'의 변이형으로
는 잘 쓰이지 않는다. ¶전 초교5학
생 언닌 고1되**거덩**여. (게). /그 근
처 바닷가쪽은 금액이 비싸구 먹을
게 없**거덩**여. (게). /언니 난 오늘
첨으로 해당화로 바꿨어 왜냐면 내
메일주소가 해당화**거덩** (대). ㉐-거
둥. -거등.

-거둥 [<-거든] 유형 형태변이. 어
풀이 앞으로 할 어떤 이야기의 전
제로 베풀어 놓음을 나타내는 종결
어미 '-거든'의 변이형. 원말보다 장
난스러운 느낌을 준다. ¶난....어빠..
딴줄알앗눈디....왜냐구여? 내 옆에
앉아서 나랑 다툴때...성격 안저아보
엿**거둥**︿︿케케케 (게). ㉐-거덩. -
거등.

-거등 [<-거든] 유형 형태변이. 어
풀이 앞으로 할 어떤 이야기의 전
제로 베풀어 놓음을 나타내는 종결
어미 '-거든'의 변이형. 원말보다 장
난스러운 느낌을 준다. 어말의 'ㄴ'
을 'ㅇ'으로 교체하여 원말보다 귀
여운 느낌을 준다. ¶돈이되는 .. 재
미가 있는 글이**거등**여.... (게). ㉐-
거덩. -거둥.

-거등여 [<-거든+-요] 유형 형
태변이. 복 풀이 종결어미 '-거든'의
변이형 '거등'에 조사 '-요'의 변이

형 '-여'가 결합한 형태. ¶두번째줄
에 앉아서 승준옵빠의 잘난 얼굴을
잘두 봤거등여^^ (게).

-거쑤미닷 [<-겠-습니다] 유형
형태변이. 어 풀이 선어말어미 '-겠
-'에 아주 높임의 종결어미 '-습니
다'가 결합한 '-겠습니다'의 변이형.
원말보다 단호한 느낌을 준다. ¶굴
엄 온리능 이쭘에스 꼬랑뒤럴 내려
야 **쓰거쑤미닷** ^▽^ 쑤 ㅣ~~~~~
잉 (게). ㉮-가쑤미닷. -겄습돠. -거
쑤미닷. -게뚜미닷. -게씀다. -게씀
미닷. -겠쑴다. -겠쓰당. -깟슴돠.

**-거애영 [<-ㄹ거예요(-ㄹ 것이
다)]** 유형 형태변이. 복 풀이 '-을
것이다'의 활용형의 입말체 '-ㄹ거
예요'의 변이형. 원말보다 귀여운
느낌을 준다. ¶다들근방이니깐 차만
있으면 좋**거애영**..... (게)..

-거여 [<-고+-요] 유형 형태변
이. 어 풀이 연결어미 '-고'의 변이
형 '-거'와 조사 '-요'의 변이형 '-
여'가 결합한 형태. ¶고만덜좀 싸우
시**거여** (게).

-게따 [<-겠-다] 유형 형태변이.
어 풀이 선어말어미 '-겠-'과 종결
어미 '-다'가 결합한 '-겠다'의 변이
형. ※발음을 그대로 표기하여 대화
의 현실감을 높이는 방식이다. 통신
상에서 흔히 쓰이는 표기이다. ¶아
니다 그냥 내가 나가면 되**게따** (대).

/아니다 잠수 안해두 되**게따** (대).
㉮-개땅. -겠당. -겠돠. -겠땅.

-게떰 [<-겠-어] 유형 형태변이.
어 풀이 선어말어미 '-겠'과 반말투
의 종결어미 '-어'가 결합한 '-겠어'
의 변이형. 어린이 말투를 흉내낸
것으로 어말에 'ㅇ'을 첨가하여 원
말보다 귀여운 느낌을 준다. ¶아니
면...... 욕할때 거지인디는 멀르**게
떰**.. (대).

-게또욤 [<-겠-어요] 유형 형태
변이. 어 풀이 선어말어미 '-겠-'에
반말투의 종결어미 '-어요'가 결합
한 '-겠어요'의 변이형. 원말보다 귀
여운 느낌을 준다. ¶군데 접속아뒤
를 　멀루**게또욤**...멀루했눈지....어떡
게 할방법이 엄나염???? (게). ㉮-
게써염.

-게뚜미닷 [<-겠-습니다] 유형
형태변이. 어 풀이 선어말어미 '-겠
-'에 아주 높임의 종결어미 '-습니
다'가 결합한 '-겠습니다'의 변이형.
¶이외에두 열한가지 더 남은그 가
틍듸.. 지면(?) 관계상 쭐이**게뚜미
닷**!!!! (게). ㉮-가쑤미닷. -겄습돠.
-거쑤미닷. -게씀다. -게씀미닷. -
겠쑴다. -겠쓰당. -깟슴돠.

-게써염 [<-겠-어요] 유형 형태
변이. 어 풀이 선어말어미 '-겠-'에
'-어요'의 변이형 '-어염을 결합하
여 소리나는 대로 표기한 형태. ¶말

러 표현을 먼하**게 써염** 넘 저아서 먹소리가... (게). ⑭-게또욤.

-게씀다 [<-겠-습니다] 유형 형태변이. ㉠ 풀이 선어말어미 '-겠-'에 아주높임의 어말어미 '-습니다'가 결합한 '-겠습니다'의 변이형. ¶글오니까 신속 정확히 리플 다라주심 감사하**게씀다!!**^^ (게). ⑭-가쑤미닷. -갔숩돠. -거쑤미닷. -게뚜미닷. -게씀미닷. -겠쑴다. -겠쓰당. -깟슴돠.

-게씀미닷 [<-겠-습니다] 유형 형태변이. ㉠ 풀이 선어말어미 '-겠-'에 아주 높임의 종결어미 '-습니다'가 결합한 '-겠습니다'의 변이형. ¶뎨가 딘따릅 옵빠들팬이걸랑여.. 브랸빠랑 화냐빠...폰번호...멜주서.. 버디<이쓸랑가?>아디 알려듀세여.. 제 멜르 버내듀심 감사하**게씀미닷**.. (게). ⑭-가쑤미닷. -갔숩돠. -게뚜미닷. -게씀다. -겠쑴다. -겠쓰당. -깟슴돠.

-겐네 [<-겠-네] 유형 형태변이. ㉠ 풀이 선어말어미 '-겠-'에 사실이나 느낌을 말하는 종결어미 '-네'가 결합한 '-겠네'를 소리나는 대로 표기한 형태. ¶단수이 둑**겐네** (대).

-겟찜 [<-겠-지] 유형 형태변이. ㉠ 풀이 선어말어미 '-겠-'에 종결어미 '-지'가 결합한 '-겠지'의 변이형. 원말보다 단호한 느낌을 준다.

¶가끔 자신을 생각해주는 사람이 이씀 좋을까 좋**겟찜**? ㅋㅋㅋ (게).

-겠당 [<-겠-다] 유형 형태변이. ㉠ 풀이 선어말어미 '-겠-'과 종결어미 '-다'가 결합한 '-겠다'의 변이형. 어말의 'ㅇ' 첨가변이형으로 원말보다 귀여운 느낌을 준다. ¶자눈게 저우**겠당**. (대). /잠수시켜놓고 들락날락해야**겠당**^. (대). ⑭-개땅. -게따. -겠돠. -겠땅.

-겠돠 [<-겠-다] 유형 형태변이. ㉠ 풀이 선어말어미 '-겠-'과 종결어미 '-다'가 결합한 '-겠다'의 변이형. 원말보다 단호한 느낌을 준다. ¶씨바, 감각을 키우러 채팅하러 가야**겠돠**... (게). ⑭-개땅. -게따. -겠당. -겠땅.

-겠땅 [<-겠-다] 유형 형태변이. ㉠ 풀이 선어말어미 '-겠-'과 종결어미 '-다'가 결합한 '-겠다'의 변이형 '-겠당'을 소리나는 대로 표기한 형태. ¶가야**겠땅**^. (대). ⑭-개땅. -게따. -겠당. -겠돠.

-겠쑴다 [<-겠-습니다] 유형 형태변이. ㉠ 풀이 선어말어미 '-겠-'에 아주 높임의 어말어미 '-습니다'가 결합한 '-겠습니다'의 변이형. 원말보다 좀더 단호한 느낌을 준다. ¶이프로 활동 열씨미 하**겠쑴다**... 필쑝~~~ . (게). ⑭-가쑤미닷. -갔숩돠. -거쑤미닷. -게뚜미닷. -게씀다. -

게씀미닷. -겠쓰당. -깟슴돠.

-겠쓰당 [<-겠-습니다] 유형 형태변이. 어 풀이 선어말어미 '-겠-'에 아주 높임의 종결어미 '-습니다'가 결합한 '-겠습니다'의 변이형. ¶전 증평살구여 지금은 청주에서 자취하는 20세의 건강한^^;; 남자입니다 간단히 쇄하**겠쓰당**^^;; (게). 관-가쑤미닷. -갔숩돠. -거쑤미닷. -게뚜미닷. -게씀다. -게씀미닷. -겠쑴다. -깟슴돠.

-공 [<-고] 유형 형태변이. 어 풀이 연결어미 '-고'의 변이형. 원말보다 친근한 느낌을 준다. ※'-요>-용'과 같이 통신언어의 대표적인 변이유형인 어말 'ㅇ' 첨가 변이형 가운데 하나이다. ¶감기 조심하**공** 건강하고 행복하**공** (게). /잘자궁..잘쉬**공**~ (대). 관-거. -구. -굿. -궁. -꾸. -그. -9.

-광 [<-과] 유형 형태변이. 조 풀이 일 따위를 함께 함을 나타내는 격조사 '-과'의 변이형. ¶하 늘 이 훽 님 은 보 세 효 하 늘 이 멜 듀 소 를 알 게 돼 어 서 님 들 **광** 가 티 정 보 를 나 누 긔 의 해 바 릐 바 릐 글 을 얼 립 니 닷 고 돔 님 덜 껴 운 결 과 있 길 ,,, (게). 관-강².

-구낫 [<-구나] 유형 형태변이. 어 풀이 감탄을 나타내는 종결어미 '-

구나'의 변이형. 원말보다 단호한 느낌을 준다. ¶영미**구낫**!!!!!!!!ㅋㅋㅋㅋㅋㅋㅋㅋ (게).

-굿 [<-구<-고] 유형 형태변이. 어 풀이 연결어미 '-고'의 변이형 '-구'를 힘주어 말한 형태. ¶뭔갈 보여주자**굿**~!!!!!! (게). 관-거. -공. -구. -궁. -꾸. -그. -9.

-궁 [<-구<-고] 유형 형태변이. 어 풀이 연결어미 '-고'의 변이형 '-구'에 다시 ㅇ을 첨가한 형태. 원말보다 귀여운 느낌을 준다. ¶저는 여대생 이구여 21살이**궁**~ . (게). /우기가 막 시작할때군요.간단한 우비와 우산을 꼭 가져가시**궁**요. (게). /칭구는 셤보러가**궁**... 혼자 떨거지 됐따...ㅜ.ㅡ (게). /2층에 자리잡고 있었죠... 1층은 오락실이었**궁**~^^ (게). /속터진다 유리언니는 안오고...난 계속 기다리기만해야하**궁** (대). /★ 그때 보자**궁**.!! ☆ (대). 관-거. -공. -구. -굿. -꾸. -그. -9.

-그 [<-고] 유형 형태변이. 어 풀이 연결어미 '-고'의 변이형. ¶저툐럼 후회하디 말**그** (게). 관-거. -공. -구. -굿. -궁. -꾸. -9.

-긔 [<-기] 유형 형태변이. 어 풀이 명사형 어미 '-기'의 변이형. 원말보다 힘주어 말하는 느낌을 준다.¶멜듀서남기세효^^정확한것만 올리**긔**^^ (게).

-까디 [<-까지] 유형 형태변이. 조
풀이 보조사 '-까지'의 변이형. ¶꾸
까 디 사 랑 하 시 구 여 행 복 하
세 여 ~~ (게). 관-까정. -까쥐. -
까징.

-까정 [<-까지] 유형 형태변이. 조
풀이 보조사 '-까지'의 변이형. ¶보
기보다 많이 먹는다는 말을 오늘도
어김없이 들으며, 꾸역꾸역 밥을 먹
었다. 여름이라서 입맛없어 하는 다
른 사람들의 밥**까정** 해치우며...
(게). /** 지금 다이방송중...열심히
합니다! 힘닫는데 **까정**~** 관-까디.
-까쥐. -까징.

-까쥐 [<-까지] 유형 형태변이. 조
풀이 보조사 '-까지'의 변이형. 원말
보다 힘주어 말하는 느낌을 준다. ¶
희 원 이 널 다 감 돸^-^*
헤 헷.. 디 금 학 겨 끈 나 거 피
뛰 방 와 서.. 죵 뉘 널 다 가 여
기 **까 쥐** 와 서.. 글 남 기 거 가
욬^-^* (게). /男子는 자기
女子가 될때 **까쥐** 잘해주고...女子
는 자기 男子가 된 후 부터 잘해주
기 시작한다... (게). /창단식때**까쥐**
살빼여~ㅋㅋ 물빛 승준 (게). 관-까
디. -까정. -까징.

-까징 [<-까지] 유형 형태변이. 조
풀이 보조사 '-까지'의 변이형. 원말
보다 애교 섞인 느낌을 준다. ¶차칸
자미 얼렁 친구3을 말립니다. "너**까**

징 왜그냐?..." (게). 관-까디. -까정.
-까쥐.

-깟슴돠 [<-겠-습니다] 유형 형
태변이. 어 풀이 선어말어미 '-겠-'
에 아주 높임의 종결어미 '-습니다'
가 결합한 '-겠습니다'의 변이형. 원
말보다 단호한 느낌을 준다. ¶근
디...... 지는 담배를 무쟈게 시로한
담니돠.......--;; 그 넘의 담배연
기.... 벙개모임에 한븐씩 다녀올때
믄 온몸이 담배냄새에 쪄려져 있어
아주 죽**깟슴돠**....... (게). 관-가쑤미
닷. -갔슴돠. -거쑤미닷. -게뚜미닷.
-게씀다. -게씀미닷. -겠쑴다. -겠
쓰당.

-꾸 [<-구<-고] 유형 형태변이.
어 풀이 연결어미 '-고'의 변이형
'-구'를 소리나는 대로 쓴 형태. 어
린아이의 말투와 같이 귀엽고 애교
섞인 느낌을 준다. ¶드러주는 사람
두 없**꾸**. (대). /니 네 덜 의 의 견
을 듣 **꾸** 시 퍼 서 시 리~ (게). 관
-거. -공. -구. -굿. -궁. -그. -9.

-끄 [<-고] 유형 형태변이.
어 풀이 연결어미 '-고'의 변이형.
¶컴을 켜더 할일더 없**끄**...

-ㄴ 가욥[<-ㄴ가+-요] 유형 형
태변이. 어 풀이 물음을 나타내는
종결어미 '-ㄴ가'에 보조사 '-요'의
변이형 '-욥'이 결합한 형태. ¶허
컥..^^;;; 그 오리가 혹시 **전가욥**???

제가 좀.. 통통하다고.. 지금 흉보신 **건가욥**?? (게).

-ㄴ감 [<-ㄴ가] 유형 형태변이. 어 풀이 물음을 나타내는 종결어미 '-ㄴ가'의 변이형. 충청도 방언형이다. ¶내 머리가 그케 떠받치거이끼에 부담이 되는 크기**인감**?? 머 이 육중한 거구 떠바치거 있는 두 다리더 멀쩡하구만 (게). 관-ㄴ강.

-ㄴ갑다 [<-ㄴ가 보다] 유형 형태변이. 뵉 풀이 짐작의 뜻을 나타내는 '-ㄴ가 보다'의 변이형. ※경상도 방언을 흉내낸 말이다. ¶바쁘**신갑다**! (대). 관-ㄴ갑돠.

-ㄴ갑돠 [<-ㄴ가 보다] 유형 형태변이. 뵉 풀이 짐작의 뜻을 나타내는 '-ㄴ가 보다'의 변이형. '-ㄴ갑다'를 힘주어 말한 형태. ¶하여간 술먹고 기절하기... 오늘이 두 번째 **날인갑돠**^^ (게). 관-ㄴ갑다.

-ㄴ강 [<-ㄴ가] 유형 형태변이. 어 풀이 물음을 나타내는 종결어미 '-ㄴ가'의 변이형. 충청도 방언형이다. 원말보다 귀여운 느낌을 준다. ¶구**런강**??? (대). /유리누나 오시는**건강**??~~~ (대). 관-ㄴ감.

-ㄴ거에염 [<-ㄴ 것이에요<-ㄴ 것이다] 유형 형태변이. 뵉 풀이 '-ㄴ 것이에요'의 변이형. ¶겜할라구 가시는**거에염** (대). 관-ㄴ거에욤.

-ㄴ다구욧 [<-ㄴ다고+-요] 유형 형태변이. 어 풀이 반문할 때 쓰이는 종결어미 '-ㄴ다고'의 변이형 '-ㄴ다구'에 높임을 나타내는 조사 '-요'의 변이형 '-욧'이 결합한 형태이다. 원말보다 힘주어 말하는 느낌을 준다. ¶오늘 첨 만나는거 가네용. 우왓 근데 몽환전설을 좋와**하신다구욧**!!!!!!! (게).

-ㄴ다니깡 [<-ㄴ다니까] 유형 형태변이. 어 풀이 미심쩍어 하거나 하는 상대방에게, 다그쳐서 깨우쳐 주는 뜻을 나타내는 종결어미 '-ㄴ다니까'의 변이형. ※어말에 'ㅇ'을 첨가하여 원말보다 귀여운 느낌을 준다. ¶앞에 많이 앉아있어도 그런**다니깡** (대).

-ㄴ다이 [<-ㄴ다] 유형 형태변이. 어 풀이 서술형 어미 '-ㄴ다'의 변이형. 원말보다 친근감을 준다. ※경상도 방언형을 흉내낸 말이다. ¶어딘데,,,나 술하고 밥 무지 좋아 **한다이**.. (게). 관-ㄴ당. -ㄴ댜.

-ㄴ당 [<-ㄴ다] 유형 형태변이. 어 풀이 서술형 어미 '-ㄴ다'의 변이형. 원말보다 귀여운 느낌을 준다. ¶내가 일산 가서 누나돈 다 긁어낸**당** (대). /어빠 화상 하러 **간당** (대). 관-ㄴ다이. -ㄴ댜.

-ㄴ댜 [<-ㄴ다] 유형 형태변이. 어 풀이 서술형 어미 '-ㄴ다'의 변이형. ¶[걍할말이써효]**나드**.회원이듸만,,

회원님들.딴따.너므.하**신다**.!.✝ (게).
㉙-ㄴ당. -ㄴ댜.

-ㄴ뎀 [<-ㄴ데] 유형 형태변이. 어
풀이 뒤에 더 풀이하는 말이 오도
록 어떤 상태를 먼저 기술할 때 쓰
는 연결어미, 또는 어떤 사실에 대
하여 남의 동의나 의견을 구하는
투로, 가벼운 느낌을 담아 나타낼
때 쓰는 종결어미 '-ㄴ데'의 변이형.
¶안냐때욤^^ 저는 젝팬**인뎀**... 요점
울 오빠들이 소식이 뜸하자나욤...
(게). ㉙-ㄴ뎅. -ㄴ뒈. -ㄴ뎁. -ㄴ디.
-운뎅.

-ㄴ뎅 [<-ㄴ데] 유형 형태변이. 어
풀이 뒤에 더 풀이하는 말이 오도
록 어떤 상태를 먼저 기술할 때 쓰
는 연결어미, 또는 어떤 사실에 대
하여 남의 동의나 의견을 구하는
투로, 가벼운 느낌을 담아 나타낼
때 쓰는 종결어미 '-ㄴ데'의 변이형.
원말보다 귀여운 느낌을 준다.
¶xxxxx 오늘 포투 진짜 왜 **이런뎅**
ㅡㅡ;;. (대). /말이 **거친뎅**. (대). /
비오네 ㅡㅡ;; 비오는날 **시른뎅** ㅠ.
ㅠ. (대). /얼매나 욕 잘하**는뎅**.
(대). /점 있음 울 쟈쟈 이방에 오
는뎅. (대). /**좋은뎅**. (대). ㉙-ㄴ뎀.
-ㄴ뒈. -ㄴ뎁. -ㄴ디. -운뎅.

-ㄴ뒈 [<-ㄴ데] 유형 형태변이. 어
풀이 뒤에 더 풀이하는 말이 오도
록 어떤 상태를 먼저 기술할 때 쓰

는 연결어미, 또는 어떤 사실에 대
하여 남의 동의나 의견을 구하는
투로, 가벼운 느낌을 담아 나타낼
때 쓰는 종결어미 '-ㄴ데'의 변이형.
원말보다 힘주어 말하는 느낌을 주
는 말투이다. ¶모두.. 제가 쪽지보내
믄 씹거나 피하시**던뒈**.. 저 글케 나
쁜사람 아입니더..ㅠ.ㅠ (게). /ㄴ ㅏ
눈 15살**인뒈**?. (대). ㉙-ㄴ뎀. -ㄴ
뎅. -ㄴ뎁. -ㄴ디. -운뎅.

-ㄴ뎁 [<-ㄴ데] 유형 형태변이. 어
풀이 뒤에 더 풀이하는 말이 오도
록 어떤 상태를 먼저 기술할 때 쓰
는 연결어미, 또는 어떤 사실에 대
하여 남의 동의나 의견을 구하는
투로, 가벼운 느낌을 담아 나타낼
때 쓰는 종결어미 '-ㄴ데'의 변이형.
원말보다 단호한 느낌을 준다. ¶암
튼. 멋**진뎁**.^-^ (게). ㉙-ㄴ뎀. -ㄴ
뎅. -ㄴ뒈. -ㄴ디. -운뎅.

-ㄴ디 [<-ㄴ데] 유형 형태변이. 어
풀이 뒤에 더 풀이하는 말이 오도
록 어떤 상태를 먼저 기술할 때 쓰
는 연결어미, 또는 어떤 사실에 대
하여 남의 동의나 의견을 구하는
투로, 가벼운 느낌을 담아 나타낼
때 쓰는 종결어미 '-ㄴ데'의 변이형.
※'-디'로 끝맺는 말투는 평북 방언
형을 흉내낸 듯한 느낌을 준다. ¶**뭔
디** 말혀봐 (대). /가을 하늘 높고
바람 선선하고.... 데이트하기 따~~

악 조은날**인디**............. ──; (게). /
아니면..욕할때 거지**인디**는 멀르게
떵.. (대). ㉚-ㄴ뎀. -ㄴ뎅. -ㄴ돼. -
ㄴ뒙. -운뎅.

-ㄴ쥐 [<-ㄴ지] [유형] 형태변이. ㉒
[풀이] 막연한 의문을 나타내는 연결
어미 또는 종결어미 '-ㄴ지'의 변이
형. 원말보다 장난스러운 느낌을 준
다. ¶경연이 업어서**구런쥐** (대).

-ㄴ퉤 [<-ㄴ한테] [유형] 형태변이. ㉣
[풀이] 격조사 '-한테'의 변이형. ¶또
울다가 엄만**퉤** 걸림 듀그.. (게). ㉚
-터. -테. -퉤. -한퉤. -한티. -항퉤.

-남 [<-나] [유형] 형태변이.
㉒[풀이] 물음을 나타내는 종결어미
'-나'의 변이형. ※주로 뒤에 '-요'
의 변이형 '-여'를 쓴다. ¶머쩜 물바
두 돼**남여**? (대) /채널브이에도 나
오**남여**?. (대). ㉚-납. -낭.

-납 [<-나] [유형] 형태변이.
㉒[풀이]물음을 나타내는 종결어미 '-나'
의 변이형. 원말보다 단호한 느낌을 준
다. ¶그걸 믿으시**납** (대). ㉚-남. -낭.

-낭 [<-나] [유형] 형태변이.
㉒[풀이] 물음을 나타내는 종결어미
'-나'의 변이형. 원말보다 귀여운 느
낌을 준다. ※주로 뒤에 '-요'나 '-
요'의 변이형이 온다. ¶스칼럽 채팅
할때 글자 모양은여 바꿀수 없**낭**
요.? (게). /Re:그럼...나도..빨리 죽
낭..^^;. (게). ㉚-남. -납.

-냉 [<-네] [유형] 형태변이.
㉒[풀이] 단순한 서술의 뜻을 나타내
거나 감탄의 뜻을 갖는 종결어미 '-네'
의 변이형. ¶근데 어빠 보다 더 덕수
리**냉**. (대). ㉚-넴. -넷. -넹. -넼. -눼.

-냥 [<-냐] [유형] 형태변이. ㉒ 풀
이 물음을 나타내는 종결어미 '-냐'
의 어말 'ㅇ' 첨가의 변이형. 원말보
다 귀여운 느낌을 준다. ¶시경오
빠...왠지 좋쥐 않**냥**? 이거 바람 피
우는고 아니얌...^^ (게).

-너라 [<-노라] [유형] 형태변이. ㉒
[풀이] 문어체 종결어미 '-노라'의 변
이형. ¶그리고 1달이 돼든 1년이 돼
든 ... 널 기다 리겠**너라**고.. (게).

-넌¹ [<-는] [유형] 형태변이.
㉣[풀이] 보조사 '-는'의 변이형. ¶
ㅊㅊㅊㅊㅊ 어짠디야~~~ 근데 너 아
푸다는 소리에 나**넌** 왜 이케 입이
째지는 것이냥 말머리 바바 이 소
식을 들은 내 맘이야 (게). ㉚-눈.
-눈. -능.

-넌² [<-는] [유형] 형태변이.
㉒[풀이] 관형사형 어미 '-는'의 변
이형. ¶전 님이 다른 연예인하거 똑
가치 말을 하**넌**둘 알쌰염 (게). ㉚-
넝. -뇽. -눈². -능².

-넝 [<-는] [유형] 형태변이.
㉒[풀이] 관형사형 어미 '-는'의 변
이형. ¶저녕 점심시간 마다학교에서
방송하**넝** 시간에 신청곡 고백으로

하거 전뛰어다니믄서 나라언니 후속
곡이다 잘들어라라거 한담니다—_
—;; (게). 관-넌². -놈. -눈². -능².

-네영 [<-네+-요] 유형 형태변
이. 어 풀이 종결어미 '-네'와 높임
을 나타내는 보조사 '-요'의 변이형
'-여'가 결합한 형태. 원말보다 귀여
운 느낌을 준다. ¶요즘 핸드폰이 가
지고 싶어서 인터넷을 돌아다니다.
이걸 찾았네영 (게). 관-눼여. -눼염.

-넴 [<-네] 유형 형태변이.
　어 풀이 단순한 서술의 뜻을 나타
내거나 감탄의 뜻을 갖는 종결어미
'-네 '의 변이형. ¶이시간 또 들어와
서 글을 쓰넴....^^;;; (게). 관-냉. -
넷. -넹. -넥. -눼.

-넷 [<-네] 유형 형태변이.
　어 풀이 단순한 서술의 뜻을 나타
내거나 감탄의 뜻을 갖는 종결어미
'-네'의 변이형. 원말보다 단호한 느
낌을 준다. ¶별빛재상님... 멜아디가
나으 닉넴히거더 같으시넷—★ (게).
관-냉. -넴. -넹. -넥. -눼.

-넹 [<-네] 유형 형태변이.
　어 풀이 단순한 서술의 뜻을 나타
내거나 감탄의 뜻을 갖는 종결어미
'-네'의 변이형. 원말보다 귀여운 느
낌을 준다. ¶글을 자주 남기넹... 글
두 이렇게라구 글을 남기니깐...^^
언니가 기뻐할 거같넹... (게). /서태
지노래하구 오빠노래하고 섞어서

나오는기야.....^^ 별일이넹... (게). /
다들 어리시넹. (대). /신디 먹소리
오늘은 더 죽이넹. (대). /아무도 아
는체 안해주넹 —.ㅜ. (대). /대로님
이 안들어오시넹... (대). 관-냉. -
넴. -넷. -넥. -눼.

-넥 [<-네] 유형 형태변이.
　어 풀이 단순한 서술의 뜻을 나타
내거나 감탄의 뜻을 갖는 종결어미
'-네'의 변이형. ¶군디 난 탐 올앤만
에 글쑤넥...ㅎㅎ (게). 관-냉. -넴.
-넷. -넹. -눼.

-늉 [<-는] 유형 형태변이.
　어 풀이 관형사형 어미 '-는'의 변이
형. ¶굴애드 아프러 욜뜨뮈 하늉 온
리가 디거쑵눼닷 ☞ 이게 마쥐막 같
군..∞ (게). 관-넌². -넝. -눈². -능².

-눈¹ [<-는] 유형 형태변이.
　조 풀이 보조사 '-는'의 변이형. ¶군
데 아직 저눈 받지 못했거든여...
(게). 관-넌¹. -뉸. -능¹.

-눈³ [<-는] 유형 형태변이.
　어 풀이 관형사형 어미 '-는'의 변이
형. 원말보다 힘주어 말하는 느낌을
준다. ¶있눈거면 틀어드릴께여.. (대).
/이딴 짓 하눈 넘덜.. 가만히 안둔다
(게). /ㄴ ㅏ 눈 15살인뒈?. (대). /나
눈 집에 사러. (대). /나눈 차카것이
야. (대). 관-넌. -넝. -늉². -능².

-눈게 [<-는게<-는 것이] 유형
형태변이. 복 풀이 '-는 것이'의 준

말 '-는게'의 변이형. ¶자**눈게** 저우겠당. (대). ㉝-는고.

-눈다구 [<-는다+-고] 유형 형태변이. 뫱 풀이 종결어미 '-는다'에 부사격 조사 '고'가 결합한 '-는다고'의 변이형. 원말보다 귀여운 느낌을 준다.¶안 먹**눈 다 구** 하뉘따.,,,,,,,,,, (대).

-눈댑 [<-는데] 유형 형태변이. 어 풀이 뒤 절에서 어떤 일을 설명하거나 묻거나 시키거나 제안하기 위하여 그 대상과 상관되는 상황을 미리 말할 때에 쓰는 연결어미 '-는데'의 변이형. ¶안냐세횻..;; 저번에 정팅 갔**눈댑** ^─^* 마뇨온냐 넘 방가보 쏘횻 ˚0˚ 거래 오빠두흅 ˚0˚ 낭둥에또와아딥 ^＿＿＿＿＿＿＿ ^ (게). ㉝-눈데. -눈뎁. -눈뎅. -눈뒈. -눈뒛. -눈디. -눙디. -눙데. -눙뒈. -눈대. -는뎀. -는뎁. -는뎅. -는뒈. -는뒤. -는딩. -능데. -능뒈.

-눈데 [<-는데] 유형 형태변이. 어 풀이 어떤 사실에 대하여 남의 동의나 의견을 구하는 투로, 가벼운 느낌을 담아 나타낼 때 쓰는 종결어미 '-ㄴ데'의 변이형. ¶제 보기엔. 운영위원들이 입고 계셨던 티가 팬클 단체복이랑 비슷 했**눈데** (게). / 신구 갔**눈데** (대). /체육대회날 사진찍거,, 도시락 안싸와따거 김밥두 줬**눈데**,,ㅋㄷㅋㄷ (대). ㉝-눈뎁. -

눈뎁. -눈뎅. -눈뒈. -눈뒛. -눈디. -눙디. -눙데. -눙뒈. -눈대. -는뎀. -는뎁. -는뎅. -는뒈. -는뒤. -는딩. -능데. -능뒈.

-눈뎁 [<-는데] 유형 형태변이. 어 풀이 어떤 사실에 대하여 남의 동의나 의견을 구하는 투로, 가벼운 느낌을 담아 나타낼 때 쓰는 종결어미 '-ㄴ데'의 변이형. 원말보다 단호한 느낌을 준다. ¶팬미팅. 계획도 없었**눈뎁**. 쩝 (게). /무슨학교..무슨학교 있**눈뎁**? (대). /밖에 나갔따가 왔다거 했**눈뎁**..─"─ (대). /전화했**눈뎁**..─── (대). ㉝-눈뎁. -눈데. -눈뎅. -눈뒈. -눈뒛. -눈디. -눙디. -눙데. -눙뒈. -눈대. -는뎀. -는뎁. -는뎅. -는뒈. -는뒤. -는딩. -능데. -능뒈.

-눈뎅 [<-는데] 유형 형태변이. 어 풀이 어떤 사실에 대하여 남의 동의나 의견을 구하는 투로, 가벼운 느낌을 담아 나타낼 때 쓰는 종결어미 '-ㄴ데'의 변이형. 원말보다 귀여운 느낌을 주는 말투이다. ¶귀엽따~이거 옛날에 봤**눈뎅** (게).

-눈뒈 [<-는데] 유형 형태변이. 어 풀이 뒤 절에서 어떤 일을 설명하거나 묻거나 시키거나 제안하기 위하여 그 대상과 상관되는 상황을 미리 말할 때에 쓰는 연결어미 '-는데'의 변이형. ¶나더 내 발 안버

이**눈뒈**..그롬 큰일 인가부당..쥘쥘..-_ㅠ (게). ㉮-눈댑. -눈데. -눈뎁. -눈뎅. -눈뒝. -눈디. -눙디. -눙데. -눙뒈. -눈대. -는뎀. -는뎁. -는뎅. -는뒈. -는뒤. -는뒹. -능데. -능뒈.

-눈뒝 [<-는데] 유형 형태변이. ㉠ 풀이 어떤 사실에 대하여 남의 동의나 의견을 구하는 투로, 가벼운 느낌을 담아 나타낼 때 쓰는 종결어미 '-ㄴ데'의 변이형. 원말보다 단호한 느낌을 준다. ¶집에 갔**눈뒝**...ㅡ,.ㅡ 10시에 도착함.. ㅋㅋㅋ~ (게). ㉮-눈댑. -눈데. -눈뎁. -눈뎅. -눈뒈. -눈디. -눙디. -눙데. -눙뒈. -눈대. -는뎀. -는뎁. -는뎅. -는뒈. -는뒤. -는뒹. -능데. -능뒈.

-눈듸 [<-는지] 유형 형태변이. ㉠ 풀이 막연한 의문을 나타내는 연결어미 또는 종결어미 '-는지'의 변이형. ¶표 어케 구해야 하**눈듸**좀 갈켜듀세욧!!. (게). /표를 어케 구히 **눈듸** 머루겠또욤...ㅡ0ㅡ;;. (게). ㉮-눈지. -눈징. -는징.

-눈디 [<-는데] 유형 형태변이. ㉠ 풀이 뒤 절에서 어떤 일을 설명하거나 묻거나 시키거나 제안하기 위하여 그 대상과 상관되는 상황을 미리 말할 때에 쓰는 연결어미 '-는데'의 변이형. ¶앗!! 오널이 폭주족업...생신입니까요? 추카해주넌 사

람들 무쟈게 많넹~ 난....어빠..딴줄 알앗**눈디**....왜나구여? (게). ㉮-눈댑. -눈데. -눈뎁. -눈뎅. -눈뒈. -눈뒝. -눙디. -눙데. -눙뒈. -눈대. -는뎀. -는뎁. -는뎅. -는뒈. -는뒤. -는뒹. -능데. -능뒈.

-눈지 [<-는지] 유형 형태변이. ㉠ 풀이 막연한 의문이나 느낌을 나타내는 연결어미 또는 종결어미 '-는지'의 변이형. ¶잼있따니까,,,왜들 안보시**눈지**,,,즘즘말말 잼있쩌?? (게). ㉮-눈듸. -눈징. -는징.

-눈징 [<-는지] 유형 형태변이. ㉠ 풀이 막연한 의문을 나타내는 연결어미 또는 종결어미 '-는지'의 변이형. ¶왜 말이 없**눈징**... (대). ㉮-눈듸. -눈지. -는징.

-눙다며 [<-는다며] 유형 ㉠ 풀이 '-는다면서'의 준말 '-는다며'의 변이형. 원말보다 좀 어눌한 느낌을 준다. ¶Re:이넘~ 울집서 밥 먹**눙다며**웨인락너 안한서샤?? (게).

-눙데 [<-는데] 유형 형태변이. ㉠ 풀이 어떤 사실에 대하여 남의 동의나 의견을 구하는 투로, 가벼운 느낌을 담아 나타낼 때 쓰는 종결어미 '-ㄴ데'의 변이형. 원말보다 귀여운 느낌을 준다. ¶근데..저눈 진짜 언니 고등학생인줄 알았**눙데**..-_-;; (게). /별러 얘기두 못했**눙데**..(__) (게). ㉮-눈댑. -눈데. -눈뎁. -눈

뎅. -눈눼. -눈뒍. -눈디. -눙디. -
눙눼. -눈대. -는뎀. -는뎁. -는뎅.
-는눼. -는뉘. -는딍. -능데. -능눼.

-눙눼 [-는데] [유형] 형태변이. [어]
[풀이] 어떤 사실에 대하여 남의 동
의나 의견을 구하는 투로, 가벼운
느낌을 담아 나타낼 때 쓰는 종결
어미 '-ㄴ데'의 변이형. 원말보다 힘
주어 말하는 느낌을 준다. ¶목욕 시
켜야 하**눙눼**. (대). ㉖-눈뎁. -눈
데. -눈뎁. -눈뎅. -눈눼. -눈뒍. -
눈디. -눙디. -눙데. -눈대. -는뎀.
-는뎁. -는뎅. -는눼. -는뉘. -는딍.
-능데. -능눼.

-눼 [<-네] [유형] 형태변이.
[어] [풀이] 단순한 서술의 뜻을 나타
내거나 감탄의 뜻을 갖는 종결어미
'-네'의 변이형. 원말보다 힘주어 말
하는 느낌을 준다. ¶웁 스 ~ 눼 이
름은 없**눼**... ㅡ,ㅡ (게). /랙이**눼**
(대). /올만이당...글치? 왜이리 뜸한
겨... 홍홍홍~ 잘 지냈궁? 아~ 오
랜만에 뽀란이 글이 보이니깐 넘
좋**눼**~~~ *^^* (게). ㉖-닝. -넴. -
넷. -넹. -넥.

-눼여 [<-네+-요] [유형] 형태변
이. [어] [풀이] 종결어미 '-네'의 변이
형 '-눼'에 높임을 나타내는 보조사
'-요'의 변이형 '-여'가 결합한 형태.
원말보다 귀여운 느낌을 준다. ¶둘
② 므지므지 오래오래 갔음 좋겠**눼**

여...^^ ◎ㅏ눼ㄷㅏ... 걍 결혼까쥐
꼴~해버려여~ (게). /ㅇ ㅔ ㄱ ㅓ
ㄱ ㅓ..정모는 말만 ㄴ ㅏ온건강??
ㅎ ㅣㅎ ㅣ..은근히 기다리고있었눈
뒍..^^ 소식이 음**누 ㅔ ㅇ ㅓ**~~~
(게). ㉖-눼영. -눼염.

-눼염 [<-네+-요] [유형] 형태변
이. [어] [풀이] 종결어미 '-네'의 변이
형 '-눼'에 높임을 나타내는 보조사
'-요'의 변이형 '-염'이 결합한 형태.
원말보다 귀여운 느낌을 준다. ¶요
세 아기천사가..;; 마니 울어또훗 ㅡ
ㅜ 구래서 눈은 항상 붕어 =.=
<<----- (__)a 슬픈 일이 넘마니
있**눼염** ㅠOㅠ 우앙ㅇㅇㅇㅇ ㅠOㅠ
(게). /잡소리가 넘 만앗던거 같**눼
염**.. (게). ㉖-눼영. -눼여.

-뉘¹ [<-니] [유형] 형태변이.
[어] [풀이] 물음의 뜻을 나타내는 종결
어미 '-니'의 변이형. 원말보다 힘주
어 말하는 느낌을 준다. ¶얼마면돼!
얼마면돼겠**뉘**!! (게). ㉖-닝¹

-뉘² [<-니] [유형] 형태변이.
[어] [풀이] 연결어미 '-니'의 변이형.
원말보다 힘주어 말하는 느낌을 준
다. ¶열뛰미 활덩가튀 열띠미 하쉬
눈 언뉘빠딜 글을 보**뉘**..... (게). ㉖
-늬. -닝²

-뉘까 [<-니까] [유형] 형태변이. [어]
[풀이] '-니까'의 변이형. 원말보다 힘
주어 말하는 느낌을 준다. ¶이번 정

모에눈 못가쓰**늮까**.. 담 정모할때눈 꺽 갈꺼에여.. (게). [관]-늬까. [참]-으늮까.

-늮깐 [<-니깐<-니까-는] [유형] 형태변이. [어] [풀이] '-니까는'의 준말 '-니깐'의 변이형. 원말보다 강조하는 느낌을 준다. ¶어제 병원가**늮깐** 또 머 늑간통이라눼... 쯧쯧쯧 (게). /13일 목요일 이**늮깐**..... (게).

-늼 [<-님] [유형] 형태변이.
[접] [풀이] 존칭의 접미사 '-님'의 변이형. 원말보다 좀 강한 어감을 준다. ¶[귀 빈석]서방**늼**오시자 (게). / 딱따구릐**늼**운. (대). [관]-님. [참]-님.

-눈 [<-는] [유형] 형태변이.
[조] [풀이] 보조사 '-는'의 변이형. ¶저**눈** 버스터미널로 간는데 글때..청주 가는 버스가 끈킨거에여ㅠㅠ흑! (게). [관]-눈¹. -눈. -능¹.

-눈대 [<-는데] [유형] 형태변이. [어] [풀이] 뒤 절에서 어떤 일을 설명하거나 묻거나 시키거나 제안하기 위하여 그 대상과 상관되는 상황을 미리 말할 때에 쓰는 연결어미 '-는데'의 변이형. ¶군데 제가 빽깠씀다 왜냐면 싸이형이 말씀을 하시**눈대** 빨리끊으라고 엠씨가 구러더군녀 (게). [관]-눈댑. -눈데. -눈뎁. -눈뎅. -눈뒈. -눈뒝. -눈디. -눙디. -눙데. -눙뒈. -는뎀. -는뎁. -는뎅. -는뒈. -는뒤. -는뒹. -능데. -능뒈.

-는거얌 [<-는 거야(-는 것이다)] [유형] 형태변이. [복] [풀이] '-는 것이야'의 입말체인 '-는 거야'의 변이형. ¶그래도 올리**는거얌** (게). [관]-는고야. -는고양. -는꼬얌.

-는고 [<-는거<-는 것] [유형] 형태변이. [복] [풀이] '-는 것'의 입말체인 '-는거'의 변이형. 원말보다 귀여운 느낌을 준다. ¶비오**는고** 시로시로. (대). [관]-눈게.

-는고야 [<-는 거야(-는 것이다)] [유형] 형태변이. [복] [풀이] '-는 것이야'의 입말체인 '-는 거야'의 변이형. ¶몇번을불러야하**는고야**~ (대). [관]-는거얌. -는고양. -는꼬얌.

-는고양 [<-는 거야(-는 것이다)] [유형] 형태변이. [복] [풀이] '-는 것이야'의 변이형. 원말에 비해 귀엽고 응석을 부리는 느낌을 준다.. ¶나 부루**는고양** (대). [관]-는거얌. -는고야. -는꼬얌.

-는꼬얌 [<-는 거야<-는 것이야] [유형] 형태변이. [복] [풀이] '-는 것이야'의 입말체인 '는 거야'의 변이형. 원말보다 애교스럽고 귀여운 느낌을 준다. ¶아니~~~이것이...짐 사람 갖고 노**는꼬얌**?모얌? 자기 멋대로네.....-,-+그럼 차라리 말을 꺼내지 말든가~~~~~(＼./;;) (게). [관]-는거얌. -는고야. -는고양.

-는뎀 [<-는데] 유형 형태변이. 어 풀이 뒤 절에서 어떤 일을 설명하거나 묻거나 시키거나 제안하기 위하여 그 대상과 상관되는 상황을 미리 말할 때에 쓰는 연결어미 '-는데'의 변이형. ¶갑자기 승훈어라버니 생각이 나서리 홈피 들어갔다가..여기 널러왔**는뎀**...이뿌게 잘 꾸며 놓으 셨네염.. ^^; (게). /사건의 발단...콰과광~~ 오늘은 토욜이라 제가 좀 늦잠을 자구 있었**는뎀**.. 자다가 갑자기 입술쪽에서 퍽~하는 터지는 소리(왜 있잖아요? 낚시바늘에 살이 꿰일때 나는 소리..)가 나드라구욤. (게). /전 첫번째 극장판두 두번째 극장판두 다 봤**는뎀**... 잼있어여 (게). 관-눈댑. -눈데. -눈뎁. -눈뎅. -눈뒈. -눈뒛. -눈디. -눙디. -눙데. -눙뒈. -뉸대. -는뎁. -는뎅. -는뒈. -는뒤. -는딩. -능데. -능뒈.

-는뎁 [<-는데] 유형 형태변이. 어 풀이 어떤 사실에 대하여 남의 동의나 의견을 구하는 투로, 가벼운 느낌을 담아 나타낼 때 쓰는 종결어미 '-ㄴ데'의 변이형. 원말보다 단호한 느낌을 준다. ¶일본께 짱인데 고딩끼리의 우정.. 줙이**는뎁**--;; (게). /먼뎁? (대). 관-눈댑. -눈데. -눈뎁. -눈뎅. -눈뒈. -눈뒛. -눈디. -눙디. -눙데. -눙뒈. -뉸대. -는뎀. -는뎅. -는뒈. -는뒤. -는딩. -능데. -능뒈.

-는뎅 [<-는데] 유형 형태변이. 어 풀이 ①어떤 사실에 대하여 남의 동의나 의견을 구하는 투로, 가벼운 느낌을 담아 나타낼 때 쓰는 종결어미 '-ㄴ데'의 변이형. 원말보다 귀여운 느낌을 준다. ¶그냥 잼있다고 하길래 봤**는뎅**... 다른건 다 빼고... 장백지... 호호.... 정말 이쁘더만 (게). ②뒷말을 끌어내기 위하여 어떤 전제를 베풀어 말하는 뜻을 나타내는 어미 '-ㄴ데'의 변이형. 원말보다 애교 있고 귀여운 느낌을 준다. ¶힝~~ 나두 보구시퍼서 틀었**는뎅** 속았지머양. (대). 관-눈댑. -눈데. -눈뎁. -눈뎅. -눈뒈. -눈뒛. -눈디. -눙디. -눙데. -눙뒈. -뉸대. -는뎀. -는뎁. -는뒈. -는뒤. -는딩. -능데. -능뒈.

-는뒈 [<-는데] 유형 형태변이. 어 풀이 뒤 절에서 어떤 일을 설명하거나 묻거나 시키거나 제안하기 위하여 그 대상과 상관되는 상황을 미리 말할 때에 쓰는 연결어미 '-는데'의 변이형. 원말보다 힘주어 말하는 느낌을 준다. ¶생각나시나요~? 밤새 술마시구 아침에 축축히 젖은몸으로 현관문을 몰래 열고 들어가**는뒈**...어느새 거실에서 흐뭇한 미소로 아들을 맞아주시던 어머님의 그 따스한 눈길.. (게). 관-눈댑.

–눈데. –눈뎁. –눈뎅. –눈뒈. –눈뒛.
–눈디. –눙디. –눙데. –눙뒈. –뉸대.
–는뎀. –는뎁. –는뎅. –는뒤. –는딍.
–능데. –능뒈.

–는뒤 [<–는데] 〔유형〕 형태변이. 〔어〕
〔풀이〕 뒤 절에서 어떤 일을 설명하
거나 묻거나 시키거나 제안하기 위
하여 그 대상과 상관되는 상황을
미리 말할 때에 쓰는 연결어미 '–
는데'의 변이형. ¶흐미~~~ 이렇게
좋은 가을햇살아래 한강마저 저렇
게 반짝이는뒤~ 난 사무실 구석에
서 먼지나 마시구 있었다뉘~~~
ㅜˇㅜ (게). 〔관〕–눈뎁. –눈데. –눈뎁.
–눈뎅. –눈뒈. –눈뒛. –눈디. –눙디.
–눙데. –눙뒈. –뉸대. –는뎀. –는뎁.
–는뎅. –는뒈. –는딍. –능데. –능뒈.

–는딍 [<–는데] 〔유형〕 형태변이. 〔어〕
〔풀이〕 뒤 절에서 어떤 일을 설명하
거나 묻거나 시키거나 제안하기 위
하여 그 대상과 상관되는 상황을
미리 말할 때에 쓰는 연결어미 '–
는데'의 변이형. ¶음냥 구래서 안그
래두 기분이 꿀꿀했는딍....친구땜에
덩달아 기분이 따운....으앙 기분좋은
일만 생겼음 조켔당 (게). 〔관〕–눈뎁.
–눈데. –눈뎁. –눈뎅. –눈뒈. –눈뒛.
–눈디. –눙디. –눙데. –눙뒈. –뉸대.
–는뎀. –는뎁. –는뎅. –는뒈. –는뒤.
–능데. –능뒈.

–는징 [<–는지] 〔유형〕 형태변이. 〔어〕
〔풀이〕 막연한 의문이나 감탄을 나타
내는 연결어미 또는 종결어미 '–는
지'의 변이형. 원말보다 애교를 부
리는 느낌을 준다. ¶왜 그러는징..
(대). 〔관〕–눈듸. –눈지. –눈징. –는징.

–능¹ [<–는] 〔유형〕 형태변이.
〔조〕〔풀이〕 보조사 '–는'의 변이형 ¶글
거뤼 요딤 (◎ᅢ㉿)하꾜에떠능 점
심 방송때 아주 그냥 『강㉣』스페
셜.......∞ 이더군효 ㅡ_┐凸 (게). ㉭
–넌¹. –눈¹. –눈.

–능² [<–는] 〔유형〕 형태변이.
〔어〕〔풀이〕 관형사형 어미 '–는'의 변이
형. ¶실력울 덤덤 쌓아가능 살앙울
버뉘 내맘이 다 뿌듯하오~ ㄷ ㅡ_ㅡ
^;;; (게). 〔관〕–넌². –넝. –눙². –눈².

–능데 [<–는데] 〔유형〕 형태변이.〔어〕
〔풀이〕 어떤 사실에 대하여 남의 동
의나 의견을 구하는 투로, 가벼운
느낌을 담아 나타낼 때 쓰는 종결
어미 '–ㄴ데'의 변이형. ¶엄마땜시
늦은시간 아니먼 컴 못하능데..
(게). /그거 맛업쮜 안아혀? 그거혀
저희 엄마가 드셔보션는데 맛이 없
때능데.. 긍데여.. 이 까페에요.. 라
면 맛있게 먹능법 가튼거능 왜 없
나효? (게). /저주 게시판이 있능데
됴. 여기다가 저주를 올리능 이유가
뭐햐.?. 훔;훔; 덩말르 넘 하댜. ..
(게). 〔관〕–눈뎁. –눈데. –눈뎁. –눈
뎅. –눈뒈. –눈뒛. –눈디. –눙디. –

눙데. -눙뒈. -눈대. -는뎀. -는뎁.
-는뎅. -는뒈. -는뒤. -는딩. -능뒈.

-능뒈 [<-는데] 유형 형태변이. 어
풀이 뒤 절에서 어떤 일을 설명하
거나 묻거나 시키거나 제안하기 위
하여 그 대상과 상관되는 상황을
미리 말할 때에 쓰는 연결어미 '-
는데'의 변이형. ¶암퉁 저능 이번에
잘바야 디**능뒈** 하나더 멀르가꼬 ㅠ
_ㅠ (게). / ㅣ滯念 ㅣ 나보다 언니
는 맞**능뒈**-0- ㅣ滯念 ㅣ (대). 관-
눈뎀. -눈데. -눈뎁. -눈뎅. -눈뒈.
-눈뒛. -눈디. -눙디. -눙데. -눙뒈.
-눈대. -는뎀. -는뎁. -는뎅. -는뒈.
-는뒤. -는딩. -능데.

-늬 [<-니] 유형 형태변이.
어 풀이 연결어미 '-니'의 변이형. 원
말보다 힘주어 말하는 느낌을 준다. ¶
음..한동안 닉넴 사칭 도용금지 운동
을 안했더**늬**.-0-;; (게). 관-뉘². -닝².

-님 [<-님] 유형 형태변이.
접 풀이 존칭의 접미사 '-님'의 변
이형. ¶[걍할말이써효]╈나드.회원이
듸만,,회원**님**들.딘따.너[illegible].하신댜.!.╈
(게). 관님. 참님.

-늬까 [<-니까] 유형 형태변이. 어
풀이 '-니까'의 변이형. 원말보다 힘
주어 말하는 느낌을 준다. ¶제 띤
구 삼 촌 이 촬 영 부 쪽 에 서 일
해 서 갈 키 둔 곤 데;; 허 격 ;; 자
쉐 히 넌 머 르 **늬 까** 아 니 더 라

더 역 하 즤 마 쉐 혀 ..
(게). 관-뉘까.

-닝¹ [<-니] 유형 형태변이.
어 풀이 물음의 뜻을 나타내는 종
결어미 '-니'의 변이형. 어말에 'ㅇ'
을 첨가하여 원말보다 귀여운 느낌
을 준다. ¶머하**닝** ..[소재석] (대).
관-뉘¹

-닝² [<-니] 유형 형태변이.
어 풀이 연결어미 '-니'의 변이형.
어말에 'ㅇ'을 첨가하여 원말보다
귀여운 느낌을 준다. ¶올라오게 되
더라더 새로운 일을 시작한다거하
닝 정신읍씨 바뿌가꾸낭 그람 담에
보는 그날까정 항상 행복해야
뎅‿‿ (게). 관-뉘². -늬.

-다거 [<-다고] 유형 형태변이. 어
풀이 앞의 말이 뒤에 오는 말의 원
인이나 근거가 됨을 나타내는 연결
어미 '-다고'의 변이형. ¶저번 정팅때
실망했**다거** ..[소재석] (대). 관-따구.

-다뉘 [<-다니] 유형 형태변이. 어
풀이 감탄형 종결어미 '-다니'의 변
이형. 원말보다 힘주어 말하는 느낌
을 준다. ¶다른공룡한테 티라노가
죽**다뉘**? (게). /유승준과 신화에게
지**다뉘**...;; (게).

-담니돠 [<-답니다] 유형 형태변
이. 어 풀이 어떤 사실을 친근하게
베풀어 말함을 나타내는 종결어미
'-답니다'의 변이형. ¶근디...... 지는

담배를 무쟈게 시로한**담니돠**.......---;; 그 넘의 담배연기.... 벙개모임에 한븐씩 다녀올때믄 온몸이 담배냄새에 쩌려져 있어 이주 죽깠슴돠....... (게). [관]-돰돠. -땁뉘닷.

-담돠 [<-답니다] [유형] 형태변이.
[어] [풀이] 어떤 사실을 친근하게 베풀어 말함을 나타내는 종결어미 '-답니다'의 변이형. ※'~돠' 형태의 어미는 군대식 말투나 연변 말투를 흉내내어 통신상에서 장난스럽게 쓰는 것으로 보인다. ¶때는 머나먼 1997년 겨울.. 눈도 엄청 왔었죠.. 도로도 얼구.. 절라 미끄러웠**담돠**.. (게). /버스를 타면.. 머리를 숙이고.. 탔**담돠**.. (게). [관]-담니돠. -돰돠. -땁뉘닷.

-닷 [<-다] [유형] 형태변이.
[어] [풀이] 서술형 종결어미 '-다'의 변이형. 원말보다 단호한 느낌을 준다. ¶하이...언니얌~ 홈페이쥐~넘 이뿌**닷**... (게). /무쟈게 큽니**닷**~... (게). [관]-돠. -돵. -당. -땅. -똬. -탕. -Day

-당 [<-다] [유형] 형태변이.
[어] [풀이] 서술형 종결어미 '-다'의 변이형. 원말보다 귀여운 느낌을 준다. ¶이방이더잼없**당**. (대). /입찢어지겠**당**. (대). /자눈게 저우겠**당**. (대). /잠수시켜놓고 들락날락해야겠**당**^^. (대). /잼있**당**. (대). /지금 동생이 옆에서 보고있**당**. (대). /퇴장시켜버리구 싶**당**. (대). /포투 재수없**당**. (대). [관]-돠. -돵. -닷. -땅. -똬. -탕. -Day

-대루 [<-대로] [유형] 형태변이. [조] [풀이] 보조사 '-대로'의 변이형. ¶책이랑은 마니 다른데~~ 책을책**대루**.. 영화는 영화**대루**... (게). [관]-데루.

-더 [<-도] [유형] 형태변이.
[조] [풀이] 보조사 '-도'의 변이형. ※통신언어의 대표적인 'ㅗ>ㅓ' 변이형이다. ¶아따~!!나**더** 드뎌 정회원이닷...(게). /#나는 빌라 ──; #^^;;; #나**더** 빌라. (대). /나**더** 집에 살어요ㅋ. (대). /웅 우리**더** 그랬떠. (대). /지베 안사는 따람**더** 있음. (대). /컴을 켜더 할일**더** 없끄...吠 잡솔이나 늘어노ㅏ볼까..해서...吠 (게). [관]-덩. -뎌. -두. -둥. -드. -뚜.

-더 [<-어] [유형] 형태변이.
[어] [풀이] 어떤 사실을 서술하거나 물음·명령·청유를 나타내는 종결어미 '-아'의 변이형. ¶나 방송 많이 했**더** (대). /목소리 쉬었**더**~ (대). [관]-5. -떠. -또. -앙. -엄. -엉. -오.

-더뉘 [<-더니] [유형] 형태변이. [어] [풀이] 지난 사태나 행동에 뒤이어 일어난 상황을 이어주는 연결어미 '-더니'의 변이형. ¶지금 13권봤**더뉘**여 내용이 않이어져서 넘넘 이해가 않가더라거여 책들을 조금만 올려주심 감사하갔습돠~ /쩝.. 제가..

"2집언제 나와요?"라거 했더뉘..－.－ (게). /오늘 영어시간에여 영어샘이 들어오시더뉘 "강타가 노래를 참 잘하지?" 라구 하시눈고예요^-^. (게). /제가 국가유홈에 가서 들으라고했더뉘.. (게).

-더랑 [<-더라] 유형 형태변이. 어 풀이 기억을 더듬으면서 자문하는 종결어미 '-더라'의 변이형. ¶까만애 들은..-_- 머라더랑? (대). 관-뜨라.

-더럭 [<-도록] 유형 형태변이. 어 풀이 연결어미 '-도록'의 변이형. ¶님들두 저 추가머집할떼 꼭 정회원이 될수 있더럭 더와주세염^^ (게).

-더염 [<-어요] 유형 형태변이. 어 풀이 예사높임으로 문장을 끝맺는 종결어미 '-어요'의 변이형. 원말보다 귀여운 애교 섞인 느낌을 준다. ※주로 앞말이 'ㅆ'으로 끝날 때 쓴다. ¶마지막엔 정말 찡해염~! 디기 감동 받았더염~! (게). 관-떠여. -떠염. -떠요. -떠욤. -또요. -또욤. -뚜용. -소효. -어웁. -어용. -어효. -영용. -오용. -오효. -우용. -쩌여.

-던쥐 [<-던지] 유형 형태변이. 어 풀이 지난 사실을 돌이켜 생각하는 뜻을 나타내는 종결·연결어미 '-던지'의 변이형. 원말보다 힘주어 말하는 느낌을 준다. ¶어찌나 잘생겼던쥐....ㅋㄷㅋㄷ (게).

-덜¹ [<-들] 유형 형태변이.

조 풀이 그 문장의 주어가 복수임을 나타내는 보조사 '-들'의 변이형. ¶나　변쥐거덩...???지금....들어와~!!!! 다덜.... 관-둘¹.

-덜² [<-들] 유형 형태변이.

접 풀이 복수의 뜻을 더하는 접미사 '-들'의 변이형. ¶오늘 보니 꽃을 들고 돌아다니는 사람들이 많더 군요 성년의 날인데 후배덜아 축하한다. (게). /밥은 잘먹고 다니는지.... 꼭 애덜 물가에 내놓은 기분..../마음이 아프구나.... 야덜아 정신좀 차려라 (게). /겜하는 애덜은 욕을 잘한다 ㅋㅋ. (대). /군디 어널따라 애덜이 안오네. /남자애덜 같은경우는. (대). /남자애덜이야 말러 내친구에 친구덜 애기줘만. (대). /내친구덜중에. (대). /님덜 안와여?. (대). /님덜바버지영. (대). /님덜아. /여자덜사진 무서운 저주글 아니에염 (게). /열분 덜두 입뿐 사랑하시구여~ 행복하세여~...♡(게). /아님 댕기오신 분덜이라두........ (게). /남자덜은 여자가 이럴때 (게). 관-둘².

-덩 [<-도] 유형 형태변이.

조 풀이 보조사 '-도'의 변이형. 원말에 비해 장난스러운 느낌을 준다. ¶나덩 아파르 가구 싶포. (대). 관-더. -뎌. -두. -둥. -드. -뚜.

-덩뎅 [<-던데] 유형 형태변이. 어 풀이 감탄의 뜻을 갖는 반말투의

종결어미. '-던데'의 변이형. 원말보다 장난스러운 느낌을 준다. ¶나라언냐가 뉴논애셔 월욜날 하거 화욜날 하거 쿼공으로 나언다**뎅뎅** (게). [관]-돈뎅. -둔뎀.

-데루 [<-대로] [유형] 형태변이. [조] [풀이] 보조사 '-대로'의 변이형. ¶*** 그담엔 이글을 복사하시던지 아님 님께서 다시 쓰시던 지 그건 맘**데루** 하셔여,, (게). [관]-대루

-뎅 [<-데] [유형] 형태변이.

[어] [풀이] 어떤 일이나 대상을 이미 경험했거나 미리 알고 있는 사람이 그에 대한 사실을 기억하여 일러주거나 그에 대한 자기 느낌을 얘기해 주는 뜻을 나타내는 종결어미 '-데'의 변이형. 어말에 'ㅇ'을 첨가함으로써 원말보다 귀여운 느낌을 준다. ¶주군깨..안난 애들이 없다거.. 기분나쁘**뎅**.. (대).

-뎌 [<-도] [유형] 형태변이.

[조] [풀이] 보조사 '-도'의 변이형. ¶저 **뎌** 잉 줘 함 버 낼 볼 려 구욥,,, 고 돔 님 덜 ㅃㄴ^^ .. (게). [관]-더. -덩. -두. -둥. -드. -뚜.

-도- [<-더-] [유형] 형태변이. [어] [풀이] 선어말어미 '-더-'의 변이형. ¶조카에게 디지몬인형하고 피카츄인형하고 둘리인형을주니 디지몬부터 품에 안**도**군요 (게). [관]-두-

-돈뎅 [<-던데] [유형] 형태변이. [어] [풀이] 감탄의 뜻을 갖는 반말투의 종결어미. '-던데'의 변이형. 원말보다 애교 섞인 느낌을 준다. ¶내 친구더 유치원 교사 하는뎅.... 넘 힘들어 하**돈뎅**.....^^ 세상에 쉬운 직업이 어디 있겠떠어.....^^ (게). [관]-덩뎅. -둔뎀.

-돠 [<-다] [유형] 형태변이.

[어] [풀이] 서술형 종결어미 '-다'의 변이형. 원말보다 힘주어 말하는 느낌을 준다. ¶..여기는 내가 접수했**돠**... 냐하하하하하하하... (게). /씨바, 감각을 키우러 채팅하러 가야겠**돠**... (게). /오늘은 또 요상한... 보낸이도 적혀 있지 않은 이상한 바이러스 메일을 또다시 받았**돠**--; (게). [관]-돵. -닷. -당. -땅. -똬. -탕. -Day.

-돰돠 [<-답니다] [유형] 형태변이. [어] [풀이] 어떤 사실을 친근하게 베풀어 말함을 나타내는 종결어미 '-답니다'의 변이형. 원말보다 단호한 느낌을 준다. ¶버스를 탔**돰돠**.. (게). [관]-담니돠. -담돠. -땁뉘닷.

-돵 [<-다] [유형] 형태변이.

[어] [풀이] 서술형 종결어미 '-다'의 변이형. 원말을 강조하며 애교 섞인 느낌을 준다. ¶오빠 버구싶**돵**......ㅋㅋㅋ 오빠 ♡해여~~~^^ 수정승준 (게). [관]-돠. -닷. -당. -땅. -똬. -탕. -Day.

-두- [<-도-] [유형] 형태변이. [어]

풀이 선어말어미 '-더-'의 변이형. ¶왠일로 제가 또 그날 딱 그여자두만~ (게). 관-더-.

-두 [<-도] 유형 형태변이.
조 풀이 보조사 '-도'의 변이형. ※ 현실 발음을 반영한 표기이다. ¶히루 : 그걸 내가 말로해야 알아?? 여태 수두엄이 말핸는데... --" (게). /대본으루 보구 티비로두 봤음당.. (대). 관-더. -덩. -뎌. -둥. -드. -뚜.

-두뤼 [<-들+-이] 유형 형태변이. 몜 풀이 복수 접미사 '-들'에 주격조사 '-이'가 결합한 형태. 원말보다 힘주어 말하는 느낌을 준다. ¶탕됴가글떼...그딴생쑈에시나어빠두뤼 나가겠냐??퉁격 ☆ (게).

-둔뎀 [<-던데] 유형 형태변이. 어 풀이 감탄의 뜻을 갖는 반말투의 종결어미. '-던데'의 변이형. 원말보다 투박한 느낌을 준다. ¶그때두 서로 팬덜끼리 현수막찢구 지럴둘 한다둔뎀.... (게). 관-덩뎅. -돈뎅.

-둘¹ [<-들] 유형 형태변이. 조 풀이 그 문장의 주어가 복수임을 나타내는 보조사 '-들'의 변이형. ¶다둘 잠수?. (대). /다둘말이웁?. (대). 관-덜¹.

-둘² [<-들] 유형 형태변이. 집 풀이 복수의 뜻을 더하는 접미사 '-들'의 변이형. ¶구럼 님둘 잘둘 쥬무시구 이뿐꿈꾸세엽!!^^ (게).

관-덜².

-둥 [<-도] 유형 형태변이.
조 풀이 보조사 '-도'의 현실 발음 '-두'에 'ㅇ'을 첨가한 형태. 원말보다 귀여운 느낌을 준다. ¶나둥 서버접속이. (대). /나둥. (대). /언니야..나 인제 몇 분있으면 시힘본당..이궁.. 하나둥 모르는뎅...언니 또 올께.. 빠빠~ /저둥 그래요,,^^;;. (게). / 가수 다나랑 폰 주구 받았땅~!! 멜둥... 친척이거던... 멜 주서 (게). / 맘잡궁.경부나　열띠미할랍니뎌...... ▶ 칭구들둥.열띠미살궁...........하루하루.보람있게.. (게). 관-더. -덩. -뎌. -두. -드. -뚜.

-뒈다 [<-되다] 유형 형태변이. 집 풀이 '-되다'의 변이형 . ¶걱정뒈죽가쓰..ㅠ_ㅠ (게).

-뒤 [<-지] 유형 형태변이.
어 풀이 어떤 사실을 긍정적으로 서술하거나 묻거나 명령하거나 제안하는 따위의 뜻을 나타내는 종결어미 '-지'의 변이형. 원말보다 귀여운 느낌을 준다. ¶애 덜 다 머 루 거 있 눈 거 아 니 뒤? (게). 관-뎅. -듸. -딥. -딩¹. -쥐. -쥠. -긔. -짐. -징. -찜.

-딍 [<-쥐<-지] 유형 형태변이. 어 풀이 어떤 사실을 긍정적으로 서술하거나 묻거나 명령하거나 제안하는 따위의 뜻을 나타내는 종결어미 '-지'의 변이형. ¶구럼구럼 당

군 가아딩 나더 애보랜두는 몬 갈꾸 같오... (게). 판-뒤. -듸. -딥. -딩¹. -쥐. -쥠. -즤. -짐. -징. -찜.

-드 [<-도] 유형 형태변이. 조 풀이 보조사 '-도'의 변이형. ¶엄마랑 가 최 콘설드 다니그 참 조은 엄마돠 ㅋㅋ (게). 판-더. -덩. -뎌. -두. -둥. -뚜.

-드루 [<-들+-의] 유형 형태변이. 복 풀이 복수 접미사 '-들'과 격조사 '-의'의 결합 형태의 변이형. ¶고기 언니드루 얼걸이 딱 붙어있더라고욥!!!!! (게).

-듸 [<-지] 유형 형태변이. 어 풀이 어떤 사실을 긍정적으로 서술하거나 묻거나 명령하거나 제안하는 따위의 뜻을 나타내는 종결어미 '-지'의 변이형. ¶생쇼때 사주기로한거 잊지말구 ★ 잊으면 @@ 알듸 ?ㅋㅋ (게). 판-뒤. -뎅. -딥. -딩¹. -쥐. -쥠. -즤. -짐. -징. -찜.

-듸만 [<-지만] 유형 형태변이. 어 풀이 '-지마는'의 준말 '-지만'의 변이형. ¶[걍할말이써효]╋나드.회원이듸만„회원님들.딘따.너ㅛ.하신댜.!.╋ (게). 판-뒤만. -쥐만.

-딥 [<-지] 유형 형태변이. 어 풀이 어떤 사실을 긍정적으로 서술하거나 묻거나 명령하거나 제안하는 따위의 뜻을 나타내는 종결어미 '-지'의 변이형. 원말보다 단호

한 느낌을 준다. ¶맹날 맹날 경고문 얼려야딥︥︥ >>ㅑ오~ (게). 판-뒤. -뎅. -듸. -딩¹. -쥐. -쥠. -즤. -짐. -징. -찜.

-디욤 [<-데+-요] 유형 형태변이. 어 풀이 종결어미 '-데'에 보조사 '-요'가 결합한 '-데요'의 변이형. ¶커흑... 제가요 계상오빠한테 메일을 보내봣는디욤..(칭구한테 얻은 것) (게).

-딩¹ [<-지] 유형 형태변이. 어 풀이 어떤 사실을 긍정적으로 서술하거나 묻거나 명령하거나 제안하는 따위의 뜻을 나타내는 종결어미 '-지'의 변이형. 원말보다 응석을 부리는 느낌을 준다. ¶이게 머딩 (대). 판-뒤. -뎅. -듸. -딥. -쥐. -쥠. -즤. -짐. -징. -찜.

-딩² [<-등(等)] 유형 형태변이/새말. 접 풀이 앞말에 붙어 '~한 신분'의 뜻을 더해주는 접미사. ※통신언어 중딩, 고딩에서 유추된 '-딩'이 접미사처럼 쓰이게 된 말이다. ¶13 살짜리 마포 초딩이라. (대). / 당돌한 중딩녀석„ㅋㅋㅋ (냉유) (게). /부산대딩 오세요 (게). /어린앤 그함...난25직딩 (대).

-따구 [<-다고] 유형 형태변이. 어 풀이 앞의 말이 뒤에 오는 말의 원인이나 근거가 됨을 나타내는 연결어미 '-다고'의 변이형. ¶女子는 손

잡고 뽀뽀(?) 했쓰면... 다 줬**따구**(?) 생각하고... 男子는 이재 부터 시작이라고 생각한다...(도대체 뭐가 시작이라는 건쥐... -_-;;;...) (게). [관]-다거.

-따니까 [<-다니까] [유형] 형태변이. [어] [풀이] 어떠한 사실을 모르거나 의심하는 상대방을 다그쳐 깨우쳐 주는 뜻을 나타내는 '-다니까'의 변이형. ※통신언어에서는 주로 '-었/았-', '-겠-' 따위와 뒤에 쓰이어 소리나는 대로 적은 형태이다. ¶잼있**따니까**,,,왜들 안보시눈지,,,즘즘말말 잼있쩌?? (게).

-땁뉘돠 [<-답니다] [유형] 형태변이. [어] [풀이] 어떤 사실을 친근하게 베풀어 말함을 나타내는 종결어미 '-답니다'의 변이형. ¶천사들의 언어를 보실수 이**땁뉘돠**..^^* (게). [관]-답니돠. -담돠. -뢈돠.

-땅 [<-당<-다] [유형] 형태변이. [어] [풀이] 서술형 종결어미 '-다'의 변이형 '-당'을 소리나는 대로 표기한 형태. 원말보다 장난스러운 느낌을 준다. ¶가야겠**땅**~~. (대). /나 방송해야겠**땅**. (대). /가수 다나랑 폰주구 받았**땅**~!! 멜둥... 친척이거던... 멜 주서 (게). [관]-돠. -둥. -닷. -당. -똬. -탕. -Day

-떠 [<-어] [유형] 형태변이. [어] [풀이] 어떤 사실을 서술하거나 물음·명령·청유를 나타내는 종결어미 '-아'의 변이형. 응석을 부리는 어린아이의 말투 흉내낸 느낌을 준다. ¶Re: Re:켁...미텨미텨...스럼누야...욱.겨.둑.겠**떠** (게). /웅 우리더 그랬**떠**. (대) /ㅈ ㅐ ㅁ ㅣ 없ㄸ ㅓ ~. (대). [관]-5. -더. -또. -앙. -엄. -엉. -오

-떠여 [<-어요] [유형] 형태변이. [어] [풀이] 예사높임으로 문장을 끝맺는 종결어미 '-어요'의 변이형. '-떠'에 조사 '-요'의 변이형 '-여'가 결합한 형태. 어린아이의 말투를 흉내낸 것으로 원말에 비해 응석을 부리는 느낌을 준다. ¶..칭구가 삶의 향기라는 카페가 넘 좋다구 하길래, 가입했**떠여**.. (게). /엽기적으로 잼있**떠여** ^^ (게). /이쁜카페에 가입했**떠여**^^ (게). /제 1학년때 성적을 공개하면.. 수학은 38점었구 국어는 54점이었어여.. 1학기 중각고사는 걍 넘어 갔는데 1학기 기말고사 끝나구 방학 때 6시간 동안 맞았**떠여**..ㅡㅡ;;죽는 줄 아랐음..ㅡㅡ (게). /제 맘을 모르겠**떠여**!! 너무 속상해서.. 이렇게 글을 씁니다.. (게). /주말 다들 잘보냈**떠여**? 근데 어제 벙개 있었나봐여? ㅡ.ㅡ; (게). /넘 귀엽게 나오셔**떠여**^^그쳐^^. (게). [관]-더염. -떠염. -떠요. -떠욤. -또요. -또욤. -뚜용. -소효. -어욥. -어용. -어효. -엉용. -오용. -오효. -우욤.

-쩌여.

-떠염 [<-어요] 유형 형태변이. 어
풀이 예사높임으로 문장을 끝맺는 종결어미 '-어요'의 변이형. 어린아이 말투를 흉내 내어 상대방에게 귀엽고 애교스럽게 보이려 하거나 또는 장난스럽게 말하는 경향이 반영된 말이다. ¶나에게도 애인이 생겼**떠염**... 아주 작고 이쁜... 이수리 ─,─ (게). 관-더염. -떠여. -떠요. -떠욤. -또요. -또욤. -뚜웅. -소효. -어웁.-어용. -어효. -엉용. -오용. -오효. -우욤. -쩌여.

-떠요 [<-어요] 유형 형태변이. 어
풀이 예사높임으로 문장을 끝맺는 종결어미 '-어요'의 변이형. 어린아이 말투를 흉내 내어 귀엽게 보이려고 하거나 어리광 부리듯이 이야기하는 말투. ¶바.람 여기저기 떠돌며 듣고 보고 느낀걸... 저 위에 홀로이 있는 파아란 하늘에게 속삭이더라구요... 부러웠**떠요**...^^ (게). / 어제 운 덕분에. 아침엔. 두눈이 다 부어서.. 아주 흉~했**떠요** (게). 관-더염. -떠여. -떠염. -떠욤. -또요. -또욤. -뚜웅. -소효. -어웁. -어용. -어효. -엉용. -오용. -오효. -우욤. -쩌여.

-떠욤 [<-어요] 유형 형태변이. 어
풀이 예사높임으로 문장을 끝맺는 종결어미 '-어요'의 변이형. 어린아

이 말투를 흉내 내어 귀엽게 보이려고 하거나 어리광 부리듯이 이야기하는 말투. ¶ㅋ ㅋ ㅋ 이거 정말 잼있**떠욤**~ (게). 관-더염. -떠여. -떠염. -떠요. -또요. -또욤. -뚜웅. -소효. -어웁. -어용. -어효. -엉용. -오용. -오효. -우욤. -쩌여.

-떼욤 [<-세요] 유형 형태변이. 어
풀이 설명·의문·명령의 뜻을 나타내는 종결어미 '-세요'의 변이형. 원말에 비해 응석을 부리는 느낌을 준다. ¶쩜 알켜주**떼욤**~!!! (게). 관-세염. -세욤. -세웃. -세용. -세욕. -세효. -세효. -셈. -셉. 셉엽. -셉요. -셋. -셰혀. -쉐혀.

-또 [<-어] 유형 형태변이.
어 풀이 어떤 사실을 서술하거나 물음·명령·청유를 나타내는 종결어미 '-아'의 변이형. 어린아이의 말투를 흉내낸 느낌을 준다. ¶어케 어케 이럴수 있**또**~~~ ㅠ.ㅠ (게). 관-5. -디. -띠. -앙. -임. -엉. -오.

-또요 [<-어요] 유형 형태변이. 어
풀이 예사높임으로 문장을 끝맺는 종결어미 '-어요'의 변이형. ¶Re:불쑥!!!!나 왔**또요**...^^의기충천 미머할매....캬캬 (게). 관-더염. -떠여. -떠염. -떠요. -떠욤. -또욤. -뚜웅. -소효. -어웁. -어용. -어효. -엉용. -오용. -오효. -우욤. -쩌여.

-또욤 [<-어요] 유형 형태변이. 어

풀이 예사높임으로 문장을 끝맺는 종결어미 ‘-어’의 변이형 ‘-떠’에 조사 ‘-요’의 변이형 ‘-여’가 결합한 형태. 원말보다 귀여운 느낌을 준다. ¶표를 어케 구하눈듸 머루겠또욤...-0-;;. (게). 관-더염. -떠여. -떠염. -떠요. -떠욤. -또요. -뚜용. -소효. -어욥. -어용. -어효. -엉용. -오용. -오효. -우욤. -쩌여.

-똬 [<-다] 유형 형태변이.

어 풀이 서술형 종결어미 ‘-다’의 변이형. 원말보다 힘주어 말하는 느낌을 준다. ¶빨리 버구싶똬^^* 승준영혼 (게). 관-똬. -뙁. -닷. -당. -땅. -탕. -Day.

-뚜 [<-도] 유형 형태변이.

조 풀이 보조사 ‘-도’의 변이형. ¶더 넓은 세상에 이런것뚜 있구나 하는 그의 모습을 보고 싶기에 그를 보내주려합니다. (게). 관-더. -덩. -뎌. -두. -둥. -드. -뚜.

-뚜용 [<-어요] 유형 형태변이. 봄 풀이 예사높임으로 문장을 끝맺는 종결어미 ‘-어요’의 변이형. ¶하리수 한테지구있뚜용 (게). 관-더염. -떠여. -떠염. -떠요. -떠욤. -또요. -또욤. -소효. -어욥. -어용. -어효. -엉용. -오용. -오효. -우욤. -쩌여.

-뜨라 [<-더라] 유형 형태변이. 어 풀이 기억을 더듬으면서 자문하는 종결어미 ‘-더라’의 변이형. ¶^새^

하그 ^끝^ 바께능 없능거가뜨라구욤...-0-오우... -_-+ (게). 관-더랑.

-뜸 [<-었-음] 유형 형태변이. 어 풀이 선어말어미 ‘-었’과 명사형으로 문장을 끝맺는 서술형 어미 ‘-음’이 결합한 ‘-었음’의 변이형. 어린아이의 말투를 흉내낸 말이다. ¶앙 사매가 마중나온다고 해뜸. (대). 관-었쏨.

-뜸다 [<-습니다] 유형 형태변이. 어 풀이 아주 높임의 종결어미 ‘-습니다’의 변이형. ※여기서 ‘뜸’은 ‘-었-’의 연철 표기로 볼만하나 ‘뜸’ 앞에 ‘-었-’의 형태가 드러나므로 ‘-습니다’의 변이형으로만 처리하였다. ¶제가 통화 를 했뜸다....^_^. (게). 관-뜹니닷. -뜹니당. -숩늬다. -숩늬땅. -숩당. -습다. -습당. -습똬. -습늬닷. -습니당. -습니뙁. -습당. -습똬. -심데이. -쏩니다. -쏩다. -쏩당. -쑵니다. -씀다. -씸다. -씸똬. -음니당. -음똬.

-뜹니닷 [<-습니다] 유형 형태변이. 어 풀이 아주 높임의 종결어미 ‘-습니다’ 의 변이형. 말을 좀 어눌하게 하는 느낌을 준다. ※여기서 ‘뜸’은 ‘-었-’의 연철 표기로 볼만하나 ‘뜸’ 앞에 ‘-었-’의 형태가 드러나므로 ‘-습니다’의 변이형으로만 처리하였다. ¶힘둘어서 혼나뜹니닷 ㅠㅠ (게). 관-뜸다. -뜹니당. -숩늬

다. -숨니㉣. -숨당. -슴다. -슴당.
-슴돠. -습늬닷. -습니당. -습니돵.
-습당. -습돠. -심데이. -쑵니다. -
쑵다. -쑵당. -쑵니다. -씀다. -씸
다. -씸돠. -음니당. -음돠.

-뜹니당 [<-습니다] 유형 형태변
이. 어 풀이 아주 높임의 종결어미
'-습니다'의 변이형. 어린아이 말투
를 흉내내어 장난스럽거나 좀 어눌
한 느낌을 준다. ¶놈놈 길군요... 하
지만, 놈놈 잘했**뜹니당**!! ^^ (게).
㉞-뜹다. -뜹닷. -숨늬다. -숨니
㉣. -숨당. -슴다. -슴당. -슴돠. -
습늬닷. -습니당. -습니돵. -습당.
-습돠. -심데이. -쑵니다. -쑵다. -쑵
당. -쑵니다. -씀다. -씸다. -씸돠.
-음니당. -음돠.

-띡 [<-씩] 유형 형태변이.
조 풀이 수량이나 크기로 나뉘거나
되풀이됨을 나타내는 보조사 '-씩'
의 변이형. 어린아이 말투를 흉내낸
표기이다. ¶모드 한번**띡** 다 들러듀
그... 방명녹!! 필쓰!! (게).

-ㄹ게혀 [<-ㄹ게+-요] 유형 형
태변이. 복 풀이 어떠한 행동을 약
속할 때 쓰이는 종결어미 '-ㄹ게'와
높임의 보조사 '-요'가 결합한 '-ㄹ
게요'의 변이형. ¶언제든²大환영²입
늬닷☆☆쿅²쿅²ᓆ
9;!² 고럼²연락²기다릴**게혀**²☆ (게).
㉞-ㄹ께효. -ㄹ께횻. -ㄹ꿰효.

**-ㄹ꺼얌 [<-ㄹ 것이야(-ㄹ 것
이다)]** 유형 형태변이. 복 풀이 '-
ㄹ 것이다'의 입말체인 '-ㄹ거다'의
변이형. ¶내가 다 죽여버릴**꺼얌**..
(게). /내가 당신들 다 죽여버릴**꺼
얌**. (게). ㉞-ㄹ꺼양. -ㄹ꼬샤. -ㄹ
꼬시야. -ㄹ꼬쉬얌. -ㄹ꼬야. -ㄹ꼬
얍. -ㄹ꾸샤. -ㄹ꾸얌.

**-ㄹ꺼양 [<-ㄹ 것이야(-ㄹ 것
이다)]** 유형 형태변이. 복 풀이 '-
ㄹ 것이다'의 입말체인 '-ㄹ거다'의
변이형. 원말보다 애교 섞인 느낌을
준다. ¶우리가 오빠뒤에서 어마어마
한 힘이 **될꺼양** (게). ㉞-ㄹ꺼얌. -
ㄹ꼬샤. -ㄹ꼬시야. -ㄹ꼬쉬얌. -ㄹ
꼬야. -ㄹ꼬얍. -ㄹ꾸샤. -ㄹ꾸얌.

-ㄹ께효 [<-ㄹ게+-요] 유형 형
태변이. 복 풀이 어떠한 행동을 약
속할 때 쓰이는 종결어미 '-ㄹ게'를
소리나는 대로 표기한 형태와 '-요'
의 변이형 '-효'의 결합형. ¶☆
★:*:*:* 내가 마니 『사랑』**할께
효**~^^♡*:*:*☆.. (게). /나 이따 컴
백**할께효**. (게). /레모니가 더아두
릴께효⌒⌒. (게). ㉞-ㄹ게혀. -ㄹ께
횻. -ㄹ꿰효.

-ㄹ께횻 [<-ㄹ게+-요] 유형 형
태변이. 복 풀이 어떠한 행동을 약
속할 때 쓰이는 종결어미 '-ㄹ게'와
높임의 보조사 '-요'가 결합한 '-ㄹ
게요'의 변이형. ¶제 일 멋 찐 창

단 식 이 되 도 록 기 도 **할 껴 휼** 천사표승준 (게). ㉭-ㄹ게혀. -ㄹ께효. -ㄹ풰효.

-ㄹ꼬다 [←-ㄹ 것이다] 유형 형태변이. 복 풀이 '-ㄹ 것이다'의 입말체인 '-ㄹ거다'의 변이형. 원말보다 장난스러운 느낌을 준다. ¶내가 날마다 **빌꼬다~~~아** (게). ㉭-꼬당.

-ㄹ꼬당 [←-ㄹ 것이다] 유형 형태변이. 복 풀이 '-ㄹ 것이다'의 입말체인 '-ㄹ거다'의 변이형. 원말보다 장난스러운 느낌을 준다. ¶나의 유치함은 하늘을 찌르눈구나,.... 그래더 난 나의 일기장 **할꼬당....** (게). ㉭-꼬다.

-ㄹ꼬샤 [←-ㄹ것이야(-ㄹ것이다)] 유형 형태변이. 복 풀이 '-ㄹ 것이야'의 입말체인 '-ㄹ거야'의 변이형. ¶오빠영원히럽**할꼬샤~!!!!!** (게). ㉭-ㄹ꺼얌. -ㄹ꺼양. -ㄹ꼬시야. -ㄹ꼬쉬얌. -ㄹ꼬야. -ㄹ꼬얍. -ㄹ꾸샤. -ㄹ꾸얌.

-ㄹ꼬시야 [←-ㄹ것이야(-ㄹ것이다)] 유형 형태변이. 복 풀이 '-ㄹ 것이다'의 입말체인 '-ㄹ거다'의 변이형. 말을 늘임으로써 장난스러운 느낌을 준다. ¶때되면 알려줄**꼬시야-_-;;;** (게). ㉭-ㄹ꺼얌. -ㄹ꺼양. -ㄹ꼬샤. -ㄹ꼬쉬얌. -ㄹ꼬야. -ㄹ꼬얍. -ㄹ꾸샤. -ㄹ꾸얌.

-ㄹ꼬쉬얌 [←-ㄹ 것이야(-ㄹ 것이다)] 유형 형태변이. 복 풀이 '-ㄹ 것이다'의 입말체인 '-ㄹ거다'의 변이형. ¶암턴 머뉘 절나 모아떠뤼 꼬옥 물마즐**꼬쉬..얌..** (게). ㉭-ㄹ꺼얌. -ㄹ꺼양. -ㄹ꼬샤. -ㄹ꼬시야. -ㄹ꼬야. -ㄹ꼬얍. -ㄹ꾸샤. -ㄹ꾸얌.

-ㄹ꼬야 [←-ㄹ 것이야(-ㄹ것이다)] 유형 형태변이. 어 풀이 '-ㄹ 것이야'의 준말 '-ㄹ 거야'의 변이형. 어린아이의 말투와 같이 귀엽고 애교섞인 느낌을 준다. ¶일번... 꺽 가구말**꼬야~!!!!!!!!!!** (게). ㉭-ㄹ꺼얌. -ㄹ꺼양. -ㄹ꼬샤. -ㄹ꼬시야. -ㄹ꼬쉬얌. -ㄹ꼬얍. -ㄹ꾸샤. -ㄹ꾸얌.

-ㄹ꼬얍 [←-ㄹ 것이야(-ㄹ 것이다)] 유형 형태변이. 어 풀이 ① '-ㄹ 것이다'의 입말체인 '-ㄹ거다'의 변이형. 원말보다 귀여우면서도 단호한 느낌을 준다. ¶우리오빠 어디 아프면 아라가 꼬옥 안아줄**꼬얍..^-^*** (게). ㉭-ㄹ꺼얌. -ㄹ꺼양. -ㄹ꼬샤. -ㄹ꼬시야. -ㄹ꼬쉬얌. -ㄹ꼬야. -ㄹ꾸샤. -ㄹ꾸얌.

-ㄹ꼰데 [←-ㄹ 것인데(-ㄹ 것이다)] 유형 형태변이. 복 풀이 '-ㄹ 것이다'의 활용형의 입말체 '-ㄹ건데'의 변이형. ¶Re:나의 경쟁자가 되어줄래요..? 맞짱앙 ----+ 무신 경쟁 **할꼰데.....** ----+ 결구, 이 누 나야넌 겨울 저아해 *^^* 가넌시간 이 두렵긴 하쥐만 ----+ (게). /군

대 가더라두 기달릴꼰데 머... (게).

-ㄹ꾸샤 [<-ㄹ것이야(-ㄹ것이다)]

유형 형태변이. 목 풀이 '-ㄹ것이다'의 입말체인 '-ㄹ거다'의 변이형. ¶Re:잘 와떠염..^^ 자주자주 오세염..안구롬 미오**할꾸샤..ㅡㅡ*** 정팅은 금욜날인가..?그때일껄욤 (게). 관-ㄹ꺼얌. -ㄹ꺼양. -ㄹ꼬샤. -ㄹ꼬시야. -ㄹ꼬얍. -ㄹ꾸얌.

-ㄹ꾸얌 [<-ㄹ것이야(-ㄹ것이다)]

유형 형태변이. 목 풀이 '-ㄹ것이다'의 입말체인 '-ㄹ거다'의 변이형. 원말보다 귀엽고 단호한 느낌을 준다. ¶시러**할꾸얌**. (대). 관-ㄹ꺼얌. -ㄹ꺼양. -ㄹ꼬샤. -ㄹ꼬시야. -ㄹ꼬쉬얌. -ㄹ꼬야. -ㄹ꼬얍. -ㄹ꾸샤.

-ㄹ꾸지 [<-ㄹ것이지(-ㄹ것이다)]

유형 형태변이. 목 풀이 '-ㄹ것이다'의 활용형 '-ㄹ 것이지'의 변이형. 원말보다 귀엽고 장난스러운 느낌을 준다. ¶앙드레..허허.. 친하게 **지낼꾸지**..?(친하게 안지내면..-_-^.. 공포의 코브라 십자 꺽기를..;;). (게). /진따루..**갈꾸지^^** (대).

-ㄹ꿰 [<-ㄹ게]

유형 형태변이. 어 풀이 어떠한 행동을 약속할 때 쓰이는 종결어미 '-ㄹ게'의 변이형. ¶리풀기다릴**꿰**˘０*.. (게). /아 프 러 자 쥬 자 쥬 널 러 올 **꿰** & #54976 ;..^-^* 대 박 나 시 거 엽..!! (게).

-ㄹ꿰효 [<-ㄹ게+-요]

유형 형태변이. 목 풀이 어떠한 행동을 약속할 때 쓰이는 종결어미 '-ㄹ게'와 보조사 '-요'의 변이형 '-효'의 결합형. ¶오빠만 봐라**볼꿰효**˘０˘ 관-ㄹ게혀. -ㄹ께효. -ㄹ꿰효. -ㄹ께횰.

-ㄹ낀듸 [<ㄹ 텐데(ㄹ 터이다)]

유형 형태변이. 목 풀이 '-ㄹ 텐데'의 변이형. ¶[추가] ② 집 대박터져야 **딜낀듸~** ☆사소한 부탁☆ (게).

-ㄹ라 [<-려고]

유형 형태변이. 어 풀이 어떤 행동을 할 의도나 욕망을 가지고 있음을 나타내는 연결어미 '-려고'의 변이형. ¶우리 정팅모여서 **모할라**그런거예염? (대). 관-ㄹ라겅. -ㄹ라껑. -ㄹ려궁.

-ㄹ라겅 [<-려고]

유형 형태변이. 어 풀이 어떤 주어진 사태에 대하여 의심과 반문을 나타내는 종결어미 '-려고'의 변이형. 원말보다 장난스러운 느낌을 준다. ¶구럼 빠빠쉬˘!˘!˘!～～～～～～! 왜냐구염? 지금 대방에 어빠 이쓰니까..얼렁가서 **말할라겅** (게). 관-ㄹ라. -ㄹ라껑. -ㄹ려궁.

-ㄹ라껑 [<-라고]

유형 형태변이. 조 풀이 앞말이 직접 인용되는 말임을 나타내는 격조사 '-라고'의 변이형. ¶제가 나라언냐 팬클가웁 **할라껑** 던머으는뎅 (게). 관-ㄹ라. -ㄹ라겅. -ㄹ려궁.

-ㄹ랭 [<-ㄹ래] 〔유형〕 형태변이. 〔어〕 〔풀이〕 자신의 의사를 나타내거나 상대방의 의사를 묻는 데 쓰이는 종결어미 '-ㄹ래'이 변이형. 원말보다 장난스러운 느낌을 준다. ¶나랑 찍팅**할랭**~** (게).

-ㄹ려궁 [<-려고] 〔유형〕 형태변이. 〔어〕 〔풀이〕 어떤 주어진 사태에 대하여 의심과 반문을 나타내는 종결어미 '-려고'의 변이형. 원말보다 애교 섞인 느낌을 준다. ¶그걸 서로가질**려궁** 이궁 (대). ㉮-ㄹ라. -ㄹ라겅. -ㄹ라껑.

-ㄹ쑤럭 [<-ㄹ수록] 〔유형〕 형태변이. 〔어〕 〔풀이〕 앞에서 언급된 행위나 상태의 반복을 나타내는 어미 '-수록'의 변이형. ¶생각은 생각하믄 생**각할쑤럭** 생각나는것이 생각이라는 생각이 갑자기 쓰잘데기 읍는 생각일수더 이따는 생각이 문득 스치는 내 생각임에 (게). /울이 이럴**쑤럭** 더 힘내쟈구요!! 당당하게!!^^ (게).

-ㄹ쮜 [<-ㄹ지] 〔유형〕 형태변이. 〔어〕 〔풀이〕 추측하여 묻거나 가능성을 물어보는 의문형 어미 '-을지'의 변이형. ¶근데 몇명이나 갑**할쮜**..-_-;; (게).

-라거 [<-라고] 〔유형〕 형태변이. 〔조〕 〔풀이〕 앞말이 직접 인용되는 말임을 나타내는 격조사 '-라고'의 변이형. ¶세차장 다녀오신 울 삼실 직원아

찌... 어미죽은 강아쥐**라거** 새끼 두 마릴 얻어왔눈데 말이 강아쥐지..그거 쥐새끼 같쑴다.. (게). ¶해주긴해주더**라거**..—— (대). ㉮-라겅.

-라눈 [<-라는<-라고 하는] 〔유형〕 형태변이. 〔목〕 〔풀이〕 '-라고 하는'이 준 '-라는'의 변이형. ¶1.이름&성별 ▶남자다아...캬캬캬...나보고 여자**라눈** 바붕이들이 간혹있다..캬캬캬--; (게). /슬픈자유**라눈** 너래..... (게).

-라뉘 [<-라니] 〔유형〕 형태변이. 〔어〕 〔풀이〕 의심스럽거나 뜻밖의 사실로 느껴져 놀라거나 그러하여 반문함을 나타내는 종결어미 '라니'의 변이형. ¶승준오빠...체중과다**라뉘**...——; 물빛승준 (게). /좋겠당..십리오빠야~ 여유로운 커피타임이**라뉘** (게).

-라더 [<-라도] 〔유형〕 형태변이. 〔조〕 〔풀이〕 그것이 썩 좋은 것은 아니나 그런대로 괜찮음을 나타내는 보조사 '-라도'의 변이형. ¶피에쑤--- 아~ 이랄때 가차운데 을엄마가 이 써뜨믄 목에다가 셔언한 파스한개 **라더** 부쳐줘쓸테인데 (게).

-라믄 [<-라면] 〔유형〕 형태변이. 〔조〕 〔풀이〕 조건을 나타내는 보조사 '-라면'의 변이형. ¶만약에.. 상이오빠가 아니**라믄**.. 제가 보낸 선물을 어떻게 맞출까여?—— 글구요.. (게).

-라스리 [<-라서] 〔유형〕 형태변이. 〔어〕 〔풀이〕 원인·근거를 나타내는 연

결어미. '-라서'의 변이형. ¶암통 올
전일제 C.A라스리 경브 안해가꼬
넘호 기분 져아뜨홋━∩∨∩ (게).

-랑¹ [<-라] 유형 형태변이.
　어 풀이 명령 어미 '-라'의 변이형.
원말보다 귀엽고 애교스러운 느낌
을 준다. ¶조용히 혼자 기타나 치렵
니다...글고　정희얌..삐지지마.　풀어
랑 응? (게). 관-롸.

-랑² [<-라] 유형 형태변이.
　어 풀이 이유나 근거를 나타내는
연결어미 '-라'의 변이형. 원말보다
귀엽고 애교가 섞인 느낌을 준다.
¶화난거처럼 보이눈게 아니**랑**........
∞ (대).

-러 [<-로] 유형 형태변이.
　조 풀이 부사격 조사 '-로의 변이
형. ¶말**러** 표현을 먼하게 써염 넘
저아서 먹소리가... (게). /참사 애도
의 날이 9월 14일**러** 지정디부러따
나?? ━_━^ (게). /피에쑤-텅빈 사
무실에서 맨날 늦게끼정 시간 떼우
지 말거 시간날때마다 따땃한 물**러**
목을 축이〜〜방 감기에 별 도움
앙데 근뎅 이유가 모냐겅? 배는 불
르거덩 히히히 (게). 관-루.

-럴 [<-를] 유형 형태변이.
　조 풀이 목적격 조사 '-를'의 변이
형. ¶굴엄 온리능 이쯤에스 꼬랑뒤
럴 내려야 쓰거쑤미닷 ^▽^ 쑤
ㅣ〜〜〜잉 (게). 관-룰.

-롸 [<-라] 유형 형태변이.
　어 풀이 명령 어미 '-라'의 변이형.
원말보다 힘주어 말하는 느낌을 준
다. ¶§ 진 실 에 종 아 울 려 **롸** 아
.- § (게). /자**롸**〜 (대). 관-랑¹.

-료무나 [<-려무나] 유형 형태변
이. 어 풀이 부드러운 명령이나 제
뜻대로 하라는 뜻을 나타내는 종결
어미 '-려무나'의 변이형. ¶굴거 널
쥐만 말거 온리퉤 쩍울 날리**료무나**
━_━∀ (게).

-루 [<-로] 유형 형태변이.
　조 풀이 부사격 조사 '-로의 변이
형. ※현실　발음을 반영한 표기이
다. ¶내가 젤**루** 시러 하는 글. (게).
/누나 리니지하실래여 ㅋ.ㅋ　　제가
캐릭터 껑짜**루** 드려요 ; 리플〜 .
(게). /진짜**루**... 두번 받았데〜 (게).
/정말**루** 죄성합니다. /오늘 컨디션
이 아주〜 쥑임다〜 허리? 쪼매밖
에 안아픔다〜 배부르게 밥두 머글
수있을거 같슴다〜(그동안 3수져를
벗어나지 못했걸랑여〜) 이 상태**루**
밤까지　간다면〜 심야영화나 보러
람다〜 (게). /유리누나가 오늘오기
루 했나여? (대). 관-러.

-룰 [<-를] 유형 형태변이.
　조 풀이 목적격 조사 '-를'의 변이
형. ¶홈...맘청소라.... 거의 대부분
은...술로...가끔씩은...노래방에서...
가뭄에 콩나듯...사람들한티 애기하

고... 청소룰 하쥐여..제 경우는여...^^ (게). /특종임돠~!! 제가 싸이의 멜주서룰 알아냈쑴돠'!! (게). ㉿-럴.

-ㅁ [←-면] 유형 형태변이. 어 풀이 가정적 조건을 나타내는 연결어미 '-면'의 변이형. ※말을 짧게 줄여 쓰려는 통신언어 상의 특징이 반영된 말. ¶이런일은 백수 아님 암도 몬합다... (게). ㉿-폰. -문. -믄.

-ㅁ뉘다 [←-ㅂ니다] 유형 형태변이. 어 풀이 아주 높임의 종결어미 '-ㅂ니다'의 변이형. 원말보다 힘주어 말하는 느낌을 준다. ¶다들! 제가 신입인줄 아셨겠쥐만,, 전.. 다들 아실랑가?구입,,,──a **임뉘다**! 헛... 어쩨떤...카페 갑한지 6개월이 넘은 사람입뉘다. (게). /저랑 멜칭구 할 사람을 **구함뉘다**.. (게). ㉿-움둥. -ㅁ늬다. -ㅁ뉘당. -ㅁ니다. -ㅁ니당. -ㅁ니닭. -ㅁ다. -ㅁ당. -ㅁ돠. -ㅁ미다. -ㅂ뉘다. -ㅂ뉘닷. -ㅂ니닷. -ㅂ니당. -ㅂ니댜. -ㅂ미당.

-ㅁ뉘당 [←-ㅂ니다] 유형 형태변이. 어 풀이 아주 높임의 종결어미 '-ㅂ니다'의 변이형. 원말보다 힘주어 말하면서 장난스러운 느낌을 더한다. ¶이 문제는 아이슈타인이 생전에 만든 문제라구 **함뉘당**. (게). ㉿-움둥. -ㅁ늬다. -ㅁ뉘다. -ㅁ니다. -ㅁ니당. -ㅁ니닭. -ㅁ다. -ㅁ당. -ㅁ돠. -ㅁ미다. -ㅂ뉘다. -ㅂ뉘닷. -ㅂ니닷. -ㅂ

니당. -ㅂ니댜. -ㅂ미당.

-ㅁ늬다 [←-ㅂ니다] 유형 형태변이. 어 풀이 아주 높임의 종결어미 '-ㅂ니다'의 변이형. 원말보다 힘주어 말하는 느낌을 준다. ¶저두 동참**함늬다** ^─^. (게). ㉿-움둥. -ㅁ뉘다. -ㅁ뉘당. -ㅁ니다. -ㅁ니당. -ㅁ니닭. -ㅁ미다. -ㅁ당. -ㅁ돠. -ㅂ미다. -ㅂ뉘다. -ㅂ뉘닷. -ㅂ니닷. -ㅂ니당. -ㅂ니댜. -ㅂ미당.

-ㅁ니다 [←-ㅂ니다] 유형 형태변이. 어 풀이 아주 높임의 종결어미 '-ㅂ니다'의 변이형. ※소리나는 대로 표기한 형태이다. ¶정말루 죄성**함니다**... (대). /닭살**임니다** (대). ㉿-움둥. -ㅁ늬다. -ㅁ뉘다. -ㅁ뉘당. -ㅁ니당. -ㅁ니닭. -ㅁ미다. -ㅁ당. -ㅁ돠. -ㅁ미다. -ㅂ뉘다. -ㅂ뉘닷. -ㅂ니닷. -ㅂ니당. -ㅂ니댜. -ㅂ미당.

-ㅁ니다이영 [←-ㅂ니다+-요] 유형 형태변이. 어 풀이 높임의 종결어미 '-ㅂ니다'에 조사 '-요'를 결합한 '-ㅂ니다요'의 변이형. 원말보다 귀엽고 재미있는 느낌을 준다. ¶홍보게시판**임니다이영** (게).

-ㅁ니당 [←-ㅂ니다] 유형 형태변이. 어 풀이 아주 높임의 종결어미 '-ㅂ니다'의 변이형. 원말보다 부드러운 느낌을 준다. ¶음.. 그럼 이만 잘부탁드**림니당**... 참참!! 저의 멜주소는여 fuha11@hanmail.net **임니**

당.. 글리고 제가있는 곳은여 2호선 영등포구청 역이람니다 여기서 가까웠음 더 좋겠네염.. ^^;;; (게). ㉝-움뙁. -ㅁ늬다. -ㅁ뉘다. -ㅁ뉘당. -ㅁ니다. -ㅁ니닭. -ㅁ다. -ㅁ당. -ㅁ돠. -ㅁ미다. -ㅂ뉘다. -ㅂ뉘닷. -ㅂ니닷. -ㅂ니당. -ㅂ니댜. -ㅂ미당.

-ㅁ니닭 [<-ㅂ니다] 〔유형〕 형태변이. ㉠ 〔풀이〕 아주 높임의 종결어미 '-ㅂ니다'의 변이형. ¶오늘 갑한 나라언니뺀**임니닭** (게). ㉝-움뙁. -ㅁ늬다. -ㅁ뉘다. -ㅁ뉘당. -ㅁ니다. -ㅁ니당. -ㅁ다. -ㅁ당. -ㅁ돠. -ㅁ미다. -ㅂ뉘다. -ㅂ뉘닷. -ㅂ니닷. -ㅂ니당. -ㅂ니댜. -ㅂ미당.

-ㅁ다 [<-ㅂ니다] 〔유형〕 형태변이. ㉠ 〔풀이〕 아주 높임의 종결어미 '-ㅂ니다'의 변이형. ※말을 짧게 줄여 쓰려는 통신언어 상의 특징이 반영된 표기로 실제 대화에서도 장난스럽게 쓰곤 한다. ¶이런일은 백수 아님 암도 몬**함다**... (게). ㉝-움뙁. -ㅁ늬다. -ㅁ뉘다. -ㅁ뉘당. -ㅁ니다. -ㅁ니당. -ㅁ니닭. -ㅁ당. -ㅁ돠. -ㅁ미다. -ㅂ뉘다. -ㅂ뉘닷. -ㅂ니닷. -ㅂ니당. -ㅂ니댜. -ㅂ미당.

-ㅁ당 [<-ㅂ니다] 〔유형〕 형태변이. ㉠ 〔풀이〕 아주 높임의 종결어미 '-ㅂ니다'의 변이형. 원말보다 장난스러운 느낌을 준다. ¶안오시나 봄**당**.. (대). /오늘 밤에 녹음끝나면 바로

함 찾아보겠슴당.... 감솨**함당**.... (게). /참고로 인문계**임당**^^ (대). ㉝-움뙁. -ㅁ늬다. -ㅁ뉘다. -ㅁ뉘당. -ㅁ니다. -ㅁ니당. -ㅁ니닭. -ㅁ다. -ㅁ돠. -ㅁ미다. -ㅂ뉘다. -ㅂ뉘닷. -ㅂ니닷. -ㅂ니당. -ㅂ니댜. -ㅂ미당.

-ㅁ돠 [<-ㅂ니다] 〔유형〕 형태변이. ㉠ 〔풀이〕 아주 높임의 종결어미 '-ㅂ니다'의 변이형. 원말보다 단호한 느낌을 준다. ※연변 지역의 말투나 군대식 말투를 흉내내어 통신상에서 장난스럽게 쓰는 말이다. ¶끝이 이렇게 허무한 영환..쳄**임돠**... (게). /여기는 일본 마나 클럽„**임돠**~ (게). /제 이멜 **임돠**~ 마니 연락주셈„ (게). /지송**함돠**.. 여하튼.. 그때 당시 버스가 천장이 낮아서리.. (게). /궁금.. **함돠**...^^ (게). /그래서 미안한 마음에 이생각을 했을지도 모름**돠**~~~. (게). /그러니 제발 부탁드림**돠**~~~ (게). ㉝-움뙁. -ㅁ늬다. -ㅁ뉘디. -ㅁ뉘당. -ㅁ니다. -ㅁ니당. -ㅁ니닭. -ㅁ다. -ㅁ당. -ㅁ미다. -ㅂ뉘다. -ㅂ뉘닷. -ㅂ니닷. -ㅂ니당. -ㅂ니댜. -ㅂ미당.

-ㅁ미다 [<-ㅂ니다] 〔유형〕 형태변이. ㉠ 〔풀이〕 아주 높임의 종결어미 '-ㅂ니다'의 변이형. ¶저 월율날되믄 곧바러 팬클 가입할**람미다**.. (게). /이글을 찾아.. 올**림미다**~~ (게). ㉝-움뙁. -ㅁ늬다. -ㅁ뉘다. -ㅁ뉘당.

-ㅁ니다. -ㅁ니당. -ㅁ니닼. -ㅁ다.
-ㅁ당. -ㅁ돠. -ㅂ뉘다. -ㅂ뉘닷. -
ㅂ니닷. -ㅂ니당. -ㅂ니쟈. -ㅂ미당.

-묘 [<-며] 유형 형태변이.
　어 풀이 두 가지 이상의 움직임이
나 사태가 서로 맞서는 관계에 있
음을 나타내는 연결어미 ‘-면서’의
준말 ‘-며’의 변이형 ¶☆요즘에 하
드 심심해서..☆ ☆전화 하묘서 널
사람이나.. 문자 버내**묘** 문팅 하신
분들☆ ☆폰 쌔려 주쉐혀 (게).

-묜 [<-면] 유형 형태변이.
　어 풀이 가정적 조건을 뜻하는 연
결어미 ‘-면’의 변이형. 원말보다 애
교스러운 느낌을 준다. ¶저만 살앙
해 줄수 있눈 남자**묜** 조겠눈데..
(게). /역시 사람은 몸이 멀어지**묜**
맘두 멀어지나 부당... 구래두 그렇
게 생각하고 싶지 않았눈데... 나의
가깝던 사람들.... 어찌나 멀게만 느
껴지던지... 후후-!! (게). /저도 광
명시 **묜** 설하고 가깝네염. (게). /이
쁜내가 멋진 너를 만난다**묜**??^^
(게). 관-ㅁ. -묜. -믄.

-묘서 [<-면서] 유형 형태변이. 어
　풀이 두 가지 이상의 움직임이나
사태가 서로 맞서는 관계에 있음을
나타내는 연결어미 ‘-면서’의 변이
형. 원말보다 장난스러운 느낌을 준
다. ¶☆요즘에 하드²심심해서..☆ ☆
전화²하**묘서**²널사람이나..² 문자²버

내묘²문팅²하신분들☆　☆폰²쌔려²주
쉐혀² (게). 관-묘소 -문서. -믄서.
-믄떠. -믄서.

-묘소 [<-면서] 유형 형태변이. 어
　풀이 두 가지 이상의 움직임이나
사태가 서로 맞서는 관계에 있음을
나타내는 연결어미 ‘-면서’의 변이
형. ¶미영이 삐진 거시야???? Re:더
리더리..나　먼나가자녀..알**묘소**..나
대작한다거..앙앙..잼나게 널아..겨울
방학때 맛난거 꼭 사져야해..^^ (빈
깡텅) (게). 관-묘서. -문서. -믄서.
-믄떠. -믄서.

-문 [<-면] 유형 형태변이.
　어 풀이 뒤의 사실이 실현되기 위
한 단순한 근거 따위를 나타내거나
수시로 반복되는 상황에서 그 조건
말할 때 쓰는 연결어미 ‘-면’의 변이
형. ¶나도 악역하기 싫다 ㅜ.ㅡ 하지
만 모두들 내게 악역이 딱이라며 떠
넘긴당(학^) 그래서 할수없이 열연을
했더니만....(모든지 한번 시작하**문** 최
선을 다한당--;;) 명연기라는 박수소
리보단.. 저런 독한... 나뿐논...이라는
차가분 시선만이 남는당 그 남자에겐
내가 마귀할멈으로 보이겠지? (게). /
시경이 형한테 빠지**문** 안대여... (게).
관-ㅁ. -묜. -믄.

-문서 [<-면서] 유형 형태변이. 어
　풀이 두 가지 이상의 움직임이나
사태가 서로 맞서는 관계에 있음을

나타내는 연결어미 '-면서'의 변이형. 원말보다 좀 어눌한 느낌을 준다. ¶첨봤다..남자의 나체를... 증말 암것두 걸치지 않고.. 홀랑~홀랑~ 벗은 그 모습이라늬... 그담엔 어케 되었을꼬.. 어케되긴 다 알**문서**~~ (게). [관]-믄서. -믄소. -믄서. -믄떠. -믄서.

-믄 [<-면] [유형] 형태변이. [어] [풀이] 가정적 조건을 뜻하는 연결어미 '-면'의 변이형. 경기도 방언형이다. ¶이말 저말 하다보**믄** 헛소릴 하게 되거덩여..넓은 아량으로 이해해주십사 합니다. ^^; (게). /해두**믄** 져을꺼가튼뎅...ㅇ.ㅋ.????? (게). /오늘 대화잘하**믄** 못하겄네 ㅠ.ㅠ" (대). [관]-ㅁ. -믄. -문.

-믄떠 [<-면서] [유형] 형태변이. [어] [풀이] 두 가지 이상의 움직임이나 사태가 서로 맞서는 관계에 있음을 나타내는 연결어미 '-면서'의 변이형. ¶덤으러 마늬 바주길 바라**믄떠** (게). [관]-믄서. -믄소. -문서. -믄서. -믄서.

-믄서 [<-면서] [유형] 형태변이. [어] [풀이] 두 가지 이상의 움직임이나 사태가 서로 맞서는 관계에 있음을 나타내는 연결어미 '-면서'의 변이형. ¶처음엔 느린템포로 여유있게 노래하다가 바로 랩을 하시면 점점 점점 빨라지**믄서** 오묘하게 긴장감 마저 들드라고. (게). /난 부산 여자 저아해여 올라오**믄서** 부산 아씨 저나번호점 적어와여^^ (게). /진짜 ~~!! 멋진결말... 보**믄서**... 세상에 저런 우연이이쓸수이쓸까 하는 생각이 드러씀다.....ㅋㅋ (게). [관]-믄서. -믄소. -문서. -믄서. -믄떠.

-ㅂ늬다 [<-ㅂ니다] [유형] 형태변이. [어] [풀이] 아주 높임의 종결어미 '-ㅂ니다'의 변이형. 원말보다 단호한 느낌을 준다. ¶울뒴은... 방학때 삼지세끼를 라면으로 다 때울정도로... 라면 열라 져아**합늬다**. 여즘은 던두 엄꾸.. 없어서 못먹습니다. (게). /29217번 글 동의 **합늬다**. (게). /음,....9권하거 10권까지 밖에 업뎃 안하눈데여 빨뤼빨뤼해서 업뎃부탁드**립늬다** (게). /나중에 큰썰때 그런 가방가지구 있음 **접늬다**.. ㅋㄷㅋㄷ (게). [관]-움돵. -ㅁ늬다. -ㅁ늬다. -ㅁ늬당. -ㅁ니다. -ㅁ니당. -ㅁ니닭. -ㅁ다. -ㅁ당. -ㅁ돠. -ㅁ미다. -ㅂ늬닷. -ㅂ니닷. -ㅂ니당. -ㅂ니댜. -ㅂ미당.

-ㅂ늬닷 [<-ㅂ니다] [유형] 형태변이. [어] [풀이] 아주 높임의 종결어미 '-ㅂ니다'의 변이형. 원말보다 단호한 느낌을 준다. ¶안냥덜하십니까~ 아―― 온리스 간만**입늬닷**.....헛헛헛 -_-+||| (게). [관]-움돵. -ㅁ늬다. -ㅁ늬다. -ㅁ늬당. -ㅁ니다. -ㅁ

니당. -ㅁ니닥. -ㅁ다. -ㅁ당. -ㅁ돠.
-ㅁ미다. -ㅂ눠다. -ㅂ니닷. -ㅂ니
당. -ㅂ니댜. -ㅂ미당.

-ㅂ니닷 [←-ㅂ니다] 유형 형태변
이. 어 풀이 아주 높임의 종결어미
'-ㅂ니다'의 변이형. 원말보다 단호
한 느낌을 준다. ¶저두 보장**합니닷**!
(게). /안냥하세욤~!!후훗..역쉬 봉신
연의는 짱**입니닷**~!! (게). 관-움돵.
-ㅁ늬다. -ㅁ눠다. -ㅁ눠당. -ㅁ니
다. -ㅁ니당. -ㅁ니닥. -ㅁ다. -ㅁ
당. -ㅁ돠. -ㅁ미다. -ㅂ눠다. -ㅂ눠
닷. -ㅂ니당. -ㅂ니댜. -ㅂ미당.

-ㅂ니당 [←-ㅂ니다] 유형 형태변
이. 어 풀이 아주 높임의 종결어미
'-습니다'의 변이형. 원말보다 부드
러운 느낌을 준다. ¶익스플로러 나
는 6.0 **입니당**. (대). 관-움돵. -ㅁ
늬다. -ㅁ눠다. -ㅁ눠당. -ㅁ니다. -
ㅁ니당. -ㅁ니닥. -ㅁ다. -ㅁ당. -ㅁ
돠. -ㅁ미다. -ㅂ눠다. -ㅂ눠닷. -ㅂ
니닷. -ㅂ니댜. -ㅂ미당.

-ㅂ니댜 [←-ㅂ니다] 유형 형태변
이. 어 풀이 아주 높임의 종결어미
'-ㅂ니다'의 변이형. 원말에 비해 장
난스러운 느낌을 준다. ¶앙 뇽 산
본 중 제 2 의 깝 주 인 **입 니 댜**
(게). 관-움돵.-ㅁ늬다. -ㅁ눠다. -
ㅁ눠당. -ㅁ니다. -ㅁ니당. -ㅁ니닥.
-ㅁ다. -ㅁ당. -ㅁ돠. -ㅁ미다. -ㅂ
눠다. -ㅂ눠닷. -ㅂ니닷. -ㅂ니당. -

ㅂ미당.

-ㅂ미당 [←-ㅂ니다] 유형 형태변
이. 어 풀이 아주 높임의 종결어미
'-ㅂ니다'의 변이형. ¶글 엄 지 는
배 가 고 파 서 밥 통 에 쪼 까 담
겨 있 는 오 래 된 (¿) 밥 을 드
시 러 **갑 미 당** .. ㅠ^ㅠ (게). 관-
움돵. -ㅁ늬다. -ㅁ눠다. -ㅁ눠당. -
ㅁ니다. -ㅁ니당. -ㅁ니닥. -ㅁ다. -
ㅁ당. -ㅁ돠. -ㅁ미다. -ㅂ눠다. -ㅂ
눠닷. -ㅂ니닷. -ㅂ니당. -ㅂ니댜.

-ㅂ세당 [←-ㅂ시다] 유형 형태변
이. 어 풀이 함께 행동할 것을 요구
하는 뜻을 나타내거나 상대에게 무
엇을 청하거나 허락을 구하는 뜻을
나타내는 높임의 종결어미 '-ㅂ시다'
의 변이형. 원말보다 귀여운 느낌을
준다. ¶부산에서도 **합세당**~!~! (대).
관-ㅂ쉬다아. -ㅂ쉬닷. -ㅂ시당. -ㅂ
쒸다. -ㅂ쒸닷. -ㅂ씨당.

-ㅂ쉐 [←-읍세] 유형 형태변이. 어
풀이 약속이나 청유의 뜻을 나타내
는 종결어미 '-읍세'의 변이형. 원말
보다 단호한 느낌을 준다. ¶자주 만
납쉐! (게).

-ㅂ쉬다아 [←-ㅂ시다] 유형 형태
변이. 어 풀이 함께 행동할 것을
요구하는 뜻을 나타내거나 상대에
게 무엇을 청하거나 허락을 구하는
뜻을 나타내는 높임의 종결어미 '-
ㅂ시다'의 변이형. ¶우리 많이 많이

갑쉬다아 ˜ (게). ㉰-ㅂ세당. -ㅂ쉬
닷. -ㅂ시당. -ㅂ쒸다. -ㅂ쒸닷. -ㅂ
씨당.

-ㅂ쉬닷 [<-ㅂ시다] 〔유형〕 형태변
이. 〔언〕 〔풀이〕 어떤 행동을 함께 하
자는 뜻을 나타내는 종결어미 '-ㅂ
시다'의 변이형. 원말보다 단호한
느낌을 준다. ¶굼 ㅃ ㅏ ㅅ ㅣ ㄹ
ㅓ 21날**법쉬닷** (게). /콘썰날 **법쉬
닷...** (게). ㉰-ㅂ세당. -ㅂ쉬다아. -
ㅂ시당. -ㅂ쒸다. -ㅂ쒸닷. -ㅂ씨당.

-ㅂ시당 [<-ㅂ시다] 〔유형〕 형태변
이. 〔언〕 〔풀이〕 함께 행동할 것을 요
구하는 뜻을 나타내거나 상대에게
무엇을 청하거나 허락을 구하는 뜻
을 나타내는 높임의 종결어미 '-ㅂ
시다'의 변이형. 원말보다 친근한
느낌을 준다. ¶짝을 만들어 **놉시당**
짝정해줄게염.. (게). ㉰-ㅂ세당. -
ㅂ쉬다아. -ㅂ쉬닷. -ㅂ쒸다. -ㅂ쒸
닷. -ㅂ씨당.

-ㅂ쒸다 [<-ㅂ시다] 〔유형〕 형대변
이. 〔언〕 〔풀이〕 함께 행동할 것을 요
구하는 뜻을 나타내거나 상대에게
무엇을 청하거나 허락을 구하는 뜻
을 나타내는 높임의 종결어미 '-ㅂ
시다'의 변이형. 원말보다 힘있게
말하는 느낌을 준다. ¶님덜~ 숙제는
언넝언넝덜 끈**냅쒸다효~** 라스트 방
학 ㅠㅠ (게). /익명이라고 욕쓰디
맙쒸다- (게). ㉰-ㅂ세당. -ㅂ쉬다

아. -ㅂ쉬닷. -ㅂ시당. -ㅂ쒸닷. -ㅂ
씨당.

-ㅂ쒸닷 [<-ㅂ시다] 〔유형〕 형태변
이. 〔언〕 〔풀이〕 어떤 행동을 함께 하
자는 뜻을 나타내는 종결어미 '-ㅂ
시다'의 변이형. 원말보다 단호한
느낌을 준다. ¶울 쏴랑을 버여**줍쒸
닷...** 크흑... (게). -ㅂ세당. -ㅂ쉬다
아. -ㅂ쉬닷. -ㅂ시당. -ㅂ쒸다. -ㅂ
쒸닷. -ㅂ씨당.

-ㅂ씨당 [<-ㅂ시다] 〔유형〕 형태변
이. 〔언〕 〔풀이〕 함께 행동할 것을 요
구하는 뜻을 나타내거나 상대에게
무엇을 청하거나 허락을 구하는 뜻
을 나타내는 높임의 종결어미 '-ㅂ
시다'의 변이형. 원말보다 친근한
느낌을 준다. ¶멜친구 **합씨당** (게).
㉰-ㅂ세당. -ㅂ쉬다아. -ㅂ쉬닷. -
ㅂ시당. -ㅂ쒸다. -ㅂ쒸닷. -ㅂ씨당.

-바께 [<-밖에] 〔유형〕 형태변이. 〔조〕
〔풀이〕 '그것말고는', '그것외에는'의
의미를 가신 '-밖에'의 변이형. ※소
리나는 대로 표기한 형태이다. ¶왜
30 명 까지 **바께** 안나오냐여??
(게). /아뒤를 모르구 이름**바께** 멀
라영.. (게).

-버구 [<-보고] 〔유형〕 형태변이. 〔조〕
〔풀이〕 조사 '-보고'의 입말형 '보구'
를 소리나는 대로 적은 형태. ¶제
칭구중에 한명이 **나버구** 이너래 들
어봤냐구 하면서 소리바다에서 드

렁큰 타이거 너래를 들려주더라거
여... (게). /전 오늘이 녹화일 인줄
멀라서... 걍 듣구 있었는데... 걍 덩
생**버구** 다 울팬들 알꺼라구 해 쬬
;.. . (게).

-버다 [<-보다] 유형 형태변이. 조
풀이 어떤 정도를 비교하는 기준임
을 나타내는 '-보다'의 변이형. ※통
신언어의 대표적인 변이 유형인 'ㅗ
>ㅓ'의 변이형 가운데 하나. 같은
형태의 동사 '보다' 역시 이러한 변
이형으로 보인다. ¶나**버다** 짧당..
(대). /혜용이넘이 언니가 나**버다**
어려보인대요-_-;;; 흐흑. (게). /내
가 넘 일찍 축하드렸나여?? 혹..낼
바빠서 까머글까봐서리~ 헐헐.. 늦
게 받는거**버다**..빨리 받는게 나을
듯해서염.. ㅎ ㅑ~ 생각 디따 기푼
으니람다..히히^^낼~구~~~~~~~냥
막~ 막~ 행복해버려여.. (게). 관-
뿌다.

-뿌다 [<-보다] 유형 형태변이. 조
풀이 어떤 정도를 비교하는 기준임
을 나타내는 '-보다'의 변이형. ¶언
니는 날씨가 더운거**뿌다** 요즘 장난
저나때메 살수가 엄딴다.. (게). 관-
버다.

-쁘더 [<-부터] 유형 형태변이. 조
풀이 어떠한 행동을 하는 데 있어
서 처음 혹은 먼저 함을 나타내는
'-부터'의 변이형. ¶우선 가나 안가

나 이거**쁘더** 확실히 말해다
오~~~~ (게).

-세염 [<-세요] 유형 형태변이. 어
풀이 설명·의문·명령의 뜻을 나타내
는 종결어미 '-세요'의 변이형. 원말
보다 분명한 느낌을 준다. ¶어서오
세염. (대). 관-세욤. -세욧. -세용.
-세욕. -세효. -세훗- -셈. -셉. -
셉엽. -셉요 -셋. -셰혀. -쉐혀.

-세욤 [<-세요] 유형 형태변이. 어
풀이 설명·의문·명령의 뜻을 나타내
는 종결어미 '-세요'의 변이형. 원말
보다 분명한 느낌을 준다. ¶남자한
테 시비 걸지마**세욤**!!!! (게). 관-떼
욥. -세염. -세용. -세욧. -세욕. -
세효. -세훗-. -셈. -셉. -셉엽. -셉
요. -셋. -셰혀. -쉐혀.

-세욧 [<-세요] 유형 형태변이. 어
풀이 설명·의문·명령의 뜻을 나타내
는 종결어미 '-세요'의 변이형. 원말
보다 분명한 느낌을 준다. 원말보다
강조하는 느낌을 준다. ¶중요한 이
야기 입뉘닷~ 모드들 꼬~옥~ 들어
주**세욧**~(게). 관-떼욥. -세염. -세
욤. -세욧. -세용. -세욕. -세효. -
세욧. -셈. -셉. -셉엽. -셉요. -셋

-세용 [<-세요] 유형 형태변이. 어
풀이 설명·의문·명령의 뜻을 나타내
는 종결어미 '-세요'의 변이형. 원말
보다 귀여운 느낌을 준다. ¶아 그거
여써요 ——;;? 조이님이 쓰**세용**.

(대). /열분..,가서　한번　**보세용**~~
㉪-떼욥. -세염. -세욤. -세욧. -세
욕. -세효. 세횻. -셈. -셉. 셉요 -
셉요. -셋. -셰혀. -쉐혀.

-세욕 [<-세요] 유형 형태변이. 어
풀이 설명·의문·명령의 뜻을 나타내
는 종결어미 '-세요'의 변이형. ¶저
점 위로해 **주세욕**.. (게). ㉪-떼욥.
-세염. -세욤. -세욧. -세용. -세효.
-세횻. -셈. -셉. -셉엽. -셉요. -셋.
-셰혀. -쉐혀.

-세효 [<-세요] 유형 형태변이. 어
풀이 설명·의문·명령의 뜻을 나타내
는 종결어미 '-세요'의 변이형. ¶가
짜 '북극성'조심하**세효**~~. (게). /
들어가게 해주**세효**~(..) (게). ㉪-떼
욥. -세염. -세욤. -세욧. -세용. -
세욕. -셈. -셉. -셉요 -셋. -셰혀.
-쉐혀.

-세횻 [<-세요] 유형 형태변이. 어
풀이 설명·의문·명령의 뜻을 나타내
는 종결어미 '세요'의 변이형. ¶안
나**세횻**..;; 저번에　정팅　갔눈댐 ^—
^* 마뇨온냐 넘방가보 쏘횻 ˚0˚ 거
래 오빠두흡 ˚0˚ 낭둥에 또와아딥
^＿＿＿＿＿＿＿＿^ (게). ㉪-떼
욥. -세염. -세욤. -세욧. -세용. -
세효. -세욕. -셈. -셉. -셉요 -셋.
-셰혀. -쉐혀.

-셈 [<-세요] 유형 형태변이. 어
풀이 설명·의문·명령의 뜻을 나타내

는 종결어미 '-세요'의 변이형. ※'-
세요'의 변이형 가운데 가장 널리
쓰이는 통신언어. ¶갈 처 쥬 **셈**~~
(게). /그냥 장난치**셈**^. (대). /나가
주**셈**. (대). /님들들리면9번하**셈**.
(대). /메일좀보내주**셈**. (대). /방해
마**셈**. (대). /제 아뒤요불러주**셈**.
(대). /저가 잘못 받았나요 재발좀
알려주**셈** (게). /님들들리면9번하**셈**.
(대). /그냥 장난치**셈**^. /—.— 이만
끝 불만있음 메일보내**셈** (게). /아직
넘넘 부족하지만 자할께여. 끝까지
읽어주**셈**~~* (게). ㉪-떼욥. -세염.
-세욤. -세욧. -세용. -세욕. -세효.
-셉. -셉요. -셋. -세혀. -쉐혀.

-셉 [<-세요] 유형 형태변이. 어
풀이 설명·의문·명령의 뜻을 나타내
는 종결어미 '-세요'의 변이형. 원말
을 보다 분명하고 힘주어 말하는 느
낌을 준다. ¶건강하**셉**......안녕히계셉
요 (--)(＿). (게). ㉪-떼욥. -세염. -
세욤. -세욧. -세용. 세욕. -세효. -
셈. -셉요 -셋. -세혀. -쉐혀.

-셉엽 [<-세요] 유형 형태변이. 어
풀이 어미 '-세요'의 변이형. 원말보
다 단호한 느낌을 준다. ¶윤정이의
겟판 마니마니애용해주**셉엽**~~
저의겟 판마니마니 애용해주세엽
(게). ㉪-떼욥. -세염. -세욤. -세욧.
-세용. -세욕. -세효. -셈. -셉. -셉
요. -셋. -세혀. -쉐혀.

-셉요 [<-세요] 유형 형태변이. 어
풀이 설명·의문·명령의 뜻을 나타내
는 종결어미 '-세요'의 변이형. ¶건
강하셉......안녕히계**셉요** (--)(_). (게).
관-떼욥. -세염. -세욤. -세욧. -세
용. -세욕. -세효. -세홋. -셈. -셉.
-셋. -세혀. -쉐혀.

-셋 [<-세요] 유형 형태변이. 어
풀이 설명·의문·명령의 뜻을 나타내
는 종결어미 '-세요'의 변이형. 원말
보다 단호한 느낌을 준다. ¶님 저
아**셋**?. (대). /님은 몇살이**셋**?. (대).
관-떼욥. -세염. -세욤. -세욧. -세
용. -세욕. -세효. -세효. -셈. -셉.
셉엽. -셉요. -세혀. -쉐혀.

-셩 [<-셔요] 유형 형태변이.
어 풀이 주체높임 선어말어미 '-시
-'와 어미 '-어요'가 결합한 어미 '-
시어요'의 준말 '-셔요'의 변이형.
상대방을 비꼬는 느낌을 준다. ¶알
아**쏭**. 쳇이나 열쮜미 하**셩**(주섬주섬
옷을 입거는 입구에 서서는)언냐~
비됴 모 볼꺼야? (게).

-셰혀 [<-세요] 유형 형태변이. 어
풀이 설명·의문·명령의 뜻을 나타내
는 종결어미 '-세요'의 변이형. ¶정
요랍ㄴ ㅣ ㄷ ㅏ 퀰퀰...
——;;; ㅇ ㅏ~ 드뎌 만들었군요..
쩝쩝.. 빨리 ㅣ 홍보나 ㅎ ㅏ ㅅ ㅔ
ㅎ ㅕ~ (게). 관-떼욥. -세염. -
세욤. -세욧. -세용. -세욕. -세효.

-세효. -셈. -셉. 셉엽. -셉요. -셋.
-쉐혀.

-소효 [<-어요] 유형 형태변이. 어
풀이 예사높임으로 문장을 끝맺는
종결어미 '-어요'의 변이형. ¶첨부
누르시믄 사즌 있**소효**~ (게). 관-더
염. -떠여. -떠염. -떠요. -떠욤. -
또요. -또욤. -뚜용. -어욥. -어용.
-어효. -엉용. -오용. -오효. -우욤.
-쩌여.

-쇼 [<-소] 유형 형태변이.
복 풀이 평서·의문·명령의 뜻을 나타
내는 종결어미 '-소'의 변이형. 원말보
다 장난스러운 느낌을 준다. ¶쇽구약
의 성경인물 알려주**쇼**~! (게). 관-쏘

-숨늬다 [<-습니다] 유형 형태변
이. 어 풀이 아주 높임의 종결어미
'-습니다'의 변이형. ¶[[처리님 거맙
숨늬다]]주고 싶어 지칠 만큼 주다
보면 (게). 관-뜸다. -뜹니닷. -뜹니
당. -숨니㉯. -숨당. -슴다. -슴당.
-슴돠. -습늬닷. -습니당. -습니돵.
-습당. -습돠. -심데이. -쑴니다. -
쑴다. -쑴당. -쑵니다. -씀다. -씸
다. -씸돠. -음니당. -음돠.

-숨니㉯ [<-습니다] 유형 형태변
이. 어 풀이 아주 높임의 종결어미
'-습니다'의 변이형. 같은 발음의 원
문자를 사용하여 장난스럽게 표기
한 형태. ¶거맙**숨니㉯**(^^)(_)(^^) <
無>. (게). 관-뜸다. -뜹니닷. -뜹니

당. -숨니다. -숨당. -슴다. -슴당. -슴돠. -습늬닷. -습니당. -습니둉. -습댱. -습돠. -심데이. -쏨니다. -쏨다. -쏨당. -쏨니다. -씀다. -씜다. -씜돠. -음니당. -음돠.

-숨당 [<-습니다] 유형 형태변이. 어 풀이 아주 높임의 종결어미 '-습니다'의 변이형. ¶fangod3기는 언제 오케 갑해여? 알 수 있눈 방법점 갈켜주심 감솨하겠**숨당**~ 참.. 어널 질문도 마나여..;;; . (게). 관 -뜸다. -뜹니닷. -뜹니당. -숨늬다. -숨니당. -슴다. -슴당. -슴돠. -습늬닷. -습니당. -습니둉. -습댱. -습돠. -심데이. -쏨니다. -쏨다. -쏨당. -쏨니다. -씀다. -씜다. -씜돠. -음니당. -음돠.

-쉐혀 [<세요] 유형 형태변이. 어 풀이 설명·의문·명령의 뜻을 나타내는 종결어미 '-세요'의 변이형. ¶부탁이쓰시면 글올리**쉐혀**-** (게). 관 -떼욥. -세엳. -세욥. -세욧. 세용. -세욬. -세효. -세효. -셈. -셉. 셉엽. -셉요 -셋. -세혀.

-쉬네염 [<-시-네+-요] 유형 형태변이. 어 풀이 높임의 선어말어미 '-시-'의 변이형 '-쉬-'와, 종결어미 '-네', 그리고 보조사 '-요'의 변이형인 '-염'이 결합한 형태. 원말보다 힘주어 말하는 느낌을 준다. ¶[그냥...]라푠이저아~ 떠왔떠염~ 군데... 뉨들... 왜 리플이 안달려있죠? ――^ 넘하**쉬네염**... 어널 명동까지 갔다가.... 구냥 더망간... 라푠이저아 입뉘당... ㅋ ㅑㅋ ㅑㅋ ㅑ (게).

-슬업다 [<-스럽다] 유형 형태변이. 접 풀이 형용사 파생 접미사 '-스럽다'의 변이형. ¶살앙슬언 울이 파주. (게). 관 -쑤럽다.

-슴다[<-습니다] 유형 형태변이. 어 풀이 아주 높임의 종결어미 '-습니다'의 변이형. ※말을 짧게 줄여 쓰려는 통신언어 상의 특징이 반영된 표기로 실제 대화에서도 장난스럽게 쓰곤 한다. ¶쩝...혼자하다 결국....이렇게 문을 두드렸**슴다**... (게). /에라.. 몰겠**슴다**. 지가 만나구 싶음 기다리겠지. (게). 관 -뜸다. -뜹니닷. -뜹니당. -숨늬다. -숨니다. -숨당. -슴당. -슴돠. -습늬닷. -습니당. -습니둉. -습댱. -습돠. -심데이. -쏨니다. -쏨다. -쏨당. -쏨니다. -씀다. -씜나. -씜돠. -음니당.-음돠.

-습당 [<-습니다] 유형 형태변이. 어 풀이 아주 높임의 종결어미 '-습니다'의 변이형. 원말보다 장난스러운 느낌을 준다. ※'-슴다'의 2차 변이형으로 어말에 'ㅇ'을 첨가한 형태이다. ¶엄씨카펠 만들었**습당**... (게). 관 -뜸다. -뜹니닷. -뜹니당. -숨늬다. -숨니당. -숨당. -슴다. -슴

돠. -습늬닷. -습니당. -습니됭. -습당. -습돠. -심데이. -쑵니다. -쑵다. -쑴당. -쑵니다. -씀다. -씸다. -씸돠. -음니당. -음돠.

-슴돠 [<-습니다] 유형 형태변이. 어 풀이 아주 높임의 종결어미 '-습니다'의 변이형. 원말보다 단호한 느낌을 준다. ※연변 지역의 말투나 군대식 말투를 흉내내어 통신상에서 장난스럽게 쓰는 말이다. ¶모————————야 ———————— ——~~''''' 할말을 잃었**슴돠**...——.—; (게). /지금 심마니 엔터펀드로 오시면 툼레이 더 공모가 이하로 사실 수 있**슴돠!~** (게). /회원이 되셔서 마나에 대한 많은 이야기를 하였음 좋겠**슴돠**~ 클럽을 만든지 이틀이 되어서 회원님들을 모집하고 있**슴돠**~~ 마니마니 와주셔여~~~~이상 MANA&LOVE였**슴돠**~~~~` (게). /승준오라버니 기다리고 기다리던 컴백 어제 드뎌 하셨**슴돠**~ (게). 관 -뜸다. -뜹니닷. -뜹니당. -숨늬다. -숨니댜. -숨당. -슴다. -슴당. -습늬닷. -습니당. -습니됭. -습당. -습돠. -심데이. -쑵니다. -쑵다. -쑴당. -쑵니다. -씀다. -씸다. -씸돠. -음니당. -음돠.

-습늬닷 [<-습니다] 유형 형태변이. 어 풀이 아주 높임의 종결어미 '-습니다'의 변이형. 원말보다 단호

한 느낌을 준다. ¶99.9%확실해~]음훼- 확인했**습늬닷-** (게). 관-뜸다. -뜹니닷. -뜹니당. -숨늬다. -숨니댜. -숨당. -슴다. -슴당. -슴돠. -습니당. -습니됭. -습당. -습돠. -심데이. -쑵니다. -쑵다. -쑴당. -쑵니다. -씀다. -씸다. -씸돠. -음니당. -음돠.

-습니당 [<-습니다] 유형 형태변이. 어 풀이 아주 높임의 종결어미 '-습니다'의 변이형. 어말에 'ㅇ'을 첨가하여 원말보다 귀여운 느낌을 준다. ¶후니방 혀니였**습니당**...^^~* (게). 관-뜸다. -뜹니닷. -뜹니당. -숨늬다. -숨니댜. -숨당. -슴다. -슴당. -슴돠. -습늬닷. -습니됭. -습당. -습돠. -심데이. -쑵니다. -쑵다. -쑴당. -쑵니다. -씀다. -씸다. -씸돠. -음니당. -음돠.

-습니됭 [<-습니다] 유형 형태변이. 어 풀이 아주 높임의 종결어미 '-습니다'의 변이형. ¶일본 만화는 넘넘 개방이 마뉘 되어있**습니됭**. (게). 관-뜸다. -뜹니닷. -뜹니당. -숨늬다. -숨니댜. -숨당. -슴다. -슴당. -슴돠. -습늬닷. -습니당. -습당. -습돠. -심데이. -쑵니다. -쑵다. -쑴당. -쑵니다. -씀다. -씸다. -씸돠. -음니당. -음돠.

-습당 [<-습니다] 유형 형태변이. 어 풀이 아주 높임의 종결어미 '-

습니다'의 변이형. ¶짐 난리 났습당 (대). ㉡-뜸다. -뜹니닷. -뜹니당. -숨늬다. -숨니㉠. -숨당. -습다. -습당. -습돠. -습늬닷. -습니당. -습니돵. -습돠. -심데이. -쑵니다. -쑵다. -쑵당. -쑵니다. -씀다. -씸다. -씸돠. -음니당. -음돠.

-**습돠** [<-**습니다**] 유형 형태변이. ㉡ 풀이 아주 높임의 종결어미 '-습니다'의 변이형. 원말보다 단호한 느낌을 준다. ¶정말 잼있**습돠** (게). ㉡-뜸다. -뜹니닷. -뜹니당. -숨늬다. -숨니㉠. -숨당. -습다. -습당. -습돠. -습늬닷. -습니당. -습니돵. -습당. -심데이. -쑵니다. -쑵다. -쑵당. -쑵니다. -씀다. -씸다. -씸돠. -음니당. -음돠.

-**습져** [<-**습지요**] 유형 형태변이. ㉡ 풀이 확실하다고 믿는 사실을 말할 때 쓰는 평서형 또는 의문형 종결어미 '-습지요'의 변이형. 통신상에서 장난스러운 말투로 시용된다. ¶황순원의 소나기 패러디 장면에서는 거의 기절 했**습져**.... 생매장 되는 기발한 상상 !!! (게).

-**싟**- [<-**시**-] 유형 형태변이. ㉡ 풀이 주체 높임의 선어말 어미 '-시-'의 변이형. ¶혼자 있는줄 알았는데..누가 방금 글을 읽었네+_+ 눅우**싟**직?;; 글좀 남겨줘여;; (게). /딸긔 버뤼 아듸 아**싟**는 분들 좀 알려

쥬세효..+_+ (게).

-**심** [<-**시**-**면**] 유형 형태변이. ㉡ 풀이 주체 높임의 선어말어미 '-시-'에 가정적 조건을 뜻하는 연결어미 '-면'의 결합한 '-시면'의 변이형 (축약). ¶저겨 씨엔엔 오늘 편성표 좀 갈켜주**심** 캄솨︿︿. (대). /춘천분들이 해주**심** 더 좋구여.... (게). /지금 13권봤더뉘여 내용이 않이어져서 넘넘 이해가 않가더라거여 책들을 조금만 올려주**심** 감사하갔습돠~ (게).

-**심데이** [<-**습니다**] 유형 형태변이. ㉡ 풀이 아주 높임의 뜻을 갖는 서술형 어미 '-ㅂ니다'의 변이형. 방언을 흉내낸 말이다. ¶심심해서 써봤**심데이**︿︿︿ (게). ㉡-뜸다. -뜹니닷. -뜹니당. -숨늬다. -숨니㉠. -숨당. -습다. -습당. -습돠. -습늬닷. -습니당. -습니돵. -습당. -습돠. -쑵니다. -쑵다. -쑵당. -쑵니다. -씀다. -씸다. -씸돠. -음니당. -음돠.

-**싸염** [<-**았**-**어요**] 유형 형태변이. ㉡ 풀이 과거시제 선어말어미 '-었-'과 예사높임으로 문장을 끝맺는 종결어미 '-어요'의 변이형 '-염'이 결합한 형태. ¶전 님이 다른 연예인하거 똑가치 말을 하넌둘 알**싸염** (게). ㉡-았져여.

-**쏘** [<-**소**] 유형 형태변이.

어 (풀이) 종결어미 '-소'의 변이형. 오늘날에는 주로 편지글·소설·드라마 등의 문어에서 쓰이며, 일상적 대화에서 구어로 쓰일 경우에는 사무적이거나 퉁명스러운 어감을 준다. ¶당신은 쇠 됬**쏘** (게). ㉾-쏭.

-쑬래 [<-을래] (유형) 형태변이. 어 (풀이) 자신의 의사를 나타내거나 상대방의 의사를 묻는 데 쓰이는 종결어미 '-ㄹ래'의 변이형. 원말보다 힘주어 말하는 느낌을 준다. ※'-쑬래'의 '쓰'은 앞말 '있-'의 받침을 이어낸 것으로 볼 수 있다. ¶있**쑬래**.... (대).

-쑤럽다 [<-스럽다] (유형) 형태변이. 접 (풀이) 형용사 파생 접미사 '-스럽다'의 변이형. ¶시작~♥."+:*:+:*계상업빠가 살앙**쑤런** 이유~♡100가지~*:+:*:+". (게). ㉾-슬업다.

-쑴니다 [<-습니다] (유형) 형태변이. 어 (풀이) 아주 높임의 뜻을 갖는 서술형 어미 '-ㅂ니다'의 변이형. ¶저~ 믿**쑴니다**~^▽^ (게). ㉾-뜸다. -뜹니닷. -뜹니당. -숨늬다. -숨니㉳. -숨당. -슴다. -슴당. -슴돠. -습늬닷. -습니당. -습니뙁. -습당. -습돠. -심데이. -쑴다. -쑴당. -쑵니다. -씀다. -씸다. -씸돠. -음니당. -음돠.

-쑴다 [<-습니다] (유형) 형태변이.

어 (풀이) 아주 높임의 뜻을 갖는 서술형 어미 '-ㅂ니다'의 변이형. ¶무서우신 울 압쥐 강아쥐 낑낑대눈거..몬참아하심다. 구래서..울집 개 잘멋하믄.. 개죽음 당하기 쉽**쑴다**. 근데..그 강아쥐덜이 낑낑대서.. 화가 나신 울압쥐 그것들 던져버림 우짭니까? 강아쥐 죽넌것더 불쌍하지만 울 삼실에서 잘 키우거 잇냐거..수시러..감시할낀데..걱정이엇**쑴다**. (게). ㉾-뜸다. -뜹니닷. -뜹니당. -숨늬다. -숨니㉳. -숨당. -슴다. -슴당. -슴돠. -습늬닷. -습니당. -습니뙁. -습당. -습돠. -심데이. -쑴니다. -쑴당. -쑵니다. -씀다. -씸다. -씸돠. -음니당. -음돠.

-쑴당 [<-습니다] (유형) 형태변이. 어 (풀이) 아주 높임의 뜻을 갖는 서술형 어미 '-ㅂ니다'의 변이형. ¶안 올수도 있**쑴당** (대). ㉾-뜸다. -뜹니닷. -뜹니당. -숨늬다. -숨니㉳. -숨당. -슴다. -슴당. -슴돠. -습늬닷. -습니당. -습니뙁. -습당. -습돠. -심데이. -쑴니다. -쑴다. -쑵니다. -씀다. -씸다. -씸돠. -음니당. -음돠.

-쑵니다 [<-습니다] (유형) 형태변이. 어 (풀이) 높임의 '-습니다'의 변이형. 어감이 크고 어두우며 장난스러운 느낌. ¶제가 드뎌 송혜교하구 대화 햇**쑵니다**^^. (게). ㉾-뜸다. -

뚭니닷. -뚭니당. -숨늬다. -숨니㉤.
-숨당. -슴다. -슴당. -슴돠. -습늬
닷. -습니당. -습니둉. -습당. -습
돠. -심데이. -쑴니다. -쑴다. -쑴
당. -쓤다. -씸다. -씸돠. -음니당.
-음돠.

-쓰면 [<-으면] 〔유형〕 형태변이. ㉠
〔풀이〕 가정적 조건을 뜻하는 연결어
미 '-으면'의 변이형. ※통신언어상
에는 '-았/었-' 뒤의 첫 자음을 된
소리로 표기하는 경향이 있다. ¶女
子는 손잡고 뽀뽀(?) 했**쓰면**........
다 줬따구(?) 생각하고.......... 男子는
이재 부터 시작 이라고 생각한다...
(도대체 뭐가 시작이라는 건쥐...
-_-;;;...) (게).

-씀다 [<-습니다] 〔유형〕 형태변이.
㉠〔풀이〕 아주 높임의 뜻을 갖는 서
술형 어미 '-ㅂ니다'의 변이형. ※통
신언어상에는 '-았/었-' 뒤의 첫 자
음을 된소리로 발음하려는 경향이
있는데, 여기서 첫 자음의 된소리는
이러한 경향이 반영된 것으로 보인
다. ¶원래는 동아리애들이랑..볼라구
그랬었는데.. 동아리애들이 다 못간
다구 그러더군여~ 그래서..칭구넘들
이랑...가**씀다**.. (게). /진짜~~!! 멋진
결말... 보믄서... 세상에 저런 우연이
이쓸수이쓸까 하는 생각이 드러**씀
다**.....ㅋㅋ (게). ㉾-뚭다. -뚭니닷. -
뚭니당. -숨늬다. -숨니㉤. -숨당. -

슴다. -슴당. -슴돠. -습늬닷. -습니
당. -습니둉. -습당. -습돠. -심데이.
-쑴니다. -쑴다. -쑴당. -쑴니다. -
씸다. -씸돠. -음니당. -음돠.

-씸다 [<-습니다] 〔유형〕 형태변이.
㉠〔풀이〕 아주 높임의 뜻을 갖는 서
술형 어미 '-ㅂ니다'의 변이형. ¶
흠..-_-된따러 버게 도ㅣㄴㅣ끼ㅏ능
∞ 감동 백바가지 ∞ 먹었**씸다**.. ∞
(게). ㉾-뚭다. -뚭니닷. -뚭니당. -
숨늬다. -숨니㉤. -숨당. -슴다. -슴
당. -슴돠. -습늬닷. -습니당. -습니
둉. -습당. -습돠. -심데이. -쑴니
다. -쑴다. -쑴당. -쑴니다. -씀다.
-씸돠. -음니당. -음돠.

-씸돠 [<-습니다] 〔유형〕 형태변이.
㉠〔풀이〕 아주 높임의 뜻을 갖는 서
술형 어미 '-ㅂ니다'의 변이형. ¶나:
맞구낭~ 언뉘(저 듁눈 줄 알
아**씸돠**.. 저 안튀..) 너래 넘 져아여!
다움 앨범 빨리 가꾸와여!(우웨엑~).
(게). ㉾-뚭다. -뚭니닷. -뚭니당. -
숨늬다. -숨니㉤. -숨당. -슴다. -슴
당. -슴돠. -습늬닷. -습니당. -습니
둉. -습당. -습돠. -심데이. -쑴니
다. -쑴다. -쑴당. -쑴니다. -씀다.
-씸다. -음니당. -음돠.

-아더 [<-아도] 〔유형〕 형태변이. ㉠
〔풀이〕 가정이나 양보의 뜻을 나타내
는 연결어미 '-아도'의 변이형. ¶지
금 포투리스 하는중 인대엽.. 가치

하실분 암나 오세여.. 실력 그런거
상관엄씀다.. 대퍼 쏘기 시름 스타
해더 대는뎅.. 암튼 심심한분 다 모
이‿‿‿ (게). ㉗-아드.

-아드 [<-아도] 유형 형태변이. ㉠
풀이 가정이나 양보의 뜻을 나타내
는 연결어미 '-아도'의 변이형. ¶나
몰 **라 드** 갑 좀 해 줘 ㅜㅜ (게).
㉗-아더.

-아딥 [<-야지] 유형 형태변이. ㉠
풀이 반말투의 종결어미 '-야지'의
변이형. ¶안냐세횻..;; 저번에 정팅
갔눈댐 ^—^* 마뇨온냐 넘방가보
쏘횻 ˚◡˚ 거래 오빠두훕 ˚◡˚ 낭둥에
또와**아딥**^＿＿＿＿＿＿＿＿^
(게). ㉗-야뒤. -야딩. -야줘. -야쩡.
-야징.

-아또 [<-았-어] 유형 형태변이.
㉠ 풀이 선어말어미 '-았-'과 종결
어미 '-어'가 결합한 '-았어'의 변이
형. 어린아이 말투를 흉내낸 느낌을
준다. ¶해영양... 잘 들어**가또**...걱정
시럽드만... (게). ㉗-아써. -아쏘. -
아쏭. -아쓰. -앗떠. -았떠. -았떱.
-앗쌰.

-아뛰 [<-았-지] 유형 형태변이.
㉠풀이 선어말 어미 '-았-'에 종결
어미 '-지'가 결합한 '-았지'의 변이
형. ※통신언어에서 선어말어미 '-
았/었-'이나 '-겠-' 따위 뒤에 모음
으로 시작하는 어미가 올 때 연철

하되, 첫소리를 'ㄸ'형으로 변형하여
표기하는 경우가 종종 있다. ¶나더
왔뛰 (대). ㉗-아찡. -아뛰. -았뛰.

-아뜸니다 [<-았-습니다] 유형
형태변이. ㉠ 풀이 과거시제 선어
말어미 '-았-'에 아주 높임의 종결
어미 '-습니다'가 결합한 '-았습니
다'의 변이형. ¶그러다... 그 테이블
에서 먼가가 획~ 하구 날라오더니...
하필 젤루 성격 드러븐 친구2 얼굴
에 마**자뜸니다**. (게). ㉗-았움둥. -
아씀다.

-아소 [<-아서] 유형 형태변이. ㉠
풀이 이유·근거를 나타내는 연결
어미 '-아서'의 변이형. ¶음반 사소
지굼 집에소 듣구 이쏘효.^—^+ (게).

-아써 [<-았-어] 유형 형태변이.
㉠ 풀이 선어말어미 '-았-'과 종결
어미 '-어'가 결합한 '-았어'의 변이
형. ※소리나는 대로 표기한 형태이
다. ¶★ 못가**써** ☆ (대). /★ 안가
써 ☆ (대). /사람이 넘우 마줘 **와
써여**,,, (대). ㉗-아또. -아쏘. -아쏭.
-아쓰. -앗떠. -았떠. -았떱. -앗쌰.

-아쏘 [<-았-어] 유형 형태변이.
㉠ 풀이 선어말어미 '-았-'과 종결
어미 '-어'가 결합한 '-았어'의 변이
형. 다소 불만스러운 느낌을 준다.
¶히루 : 어으씨.. ㅠㅠ **알쏘**~ (게).
㉗-아또. -아써. -아쏭. -아쓰. -앗
떠. -았떠. -았떱. -앗쌰.

-아쏭 [<-았-어] 유형 형태변이.
어 풀이 선어말어미 '-았-'과 종결
어미 '-어'가 결합한 '-았어'의 변이
형. 장난스럽고도 귀엽게 보이려는
애교 표현. ¶알**아쏭**. 쳇이나 열쒸미
하셩(주섬주섬 옷을 입거는 입구에
서서는)언냐~~비됴모볼꺼야? (게).
판-아또. -아써. -아쏘. -아쓰. -앗
떠. -았떠. -았떱. -앗쌰.

-아쓰 [<-았-어] 유형 형태변이.
목 풀이 선어말어미 '-았-'과 종결
어미 '-어'가 결합한 '-았어'의 변이
형. ¶우야둥둥 그냥 외롭다기에 서
슴없이 쫑알쫑알 해**봤쓰**..... (게).
판-아또. -아써. -아쏘. -아쏭. -앗
떠. -았떠. -았떱. -앗쌰.

-아씀돠 [<-았-습니다] 유형 형
태변이. 어 풀이 과거시제 선어말
어미 '-았-'에 아주 높임의 종결어
미 '-습니다'가 결합한 '-았습니다'
의 변이형. ¶누군가의 말에 의해 부
산 게임방엔 스캐너가 없는 줄 알
아씀돠.. 저 게임방 잘 안가서 그
쪽 돌아가는 상황을 잘 모르거든요.
(게). 판-았움둥. -아씀다.

-아야디 [<-아야지] 유형 형태변
이. 어 풀이 반말투의 종결어미 '-
아야지'의 변이형. ¶착한 내가 참**아
야디**..——^(먄해~~아라써~
~~) (게).

-아찡 [<-았-지] 유형 형태변이.

어 풀이 선어말 어미 '-았-'에 종결
어미 '-지'가 결합한 '-았지'의 변이
형. ¶[여자연옌]여자연옌이랑 폰 부
구 받**아찡**~!! (게). 판-아뛰. -았뛰.

-앗구 [<-았-고] 유형 형태변이.
어 풀이 선어말어미 '-았-'과 연결
어미 '-고'가 결합한 '-았고'의 변이
형. ※어미 '-고'를 '구'로 발음하는
것은 현대적인 발음 경향이다. ¶저
희 레드카툰스는여 마나가덜 자료
를 마니 수록해놓**앗구**여 동영상두
잇슴다. 글구 가끔씩 마나가덜 화실
두 차자가여. 마나가덜 화실을 차자
가구 싶으시져? 그럼 얼른 레드카
툰스로 오세여. (게).

-앗떠 [<-았-어] 유형 형태변이.
어 풀이 선어말어미 '-았-'과 종결
어미 '-어'가 결합한 '-았어'의 변이
형. 어린아이 말투의 느낌을 준다.
¶오키 딸랑이 목욕했다며???이뿌게
헷떠??. (대). 판-아또. -아써. -아
쏘. -아쏭. -아쓰. -았떠. -았떱. -
앗쌰.

-았떠 [<-았-어] 유형 형태변이.
어 풀이 선어말어미 '-았-'과 종결
어미 '-어'가 결합한 '-았어'의 변이
형. 어린아이 말투의 느낌을 준다.
¶1급**봤떠**?. (대). /응 우리더 **그랬
떠**. (대). /줌말 잘**봤떠**??. (대). 판-
아또. -아써. -아쏘. -아쏭. -아쓰
-앗떠. -았떱. -앗쌰.

-았떱 [<-았-어] 유형 형태변이. 어 풀이 선어말어미 '-았-'과 종결어미 '-어'가 결합한 '-았어'의 변이형. 원말에 비해 좀 어눌한 느낌을 준다. ¶피에쑤: 답변을 대충 쓴거 같아서 미안해. 내 닉넴 써줘서 넘우넘우.......고맙**워떱***^* (게). /밥상이 올 줄 알**아떱**~* 관-아또. -아써. -아쏘. -아쏭. -아쓰 -앗떠. -았떠. -앗쌰.

-았-뛰 [<-았-지] 유형 형태변이. 어 풀이 선어말 어미 '-았-'에 종결어미 '-지'가 결합한 '-았지'의 변이형. ¶나더 **왔뛰** (대). 관-아찡. -아뛰.

-았싸 [<-았-어] 유형 형태변이. 복 풀이 선어말말어미 '-았-'과 종결어미 '-어'가 결합한 '-았어'의 변이형. 다소 경박한 느낌을 준다. ¶형 또 너머**갔싸** (대). 관-아또. -아써. -아쏘. -아쏭. -아쓰 -앗떠. -았떠. -았떱.

-았움댱 [<-았-습니다] 유형 형태변이. 복 풀이 과거시제 선어말어미 '-았-'에 아주 높임의 종결어미 '-습니다'가 결합한 '-았습니다'의 변이형. 원말보다 단호한 느낌을 준다. ¶뽀뽀쓰 아버님이 맹그신 [밥]이란 공연을 보러**갔움댱**.. (게) 관-아뜹니다. -아씀다.

-았쩌여 [<-았-어요] 유형 형태변이. 어 풀이 과거시제 선어말어

미 '-았-'에 반말투의 종결어미 '-어'의 변이형 '-쩌'와 조사 '-요'의 변이형 '-여'가 결합한 형태. 어린아이 말투를 흉내낸 느낌을 준다. ¶아네 드디어 그곳을 알아**냈쩌여** 기뻐해 주세여... ㅋㅋㅋ . (게). 관-싸염.

-앙 [<-아] 유형 형태변이. 어 풀이 어떤 사실을 서술하거나 물음·명령·청유를 나타내는 종결어미 '-아'의 변이형. 원말보다 부드러운 느낌을 준다. ¶역시 밤새는 맛은 여기에 있다니깐.... 그냥 혼자 있는 기분 너무나 좋은거 같**앙**... (게). /대로님**앙** (대). /구랭..잘**장**~ (대). /잘**강**~ (대). /Re:나의 경쟁자가 되어줄래요...? 맞짱**앙** ───+ 무신 경쟁 할꼰데..... ───+ 걸구, 이 누나 야년 겨울 저아해 *^* 가년시간이 두렵긴 하쥐만 ───+ (게). 관-5. -더. -떠. -또 -엄. -엉. -오

-애 [<-에] 유형 형태변이. 조 풀이 장소, 자리를 나타내는 격조사 '-에'의 변이형. ¶와써갑입이랑~ 게시판**애**~글만이올려주세염~^^ (게).

-애여 [<-에요] 유형 형태변이. 어 풀이 '이다', '아니다'의 어간 뒤에 붙어 서술·의문을 나타내는 '해요체'의 종결어미 '-에요'의 변이형. ¶나라누나 땜시 수능이 올마 안남으신 흥아 누님들은 다 S대 K대 Y대 합곡하실거**애여**~ (게). 관-에겨. -

에염. -에엽. -에욥. -에효. -에엹.

-야뒤 [<-야지] 유형 형태변이.
어 풀이 반말투의 종결어미 '-야지'
의 변이형. ¶클나쏘욤,... 아︵ 진짜
열심히 연습해**야뒤**...#,.#!! 아잣˜!˜
(게). 관-아딥. -아쥐. -야딩. -야쥐.
-야징.

-야딩 [<-야지] 유형 형태변이. 어
풀이 반말투의 종결어미 '-야지'의
변이형. ¶이재부터 더 열띰히 바**야
딩**. (게). 관-아딥. -아쥐. -야딩. -
야뒤. -야징.

-야말러 [<-야말로] 유형 형태변
이. 조 풀이 강조하여 확인하는 뜻
을 나타내는 보조사 '-야말로'의 변
이형. ¶남자애덜이야 **말러** 내친구
에 친구덜 애기쥐만. (대).

-야저 [<-아야지+-요] 유형 형
태변이. 어 풀이 반말투의 종결어
미 '-야지'와 조사 '-요'가 결합한
'야죠'의 변이형. 원말보다 여성스러
운 느낌을 준다. ¶세진이어빠 버구
가**야저**.,.ㅋㅋ (대).

-야쥐 [<-야지] 유형 형태변이. 어
풀이 반말투의 종결어미 '-야지'의
변이형. 원말보다 단호한 느낌을 준
다. ¶글구 낼이면 칠현오빠의 앨범이
나오는데 너무 기대됩니다... 낼 일어
나자마자 CD가지러 바로 뛰어가**야
쥐**.. ^^. (게). /나 가**야쥐** (대). 관-아
딥. -야뒤. -야딩. -야쥐. -야징.

-야쥥 [<-야지] 유형 형태변이. 어
풀이 반말투의 종결어미 '-야지'의
변이형. ¶만화광이라면 잡지를 공짜
루 주는 사이트 쯤은 알아**야쥥**˜
(게). 관-아딥. -야뒤. -야딩. -아
쥐. -야징.

-야징 [<-야지] 유형 형태변이. 어
풀이 반말투의 종결어미 '-야지'의
변이형. 원말보다 귀여운 느낌을 준
다. ¶난 새벽까지 기다려**야징**~~~~
(대). 관-야딩. -아딥. -야뒤. -아쥐.
-야쥐.

-얌¹ [<-야] 유형 형태변이.
어 풀이 '이다'나 '아니다'의 어간에
붙어 어떤 사실을 서술하거나 물을
때 쓰는 종결어미 '-야'의 변이형.
①긍정적으로 단정하는 뜻을 나타
냄. ¶난 이너래 별루**얌**. (대). /역시
신디**얌** ㅋㅋ. (대). /은희**얌**. (대). /
이방 안녕 걸이**얌**. (대). /엥 어케
덩생아 어빠 걍 장난이**얌**. (대). ②
사물을 지정하여 묻는 뜻을 나타냄.
¶근데 혜븐이 모**얌**?. (대). /이너래
누구꺼**얌**?. (대)./제목은 모**얌**?.
(대). 관-양. -햐.

-얌² [<-야] 유형 형태변이.
조 풀이 손아랫사람이나 친구를 부
를 때 쓰는 격조사 '-야'의 변이형.
원말보다 귀여운 느낌을 준다. ¶명
화**야**︵ 혜영이**얌**.... 오!!! 내가 먼
저 홈에 글을 올리게 되는 구남...쿠

쿠..(아이 좋아) (게). [관]-햐[1].

-양 [<-야] [유형] 형태변이. [어] [풀이] '이다'나 '아니다'의 어간에 어 어떤 사실을 서술하거나 물을 때 쓰는 종결어미 '-야'의 변이형. 원말보다 애교를 부리는 느낌을 준다. ¶힝~~나두 보구시퍼서 틀었는뎅 속았지머**양**. (대). [관]-얌[1]. -햐.

-어둥 [<-어도] [유형] 형태변이. [어] [풀이] 가정이나 양보의 뜻을 나타내는 연결어미 '-어도'의 변이형. ¶오널 미국이 난리가 났**어둥** 수홍이한테는 당장 내일 제사인게 더 큰 골치거리.. 뉴스 볼 시간도 엄따 --;; (게).

-어또홋 [<-었-어요] [유형] 형태변이. [어] [풀이] 과거시제 선어말어미 '-었-'에 종결어미 '-어요'가 결합한 '-었어요'의 변이형. ¶글구..;; 오늘 천사가 일저질러또홋..;; 지가 ---; 뽀글이 빠마를**해또홋** ^0^ (게). [관]-어쏘용. -오쏘홋. -었쑈여.

-어뚜 [<-었-어] [유형] 형태변이. [어] [풀이] 선어말어미 '-었-'과 반말투의 종결어미 '-어'가 결합한 '-었어'의 변이형. 어린아이의 말투를 흉내낸 듯한 느낌을 준다. ¶라면머**거뚜**~ (대). [관]-어쓰

-어뜨늬 [<-었-더니] [유형] 형태변이. [어] [풀이] 선어말어미 '-었-'에 지난 사태나 행동에 뒤이어 일어난 상황을 이어주는 연결어미 '-더니'가 결합한 '-었더니'의 변이형. ¶으쪼일인가 시프스 접어떤 귀를 화---알짝 열**어뜨늬**.... (게).

-어뜨믄 [<-었-으면] [유형] 형태변이. [어] [풀이] 선어말어미 '-었-'에 연결어미 '-으면'이 결합한 '-었으면'의 변이형. 어린아이 말투를 흉내낸 말이다. ¶피에쑤---아~~ 이랄때 가차운데 을엄마가 이**써뜨믄** 목에다가 셔언한 파스한개라더 부쳐줘쓸테인데 (게).

-어뜹니다 [<-었-습니다] [유형] 형태변이. [어] [풀이] 과거시제 선어말어미 '-았-'에 아주 높임의 종결어미 '-습니다'가 결합한 '-았습니다'의 변이형. ¶친구1, 친구2, 친구3, 그리고 잠이... 이렇케 네시서 소주를 푸고 이**써뜹니다**. (게). [관]-어뜹뉘닷.

-어뜹뉘닷 [<-었-습니다] [유형] 형태변이. [어] [풀이] 과거시제 선어말어미 '-았-'에 아주 높임의 종결어미 '-습니다'가 결합한 '-았습니다'의 변이형. 원말보다 단호한 느낌을 준다. ¶이래스 올 기븅 드러븐 온리**어뜹뉘닷** (게). [관]-어뜹니다.

-어서뤄 [<-어서] [유형] 형태변이. [어] [풀이] 이유・근거를 나타내는 연결어미 '-어서'의 변이형. ¶제가 라됴 안 들은지가 하두 오래 되**서뤄**..

녹음하는 방법두 까먹었답니다....헷...
^^;;. (게). ⓟ-어서리. -어성. -어소
리.

-어서리 [<-어서] 유형 형태변이.
ⓐ 풀이 이유·근거를 나타내는 연
결어미 '-어서'의 변이형. 방언을 흉
내낸 말이다. ¶혼자 떠들기 쪽스러
워서리^^;; (게). ⓟ-어서뤼. -어성.
-어소리.

-어성 [<-어서] 유형 형태변이. ⓐ
풀이 이유·근거를 나타내는 연결
어미 '-어서'의 변이형. ¶오빠 넘넘
버구 싶**어성**....~^^ (게). ⓟ-어서뤼.
-어서리. -어소리.

-어소리 [<-어서] 유형 형태변이.
ⓐ 풀이 '-고, -아, -어' 등의 어미
에 붙어서 말의 뜻을 밝히고 여유
를 주는 보조사 '-서'의 변이형. ¶냐
하 °0°* 님들아 저는이만 빠빠시롱
○○○○○○○○○○○○○○○○○○
잠이 **부족해소리** 자러가효 °0° 뱌
뱌뱌뱌바2 (게). ⓟ-어서뤼. -어서
리. -어성.

-어쏘용 [<-었-어요] 유형 형태
변이. ⓐ 풀이 과거시제 선어말어
미 '-었-'에 종결어미 '-어요'가 결
합한 '-었어요'의 변이형. 원말에 비
해 애교를 부리는 느낌을 준다. ¶강
재띠~~바부..내가 언제 화**내쏘용?**
(게). ⓟ-어또훗. -오쏘훗. -었쏘여.

-어쓰 [<-었-어] 유형 형태변이.

ⓐ 풀이 과거시제 선어말어미 '-었
-'과 반말투의 종결어미 '-어'가 결
합한 '-었어'의 변이형. 장난스러운
느낌을 준다. ¶나는 님들한테 무러
쓰여 (대). /어빠야 버거파..얼굴 까
머**거쓰**~~~~~~~! (게). ⓟ-어뚜.

-어욥 [<-어요] 유형 형태변이. ⓐ
풀이 예사높임으로 문장을 끝맺는
종결어미 '-어요'의 변이형. ¶Re:드
뎌 정회원...^^ ->**추카해욥** <냉.무>
(게). ⓟ-더염. -떠여. -떠염. -떠요.
-떠욤. -또요. -또욤. -뚜용. -소효.
-어용. -어효. -엉용. -오용. -오효.
-우욤. -쩌여.

-어용 [<-어요] 유형 형태변이. ⓐ
풀이 예사높임으로 문장을 끝맺는
종결어미 '-어요'의 변이형. 원말보
다 귀여운 느낌을 준다. ¶god오빠
들! 넘~ 멋져요! 제가 꼭! 만나 보
고 싶**어용~** (게). ⓟ-더염. -떠여. -
떠염. -떠요. -떠욤. -또요. -또욤.
-뚜용. -소효. -어욥. -어효. -엉용.
-오용. -오효. -우욤. -쩌여.

-어쬬 [<-었-지+-요] 유형 형
태변이. 뵉 풀이 과거시제 선어말어
미 '-었-'에 종결어미 '-지'와 보조
사 '-요'가 결합한 '-었지요'의 변이
형. ¶영화 친구 보**셔쬬** (게).

-어효 [<-어요] 유형 형태변이. ⓐ
풀이 예사높임으로 문장을 끝맺는
종결어미 '-어요'의 변이형. 원말보

다 좀 어눌하면서 장난스러운 느낌을 준다. ¶아..감사두**려효**..(--)(_). (게). /나.폰.없.**어** .**효**. (게). ⑪-더염. -떠여. -떠염. -떠요. -떠욤. -또요. -또욤. -뚜용. -소효. -어욥. -어용. -엉용. -오용. -오효. -우욤. -쩌여.

-엄 [<-어] 유형 형태변이.
㉠ 풀이 어떤 사실을 서술하거나 물음·명령·청유를 나타내는 종결어미 '-어'의 변이형. 원말보다 단호한 느낌을 준다. ¶오랜만이얌... 잘지내구 있지? 어떻게 지내구 있**엄**? (게). ⑪-5. -더. -떠. -또 -앙. -엉. -오.

-엇눈뎅 [<-었-는데] 유형 형태변이. ㉠ 풀이 선어말어미 '-었-'의 변이형 '-엇-'과 종결어미 '-는데'의 변이형 '-눈뎅'이 결합한 형태. ¶060 708 5810 회원은 1번이라구 해서여 눌럿**눈뎅**. (게). ⑪-엇는뎁.

-엇는뎁 [<-었-는데] 유형 형태변이. ㉠ 풀이 선어말어미 '-었-'의 변이형 '-엇-'과 종결어미 '-는데'의 변이형 '-는뎁'이 결합한 형태. ¶오늘 하건차에서 싸이님 테이프 틀어 달라구. 해서 **틀엇는뎁**-_- (게). ⑪ -엇눈뎅.

-엇줴 [<-었-지] 유형 형태변이. ㉠ 풀이 선어말어미 '-었-'에 종결어미 '-지'가 결합한 '-었지'의 변이형. ¶마지막은 은줴나 쫌 시간울 끄눈 법....이라거 해바야 암두 앙 기

둘럿**줴**? (게).

-었쑈여 [<-었-어요] 유형 형태변이. ㉠ 풀이 과거시제 선어말어미 '-었-'에 종결어미 '-어요'가 결합한 '-었어요'의 변이형. ¶[| 잡솔 |]글 쓸수 있겠**됐쏘여**~!! 기**뼈**기쁜 (냉 도주) (게). ⑪-어쏘용. -어또홋. -오쏘홋.

-었쑴 [<-었-음] 유형 형태변이. ㉠ 풀이 선어말어미 '-었'과 명사형으로 문장을 끝맺는 서술형 어미 '-음'이 결합한 '-었음'의 변이형. ¶사실 그 때 보 아 안 티 **였 쑴** +_+. (게). ⑪-뜸.

-엉 [<-어] 유형 형태변이. ㉠ 풀이 어떤 사실을 서술하거나 물음을 나타내는 반말투의 종결어미 '-어'의 변이형. 원말보다 부드러운 느낌을 준다. ¶반말 하기로 했**엉**~^-^ (게)./사실적으로 테잎이나 시디는 사지 않았구.. 그냥 인터넷 들어가서 음악을 해결하고 있**엉**^^;;; (게). /카이야.....영화 초대권 ..넘넘 거마 웟**엉**... 영화 잘바따.....쌍해....... (게). /화났**엉**.. (대). ⑪-5. -더. -떠. -또 -앙. -엄. -오.

-엉용 [<-어요] 유형 형태변이. ㉠ 풀이 예사높임으로 문장을 끝맺는 종결어미 '-어요'의 변이형. ¶싸이 짱!! 이까페 넘 맘에 들**엉용**^^ (게). ⑪-더염. -떠여. -떠염. -떠요. -떠

욤. –또요. –또욤. –뚜용. –소효. –
어욥. –어용. –어효. –오용. –오효
–우욤. –쩌여.

–에겨 [<–에요] 유형 형태변이. 어
풀이 '이다', '아니다'의 어간 뒤에
붙어 서술·의문을 나타내는 '해요
체'의 종결어미 '–에요'의 변이형. ¶
그타구쓰지말란소란아니**에겨**^^
(게). 관–애여. –에욤. –에엽. –에욥.
–에효. –에역.

–에떠 [<–에서] 유형 형태변이. 조
풀이 부사격 조사 '–에서'의 변이형.
¶글거뤼 요딤 (◎ㅐ짜)하꾜**에떠**능
점심방송때 아주 그냉 『강타』스
셜.......∞ 이더군효 ㅡ_ㅡ凸 (게). 관
–에셤. –에소. –에스.

–에떠능 [<–에서+–능] 유형 형
태변이. 조 풀이 부사격 조사 '–에
서'의 변이형 '–에떠'와 보조사 '–는'
의 변이형인 '–능'이 결합한 형태. ¶
글거뤼 요딤 (◎ㅐ짜)하꾜**에떠능**
점심방송때 이주 그냉 『강타』스
페셜.......∞ 이더군효 ㅡ_ㅡ凸 (게).

–에셤 [<–에서] 유형 형태변이. 조
풀이 부사격 조사 '–에서'의 변이형.
¶**노리터에셤**... 놀아쓥다.. 정말 애들
처럼 뛰어노라쓥다... 무궁화 꽃이피
었습니다 하면서 놀아쓥다.. 정말
신나쓥다... 아~~기분조롸~~~ (게).

–에소 [<–에서] 유형 형태변이. 조
풀이부사격 조사 '–에서'의 변이형.

¶음반 사소 지굼 집**에소** 듣구 이쏘
효.^–^+ (게). 관–에떠. –에소 –에스.

–에스 [<–에서] 유형 형태변이. 조
풀이 부사격 조사 '–에서'의 변이형.
¶굴엄 온리능 이쯤**에스** 꼬랑뒤럴
내 려야 쓰 거 쑤 미 닷 ^▽^ 쑤
ㅣ~~~~잉 (게). 관–에떠. –에셤.
–에스.

–에염 [<–에요] 유형 형태변이. 어
풀이 '이다', '아니다'의 어간 뒤에
붙어 서술·의문을 나타내는 '해요
체'의 종결어미 '–에요'의 변이형.
원말보다 단호한 느낌을 준다. ¶(그
만사랑해) 호영사랑님 몇 살이**에
염**? (영원하도록) #나 16이엽~ (대).
관–애여. –에겨. –에엽. –에욥. –에
효. –에역.

–에엽 [<–에요] 유형 형태변이. 어
풀이 '이다', '아니다'의 어간 뒤에
붙어 서술·의문을 나타내는 '해요
체'의 종결어미 '–에요'의 변이형.
원말보다 단호한 느낌을 준다. ¶사
진방이**에엽**..*사진은 필뚜..멋쟁이들
만오기.. (게). 재훈옵빠랑~~100일
에엽~*^^* 관–애여. –에겨. –에염.
–에욥. –에효. –에역.

–에욥 [<–에요] 유형 형태변이. 어
풀이 '이다', '아니다'의 어간 뒤에
붙어 서술·의문을 나타내는 '해요
체'의 종결어미 '–에요'의 변이형.. ¶
문차일드가 짱이**에욥**..^^ (게). 관–

애여. -에겨. -에염. -에엽. -에효.
-에엽.

-에효 [<-에요] 유형 형태변이. 으
풀이 ‘이다’, ‘아니다’의 어간 뒤에
붙어 서술·의문을 나타내는 ‘해요
체’의 종결어미 ‘-에요’의 변이형. ¶
『날개 잠수**에효?** 』 (대). /ㅣ滯念
ㅣ 잠.수.는.나.쁜.거.**에**.**효**. ㅣ滯念ㅣ
(대). 관-애여. -에겨. -에염. -에엽.
-에욥. -에역.

-여 [<-요] 유형 형태변이.
조 풀이 청자에게 존대의 뜻을 나
타내는 보조사 ‘-요’의 변이형. 원말
보다 귀여운 느낌을 주는 여성 말
투. ※가장 널리 쓰이는 통신언어
가운데 하나. 현실 발음을 반영한
표기이기도 하다. ¶님은**여??** (대). /
머쩜 물바두돼남**여?** /겨아해**여**. /꼬
옥**여**....^^ (게). /춘천분들이 해주심
더 좋구**여**.. (게). /신나는곡좀틀어봐
여 (대). /율언냐 빨랑와**여**..... (대). /
유리알라뷰님아 저ㅓ랑 넘 똑같자아
여..^^푸웃~ (대). /거런가봐**여** (대).
관-염. -엽. -영. -역. -욤. -욧. -용.
-혀. -효. -흡. -홋. -흑.

-염 [<-여<-요] 유형 형태변이.
조 풀이 청자에게 존대의 뜻을 나
타내는 보조사 ‘-요’의 변이형 ‘-여’
에 받침 ‘ㅁ’을 첨가한 형태. ¶딸기
님 나랑 채팅 할래**염?** (대). /요즘
에 왠지 모르게 기분이 안조아**염**...

(게). /춘천에서 소양댐 거쳐서 청평
사 가려는데.. 알켜줘**염** (게). /제
포커 아이디 7조를 3만원에 팔라**염**
사실분은 08029xxx@hanmail.net으
로 연락처 적어 남겨주세**여** (게). /
왜 방송 안해**염????**. 관-여. -엽. -
영. -역. -욤. -욧. -용. -혀. -효. -
흡. -홋. -흑.

-엽 [<-여<-요] 유형 형태변이.
조 풀이 청자에게 존대의 뜻을 나타
내는 보조사 ‘-요’의 변이형 ‘-여’에
받침 ‘ㅂ’을 첨가한 형태. 원말보다
단호한 느낌을 준다. ¶왜**엽?** (대). /
(그만사랑해) 호영사랑님 몇 살이에
염? (영원하도록) #나 16이**엽~** (대).
관-여. -염. -영. -역. -욤. -욧. -용.
-혀. -효. -흡. -홋. -흑.

-영 [<-여<-요] 유형 형태변이.
조 풀이 청자에게 존대의 뜻을 나
타내는 보조사 ‘-요’의 변이형 ‘-여’
에 받침 ‘ㅇ’을 첨가한 형태. 원말다
귀여운 느낌을 준다. ¶저는**여**..단대
다니구**영**...나이는20살이구**영**..남자
구**영**...겅부는연나싫어하구**영**... 노는
건절라좋아하구**영**..취미는잠자구**영**...
또,,,샤워후담배한까치를디게좋아하
구**영**... (게). /esc누르면 꺼져**영** (대).
/끄구 이거 드러**영** (대). /잘가**영**^^
(대). /카페 대화방이 재밌나봐**영**
---;; (대). 관-여. -염. -엽. -역. -
욤. -욧. -용. -혀. -효. -흡. -홋. -흑.

-엳 [<-요] 〔유형〕 형태변이.
〔어〕〔풀이〕 청자에게 존대의 뜻을 나타
내는 보조사 '-요'의 변이형. ¶공방
두 될 수 이씀 마니 갈꼬에**엳**... (게).
/우릐 ⓔ뎧승준오빠 낼 만나**엳** ^^*
레드빛승준 (게). /나만안데는고야?
왜갑댜기 쳇이 안데**엳**? (게). ㉝-여.
-염. -엽. -영. -엳. -욤. -욧. -용.
-혀. -효. -흅. -훗. -흑.

-에엳 [<-에요] 〔유형〕 형태변이. 〔어〕
〔풀이〕 '이다', '아니다'의 어간 뒤에
붙어 서술·의문을 나타내는 '해요
체'의 종결어미 '-에요'의 변이형.
원말보다 좀 과격한 느낌을 준다. ¶
영자님아~~~~오케된고**에엳**!!!아뒤
까지는돼는데. (게) ㉝-애여. -에겨.
-에염. -에엽. -에욥. -에효.

-오 [<-어] 〔유형〕 형태변이.
〔어〕〔풀이〕 어떤 사실을 서술하거나 물
음·명령·청유를 나타내는 종결어미
'-아'의 변이형. ¶듣고 있오**용**.. (대).
㉝-5.-더. 떠. 또 -상. -엄. -영.

-오라 [<-아라] 〔유형〕 형태변이. 〔어〕
〔풀이〕 명령형 어미 '-아라'의 변이형.
¶오래오래 살오라 (대).

-오쏘훗 [<-었-어요] 〔유형〕 형태
변이. 〔어〕〔풀이〕 과거시제 선어말어
미 '-었-'에 종결어미 '-어요'가 결
합한 '-었어요'의 변이형. ¶안냐세
훗..;; 저번에 정팅 갔눈댐 ^-^* 마
뇨온냐 넘방가보 **쏘훗** ˚◡˚ 거래 오

빠 두 흅 ^ 0 ^ 낭 등 에 또 와 아 딥
^______________^ (게). ㉝-어
쏘용. -어또훗. -었쏘여.

-오용 [<-어요] 〔유형〕 형태변이. 〔어〕
〔풀이〕 예사높임으로 문장을 끝맺는
종결어미 '-어요'의 변이형. 원말보
다 부드러운 느낌을 준다. ¶듣고 있
오용.. (대). ㉝-더염. -떠여. -떠염.
-떠요. -떠욤. -또요. -또욤. -뚜용.
-소효. -어욥. -어용. -어효. -엉용.
-오효. -우욤. -쩌여.

-오효 [<-어요] 〔유형〕 형태변이. 〔어〕
〔풀이〕 예사높임으로 문장을 끝맺는
종결어미 '-어요'의 변이형. ¶음반
사소 지굼 집에소 듣구 이**쏘효**..^-^+
(게). ㉝-더염. -떠여. -떠염. -떠요.
-떠욤. -또요. -또욤. -뚜용. -소효.
-어욥. -어용. -어효. -엉용. -오용.
-우욤. -쩌여.

-욤 [<-요] 〔유형〕 형태변이.
〔조〕〔풀이〕 청자에게 존대의 뜻을 나
타내는 보조사 '-요'의 변이형. ¶녹
음테입을 돌려가면소 대화내용을 썻
는데..다 날아가 버렸어요...흑흑넘
화나소 구냥 자뿌렸어**욤** 흑흑 여러
분들한테 기쁨을 드리고 싶었눈데...
(게). /80년대생오지마**욤**.현명하고멋
진숙녀환영~머리나쁨강퇴. /순천 사
시는 카페 가족 분들 게신가**욤**??
전 순천 온지 1주일 째... 바다와 계
곡만 놀러 다님니당 오늘 설에 가

욤... 집으루 가는거져 (게). /러시아워2가 개봉3일만에 7천만불안가 벌어따더군욤.. (게). /가서.. 잘게욤.. (대). ㉤-여. -염. -엽. -영. -역. -욧. -용. -혀. -효. -흅. -흣. -흑.

-욧 [<-요] 유형 형태변이.

㉠ 풀이 청자에게 존대의 뜻을 나타내는 보조사 '-요'의 변이형. 원말을 짧게 끊어 말함으로써 단호한 느낌을 준다. ¶그래서 저두 열심히 다이어트를해야겠다고생각하고 있는 중이랍니다. 마침 제친구가 이번에 다이어트를 성공해서 그 성공담을 함께 나누면서 우리 힘내자구욧!!!! (게). /2주일전인가??저 새봄언냐랑 텅화했어욧~ (게). /오늘 첨 만나는 거 가네용. 우왓 근데 몽환전설을 좋와 하신다구욧!!!!!!! (게). /오널,,, 현수막 만들러 가욧!!ㅋㅌㅋㅌ*.* (게). ㉤-여. -염. -엽. -영. -역. -욤. -용. -혀. -효. -흅. -흣. -흑.

-용 [<-요] 유형 형태변이.

㉠풀이 청자에게 존대의 뜻을 나타내는 보조사 '-요'의 변이형. 원말보다 귀엽고 애교스러운 느낌을 준다. ¶안녕하세요... 먼저 찾아주셔서 감사하구요.. ^... 님 격려가 큰 힘이 되네용... (게). /여기는 시모음이 많은 곳입니다. 시 많이 받아가셔용~~. (게). /제 클럽에 와서 고마워용. /노시는데용 (대). /듣고 있소

용.. (대). ㉤-여. -염. -엽. -영. -역. -욤. -욧. -혀. -효. -흅. -흣. -흑.

-우욤 [<-어요] 유형 형태변이.

㉠ 풀이 예사높임으로 문장을 끝맺는 종결어미 '-어요'의 변이형. ¶절 누가 초대 해쑤욤? (대). ㉤-더염. -떠여. -떠염. -떠요. -떠욤. -또요. -또욤. -뚜용. -소효. -어욥. -어용. -어효. -엉용. -오용. -오효. -쩌여.

-운 [<-은] 유형 형태변이.

㉠풀이 어떤 대상이 다른 것과 대조됨을 나타내는 보조사 '-은'의 변이형. ¶딱따구뤼넘운. (대). /구래서 쥐굼운 완전히 이상형이 바뀌어 버렸네영~~' (게).

-운뎅 [<-ㄴ데] 유형 형태변이. ㉠ 풀이 종결어미 '-는데'의 변이형. ¶한시간 뒤면 두남자쑈 녹화하시네요~!!^^ 가거 시푼뎅..——;; (게). ㉤-ㄴ뎅. -ㄴ뒈. -ㄴ디.

-울 [<-을] 유형 형태변이.

㉠풀이 목적격 조사 '-을'의 변이형. ¶굴거 널쥐만 말거 온리뒈 쩍울 날리료무나 ——_—v(게). ㉤-월.

-움돵 [<-ㅂ니다] 유형 형태변이. ㉠ 풀이 아주 높임의 종결어미 '-습니다'의 변이형. ¶뽀뽀쓰 아버님이 맹그신 [밥]이란 공연을 보러갔움돵.. (게). ㉤-ㅁ늬다. -ㅁ뉘다. -ㅁ뉘당. -ㅁ니다. -ㅁ니당. -ㅁ니닥. -ㅁ다. -ㅁ당. -ㅁ돠. -ㅁ미다. -ㅂ

뉘다. -ㅂ뉘닷. -ㅂ니닷. -ㅂ니당. -ㅂ니댜. -ㅂ니댱.

-월 [<-을] 유형 형태변이.
조 풀이 목적격 조사 '-을'의 변이형. 원말보다 힘주어 말하는 느낌을 준다. ¶처음 이런 글월 대하고 보니 정말 뭐라고 하여야 할지 남자의 입장을 놓고 볼때는 할말 없습니다. 그러나 힘내라고 이야기 하고 싶어요 (게). 관-울.

-웨여 [<-아요] 유형 형태변이. 어
풀이 반말투로 문장을 끝맺는 종결어미 '-아요'의 변이형. ¶팬들과..마뉘..친하실꺼같웨여 (게).

-으 [<-의] 유형 형태변이.
조 풀이 관형격 조사 '-의'의 변이형. ¶나으 사악함을 그러케 자꾸 정확히 찍어내지 말란 말이얏!!!! ——;;;. (대).

-으뉘까 [<-으니까] 유형 형태변이. 어 풀이 '-으니까'의 변이형. ¶예선에는 그랬으뉘까!!! (대). 참-뉘까.

-으러 [<-으로] 유형 형태변이. 조
풀이 시간을 나타내는 격조사 '-으로'의 변이형. ¶마지막으러 빠샤!! 빠샤! 빠샤! 힘내라~파이팅구~~~~르 (게). 관-으루.

-으루 [<-으로] 유형 형태변이. 조
풀이 부사격 조사 '-으로의 변이형. ※현실 발음을 반영한 표기이다. ¶

그녀가 초대함다... 웃음이 가득한 세상으루... (게). /볠 아침... 신사동으루 바루 출근해서... 정정해서... 계약 장소루 가푼... 오전중으루 계약하눈데... 벨 지장이 엄쓸듯....시푼데??? (게). /대본으루 보구 티비로두 봤음당.. (대). 관-으러.

-은뎀 [<-은데] 유형 형태변이. 어
풀이 반말투의 어말어미로 쓰이어 감탄의 뜻을 나타내는 '-은데'의 변이형. ¶짜장범벅.....제 기억에........흠....한....5년쯤에도 있었던거 같은뎀.... 아직도 있나.... (게). 관-응뒤.

-을깡 [<-을까] 유형 형태변이. 어
풀이 의문형 어미 '-을까'의 변이형. 어말에 'ㅇ'을 첨가함으로써 원말보다 귀여운 느낌을 준다. ¶또 보구 싶네영..아틀란티스 ..정말 있을깡???? (게).

-을튄디 [<-을 텐데] 유형 형태변이. 복 풀이 '-을 텐데'의 변이형. ¶그냉 클럽싸이에 자듀 드러오셔서 글 ㅁ ㅏ ㄴ ㅣ 남겨주시믄 져을튄디..☆사소한 부탁☆ (게).

-음니당 [<-습니다] 유형 형태변이. 어 풀이 아주 높임의 종결어미 '-습니다'의 변이형. 원말보다 귀여운 느낌을 준다. ¶전여 마나를 배우고 싶어서 춘천서 설로 상경했어여 짐은 친구랑 같이 살고 있구여...짐은 문하생 자리를 알아보고있음니

당 (게). 웹-뜸다. -뜹니닷. -뜹니당.
-숨늬다. -숨니匣. -숨당. -슴다. -
슴당. -슴돠. -습늬닷. -습니당. -습
니뤙. -습당. -습돠. -심데이. -씀니
다. -씀다. -씀당. -씁니다. -씁다.
-씜다. -씜돠. -음돠.

-음돠 [<-습니다] 유형 형태변이.
에 풀이 아주 높임의 종결어미 ‘-
습니다’의 변이형. 원말보다 단호한
느낌을 준다. ¶열심히 해서 유령회
원만은 안돼겠음돠... (게). 웹-뜸다.
-뜹니닷. -뜹니당. -숨늬다. -숨니
匣. -숨당. -슴다. -슴당. -슴돠. -
습늬닷. -습니당. -습니뤙. -습당. -
습돠. -심데이. -씀니다. -씀다. -씀
당. -씁니다. -씁다. -씜다. -씜돠.
-음니당.

-응듸 [<-은데] 유형 형태변이. 에
풀이 반말투의 어말어미로 쓰이어
감탄의 뜻을 나타내는 ‘-은데’의 변
이형. ¶이외에두 열한가지 더 남은
그 가듬듸.. 지면(?) 관계상 쭐이게
뚜미닷!!!! (게). 웹-은뎀.

-이니깽 [<-이니까(이다)] 유형
형태변이. 에 풀이 ‘-이다’의 활용
형 ‘-이니까’의 변이형. ¶투야 누님
들 대박이니깽 머두머두 지켜보쇼
용~ (게).

-자나[<-잖아<-지 않다] 유형
형태변이. 뷕 풀이 연결어미 ‘-지’와
‘않아’ 결합형의 ‘-지 않아’의 변이

형. ※소리나는 대로 표기한 형태이
다. ¶사실이 그렇자나. (대). /옆에
있자나. (대) 웹-자녀. -잔아.

-자녀 [<-잖아<-지 않다] 유형
형태변이. 뷕 풀이 연결어미 ‘-지’와
‘않아’ 결합형의 ‘-지 않아’의 변이
형. ¶아저씨는 안했자녀(대). 웹-자
나. -잔아.

-잔아 [<-잖아<-지 않다] 유형
형태변이. 뷕 풀이 연결어미 ‘-지’와
‘않아’ 결합형의 ‘-지 않아’의 변이
형. ※발음을 표기에 반영한 표기이
기는 통신상에서 귀여운 느낌을 주
기 위해 종종 사용되는 형태. ¶난
안들어 짱나잔아 방송. (대). /너래
두 있잔아. (대). /아까 그랬잔아.
(대). /욕만하잔아. (대). 웹-자나. -
자녀.

-잣 [<-자] 유형 형태변이.
에 풀이 청유형 어미 ‘-자’의 변이
형. 원말보다 짧게 끊어 말하는 느
낌을 준다. ¶Re:우성..너 머리커... -_-;;;
헉..도망가잣..후다다닥...텨텨텨..=3=
3=악..붙잡힘끝장이야..헉헉.. (-_-)
(_-_) (게). 웹-장. -좌.

-장 [<-쟈] 유형 형태변이.
에 풀이 청유형 어미 ‘-자’의 변이
형. 원말보다 귀여운 느낌을 주는
말. ¶교생땜시 잠두 4시간씩 밖에
못자구 에궁. 어쩌냐...담에 보장~
(게). /별버장. /연승하장 (대). /찍

팅하쟝....대구사눈사람만...14~16만온
닝2:2. (대). ㉦-쟛. -좌.

-정 [<-지요] 유형 형태변이.
　㉠ 풀이 종결어미 '-지'에 보조사 '-
요'가 결합한 '-지요'의 변이형. 원
말보다 귀여운 느낌을 준다. ¶몇살
이정????? (대). ㉦-져. -졈. -졉. -
졍. -조 -죵. -쥐용. -쩌. -쪼.

-져 [<-죠<-지요] 유형 형태변이.
　㉠ 풀이 종결어미 '-지'에 보조사
'-요'가 결합한 '-지요'의 변이형.
여성 또는 어린이 말투로 원말보다
귀여운 느낌을 준다. ¶사칭은 나쁜
거져〰〰〰. (대). /패션~따
라~해봐~☆★ 넘나두 예뿐 옷덜!!
넘나두 반짝이눈 구두.. 보면 넘나
두 예뿌져??^^ 그런것에 대한 정보
는 여기서!! 진쩡한 패션매냐라면
(게). ㉦-졍. -졈. -졉. -졍. -조 -
죵. -쥐용. -쩌. -쪼.

-졈 [<-져<-지요] 유형 형태변이.
　㉠ 풀이 종결어미 '-시'에 보조사
'-요'가 결합한 '-지요'의 변이형. ¶
에스카가 나와서~칸노요코거 있는
가 했졈. (대). /학생인가 보졈. ㉦-
졍. -져. -졉. -졍. -졍. -조. -죵. -
쥐용. -쩌. -쪼.

-졉 [<-지요] 유형 형태변이.
　㉠ 풀이 종결어미 '-지'에 보조사 '-
요'가 결합한 '-지요'의 변이형. ¶진
짜 뚝배기에 라면이 나오는데,, 맛

예술이졉~ 케케 (게). ㉦-졍. -져. -
졈. -졍. -조 -죵. -쥐용. -쩌. -쪼.

-졍 [<-죠<-지요] 유형 형태변이.
　㉠ 풀이 종결어미 '-지'에 보조사
'-요'가 결합한 '-지요'의 변이형. ¶
오널 율누나 안왔졍??????? (대).
㉦-졍. -져. -졈. -졉. -졍. -조. -
죵. -쥐용. -쩌. -쪼.

-조 [<-죠<-지요] 유형 형태변이.
　㉠ 풀이 종결어미 '-지'에 보조사
'-요'가 결합한 '-지요'의 준말. -죠'
의 변이형. 원말보다 귀여운 느낌을
준다. ¶키티 물론 이뽑니다. 아주
깜찍이조! (게). ㉦-졍. -져. -졈. -
졉. -졍. -죵. -쥐용. -쩌. -쪼.

-좌 [<-자] 유형 형태변이.
　㉠ 풀이 청유형 어미 '-자'의 변이
형. 원말보다 힘주어 말하는 느낌을
준다. ¶밥묵좌〰〰〰(게). ㉦-
쟝. -쟛.

-죵 [<-죠<-지요] 유형 형태변이.
　㉠ 풀이 종결어미 '-지'에 보조사
'-요'가 결합한 '-지요'의 준말 '-죠'
의 변이형. ¶근데 이거 어케 나가는
거죵?? ^^; (대). /우리 Ko가 가는
데 님들이 빠지시면 섭하죵 ㅠ_
(게). ㉦-져. -졈. -졉. -졍. -졍. -
조. -쥐용. -쩌. -쪼.

-쥐 [<-지] 유형 형태변이.
　㉠ 풀이 부드러운 반말 투의 종결
어미 '-지'의 변이형. 원말보다 단호

한 느낌을 준다. ※‘-지’의 변이형 가운데 가장 널리 쓰이는 형태이다. ① 서술형으로 쓰여, 상대에게 사실을 확인하거나 다짐하는 뜻을 나타냄. ¶오늘은 빨리 잠이나 자야**쥐** !!. (대). /욕하지 마라야**쥐**..!!. (대). ②의문형으로 쓰여, 상대의 동의를 구하거나 어느 정도 확신하고 있는 사실을 확인하려는 뜻을 나타냄. ¶알**쥐**??. (대). /오키 어디 갔**쥐**?? 딸랑이터 갔나??. (대). /너 밥5**쥐**?. ㉵-뒤. -딩. -듸. -딥. -딩¹. -쥠. -즥. -짐. -징. -찜.

-쥐만 [<-지만] 〔유형〕 형태변이. ㉐ 〔풀이〕 ‘-지마는’의 준말 ‘-지만’의 변이형. 원말보다 힘주어 말하는 느낌을 준다. ¶남자애덜이야 말러 내친구에 친구덜 애기**쥐만**. (대). /다양한 힙합패션이 있**쥐만** (게). ㉵-뒤만. -듸만.

-쥐용 [<-지요] 〔유형〕 형태변이. ㉐ 〔풀이〕 종결어미 ‘-지’에 보조사 ‘-요’가 결합한 ‘-지요’의 변이형. ¶세상 사는 분위기 험해도 먹고 살려면 열심히 뛰어야져 그래야 조금이라도 대한민국 경제가 덜 흔들리**쥐용** ^^ (게). ㉵-져. -졈. -졉. -졍. -경. -조. -종. -쩌. -쪼.

-쥘 [<-질] 〔유형〕 형태변이. 〔접〕 〔풀이〕 ‘노릇’, ‘짓’의 뜻을 나타내는 접미사 ‘-질’의 변이형. ¶저영한

거뜰은 마우수**쥘** 하쥐마러 (대)

-쥠 [<-쥐<-지] 〔유형〕 형태변이. ㉐ 〔풀이〕 어떤 사실을 긍정적으로 서술하거나 묻거나 명령하거나 제안하는 따위의 뜻을 나타내는 종결어미. ‘-지’의 변이형. 원말보다 단호한 느낌을 준다. ¶나두 8월 휴가때 널러가야**쥠**~~~ 내 칭구눈 어제 롯데월드 다녀왔다경 약올리드랑~ 흑흑 ——;; (게). ㉵-뒤. -딩. -듸. -딥. -딩¹. -쥐. -즥. -짐. -징. -찜.

즐- [<즐겁다] 〔유형〕 형태변이/통사변이. 〔특〕 〔풀이〕 ‘즐겁다(또는 즐기다)’의 ‘즐’이 마치 접두사처럼 쓰여 즐겁게 어떤 행위를 한다는 뜻을 새말을 만드는데 쓰인다. ※예를 들어 ‘즐팅(즐겁게 채팅하다)’, ‘즐겜(즐겁게 게임하다)’, ‘즐밤(즐겁게 밤을 보내다)’ 등이 있다. ¶제가 무서운거 하나 선물해 드리져...^^ 즐감하세요~~~ 어디서 퍼온건지 생각. /암튼 즐감..-_ㅜ (게). /아시겠져? 그럼 시디 받으신뒤 즐겜하시길~~

-즥 [<-지] 〔유형〕 형태변이. ㉐ 〔풀이〕 어떤 사실을 긍정적으로 서술하거나 묻거나 명령하거나 제안하는 따위의 뜻을 나타내는 종결어미 ‘-지’의 변이형. 원말보다 힘주어 말하는 느낌을 준다. ¶혜림이가 누구**즥**...——? (게). ㉵-뒤. -딩. -듸. -딥. -딩¹. -쥐. -쥠. -짐. -징. -찜.

즤 [<지] 유형 형태변이. 명 풀이 의
존명사 ‘지’의 변이형. ¶◖오빠가 데
뷔한즤...1592일째..되는날˘◑ (게). /
오빠가 태오난 **즤**..9004일..째˜되는
날.. (게).

-짐 [<-지] 유형 형태변이.
어 풀이 어떤 사실을 긍정적으로
서술하거나 묻거나 명령하거나 제
안하는 따위의 뜻을 나타내는 종결
어미 ‘-지’의 변이형. ¶˜이렇게 홈
을 잘 만들다니⁀⁀ 놀랬는걸... 너무
너무 이쁘구... 좋은 것 같아... 나두
갈켜죠야　돼⁀ 알**짐**? (게). /⁀;;;머
라쓰**짐**?.......... (게). 관-뒤. -딩. -듸.
-딥. -딩¹. -쥐. -쥠. -즤. -징. -찜.

-징 [<-지] 유형 형태변이.
어 풀이 종결어미 ‘-지’의 변이형.
어말에 ‘ㅇ’을 첨가하여 애교스러
운 느낌을 준다. ①서술형으로 쓰
여, 상대에게 사실을 확인하거나 다
짐하는 뜻을 나타냄. ¶알**징**. (대). /
어딘지 졈 일아아 밀이 대**징**. (내).
/쟴은 빵에 발라 먹**징**. (대). ②의문
형으로 쓰여, 상대의 동의를 구하거
나 어느 정도 확신하고 있는 사실
을 확인하려는 뜻을 나타냄. ¶머**징**?
(대). /머**징** 저도 불러봐요. 관-뒤.
-딩. -듸. -딥. -딩¹. -쥐. -쥠. -즤.
-짐. -찜.

-쩌 [<-죠<-지요] 유형 형태변이.
어 풀이 종결어미 ‘-지’에 보조사

‘-요’가 결합한 ‘-지요’의 변이형. ¶
쟴있따니까,,,왜들　안보시눈지,,,즘즘
말말 쟴있**쩌**?? (게). 관-정. -쪄. -
쪔. -쩝. -쩡. -쪼. -쫑. -쥐용. -쪼.

-쩌여 [<-어요] 유형 형태변이. 어
풀이 예사높임으로 문장을 끝맺는
종결어미 ‘-어요’의 변이형. 어린아
이의 말투를 흉내낸 말이다. ¶아네
드디어 그곳을 알아냈**쩌여** 기뻐해
주세여... ㅋㅋㅋ . (게). 관-더염. -
떠여. -떠염. -떠요. -떠윰. -또요
-또윰. -뚜용. -소효. -어윱. -어용.
-어효. -엉용. -오용. -오효. -우윰.

-쪼 [<-죠<-지요] 유형 형태변이.
어 풀이 종결어미 ‘-지’에 보조사 ‘-
요’가 결합한 ‘-지요’의 준말 ‘-죠’의
변이형. ¶Re:금 희준오빤 머라구 해
여?──(냉 엄**쪼**). (게). 관-정. -쪄.
-쪔. -쩝. -쩡. -쪼. -쫑. -쥐용. -쪼.

-찜 [<-지] 유형 형태변이.
어 풀이 어떤 사실을 긍정적으로
서술하거나 묻거나 명령하거나 제
안하는 따위의 뜻을 나타내는 종결
어미 ‘-지’의 변이형. 원말보다 귀여
운 느낌을 준다. ¶가끔 자신을 생각
해주는 사람이 이쑴 좋을까 좋곗
찜? ㅋㅋㅋ (게). 관-뒤. -딩. -듸.
-딥. -딩¹. -쥐. -쥠. -즤. -짐. -징.

-캄다 [<-합니다(하다)] 유형 형
태변이. 접 풀이 접미사 ‘-하다’의
활용형인 ‘-합니다’의 변이형. ¶전

이렇게 생각**캄다**.....ㅠ.ㅠ (게).

-탕 [<-다] 유형 형태변이.
　어 풀이 서술형 종결어미 '-다'의 변이형. ¶이는 분위기 와발 좋**탕**!!^^; (게). 관-돠. -뙹. -닷. -당. -땅. -똬. -Day.

-터 [<-한테] 유형 형태변이.
　조 풀이 격조사 '-한테'의 변이형. ¶오키 어디 갔쥐?? 딸랑이**터** 갔나??. (대). 관-ㄴ뒈. -테. -뒈. -한뒈. -한티. -항뒈.

-테 [<-한테] 유형 형태변이.
　조 풀이 격조사 '-한테'의 변이형. ¶제가여..유엔 김정훈 오빠**테** 멜이.. (게). 관-ㄴ뒈. -터. -뒈. -한뒈. -한티. -항뒈.

-터럼 [<-처럼] 유형 형태변이. 조
　풀이 어떤 대상과 견주어 그 성질이나 특징이 비슷함을 나타내는 격조사 '-처럼'의 변이형. ¶클럽싸이에 하루도 들가지 않으면 저번에 말해 떤거**터럼** 머가 뽀록뽀록 나고.. (게). 관-툐럼.

-툐럼 [<-처럼] 유형 형태변이. 조
　풀이 어떤 대상과 견주어 그 성질이나 특징이 비슷함을 나타내는 격조사 '-처럼'의 변이형. ¶저**툐럼** 후회하디 말그 (게). 관-터럼.

-뒈 [<-한테] 유형 형태변이.
　조 풀이 격조사 '-한테'의 변이형. ¶굴거 널쥐만 말거 온리**뒈** 쩍울 날

리료무나 ㅡㅡ∨(게). 관-ㄴ뒈. -터. -테. -한뒈. -한티. -항뒈.

-하거 [<-하고] 유형 형태변이. 조
　풀이 일 따위를 함께 함을 나타내는 격조사 '-하고'의 변이형. ¶[여자 연옌과 텅화] SES 유진 언니**하거** 통화!!. (게).

-한뒈 [<-한테] 유형 형태변이. 조
　풀이 격조사 '-한테'의 변이형. 원말보다 힘주어 말하는 느낌을 준다. ¶엄마**한뒈** 헌난닷.. 때춰~ (게). 관-ㄴ뒈. -터. -테. -뒈. -한티. -항뒈.

-한티 [<-한테] 유형 형태변이. 조
　풀이 격조사 '-한테'의 변이형. ¶훔... 맘청소라....거의 대부분은...술로... 가끔씩은...노래방에서...가뭄에 콩나듯... 사람들**한티** 얘기하고.. 청소를 하쥐여..제 경우는여...^^ (게). /하루종일 컴퓨탱이**한티** 시달렸는디...정작 이 멜 확인도 못했다 (게). 관-ㄴ뒈. -터. -테. -뒈. -한뒈. -항뒈.

-항뒈 [<-한테] 유형 형태변이. 조
　풀이 격조사 '-한테'의 변이형. ¶그덩 안 오구시퍼가꼬 몰래몰래 슬쩍 할라다가 바루 옴뫄**항뒈** 딱 걸리그∞ ㅡ_ㅣㅣㅣㅣ 재수뽕이닷!!★ㅋ_ㅋ (게). 관-ㄴ뒈. -터. -테. -뒈. -한뒈. -한티.

-행 [<-해(-하다)] 유형 형태변이. 접 풀이 접미사 '-하다'의 활용형인 '-해'의 변이형. 원말보다 귀여운 느낌을 준다. ¶띰띰**행**. (대).

-햐¹ [<-야] 유형 형태변이.
조 풀이 손아랫사람이나 짐승, 사물 등을 의인화하여 부를 때 쓰는 조사 '-야'의 변이형. ¶댝②하...^^너 無너無싸룽햇♡ (게). /굴옴 우리 승준옵빠하 잘대도록 기도합시다..^^ (게). 관-얌².

-햐² [<-야] 유형 형태변이.
어 풀이 '이다'나 '아니다'의 어간에 붙어 어떤 사실을 서술하거나 물을 때 쓰는 종결어미 '-야'의 변이형. ¶저주 게시판이 있능데됴. 여기다가 저주를 올리능 이유가 뭐햐?. 훔;훔; 뎡말르 넘 하댜. .. (게). 관-얌. -양.

-혀 [<-여<-요] 유형 형태변이.
조 풀이 청자에게 존대의 뜻을 나타내는 보조사 '-요'의 변이형. ¶울 팬덜이 이거 보구 더 많이 가셨으면 죠켔네혀~~!![강타오라버늬나옴. (게). /왜?말을안해혀?. /멜을받거 시포해혀? /그거 맛업쬐 안아혀? (게). 관-여. -임. -업. -영. -역.-윰. -웃. -용. -효. -흅. -훗. -흑.

-효 [<-요] 유형 형태변이. 조 풀이 청자에게 존대의 뜻을 나타내는 보조사 '-요'의 변이형. ¶ㄴ ㅐ방 성드러줘효~~. (대). /나.폰.없.어.효. /ㅆ☆★:*:*:*내가 마니 『사랑』할께효~~♡*:*:*☆.. (게). /나 이따 컴백할께효. /ㅇ ㅏ령ㅎ ㅏㅅㅔ효~~☆ 유령회원 *°°☆달빛의눈물☆°°*이예 염*^^* 첨으루 글남기눈 고ㄴ ㅔ 염~☆ 줸장넘..지뗭해효*^^* (게). 관-여. -염. -엽. -영. -역. -윰. -웃. -용. -혀. -흅. -훗. -흑.

-흅 [<-요] 유형 형태변이.
조 풀이 청자에게 존대의 뜻을 나타내는 보조사 '-요'의 변이형. 원말보다 단호한 느낌을 준다. ¶안냐세흅..;; 저번에 정팅 갔눈댐 ^-^* 마뇨온냐 넘방가보 쏘흅 ˘0˘ 거래 오빠두 흅^0^낭 둥에 또 와 아 딥 ^___________^ (게). /그그 그 스케줄이흅-_- (게). /언 니 버 그 시 퍼 흅 ..畒 (게). /고 등 학 교 사 기 전 에 얼 굴 뵈 흅 ☆* (게). 관-여. -염. -엽. -역. -영. -윰. -웃. -용. -혀. -효. -훗. -흑.

-훗 [<-요] 유형 형태변이.
조 풀이 청자에게 존대를 나타내는 보조사 '-요'의 변이형. 원말보다 힘주어 말하는 느낌을 준다. ¶정말 츄가느려훗^-^♥ (게). /화이링!!ㅋㅌㅋㅌ옵빠~싸랑해훗!!!!!!——; jungirl (게). /다들 지금 주무 시나훗 +_+? 꺄웅○○○○○○○○○○○○○○○○○○○ o(T^T)o 그람 천사는이만 피건해소 ㅠ___________ㅠ+ ##ㅏ##ㅏ 따롱○○○○○○○○○○○○○○○○○○ >_< (게). /요세 천사는 살이 (oT.To) 포동포동 ㅠ_ㅠ 슬포훗..;; (게). 관-여. -염. -엽.

 -영. -역. -윰. -윳. -융. -혀. -효.
-흅. -흑.

-흑 [<-요] 유형 형태변이.

조 풀이 청자에게 존대를 나타내는
보조사 '-요'의 변이형. ¶승준오빠야~
쌍훼흑~♡♡♡ (게). /오빠~ 샹훼
흑~♡ 알럽붸이붸~ 레몬빛승준
(게). /짐저 설이여흑~∩∩*열라 기
쁘~♡ ◗앵듀승듄◖ (게). 관-여. -
염. -엽. -영. -역. -윰. -윳. -융. -
혀. -효. -흅. -홋.

부 록

통신언어의 실태와 개선 방안

조오현 · 김용경 · 박동근

1. 들어가기(문제 제기)

몇 해 전부터 급속히 보급된 컴퓨터와 이를 연결한 네트워크(인터넷)의 발달은 우리 생활을 여러 모로 바꾸어 놓았다. 그 가운데 자생적으로 생겨난 것이 바로 컴퓨터 통신언어이다. 초창기의 컴퓨터 통신언어는 주로 대화방에서 빠른 입력을 위해 단순히 타수를 줄이는 차원에서 줄여 쓰거나 소리나는 대로 쓰는 것이 보통이었다

(1) ㄱ. 소리나는 대로 쓰기: 가쓸까(갔을까), 머시따(멋있다), 마즐래(맞을래), ….
　　ㄴ. 줄여 쓰기: 어솨요(어서와요), 글쿤(그렇군), 안나세요(안녕하세요), ….

그러나 최근의 통신언어들은 줄임말뿐만 아니라 합성/파생, 역파생, 어근 창조, 의미전이 등 실로 다양한 형태를 두루 보이고 있으며 그 수도 날로 늘어가고 있다.

(2) ㄱ. 생략(acronymy) : 강추(강력추천), 강퇴(강제퇴장), ….
    ㄴ. 혼성(blending) : 컴팔(컴퓨터 펜팔), 즐팅(즐거운 채팅), 야설(야
                한 소설), ….
    ㄷ. 형태변이 : 걍(그냥), 할룽(헬로우), 오널(오늘), 그래염(그래요), ….
    ㄹ. 어근창조 : 훙훙훙, 케케케
    ㅁ. 의미전이 : 도배(한 사람이 게시판이나 대화방에서 글을 연속으
                로 올리는 행위)
                자폭(폭생긴 여자나 남자)
                잠수(대화방에서 대화에 참여하지 않는 일)

　

우리말에서 통신언어가 짧은 시간에 급격히 늘 수 있었던 것은 기본
적으로 한국어의 교착어적 특성과 이를 표기하는 데 유리한 개방적인
표기 체계를 갖고 있기 때문이기도 하지만 통신언어 생성에는 나름대로
규칙이 있다는 점이 크게 작용한 것으로 보인다. 무명씨(1997)에서는 '-
딩'이 파생접미사화하는 과정을 다음과 같이 보이고 있다.

　

       (3)

고등학생 → 고등어 → 고딩어 → 고딩 ┌ 초등학생→초딩
                              ├ 중학생→중딩어→중딩→중땡→중(스님)
                              └ 대학생→대딩

　

'-딩'은 본래 '초등, 중등, 고등'에서의 '등'이 변이를 겪은 것이다. 이때
'초딩', '중딩, 고딩'은 각각 '초등', '중등', '고등'의 변이형이지 파생어는
아니다. 그러나 여기에서 '-딩'이 파생접미사로 분석되어 '대딩(대학생)'
이나 '직딩(직장인)' '노딩'(늙은 사람) 등의 새말을 만든다(박동근 2001).

(4) ㄱ. 나같은 **직딩**들은 이렇게라도 하면서 stress푸는데
    ㄴ. 아마 저도 며칠있으면 다시 **직딩**이 될성 싶군요^^;
    ㄷ. **노딩**입니다. 하지만 그렇게 부르지마세요.

통신언어는 주로 청소년 층들이 선호하는 의사소통 방식이긴 하지만 요즘에는 청장년 층까지 사용자 폭이 넓어져 가는 경향을 보인다. 90년대 초 통신언어가 사회 문제로 대두되기 시작했을 때만 해도 통신언어가 제도권 언어에 영향을 미칠지에 대해서는 회의적으로 보는 연구자가 적지 않았다. 그러나 대화방(채팅)에서 시작된 통신언어의 사용은 '인터넷 게시판'이나 '전자우편'과 같은 형식으로 확대되었고, 요즘에는 통신 공간 외에서 사용하는 것도 종종 볼 수 있다. 아직은 언어 유희적인 성격이 강하지만 일반 대화에서도 전형적인 통신어[1]를 사용하는 것을 쉽게 볼 수 있다.

이와 같이 긍정적이든 부정적이든 이제 통신언어는 적어도 사이버 세상에서는 의사 소통의 한 방편으로 자리를 차지하고 있으며 이를 완전히 부정하기는 어려운 상황이다. 컴퓨터 상에서 확고한 자리를 잡은 통신언어를 언어 정책으로 돌이키는 것은 쉽지 않을 것 같다. 또한 통신언어의 사용이 부정적인 면만 있는 것이 아니라는 점 역시 중요하게 고려되어야 할 부분이다. 문제는 이들이 사이버 상에 머물러 있는 것이 아니라 제도권 언어로 확대된다는 것과 현실 언어를 왜곡하여 의사소통에 장애를 준다는 점이다. 지금까지 통신언어에 대해서는 학위 논문이나 소논문을 통해 문제점이 지적된 바 있으나 대부분 단편적이고, 특히 자료면에서는 만족스럽지 못했다. 이에 우리 한말연구학회에서는 현재 컴퓨터 통신언어들을 망라하여 수집하고, 그 어휘 정보를 구체적으로 기술하여 국어사전 형식의 자료집으로 내고자 한 것이다. 앞으로도 새로운 통신언어들이 끊임 없이 생겨날 것이다. 현 시점에서 이를 수집하여 체계적으로 정리해 둔다면 앞으로 통신언어의 변화 양상이나 실태를 파악하는 데 유용하게 사용될 수 있을 것이다. 특히 통신언어 순화 정책을 수립하는 데 기초 자료로 삼을 수 있다.

---

1) 예를 들어, '방가방가', '하이루' 따위.

2. 통신언어의 실태

이 장에서는 앞에 수록한 통신언어 어휘집의 자료[2]를 대상으로 현재 통신언어의 실태를 살펴보기로 하겠다. 이 어휘집에 수록된 통신언어의 총 수는 다음과 같다.

(5) 총 어휘수 ː 2,352개
    일반 어휘 ː 1,880개
    의존 형태 ː   473개

일반 어휘는 크게 '형태변이', '의미전이', '통사변이', '새말'로 구분하였으며 각각의 빈도는 다음과 같다.

(6) 형태변이 ː 1,592개
    통사변이 ː   5개

    의미전이 ː   77개
    새말   ː   253개[3]

통계에서 볼 수 있듯이 통신언어의 가장 대표적인 유형은 '형태변이'이다 형태변이는 다시 '말'에 관한 것과 '글'에 관한 것으로 구분할 수 있다. 말에 관한 것은 '소리나는 대로 적기'나 표준 발음은 아니지만 현실 발음을 반영한 표기를 들 수 있다.[4]

---

2) 여기서 다루는 통신언어는 2001년 5월 ~ 9월 동안 인터넷(WWW)의 게시판과 대화방에서 직접 수집한 것으로 건국대학교 대학원 석·박사과정에 있는 변영수, 김연희, 윤재연, 최영미, 곽묘숙, 한명숙 등 6명이 자료 수집에 참여하였다(이 책의 자료 일부는 이후에 수정·보완한 것이므로 위의 통계와 꼭 일치하지는 않는다) .
3) 각각의 유형은 중복될 수 있으므로 합계가 총 어휘수와 일치하지는 않는다.
4) 통신언어를 '말'에 관한 것과 '글'에 관한 것으로 구분하는 문제에 대해서는 박동근(2001) 참조.

통사변이는 통신언어에서 많이 나타나지는 않지만 다음과 같은 예를 들 수 있다.

(7) ㄱ. 님[<-님] : 님들 소개점 해줘영~ /님 엄마 아빠가 참 조아하실꺼 가타여^^ (게).

　　ㄴ. 울[<우리] : 울 여벙 욕 쟁이당. /울앤이 좋아할것같아서... . (게). /지금 울 동아리두...하고 많은 대학 중에서 또 많고 많은 동아리 중에서 만

　　ㄷ. 죄성[<죄송-] : (그만사랑해) 지송~ (영원하도록) (대). /왠 욕? # 쌍?# 아하 지송여. (대). /님들 지송여 ^^;;. (대).

위의 보기에서 '님'은 접미사 또는 의존명사 '-님'이 자립성을 갖는 2인칭 대명사로 전용된 것이고, 일반 언어에서 '우리'는 명사나 관형사로 쓰이는데 '우리'의 통신언어인 '울'은 관형사로만 쓰인다. '죄송-'은 본래 자립할 수 없는 어근 형태소인데, 통신상에서 자립하여 명사처럼 쓰이는 경우가 있다. 이밖에도 일반 언어에서 흉내말(의성어·의태어)은 주로 부사어로 기능하는 데 반해, 통신상에서는 독립어로 기능하는 경우가 많다.

통신언어에는 형태변화 없이 새로운 환경에 따라 의미가 전이되어 사용되는 경우가 있다.5)

(8) ㄱ. 꼬리 : 다른 사람이 게시판에 남긴 글에 짧게 의견을 다는 글. ¶함께라면드세요 저나주시던지 꼬리달아주시길..

　　ㄴ. 날리다 : 문자나 메일을 보내다. ¶물론 그러실분은 없겠지만 헉시라두 퍼가실분은 멜 날리구 퍼가세영~. (게). /저랑 팅구하거 시푼살암은 멜 슝~날려듀세효^^ (게).

　　ㄷ. 번개 : 미리 계획이 없이, 갑자기 약속을 정하여 실제 만나는 일. ¶즐거운 월욜되시고 다음에 번개라도 한번 칩시다 (게).

　　ㄹ. 줄서다 : 여럿이서 하는 인터넷 게임에서 편을 가르다. ¶줄서야져...줄서여... /좋게 줄서랑.

---

5) '형태변이'를 겪은 통신언어들은 대부분 말맛의 차이를 동반한다.

ㅁ. **푸다** : 다른 곳에 있는 게시물 및 자료를 받아 가다. ¶특별한 태
　　　　　그있습니다. 많이 퍼가세요. (게). /자료 마뉘마뉘 퍼가세
　　　　　여~ (게). /태그 마니 있으니까 마니 퍼가세여.

통신언어에서는 기존 어휘 재료를 갖고 합성이나 파생으로 새말을 만
들거나 아예 새로운 어근을 창조하여 새말을 만들기도 한다.

　(9) ㄱ. 강추(강력+추천), 강퇴(강제+퇴장). 공방(공개+방송), 냉무(내용+
　　　　　무), 설녀(서울+여자), ….
　　　ㄴ. 몰팅(몰래+채팅), 정팅(정기+채팅), ….
　　　ㄷ. 사사략, 케케케, 쿄쿄, ….

새말은 (9ㄱㄴ)과 같이 주로 혼성이나 생략과 같은 역파생법에 의해
형성되는 것이 특징적이며 어근 창조에 의해 만들어지는 새말은 주로
흉내말들이다.

이 어휘집에서는 조사, 어미, 접사와 같은 의존형태소는 따로 묶었다.
지금까지 통신언어에 대한 관심은 주로 어휘 층위에 머물러 있었으나
실제 통신언어의 여러 변이가 형태소 층위에서 이루어지고 있다는 점에
서 통신언어의 의존 형태부류를 따로 묶는 것은 통신언어 연구에 있어
매우 의미있는 일이다. 특히 어미의 변이형은 새로운 통신언어를 생성
하는 패러다임으로 작용하기 때문에 통신어 형성에서 결정적인 역할을
한다. 총 473개의 의존형태 가운데 어미가 모두 414개이고 조사는 69개
이다. 어미에 비해 조사는 잘 변이하지 않는 것이 주목할 만하다.6)

---

6) 69개의 변이형을 보이는 조사는 다음과 같다.
　-가, -과, -까지, -는, -대로, -도, -들, -라도, -라면, -로, -를, -밖에, -보고
　-보다, -부터, -씩, -야, -야말로, -에서, -요, -으로, -은, -을, -의, -처럼, -
　한테, -하고,

3. 통신언어의 가치

3.1. 긍정적인 측면

지금까지 통신언어는 주로 부정적인 측면만 강조되어 왔는데 통신언어의 사용이 반드시 부정적인 것만은 아니다. 단순히 타수를 줄이는 기능적인 면 외에 다음과 같은 언어 사용상의 이점이 있기 때문이다.

첫째, 새말의 생성을 들 수 있다. 통신 환경은 대화의 새로운 장면이다. 새로운 장면을 표현하는 데 기존 어휘로도 충분하다면 문제가 없겠으나 그렇지 못할 경우에 새말의 생성은 당연한 일이다. 앞에서 살펴보았듯이 새말은 크게 두 가지 유형으로 나눌 수 있다. 하나는 기존의 언어 재료를 갖고 합성이나 파생에 의해 새말을 만드는 것이고 다른 하나는 새로운 어근을 창조하는 것이다. 이것이 우리말 어법에 어긋나는 것이 아니라면 통신언어를 사용하는 것을 막을 이유가 별로 없다.

둘째, 어휘 의미가 풍부해 진다는 점이다. 새로운 어휘를 만든다는 것은 어휘의 경제성 측면에서 보면 기억 부담량에 높아진다는 점에서는 부정적인 면도 있다. 이에 반해 기존 낱말의 의미를 연상 가능한 차원에서 의미를 확장하여 대화 장면에 따라 보다 적절히 사용할 수 있다.

셋째, 의사 전달이라는 측면에서 통신언어의 가장 긍정적인 측면은 화자의 태도를 구체적으로 표현할 수 있다는 점이다.[7]

  (10) ㄱ. 머쩜 물바두 돼남여
     ㄴ. 요즘에 왠지 모르게 기분이 안조아염.
     ㄷ. 나 16이얍~
     ㄹ. 요즘 핸드폰이 가지고 싶어서 인터넷을 돌아다니다. 이걸 찾았
       네영
  (11) ㄱ. 하이... 언니얌~ 홈페이쥐~넘 이뿌닷...
     ㄴ. 뭔갈 보여주자굿~!!!!!!

---

7) 이에 대한 자세한 논의는(박동근, 2001) 참조.

ㄷ. 언니..**따랑해요~**

ㄹ. 언냐 부디 꺼억~ 성경하시길 바래염 그람 건투를!!!!

(10)은 보조사 '-여'의 변이형을 사용한 경우인데 원말인 '-요'에 대해 '-여'를 사용함으로써 귀여운 느낌을 더한다. '-영'은 원말보다 애교스러운 느낌을 주며 이에 반해 '-엽'은 좀 단호한 느낌을 준다. (11ㄱㄴ) 역시 원말보다 단호한 느낌을 주며 (11ㄷ)은 귀여운 느낌을 준다. (11ㄹ)은 원말 '꼭'보다 강조하는 느낌을 준다. 이렇게 형태를 변이하여 사용함으로 표준적인 맞춤법으로는 전달할 수 없는 화자의 미묘한 태도를 전달하며 대화의 사실감을 더해 준다.

통신언어에서는 일반 언어보다 흉내말의 사용이 빈번하다.

(12) ㄱ. 마지막으루 쪼가리루 쫑내가쑤미닷!!! 움움움움화화화화홧~★ 휘리릭—

ㄴ. 그럼 전 이만...**후다닥~** 1

ㄷ. 다시 한번 첨 글부터 보세여 그럼 꾸벅(_)

(12)의 흉내말들은 대화방에서 대화를 마치고 나갈 때 사용하는 것으로 퇴장할 때의 모습을 현실감 있게 나타낸다. 문자로 이루어지는 대화에서는 상대방의 주변 상황이나 모습을 알 수가 없으므로 흉내말을 사용해서 대화에 현장감을 더해 준다.

3.2. 부정적인 측면

통신언어의 부정적인 측면에 대해서는 많이 논의되어 왔으므로 이 자리에서 자세히 논의하지는 않겠다.8) 통신언어의 부정적인 측면은 결국은 두 가지 문제로 압축할 수 있다. 하나는 언어 자체에 대한 문제이고

---

8) 그러나 대개는 단편적이었다. 이정복(2000)에서는 '교육적 문제', '통신 환경의 문제' '가정 및 사회 생활의 문제로'로 나누어 자세히 살피고 있다.

다른 하나는 그에 따른 부수적인 국어 교육 문제이다.

　첫째, 언어 자체의 문제는 언어의 본질적인 기능인 의사 소통의 문제이다. 통신언어는 주 사용층과 이에 대한 지식이 없는 장년층 세대 간에 의사소통의 장벽이 된다. 언어의 본질적인 기능이 의사를 전달하는 것인데 의사가 제대로 전달되지 않는다면 이는 언어로써의 기능을 제대로 수행하지 못하는 것이다.[9]

　둘째, 통신언어 사용에 의한 국어 교육의 문제이다. 맞춤법에 맞지 않는 왜곡된 통신언어를 분별없이 사용하다보면 가뜩이나 부족한 맞춤법에 대한 일반인들의 지식을 더욱 떨어뜨릴 수 있다. 일반인들이 맞춤법을 익히는 것은 규범이나 원리를 바탕으로 하는 것이다. 일일이 국어사전을 찾아보고 확인하는 사람도 많지 않다. 그저 교과서나 주위에서 쉽게 접하는 책, 신문 따위를 통해 시각적으로 머릿속에 기억하는 것이다. 그러므로 일상의 언어가 바로 교재가 되는 것인데 왜곡된 표기에 자주 노출되다보면 어떤 것이 바른 표기인지 혼란을 가져 올 것은 당연한 일이다.

　두 번째 문제는 다시 첫번째 언어 자체의 문제로 돌아온다. 어법에 어긋난 표기는 결국 언어 전달의 장애 요소가 되기 때문이다.

4. 맺음말(개선 방안)

　지금까지 통신언어의 실태에 대해서 긍정적인 측면과 부정적인 측면에서 살펴보았다. 우리의 입장을 밝히기 전에 분명히 전제해 두어야 할 것은 어떠한 형태로든 통신언어가 언어 사용의 한 방식으로 자리매김할 것이라는 점이다. 이는 언어가 사용 매체에 따라 '글말'과 '입말'로 나뉘

---

9) 구현정(2000)에서는 대화의 장애요소를 '대화 표현 장애'와 '대화 내용 장애' '대화 참여자 장애'로 구분하여여 논의한 바 있다. 통신언어의 장애 요소는 기본적으로 '대화 표현 장애'에 의한 것으로 볼 수 있다.

었듯이 컴퓨터를 매개로 하는 새로운 대화 방식이 등장한 이상 그에 걸맞는 '통신언어체'의 등장은 어찌보면 당연한 결과이다. 비록 정도의 차이는 있겠지만 통신언어가 우리말에만 있는 언어 개별적인 현상이 아니라 여러 언어에 나타나는 보편적인 현상이라는 점 역시 우리가 통신언어를 무조건 배격할 대상이 아닌 자연스러운 언어 현상이라는 것이다.

　그러므로 그 개선 방안은 통신언어의 긍정적인 측면과 부정적인 측면을 잘 조화시키는 것이다.

　가장 중요한 것은 통신언어의 사용 환경에 대한 인식을 분명히 해야 한다는 점이다. 통신언어는 어디까지나 통신상에서 사용하는 '문자 언어'라는 인식을 분명히 가져야 한다. 친교적 수단을 위해, 또는 화자의 태도를 구체적으로 묘사하기 위해, 또는 타수를 줄이기 위한 노력 경제 등의 이유로 개인간의 대화에서 이루어지는 통신언어의 사용을 막을 필요는 없다. 그러나 통신언어의 효과는 통신상에서 극대화되는 것이다. 통신언어를 일반 대화 환경에서 사용하는 것은 크게 효과가 없을 뿐만 아니라 의미 없는 일이다.10) 지금도 대학생 이상의 학력이나 성인들은 통신언어를 사용할 때와 일반언어를 사용할 때를 대개는 잘 구별하여 사용한다11). 가장 큰 문제는 언어에 대한 의식이 거의 갖추어지지 않은 '초등학교' 정도의 계층들이다. 이들은 통신언어를 사용하지 않는 것을 매우 촌스러운 행동으로 생각하는 경향이 있으며 대화방에서 통신언어를 사용하지 않을 경우에 따돌리는 경우까지 있다고 한다. 득히 초등학생 시절은 언어 발달 단계에서 중요한 시기라는 점을 생각할 때, 적어도 초등학교 시기에는 통신언어의 사용을 최대한 자제시킬 필요가 있으며 적어도 '통신언어'에 대한 잘못된 생각을 깨우쳐 주어야 할 것이다. 이는 통신언어 정책에 있어 가장 시급하며 적극적으로 대처해야 할 부분이다..

---

10) 물론 '새말'의 경우에는 우리말 어휘를 풍부히 한다는 점에서 우리말 어법에 어긋난 것이 아니라면 규범 언어로 받아들이는 데 의도적으로 거부할 필요는 없다고 본다. 이는 언중들의 판단에 따를 문제이다.

11) 물론 그중에는 철없는 대학생들이 있는 것도 사실이다(이정복, 2000:189)

　통신상이라고 하여도 통신언어의 사용은 어디까지나 개인적인 의사 소통에 한정해야 한다. 홈페이지 운영자가 공적인 게시물에 통신언어를 사용하거나 여러 대중을 대상으로 하는 광고에서 통신언어를 사용하는 것 등은 자제하여야 한다

　통신언어의 역사는 불과 10년도 채 되지 않는다. 아주 짧은 시간에 너무나 급격한 변화가 통신언어에서 이루어졌기 때문에 기성 세대가 보는 통신언어는 부정적일 수밖에 없다. 통신언어는 아니든 언어의 기본적인 기능은 '의사 소통'이다. 결국 바람직한 통신언어란 효과적인 의사 소통을 해치지 않는 범위 안에서 자리잡을 수 있을 것이다. 지금까지 통신언어 문제에 대해 국어학계가 방관적인 자세를 취했다면 이제는 통신언어의 실태에 대해 보다 적극적으로 연구하고 긍정적인 개선 방안을 함께 깊이 있게 고민해야 할 때다.

참 고 문 헌

고길섶(1996), 채팅, 자유의 새로운 영토?, 『문화과학』 가을호.

구현정(2000), 『개정 대화의 기법 -이론과 실제』, 경진문화사.

권연진(1998), 컴퓨터 통신어의 언어학적 특징, 『언어과학』 5-2, 동남언어학회.

권연진(2000), 컴퓨터 통신언어의 유형별 실태 및 바람직한 방안.

김　민(1994), PC 통신에 나타난 청소년 언어 사용 유형 분석 -PC 통신이 청소
　　　　년 언어 생활에 미치는 영향, 『청소년 유해 환경 감시단 보고서』 7,
　　　　YWCA.

김봉섭(1998), PC통신에서의 언어 폭력에 관한 연구, 경희대학교 석사학위논문.

김혁조(1992), 컴퓨터 커뮤니케이션에 관한 후기 구조주의적 접근 - HITEL 통신
　　　　망을 중심으로, 고려대학교 석사학위논문.

리의도 외(2000), 『우리 말글과 문학의 새로운 지평』, 역락.

박동근(2001), 통신언어의 언어학적 유형에 따른 언어학적 기능 연구, 제3회 동양
　　　　어문학부 학술발표회(상명대학교 어문학 연구소) 발표요지.

배진한(1995), 컴퓨터 매개 커뮤니케이션이 대인 커뮤니케이션 채널 및 정보 이용
　　　　에 미치는 영향. 서울대학교 박사학위논문.

오은영(2000), PC통신 어휘에 관한 연구. 인하대학교 교육대학원 석사학위논문.

이만제(1997), 한국 PC통신 문화에 관한 연구, 경희대학교 박사학위논문.

이정복(1998), 컴퓨터 통신 분야의 외래어 사용, 『새국어생활』 8-2, 국립국어연구원.

이정복(2000ㄱ), 통신언어로서의 호칭어 '님'에 대한 분석, 대구대학교 교내연구비
　　　　연구과제.

이정복(2000ㄴ), 바람직한 통신언어 확립을 위한 기초 연구, 문화관광부.

임현경(1996), PC통신을 통한 가상공동체의 형성과 그 특성에 관한 연구, 서울대
　　　　학교 석사학위논문.

황리리(1996), 컴퓨터 통신 이용에 나타난 청소년 하위 문화 특성, 한양대학교 석
　　　　사학위논문.

- 일반어로 통신언어 찾기 -

1. 어휘

《ㄱ》

가다+-가	동강.
가다[가려니까]	동갈라니까.
가다[가시어요]	동가샤요.
가다[갈까]	동가까.
가다[갔다]	동가따.
가르치다	동갈키다. 알키다.
가르치다[가르쳐]	동갈쳐. 갈켜.
가면	명가면.
가을	명갈.
가입	명가입. 갑².
가입 인사	명갑인사.
가입하다	동갑하다. 곱하다.
가족	명가적.
가지다[가지고]	동갓꾸.
간(間)+-에	복가네.
간만(間-)	명간마.
감기	명감귀.
감동	명감덩.
감동적	명감덩적.
감사+감사	감ㄱㅅㄱㅅ.
감사	명감따. 감따르. 감솨. 감쏴. 걈따. 캄솨.
감사하다	동ㄱㅅ하다. 감따하다. 감솨하다. 캄사하다.
감상	명감땅.
감히	부감휘.
갑자기	부갑댜기. 갑따기.
강력 추천	명강추.

강력 추천하다	통강추하다.
강제 퇴장	명강퇴.
같다[같아]	형가탕.
같다[같은]	형가틍.
같다[같은데]	형가틍뒤.
같이	부가차. 가춰. 가칙. 가튀.
개인	명갠.
개인적	명갠적.
거기	명거
거기	명고기.
것+-을	복거얼.
것	명꼬.
게시판	명게뛰판. 겟판.
게임방	명겜방.
게임상	명겜상.
게임	명겜.
경기도	명경기더.
계란 한 판	복계란한판.
계속	명/부게석. 계석. 깨속. 께속.
계속하다	통계석하다.
고(高)+레벨(level)	명고렙.
고(高)+스리(three)	명고뜨리. 고쓰리.
고고(go go)	복거거.
고등	명고팅. 고딩.
고맙다	형거맙다.
고맙다[고마워]	형거마워. 곰아버.
고맙다[고맙습니다]	형고맙뜹미다.
고소하다	형고쇼하다.
고쳐 주다	복고챠주다.
곧바로	부곧바러.
공개 방송	명겅방. 공방.
공개하다	통겅개하다.
공부	명겅부. 경부. 경브. 공브

공부하다	동경버하다. 관경부하다.
공식 홈페이지	명공피.
공연	명경연.
공주	명경주. 경쥬.
공지 사항	명경지사항.
공짜	명경짜. 껑짜.
과연	부과욘.
과자	명까자.
관(冠)+팀(team)	명관팀.
광적이다+팬(fan)	명광팬.
괜히	부괘니.
교시(敎時)	명교쉬.
교육	명겨육.
교정	명겨정.
교환 방	명겨환방.
교환	명겨환.
구독하다	동구덕하다.
국물	명궁물.
궁금하다	형굼굼하다. 궁궁하다.
귀엽다	형겹다. 겁다. 기엽다.
귀엽다[귀여운]	형귀연.
귀엽다[귀여워서]	동기여벗어.
그	관9. 구.
그것+-은	복건. 구건.
그것+-이	복구게.
그냥	부걍. 구낭. 구냥. 그냉. 기냥.
그녀	명그뇨.
그대로	부구대루.
그동안	명그덩안.
그래	부구래. 구랭.
그래도	부걸애두. 구래더¹. 구래덩. 굴더. 굴애드. 굴해드. 그래두. 글도. 글두. 글애더. 글애두. 글애드.

그래서	閏걸애서. 구래더². 굴서. 굴애서. 굴해서. 글서. 글애떠. 글애서.
그러나	閏굴어나.
그러다[그러니]	動굴오니.
그러면	閏구로폰. 구면. 굴믄. 그면. 글면. 글폰. 글믄. 글면서.
그런 것이	復글언게.
그런 것이다[그런 거야]	復군거야.
그런	冠고럼. 구런.
그런데	閏건데. 건뎅. 건뒈. 군데. 군뎁. 군뎃. 군뎅. 군뒈. 군디. 궁뒈. 근뎀. 근뎅. 근뒈. 근뒛. 근뒤. 굴온데. 글언데. 긍데. 긍뎅. 긍뒈.
그럼	閏9럼. 거럼. 거롬. 검. 고돔. 고럽. 곰. 구덤. 구람. 구럼. 구롬. 굴엄. 굴옴. 굼. 규럼. 그람. 그롬. 글엄. 글음. 금.
그렇다[그래]	形굴애.
그렇다[그래야]	形글애야.
그렇다[그랬더니]	形구래떠뉘. 그래떠니
그렇다[그랬잖아]	形그래잔아.
그렇다[그러니까]	形구러뉘까. 구러니까. 근까. 글어늬깐. 글오니까. 긍까.
그렇다[그런가]	形구런강. 거런가.
그렇다[그런지]	形구런쥐.
그렇다[그렇게]	形그케. 글어케. 글케.
그렇다[그렇고]	形그러쿠. 글쿠.
그렇다[그렇구나]	形그러쿠낭. 글쿠나. 글쿠낫.
그렇다[그렇군]	形글어큰. 글쿤.
그렇다[그렇다고]	形굴타구. 그타구. 글타고.
그렇다[그렇다면]	復굴어타믄.
그렇다[그렇습니까]	形구랍뉘까.
그렇다[그렇지만]	形구러튀만. 글취만.
그렇다[그렇지]+-요	復굴쵸. 그려쳐. 그쵸. 글쳐.

그렇다[그런가]	혱거런가. 구런강.
그렇지	감구징. 구징. 구치. 글지.
그리고	부걸구. 구러구. 구리거. 구리경. 굴거. 굴공. 굴구. 굴그. 그구. 그리궁. 글거. 글경. 글고. 글구. 글굼. 글이구.
그림	명구림.
그만	부고만. 구만. 굼암.
그만하다	혱구만하다.
그중	명구중.
글+무(無)	명글무.
글	명굴.
금덩이	명금땡이.
금메달	명굼달. 금달.
금방	부굼방.
금지하다	동굼지하다.
기꺼이	명기거히.
기다리다	동기둘리다.
기다리다[기다려]	동기둘려.
기도	명기더.
기분	명기븡.
기쁘다	동기뿌다.
기쁘다[기뻐]	동기쁘.
기쁘다[기뻐라]	동기뽀랏.
기억	명격.
기억나다	동격나다.
기억나다	동기욕나다.
기억력	명격력.
기억하다	동격하다.
길드(guild)+회원	명길원.
길드(guild)	명길드.
까꿍	감까겅.
까빙	감까빙.
깔끔하다+쌈박하다	혱깔쌈하다.

깔짝(새말)	몡깔짝.
깜짝	閉깜딱.
깜짝이야	캄깜뛰귀. 깜뛰귀햐. 깜뛰뛰. 깜띠가.
깜찍하다	혱깜띡하다. 깜떡햐다.
깡통	몡깡텅.
깨끗이	閉깨꿋이.
꺄(새말)	閉꺄.
꺼지다	동꼬뒤다. 꼬디다.
꼬랑지	몡꼬랑뒤.
꼬리(의미전이)	몡꼬리.
꼬리말	몡꺼릿말.
꼭	閉꺼억. 껑.
꼽사리	몡꼽사릐.
꾸벅	캄꾸바닥.
끄다	동꾸다.
끝+-까지	복꾸까디.
끝내다[끝넵시다]	동끈넵쒸다.

《ㄴ》

나머지	몡남어쥐.
나무+요일	몡나무욜.
나쁘다	혱나뺍디.
나쁘다[나뻐]	몡나쁘
나시	몡라시.
나오다[나온다]	동나언다.
나이스(nice)	캄나쑤.
나이트 클럽(night club)	몡나이또.
나중	몡난중. 낭중. 낭둥.
날려 주다	복날료쥬다.
날리다	동날뤼다. 날릐다.
날리다(의미전이)	동날리다.
날씨	몡날뛔. 날띠. 날쒸.

남자+애인	몡남자앤.
남자+친구	몡남띤. 남띤. 남친. 남칭. 남튄. 남틴.
남자+팬(fan)	몡남팬.
남자	몡남댜.
남편	몡남푠.
내+-가	뵥낵아.
내용+가출	몡냉가출.
내용+도망	몡냉도망.
내용+도주	몡냉도주.
내용+무(無)	몡냉무. 냉뮤. 뇽무.
내용+빔	몡냉빔.
내용+사망	몡냉사망.
내용+없음	몡냉엄. 냉없음
내용+있음	몡냉유. 냉있음
내용+잠수탐	몡냉잠수탐.
내용+조금	몡냉쫌.
내용+-텅구리	몡냉텅구리.
내용+텅텅	몡냉텅텅.
내용+X	몡냉X.
내용	몡냉¹. 내영. 뇽.
넬	몡벌.
냐하하(새말)	갑냐하하.
너모	뷰너모. 너므. 넘². 넘우. 넘흐. 노무.
너무+너무	뷰너無너無. 넘넘.
너무나	뷰넘나.
너무하다	동너므하다. 넘우하다. 넘하다. 넘하댜.
넙죽	갑넙쭉.
네	갑냉². 넹. 넵. 뉀.
녀석	몡뇨석.
노(老)+-딩	몡노딩.
노래	몡너래. 너뤠. 너뤼. 너리. 널래. 놀애.
노래방	몡너래방. 너뤠방.
노력하다	몡너력하다.

녹화	몡넉화.
놀다	툉널다.
놀라다	툉널라다. 널래다.
놀랍다	톙널랍다.
놀러 오다	뵥널러오다.
놀리다	툉널리다.
놈	몡넘[1]
농담	몡넝담.
뇨자	몡뇨자.
논	몡뇬.
누구+-야	뵥누갸.
누구	몡눅우
누나	몡누낭. 느나.
눈+채팅(chatting)	몡눈팅.
뉴스(news)	몡뉴수.
닉네임(nickname)	몡닉. 닉넴. 닌넴.
님+-아	뵥니망.
-님	몡님.

《ㄷ》

다구리	몡다굴.
다른	꽌다룬.
다시금	뷰다시끔
다시	뷰다쉬. 다싀. 다싱.
다음 날	뵥담날.
다음 주	뵥담주.
다음	몡다움. 담.
다이어트(diet)	몡다여트. 다요투. 다요트. 다이오또
다이어트하다(diet-)	툉다트하다.
다크템플러	몡닥템.
단체+메일(mail)	몡단체멜
달+학	몡달학.

달다(의미전이)	통달다.
답+메일	명답멜.
답변	명답븐.
답장	명답쫑.
당근+-히	부당귄히
당근	명당군.
당기다	통땡기다.
당수육	명탕슉.
당연히	부당여뉘. 당욘히.
대(對)+글	명댓글.
대따시	부대따시.
대문	명대문.
대박	명대뽁.
대퍼	명대포.
대학+-딩	명대딩.
대학생+방	명대딩방.
대화방	명대방.
대회	명대헤.
더블(double)	명따벌.
데미지(damage)	명뎀쥐.
데이트(date)	명데또.데뚜. 데이또.
데이트하다(date-)	통데또하다.
도리도리	감더리더리.
도망가다	통더망가다.
도망	명더망.
도메인(domain)	명도멘.
도배+글	명도배글.
도배+방	통도배방.
도배하다	통더배하다.
도와주다	통더아두다. 더와주다.
도움	명돔.
독서실	명독서쉴.
독하다	형덕하다.

돈	똉던.
돌아 버리다	뵉더라비.
돌아다니다	뚱덜아댕기다.
동감하다	뚱덩감하다.
동갑	똉갑¹. 덩갑.
동네	똉덩내. 덩네. 덩눼.
동생	똉덩생. 덩쉥.
동시	똉덩시.
동안	똉덩안.
동영상	똉덩영상.
동호회	똉덩허회. 덩호회. 동회.
되게+되게	뵉디거디거. 디게디게.
되게	뿌대게. 디게. 디까. 디따리.
되다(돼)	뚱대. 뎅.
되다(될까)	뚱댈깡.
되다	뚱대다. 되다.
되었고+-요	뵉뎄구여.
둑이다	뚱둑이다.
뒈지다	뚱D지다.
딩굴딩굴하다	뚱딩술딩굴하다.
드디어	뿌두됴. 드뎌. 드됴.
드리다	뚱두리다.
들어가다	뚱드가다. 들기디.
들어오다	뚱덜러오다.
들어오대[들어와]	뚱더롸.
등	똉덩.
등등	똉둥둥.
등록	똉덩럭. 등럭.
등록하다	뚱등럭하다.
등산	똉등산.
디	똉디.
디아블로	똉댜.
따르다[따라]	뚱따랑¹

때	몡따. 떼.
때문+-에	복때매. 때메. 때미.
때문	몡땜.
떼돈	몡때던.
또	뷔떠.
똑같다[똑같은]	혱또까틍.
똑같이	뷔똑가칙. 똑가치.
똑바로	뷔떡바로. 똑바러. 떡바루. 똑바루. 쪽바로
똥	몡떵.
뛰다	동띠다.
뛰어나다	동띠어나다.
뜨끈하다[뜨끈한]	혱뜨군헌.
뜨다	동떠다.
띄우다	동띠우다. 띠우다.

〈ㄹ〉

라디오(radio)	몡라뎌. 라됴. 라이오.
라면	몡라푼.
랙	몡랙.
러브(love)	몡러부. 럽.
러브(love)+방	몡러브방.
러브(love)+하다	동럽하다.
레디(ready)	몡레뒤.
레벨(level)	몡렙.
레벨(level)+업(up)	몡렙업.
리-(re-)+부팅(booting)	몡리붓.
리-(re-)+하이(hi)	몡리하이. 리할.
리플라이(reply)	몡리뿔. 리쁠. 리풀. 리플. 립홀.
리플라이(reply)+마니아(mania)	몡리플매니아.

〈ㅁ〉

마나가	몡마나가.
마나책	몡마나책.
마녀	몡마뇨.
마니아(mania)	몡매냐.
마무리	몡마물.
마무리하다	몡마물하다.
마우스(mouse)	몡마우수.
마지막+방송	몡막방. 막빵.
마지막+턴(turn)	몡막턴.
마지막	몡마쥐막.
만들다	동만둘다. 맹글다.
만세	감만쉐. 만쉐리. 만쉐이.
만화+퀴즈방	몡만퀴방.
만화	몡마나.
많다[많아]	형마녀. 만어.
많다[많은]	형마눈.
많이+많이	복마뉘마뉘. 마니마니. 만이만이.
많이	부10002. 마뉘. 마늬. 마니. 만히. 많위.
말머리	몡말멀.
말씀	몡마뜸. 말뜸. 말쌈.
말씀하다	동말뜸하다.
맘대로	부맘대루.
망신	몡망실.
망치다	동망튀다.
맞다[맞아]	형마자. 마장. 마조. 맞앙.
매니저(manager)	몡맨겨.
매일	몡맬.
머	몡/감머.
머니(money)	몡머뉘.
머리	몡머릭. 모리. 멀이.
먼저	부먼뎌. 먼져. 먼조

멋쟁이	몡멋앵이.
멋지다	혱멋쥐다.
메롱	갬메에렁.
메롱메롱	갬메덩메덩.
메일(mail)+매거진(magazine)	몡멜진.
메일(mail)+미팅(meeting)	몡멜틴. 멜팅.
메일(mail)+미팅하다	됭멜팅하다.
메일(mail)+친구	몡멜친구. 멜칭구.
메일(mail)	몡멜.
며칠	몡며틸.
면	몡푠.
모니터(monitor)	몡모니러.
모두	붭머더. 머두. 모드.
모두+-들	뵉모덜.
모든	괜모던.
모르다	됭멀다. 머루다. 머르다. 멀루다. 몰다. 몰 으다.
모습	몡머숩. 머습.
모으다	됭머으다.
모임	몡ⓜㅓ임.
모집	몡머집.
목소리	몡먹서리. 먹소리. 목서리. 목셔리. 목소 리. 목솔이.
몰다[몰아서]	됭모다서.
몰래+채팅(chatting)	몡몰팅.
몰래	붭멀래.
몸	몡멈.
못하다	됭먼하다. 멋하다. 몬하다.
무섭다[무서운]	혱무선.
무섭다[무서워]	혱무서버.
무슨	괜몬. 무신. 문.
무엇+-으로	뵉멀로.
무엇+-을	뵉멀.

무엇이다[무엇인지]	복먼지.
무엇하다[무엇하러]	동모하루.
무조건	부무적껀.
무지	부무듸. 무직. 무리.
무지무지	부무디무디.
무지하다(무지하게)	부무쟈게.
묵념	명묵늄.
문 닫다	복문 닫다.
문자+미팅(meeting)	명문팅.
문자+미팅하다	동문팅하다.
문자	명문쨔.
뭐+좀	복머쩜.
뭐	명모.
뭐하다	동모하다.
뮤직(music)+뱅크	명뮤뱅.
뮤직(music)+비디오	명뮤비.
뮤직(music)+플러스	명뮤플.
미리미리	부미뤼미뤼.
미안	명먄.
미안하다	동먄하다.
미안하다[미안해요]	동먀네염.
미역국	명멱국.
미역	명며.
미워하다	형미어하다. 미오하다.
미치다	형미춰다. 미티다.
미치다[미쳐]	형미쵸. 미텨. 미티.
미치다[미친]	형미륀. 미린.
밉다[미워]	형미보. 미어. 미오.

〈ㅂ〉

| 바꾸다[바꿔라] | 동바까라. |
| 바라다[바라] | 동바랫. |

바로바로	부바루바루.
바로	부바루.
바보	명바버. 바부. 바붕. 바비. 밥5. 밥튀. 밥팅. 밥흐.
바쁘다	형바뿌다.
바이(bye)	감배ㄴ. 빠ㅣ. 빠디. 빠빠. 빠빠시. 빠시. 빠룽. 빠아. 빠잇.
바이바이(bye-bye)	감ㅂ2ㅂ2. ㅂㅂ2. 배ㄴ배ㄴ. ㅂ빠배빵. 배22.
바이바이(bye-bye)+하이루(hi)	감빠빠루. 빠이루.
바이바이(bye-bye)+하이룽(hi)	감빠빠룽. 빠빠렁. 빠이룽.
박수	명빡슈.
반갑다+하이루	감방가루.
반갑다+하이룽	감방가룽.
반갑다	감반가. 방가. 방가방가. 방갑다
반쪽	명빤쮸.
방(房)+장(長)	명방장.
방(房)+제목	명방제.
방금	부방곰. 방굼.
방법	명방뽑.
방송	명방성.
버렸다[버리다]	동뻿다.
버스(bus)	명쁘스.
번개	명번개. 봉개. 벙개.
번개 잠수	복번개 잠수.
번개+미팅	명번팅.
번개+방	명번개방
번	명본. 븐.
번지(bungee)	명번지.
번호	명버너. 버노. 번허.
벌레	명벌레.
벌써	부벌떠.
베이비(baby)	명베이붸.

변태	명본대.
변하다[변했다]	동벼냈다.
별로	부별러. 별루.
보고 싶다	복버거십다.
보내다	동버내다. 버붸다.
보너스(bonus)	명뽀나쓰
보다¹	동버다¹
보다²	동버다². 부당.
보다[보고]	동버구.
보다[보세]	동법쉐.
보다[봐]	동바. 벼
보다[봤다]	동바따.
보다[봤어]	동바또.
보이다	동버이다.
봐주다	동봐쥬다.
부인	명부원. 빈.
부탁드리다	동부퇵드리다.
부탁하다	동브탁하다.
분위기	명부뉘기.
불(不)+펌(푸다)	명불펌.
불쌍하다	형불땅하다.
불쾌하다	형불캐하다.
브로마이드(bromide)	명블마.
비(非)+공개	명비경개.
비공개+대화방	명비방.
비교하다	동비겨하다.
비디오(video)	명비됴.
비디오+테이프	명비됴테이푸.
비디오+가수	명비됴가수.
비밀+번호	명비번.
비비다	동붜비다.
빨리	부빠랑. 빨. 빨뤼. 빨릐.
빨리빨리	부8282. 빨뤼빨뤼.

뽀뽀	몡뻐뻐. 뽀투.
뽀뽀하다	동뻐뻐하다.
뽀록+슛(shoot)	몡뽀록샷.

《ㅅ》

사귀다	동사기다.
사람	몡따람. 살암. 싸람.
사랑	몡따랑². 살앙. 쏴랑.
사랑하다	몡따랑하다. 살앙하다. 샹하다. 쏴랑하다. 솅하다. 싸룽하다. 쌀앙하다. 쏴랑하다. 쌍하다. 짜랑하다.
사랑하다[사랑해]	동살훼. 샹훼. 쌀랑해.
사랑스럽다[사랑스런]	형살앙스런. 살앙쑤런. 샬앙스런.
사무실	몡삼쉴. 삼실.
사사샥	감사사샥.
사실	몡사쉴.
사이버(cyber)+부부	몡사이버부부.
사이트(site)	몡사트. 싸트.
사진	몡사뤈. 사딘. 사쿼. 사쩐. 사징.
사진+방	몡사진방.
살벌하다	형쓸벌하다.
살	몡짤¹.
삽질	몡삽질.
새로	부새루.
새롭다[새로운]	형새론. 샐운.
색시	몡샥쉬.
생일+파티(party)	몡생파
샤라락	감샤라락.
샤샤샥	감샤샤샥.
서로서로	부서루서루.
서울	몡설.
서울+여자	몡설녀.

서울대	몡설대.
서원	몡숸.
선배.	몡선붸.
선생님	몡쌤.
섭외	몡서배.
성공하다	동성겅하다.
성질	몡승질.
세이(say)+애인	몡세이앤. 세이n
세이(say)+하다	동세이하다.
세이클럽	몡셀클.
소개하다	동쇄하다.
소리	몡서뤼. 서리. 소뤼.
소리(sorry)	뷰떠리.
소식	몡서식.
소심하다	형소심하다.
손가락	몡손꾸락.
솜씨	몡삼씨.
쇠(金)+요일	몡쇠욜.
수고	몡수거. 숙. 숙5. 스거.
수	몡스. 쑤.
수업	몡섭. 셥. 쉽.
수업하다	동쉽하다.
수영복	몡성복.
수영장	몡성장.
수요일	몡수욜.
수학여행	몡확여행.
쉽다	형십다.
슝	뷰슝. 쑝.
스님	몡스넘.
스카이러브(sky love)	몡스카이럽. 스카이럽.
스캔(scan)	몡스킨.
스타일(style)	몡스탈.
스토리(story)	몡스터뤼.

슬리퍼(slipper)	명쓰뤼빠.
슬프다	형슬푸다.
슬프다[슬퍼]	형슬포.
슬프다[슬퍼라]	형슬러랏.
시골	명시걸.
시에프(C.F.)	명씨엡.
시원하다[시원한]	형셔난.
시원하다	형셔언하다. 선하다.
시작하다	동시쟉하다.
시험	명셤.
신경	명시경.
신고	명신거.
신고하다	동신거하다.
신기하다	형싱기하다.
신문지	명신문쥐.
신청곡	명신청격.
신화	명시나.
실망	명띨망.
싫다[싫어]	명시러. 시렁. 시로. 시롯.
심리+테스트(test)	명심테.
심심하다	형띰띰하다. 쉼쉼하다. 팀팀하다. 팅팅하다.
싶다	형싶다. 씹다.
싶다[싶어]	형시포. 싶포.
싶다[싶어서]	형시프스.
싶다[싶은]	형시푼.
쌔끈+여자	명쌔끈녀
썰렁하다	명쏠렁하다.
쑥스럽다	형뚝뜨럽다. 쑥슬
쓰다	동쑤다.
쓰러지다	동씨러지다.
쓰레기통	명쑤레기통.
씁쓸하다	형습습하다.
씨	명뛰. 띄. 띠. 쒸. 쓰.

섭다	동띱다.

〈ㅇ〉

아깝다.	형가까비다.
아깝다+슛(shoot)	명깝샷.
아니	감아뉘. 아넛.
아니다	형아뉘다. 아늬다.
아니다[아님]	형아님. 아님.
아니요	감아녀.
아니요	감아아뇨. 아녀.
알다[알았지]	동아라찌. 아찌. 알쮜.
아르바이트(Arbeit)	명아르비. 알바.
아마도	부아마더.
아무	명/관암.
아무래도	부아무래더. 아물두.
아무튼	부아무턴. 아므통. 암우튼. 암턴. 암텅. 암 통. 암툰. 암튼. 암후튼.
아버지	명아부딩. 아부쥐. 압쥐.
아이 러브 유(I love you)	복알라붕. 알라뷰.
아이고	감아겅. 아공. 아궁.
아이디(ID)	명아뒤. 아디. 알뒤.
아이시큐(ICQ)	명씨큐.
아이템(item)	명아템.
아저씨	명아띠.
아주	부아듀. 아저. 아조. 아쥬.
아주아주	부아듀아듀.
아줌마	명빠줌마.
아직	부아뒥. 아쥑. 아즉.
아침	명아팁. 아팀.
아프다	형아푸다.
아프다[아파]	형아포.
아혹	감아흑.

악마	명앙마.
안 되다	복안데다. 앙대다.
-안 되다[안 돼]	복앙대. 앙데.
안녕	감아녕. 아농. 아룽. 안냥. 안능. 안령.
안녕하다[안녕하세요]	형아나세용. 아령하세여. 안나때욤. 안나때홋. 안냐샘. 안냐세여. 안냐세염. 안냐세엽. 아냐세요. 안냐셈. 안녕하세영. 안농하떼욥. 안능하세염. 안냥하세여. 안여하세요. 앙냥하세염. 앙농하세효. 앙능하세효. 언능하세염.
안녕하다[안녕하십니까]	형안냐쉼까. 안능하심까. 안냐쉼까. 안냐심꺼.
안녕하다+-요	복안냐여.
안녕하다+하이루	감안냐루.
안녕히	부아롱히. 안냐히. 안냥히. 앙냥히.
안	부앙.
안티(anti)	명안튀.
안티(anti)+팬(fan)	명안티팬.
알다[알지]	동아지. 알찡.
알다[알았죠]	동아쪄.
알다[알았지]	동아찌. 아라찌. 알쮜.
알았다[알다]	동아라따.
알았어[알다]	동아라떠. 알써
알려 주다	복알료두다.
압구정동	명압구.
앞으로	부아푸루. 압으러. 압흐로. 앞이로.
애니메이션(animation)	명애니.
애니메이션(animation)+팬	명애니팬.
애인	명n. 앤.
액션(action)+영화	명액숑영화.
야그하다	동야그하다.
야하다+동영상	명야덩. 야동.
야하다+사진	명얀사진.

야하다+소설	명야설
약 오르다	복야구르다.
약속	명약석.
양	명냥.
양들의 침묵+방	명양침방.
양해하다	동양에하다.
얘기하다	동애기하다.
어깨동무	명어깨덩무.
어느	관언'.
어디	부어뒤. 오디. 어듸.
어디 있지	복오덧지.
어떤	관어떵. 오똔.
어떻다	복어독하다.
어떻다[어떻게]	형어떠케. 어캄. 어뜨케. 어케. 얼케. 오또케. 오케. 오토케. 으뜨케. 으쯔케.
어떻게 하다	복어캐하다.
어떻게 하다[어떻게 하냐]	복어카냥.
어떻게 하다[어떻게 하라고]	복어카라거
어떻게 하다[어떻게 하죠]	복어카져.
어떻게 하다[어떻게 하지]	복어카징.
어서 오세요	부어솨여.
어제	명어재. 어줴. 에제.
어지럽다(어지러워)	형어디러버
어쨌든	부어쨋둔.
언니	명냐. 어냐.
언니+-야	명/복언냐. 언뉘. 언늬. 언랴. 언뤼. 엉늬. 온냐. 온니. 옹뉘. 옹니.
언니+오빠	명언뉘빠.
언제나	부은줴나.
언제	명온제. 은줴.
얼굴	명얼걸.
얼른+얼른	복언녕언녕.
얼른	부언녕. 언능. 얼렁. 얼릉

얼마	몡올마. 어랜만. 얼만. 올앤만.
얼마나	분얼매나.
엄마	몡옴뫄.
엄청나다	형음퉁나다.
엄청	분음퉁.
업그레이드(upgrade)	몡업. 업구레드.
업그레이드(upgrade)+-률	몡업글률.
업데이트(update)	몡업. 업댓. 업데잇. 업데투. 업뎃. 업테두.
업데이트하다(update-)	동업뎃하다.
없다	형엄다. 엄따. 옴다. 옵다. 음따. 읍따. 읍땅.
없다[없네]	형음눼.
없다[없어]	형엄떠. 엄써.
없이	분엄이.
에구	감에경. 에궁. 에궁. 엑우.
에이디에스엘(ADSL)	몡에뒤셀.
에제	몡에제. 어재. 어줴.
엠티(MT)	몡엠튀.
여기	몡이기.
여기로	분열루.
여자	몡녀. 여좌. 요자.
여자대학	몡노대.
여자+대학생	몡여대딩.
여자친구	몡여친. 여팅.
여러분	몡열분. 요로분. 욜분.
여보	감여벙.
여하튼	분여툰.
여학교	몡여학거.
역시	분역뛰. 역띠. 역쉬. 역쉬이. 역쒸. 욕쉬. 욕시.
연락	몡욘락.
연예인	몡연옌. 연옌. 욘에인. 욘옌.
열심	몡욜씸.
열심히	분열띰히. 열띠미. 열띰히. 열쉬미. 열시

	미. 열쉬미. 열씨뮈. 열씨미. 열씸히. 열찜히. 욜뚬희. 욜뛰미. 욜뜨뮈. 욜띠미. 욜찌미.
엽기+녀	몡엽녀.
영어/영화+대화방	몡영대.
영어/영화+퀴즈방	몡영퀴방.
예쁘다	혱애뿌다. /이뽀다. 이뿌다. 이쀼다. 입뿌다.
예쁘다[예뻐]	혱이뽀
예뻐 하다.	복이뽀하다.
예쁜이	몡이쀼니.
예	감옙. 넵.
오늘	몡어널. 어눌. 어늘. 오널. 오눌. 올.
오다	동어다.
오다[올게]	동오께.
오디션(audition)	몡오션.
오라버니	몡어라버뉘.
오래	몡/부어래.
오래간만	몡온뤼간만.
오래도록	부올애돌옥.
오래전	몡오뤠전.
오랜만	몡어랜만. 얼만. 올만. 올앤만.
오르다	동어르다.
오빠	몡빠². 어바. 어빠. 업바. 업뻐. 오삐. 옵. 옵빠. 옵빠. 욧빠.
오옷	감오옷.
오토(auto)+소개하다	동오토소개하다.
올리다	동얼리다. 올뤼다. 욜리다.
완벽	몡완복.
완전	부완존. 완존.
완전히	부완저니. 완존히. 완존히.
왜 이렇게	복왜캐. 왜케. 왠케. 웰케.
외롭다[외로운]	혱외론.
요새	몡여새.

요즘	명여즘. 요듀. 요듬. 요딈. 요딤. 요점. 요줌.
요즘	명요듀. 여즘. 요듬. 요딈. 요딤. 요점. 요줌.
욕+방	명욕방.
욕하다	동역하다.
용돈	명용던.
우롱하다	동우렁하다.
우리+집	명울뒵. 울집.
우리	명우릐. 울.
우선	명우성.
우아	감우와
우이씨	감우띠. 우띵. 우이띠
우케케케	감우케케케.
우헐헐	감우헐헐.
우헤헤헤	감우헤헤헤.
운동	명운덩.
운동하다	동운덩하다.
운동회	명운덩회.
운영자	명영자. 영자. 웅영자.
웃기다	동욱기다.
원래	명원내.
원	명언².
월요일	명월욜.
위문편지	명위문편쥐.
유령+회원	명유령회원.
유부녀+방	명유부방
음악+캠프	명음캠.
음	감움.
음훼훼	감음훼훼.
응	감웅
응원	명응원.
이	관2.
이것	명이겅.
이다음	명윽담.

이러다	동일어다.
이런¹	감이론. 이룬.
이런²	관히딴.
이렇다[이렇게]	형이케. 이러케. 일캐. 일케.
이렇다[일캐]	동일캐.
이르다	동일루다.
이름	명이룸.
이리 와	복일롸.
이리로	부일루.
이만	부20000. 임안. 이꽌.
이메일(e-mail)	명이멜.
이번	명이본.
이벤트(event)	명이벵.
이봐	감이바.
이야기	명야그.
이제	부이데. 이뒈. 잉줴
이해	명이혜.
인간	명잉간.
인기도	명인기더.
인제	부인줴.
일대일 대화중	명일댈중.
일대일 신청	복일댈신청.
일등	명일뚱.
일어나다	동인나다.
일요일	명일욜.
일찍	부일띡.
있다	동/형잇다.
있다[있답니다]	동/형이땀뉘돠.
있다[있었어]	동/형이떠뗘.
있다[있을까]	동/형이뜰까.

《ㅈ》

자기+게시판	명자게.
자기+-야	복자갸. 쟈갸.
자기	명댝②.
자꾸	부자꺼.
자동+소개하다	동자동소개하다.
자료	명자려.
자세히	부댜쉐희.
자식	명따쉭. 자식.
자장면	명짜장푠.
자주	부자듀.
자주자주	부자쥬자쥬. 자즈자즈.
자체	명쟈췌.
잔디	명잔디.
잘나다	형잘라다.
잘	부댤.
잘못하다	동잘멋하다.
잘	부쨜².
잠수	명잠수. 잠스.
잠시	부잠쉬.
잡소리	명잡소뤼. 잡솔
장애자	명애자.
재미	명잼.
재미나다	형잼나다.
재미없다	형잼없다.
재미있다	형잼있다. 쨈있다. 쟘있다.
재수 없다	복재섭다.
재수 없다[재수 없어]	복재섭뜨. 재섭서.
재접속	명제접
저기+-요	복저겨. 저경.
저	명뎌.
저렇다[저렇게]	형절케.

<table>
<tr><td>전부</td><td>명전뵤.</td></tr>
<tr><td>전용</td><td>명줘뇽.</td></tr>
<tr><td>전주</td><td>명전쥬.</td></tr>
<tr><td>전체</td><td>명전테.</td></tr>
<tr><td>전학</td><td>명저낙.</td></tr>
<tr><td>전화번호</td><td>명저놔버너.</td></tr>
<tr><td>전화</td><td>명저냐. 저냐.</td></tr>
<tr><td>전화하다</td><td>동저냐하다. 저놔하다.</td></tr>
<tr><td>절대</td><td>부뎔때.</td></tr>
<tr><td>절여지다</td><td>동쩌려지다.</td></tr>
<tr><td>절친하다+친구</td><td>명절친.</td></tr>
<tr><td>절친하다</td><td>형뎔틴하다.</td></tr>
<tr><td>점점</td><td>부뎜뎜.</td></tr>
<tr><td>정기+모임</td><td>명정모.</td></tr>
<tr><td>정기+미팅/채팅</td><td>명정팅.</td></tr>
<tr><td>정기채팅방</td><td>명정팅방.</td></tr>
<tr><td>정말</td><td>부덩말. 뎡말. 종말. 중말.</td></tr>
<tr><td>정말로</td><td>부덩말루. 뎜말루. 뎡말러. 뎡말르. 졍말럭.</td></tr>
<tr><td>제대로</td><td>부재대루. 제대러.</td></tr>
<tr><td>제</td><td>복뎨.</td></tr>
<tr><td>제발</td><td>감지발.</td></tr>
<tr><td>제일</td><td>부젤</td></tr>
<tr><td>제일+-로</td><td>복젤로. 젤루.</td></tr>
<tr><td>조금</td><td>부뎌금. 저금. 점². 쩌굼. 쩌까. 쩌꿈. 쩌
끔. 쩜². 쬐끔.</td></tr>
<tr><td>조금 있다가</td><td>복쫌따.</td></tr>
<tr><td>조심스럽다</td><td>형겨심스럽다.</td></tr>
<tr><td>조심</td><td>명겨심.</td></tr>
<tr><td>조심하다</td><td>동저심하다. 겨심하다. 조슴하다.</td></tr>
<tr><td>조용하다</td><td>형저영하다. 저용하다.</td></tr>
<tr><td>조용히</td><td>부겨영히.</td></tr>
<tr><td>존경하다</td><td>동존공하다.</td></tr>
<tr><td>존함</td><td>명전함.</td></tr>
</table>

졸립다	통절립다.
좀	뷔돔. 듐. 떰. 점[1]. 줌. 줍. 즘. 쩜[1]. 쫌
종일	형쟁일.
좋다	형조타.
좋대[좋겠다]	형조케따.
좋대[좋아]	형저아. 저앙. 져아. 조아.
좋대[좋은]	형존.
좋아하다	통돃아하다. 저아하다. 젛아하다. 져아하다. 조아하다. 조하하다.
좋은 하루	뷔존하루.
죄송-	명/감죄성. 지송.
죄송하다	통되성하다. 제성하다. 죄성하다. 지떵하다. 지성하다. 지송하다.
주근깨	명주군깨.
주다	통됴다. 듀다.
주대[주세요]	통듀세혀.
주대[주어]	통져. 겨. 죠.
주대[줘]+-요	통뎌혀.
주무시다	통쥬무시다.
주민등록번호	명민번. 주민등럭번호.
주민등록증	명민증.
주소	명듀서. 듀소. 주서. 쥬소. 쥬쇼.
주인공	명쥔공.
주인장	명쥔장.
주	명쥬.
죽다	통둑다. 둑다.
죽대[죽어]	통듀그.
죽음	명두금. 듀금.
줄 서다	복줄서다.
줄	명둘.
중폭	명증퍽.
중학교	명중핵겨.
중학생	명듕학생

즐겁다[즐거운]	휑즐건.
즐겁다+(인터)넷	동즐넷하다.
즐겁다+감상	명즐감.
즐겁다+감상하다	동즐감하다.
즐겁다+게임하다	동즐겜하다.
즐겁다+공부	명즐공.
즐겁다+날	명즐날.
즐겁다+다이어트하다	동즐다요트하다.
즐겁다+디아블로	명즐댜.
즐겁다+라면하다	동즐라하다.
즐겁다+밤하다	동즐밤하다.
즐겁다+채팅	동즐팅.
즐겁다+채팅하다	동즐팅하다.
즐겁다+하루	명즐하루.
증등	명중딩.
지겹다[지겨워]	휑지겨벼.
지금	부/명디굼. 디꿈. 디끔. 쥐굼. 쥠. 지검. 지굼. 짐.
지지리	부디디리.
지하철	명쟈철.
직장인+-딩	명직딩.
직통전화번호	명직텅.
진실+게임	명진겜.
진실+남자	명진실남.
진짜+-면	뵉쥔짬.
진짜	부뒨따. 된따. 디인짜. 딘따. 쥔짜. 진따. 진쨔. 징짜.
진짜로	부뒨따러. 된따러. 된따르. 딘따러. 딘따루. 딘따룹. 띤따루. 진따루. 진따룽. 진짜루.
질문	명딜문.
집	명딥. 딥.
짜증나다	동짱나다.

짜증	몡따증. 자증.
짝사랑	몡딱샤량.
째어지다	동째지다.
쩝	감쩌뷔. 쩌비.
쪽	몡쩍²
쪽+-스러다	혱쪽스럽다.
쪽지	몡쩍¹. 쩍지. 쪽.
쪽팔리다	동쩍8리다.
찍다+채팅방	몡쩍팅방.
찍다+채팅	몡쩍팅.

《ㅊ》

ㅊㅊㅊ	감ㅊㅊㅊ.
차리리	븟차라뤼.
착하다	혱차카다.
참고	몡참거. 탐고.
참	감탐. 탐.
창단식	몡창단식.
채팅(chatting)	몡챗. 쳇.
채팅(chatting)+방	몡챗방. 쳇방.
책임지다	동채김지다. 최김지다.
천리안	몡천량.
초등	몡초딩.
초등학교	몡처등학겨.
최고	몡최거.
추석	몡츄셕.
축하	몡추카. 츄카. 튜카.
축하+축하	감ㅊㅋㅊㅋ. 추카추카. 튜카튜카.
축하드리다	동추카드리다.
축하하다	동ㅊㅋ하다. ㅊㅋㅊㅋ하다. 튜카하다. 츄카하다.
출발	몡출발.

충격적　　　　　명튱격적.
충격　　　　　명튱격.
취소　　　　　명치소.
친구　　　　　명띤구. 떵구. 찡구. 춴구. 칭구. 칭그. 틴
　　　　　거. 틴구. 팅구. 팅그.

친구+추천　　　　　명친추. 칭추.
친하다　　　　　형치나다. 틴하다.

《ㅋ》

ㅋ/ㅋ　　　　　감ㅋ/ㅋ.
ㅋㄷㅋㄷ　　　　　감ㅋㄷㅋㄷ.
ㅋㅋ　　　　　감ㅋㅋ.
ㅋㅋㅋ　　　　　감ㅋㅋㅋ.
ㅋㅌㅋㅌ　　　　　감ㅋㅌㅋㅌ.
카페(cafe)　　　　　명깝. 깝페. 깝헤. 카페. 캅훼.
카페(cafe)+주인　　　　　명카페쥔.
카페+-지기　　　　　명카페지기.
캐릭터(character)　　　　　명캐릭. 캘터.
캠코더(camcorder)+-발　　　　　명캠발. 캠빨.
캠코더+사진　　　　　명캠사딘.
캬　　　　　감캬.
캬캬　　　　　감캬캬.
캬캬캬　　　　　감캬캬캬.
커흑　　　　　감커흑.
컨디션(condition)　　　　　명컨뒤션.
컴퓨터(computer)　　　　　명컴. 컴터.
컴퓨터(computer)+섹스하다　　　　　명컴섹하다.
컴퓨터(computer)+-탱이　　　　　명컴탱이. 컴퓨탱이.
컴퓨터(computer-)+-실　　　　　명컴터실.
컵라면　　　　　명컵라몬.
케케케　　　　　감케케케.
켜다　　　　　동텨다.

커커 ㉠커커.
커커커 ㉠커커커.
코멘트(comment) 몡멘뚜.
콘서트(concert) 몡컨서트. 콘서터. 콘설. 콘썰. 콘썰뚜. 콜썰.
콱 ㉠콱.
교교 ㉠교교.
교교교 ㉠교교교.
쿠쿠 ㉠쿠쿠.
쿠쿡 ㉠쿠쿡.
쿠힛 ㉠쿠힛.
크다 몡코다.
크헐 ㉠크헐.
큭큭 ㉠큭큭.
큰일 몡쿤일.
큰일 나다[큰일 났다] 뵥클나다. 클라땅.
클럽(club) 몡쿨럽.
클릭(click) 몡쿨릭.
클릭하다(click-) 동꿀릭하다.
키득키득 ㉠키득키득.
키스(kiss) 몡키수.
키키키키 ㉠키키키키.

〈ㅌ〉

테스트(test) 몡테스뚜.
테이프(tape) 몡텦.
텔레비전(television) 몡테비.
토요일 몡터열. 토욜.
토요일+날 몡툐욜날.
통 몡텅.
통통+여자 몡통통녀.
통화 몡텅화.
튀다[튀어] 동텨.

팅기다	동팅기다.
특히	부트키.
팀(team)+말	명팀말.
팀(team)+킬(kill)	명팀킬.
팀플레이하다(team play-)	동팀풀하다.
파스(Pasta)	명파쑤.
파이팅(fighting)	감빠링. 빠이팅. 빠팅. 파링. 파위팅. 파이팅구르. 파팅. 파팅. 팟팅. 하팅. 화링. 화링. 화이링. 화이링. 화팅. 홧팅. 홧팅. 홧팅.

《ㅍ》

파티(party)	명파뤼. 파튀.
팬(fan)	명빼
팬 서비스(service)	복팬써뷔쓰.
팬(fan)+메일(mail)	명팬멜.
팬(fan)+클럽(club)	명팬클.
팬(fan)+픽션(fiction)	명팬픽.
팬(fan)+홈페이지	명팬피.
퍼 가다	복퍼가다.
퍼 오다	복퍼오다.
퍼오다+글	명퍼온글. 퍼글.
퍼오다+글+란(欄)	명퍼온글란.
펑	감펑.
포에버(forever)	명뽀렙
포토샵(photoshop)	명포샵.
포트리스	명포투. 포트
포트리스+애인	명포앤.
포항	명꽝.
폭격	명폭격.
폭탄+여자	명펵탄여.
폰(phone)+번호	명뽄번

푸다(품)+질	몡펌질.
푸다(품)	몡펌.
푸다+글푼	몡푼글.
푸다+-쟁이	몡펌쟁이
푸하하	캄푸하하.
푸헤헤	캄푸헤헤.
프로그램(program)	몡플그램.
프로필(profile)	몡플필.
프히히	캄프히히.
플리즈(please)	뷔플즈.
피곤하다	형피건하다.
피를 보다	뫽P본다.
피시(PC)+방	몡피뛰방. 피띠방. 피쒸방.
필독	몡필떡. 필똑.
필독하다	뙹필똑하다.
필수	몡필뚜. 필쑤. 필쓰.
필승	몡필쑹.
필요하다	형피려하다.

《ㅎ》

하늘나라로 가다	뫽SKY간다.
하늘	몡하눌.
하다[해]	뙹햐.
하다[했습니다]	뙹해쑵돠.
하다[했어]	뙹해떵.
하도	뷔하드.
하여튼	뷔하이튼. 하턴. 하튼. 할턴. 할튼. 함튼.
하이(hi)	캄하알랑. 하이루. 하잇. 할랑. 할렁. 할롱. 할룽. 할룽할룽.
하이(hi)+-요	뫽하여. 하이여. 하이염. 하이혀.
하지만	뷔하뒤만.
하필	뷔아필. 하필.

학교	명하교. 하꾜. 학겨. 학그.
학년	명학논.
학원	명하건. 하권. 학언.
한가+-요	복한가여.
한번	명함. 함번.
할머니	명할머뉘. 할머늬. 할모뉘.
함부로	부함브러.
합격하다	동합꼭하다.
핸드폰	명폰.
핸드폰+번호	명펀버누. 펀번. 펀보닝. 폰버노. 핸펀버노. 핸펀보노.
행복하다	형행벅하다.
허걱	부허거걱. 허걱. 허컥. 호곡.
허벅지	명허북지.
허벌나다[허벌나게]	동흐블나게.
허섭스레기	명허접.
허접+-팅	명허접팅.
허접하다	형허접하다.
헉	감헐².
헉+웁스(oops)	감헉스
헙	감헙.
헛	감헛.
헤헷	감헤헷.
현수막	감현막
형	명흥.
형님	명엉님.
혹시	부혁시. 혹뛰. 혹쉬. 혹쓱.
혼나다	동헌나다.
홈페이지(homepage)	명험페이지. 험피. 홈페디. 홈페이쥐. 홈피.
홈페이지+장	명홈장.
홍보차	명홍보탸.
홍보	명헝보.
홍보하다	동헝버하다

훙훙훙	깜훙훙훙.
화력+전	몡화력전
확실히	뷔헉써리.
환영하다	됭화눙하다.
활동	몡활덩.
활동하다	됭활덩하다. 활똥하다.
회릭	깜휘릭.
회원	몡훼원.
후다닥	몡후다닥. 후다다닥.
훨씬	뷔헐¹. 훨.
휘리릭	깜휘리릭.
흐미	깜흐미.
흔달다	됭흔둘다.
히히/하하/흐흐	깜ㅎㅎ.
힘들다	됭힘둘다

2. 조사

-가	-강¹.
-과	-강². -광.
-까지	-까디. -까정. -까쥐. -까징.
-는	-넌¹. -눈¹. -눈. -능¹.
-대로	-대루. -데루.
-도	-더. -덩. -뎌. -두. -둥. -드. -뚜.
-들	-덜¹. -둘¹.
-라고	-라거. -라껑.
-라도	-라더.
-라면	-라믄
-로	-러. -루.
-를	-럴. -룰.
-밖에	-바께.
-보고	-버구.

-보다	-버다. -뿌다.
-부터	-쁘더.
-씩	-딱.
-야말로	-야말러.
-야	-암². -하.
-에서	-에떠. -에섬. -에소. -에스.
-에서+-는	-에떠능.
-에	-애.
-요	-여. -염. -엽. -영. -옄. -욤. -욧. -용. -혀. -효. -흅. -홋. -흑.
-으로	-으러. -으루.
-은	-운.
-을	-울. -월.
-의	-으.
-처럼	-터럼. -툐럼.
-하고	-하거.
-한테	-ㄴ퉤. -터. -테. -퉤. -한퉤. -한티. -항퉤.

3. 어미·접사

-거든	-거덩. -거둥. -거등.
-거든+-요	-기둥여.
-겠-구나	-가꾸낭.
-겠-네	-겐네.
-겠-다	-개땅. -게따. -겠당. -겠돠. -겠땅.
-겠-습니다	-가쑤미닷. -갔숩돠. -거쑤미닷. -게뚜미닷. -게씀다. -게씀미닷. -겠쑴다. -겠쓰당. -깟슴돠.
-겠-어	-게떵.
-겠-어요	-게또욤. -게써염.
-겠-지	-겟찜.
-고	-9. -거. -공. -구. -굿. -궁. -꾸. -그. .

-님(접미)	-닙. -님.
-다고	-다거. -따구.
-다니까	-따니까.
-다니	-다뉘.
-다	-Day. -돠. -됭. -닷. -당. -땅. -똬. -탕.
-답니다	-담니돠. -뫔돠. -땁뉘닷.
-더니	-더뉘.
-더-	-도-. -두-.
-더라	-더랑. -뜨라.
-던데	-덩뎅. -돈뎅. -둔뎀.
-던지	-던쥐.
-데	-뎅.
-데+-요	-디욤.
-도록	-더럭.
-되다(접미사)	-뒈다.
-들(접미사)	-덜². -둘².
-들+-의	-드루.
-들+-이	-두뤼.
-등(접미사)	-딍².
-ㄹ 거예요	-거애영.
-ㄹ 것이다	-ㄹ꼬다. -꼬당.
-ㄹ 것이야	-ㄹ꺼얌. -ㄹ꺼양. -ㄹ꼬샤. -ㄹ꼬시야. -ㄹ꼬쉬얌. -ㄹ꼬야. -ㄹ꼬얍. -ㄹ꾸사. -ㄹ꾸얌.
-ㄹ 것인데	-ㄹ꼰데.
-ㄹ 텐데	-ㄹ낀듸.
-ㄹ게	-ㄹ께.
-ㄹ게+-요	-ㄹ게혀. -ㄹ께효. -ㄹ께흄. -ㄹ께효. -ㄹ께흄.
-ㄹ수록	-ㄹ쑤럭.
-ㄹ지	-ㄹ쮜.
-라(명령)	--랑. -롸.
-라뉘	-라니.

-아야지   -아야디.
-아야지+-요   -야겨.
-아요   -웨여.
-았-고   -앗구.
-았-습니다   -아뜸니다. -았움둥. -이씀다.
-았-어   -아또. -아써. -아쏘. -아쏭. -아쓰. -앗
                               떠. -았떠. -았떱. -앗쌰.
-았-어요   -싸염. -았쪄여.
-았-지   -아뛰. -아쪙. -아뛰. -았뛰.
-야   -얌. -양. -햐.
-야지   -아딥. 야뒤. -야딩. -야쥐. -야징. -야징.
-어   -5. -더. -떠. -또. -앙. -엄. -엉. -오.
-어도   -어둥.
-어서   -어서뤼. -어서리. -어성. -어소리.
-어요   -더염. -떠여. -떠염. -떠요. -떠윰. -또
                               요. -또윰. -뚜용. -소효. -어윱. -어용. -
                               어효. -엉용. -오용. -오효. -우윰. -쩌여.
-었-는데   -엇는뎁. -엇눈뎅.
-었-더니   -어뜨늬.
-었-습니다   -어뜸니다. -어뚭뉘닷.
-었-어   -어뚜. -어쓰
-었-어요   -어또훗. -어쏘용. -오쏘훗. -었쏘여.
-었-으면   -어뜨믄.
-었-음   -뜸. -었쑴.
-었-지   -엇쮀.
-었-지+-요   -어쬬.
-에요.   -애여. -에겨. -에염. -에엽. -에윱. -에
                               효. -에엽.
-으니까   -으뉘까.
-으면   -쓰면.
-은데   -은뎀. -웅뒤.
-을 텐데   -을튄디.
-을까   -을깡.

저자소개

· 조 오 현

· 건국대학교 국어국문학과 졸업.
· 건국대학교에서 문학박사학위를 받음.
· 현재 건국대학교 국어국문학과 교수.

【주요논저】 『국어의 이유구문 연구』, 『남북한 언어의 이해』 공저
            '15세기 ㅣ의 소리값에 대한 한 가설'
            '내림겹홀소리의 홑홀소리 되기 원인' 등 다수.

· 김 용 경

· 건국대학교 국어국문학과 졸업.
· 건국대학교에서 문학박사학위를 받음.
· 현재 경동대학교 교수.

【주요논저】 『국어의 때매김법 연구』, 『남북한 언어의 이해』 공저
            '상대높임법에서의 형태 변화와 의미 등급 실현의 상관성 연구' 외
            다수.

· 박 동 근

· 건국대학교 국어국문학과 졸업.
· 건국대학교에서 문학박사학위를 받음.
· 현재 건국대학교 · 협성대학교 강사.
· 한글학회 연구원, 안양대학교 겸임교수.

【주요논저】 『남북한 언어의 이해』 공저
            '한국어 흉내말의 연구'
            '말머리에 나타난 이유없는 된소리 현상 연구' 외 다수

 # 컴퓨터 통신언어 사전

인 쇄 2002년 07월 15일
발 행 2002년 07월 20일
지은이 조오현·김용경·박동근
펴낸이 이 대 현
편 집 안영하·조유미   영 업 전성호
펴낸곳 도서출판 역락 / 서울 성동구 성수2가 3동 277-17
        성수아카데미타워 422호(우133-123)
Tel 대표·영업 3409-2058 편집부 3409-2060 FAX 3409-2059
E-mail yk3888@komet.net / youkrack@hanmail.net
등 록 1999년 4월 19일 제2-2803호

정가 14.000
ISBN 89-5556-161-x-01700

*잘못된 책은 교환해 드립니다